U0918174

不可不知的历史常识

史文雅　主编

南海出版公司
2018・海口

图书在版编目（CIP）数据

不可不知的历史常识 / 史文雅主编．—海口：南海出版公司，2018.10

ISBN 978－7－5442－9324－2

Ⅰ．①不…　Ⅱ．①史…　Ⅲ．①世界史－通俗读物
Ⅳ．①K109

中国版本图书馆 CIP 数据核字（2018）第 106792 号

BUKE BUZHI DE LISHI CHANGSHI
不可不知的历史常识

主　　编　史文雅
出 品 人　杨建峰
策 划 人　杨永胜
责任编辑　余　靖
美术设计　松雪图文
出版发行　南海出版公司　电话：（0898）66568511（出版）　（0898）65350227（发行）
社　　址　海南省海口市海秀中路 51 号星华大厦五楼　邮编：570206
电子邮箱　nhpublishing@163.com
经　　销　新华书店
印　　刷　河北鹏润印刷有限公司
开　　本　880 毫米×1270 毫米　1/32
印　　张　16
字　　数　429 千
版　　次　2018 年 10 月第 1 版　2018 年 10 月第 1 次印刷
书　　号　ISBN 978－7－5442－9324－2
定　　价　42.00 元

前言

岁月易逝，沧海桑田，唯有历史沉淀在那里，真实而又惊心动魄、曲折但又宏大壮观。历史孕育了真理，它能和时间抗衡，把遗文旧事保存下来，它是往古的痕迹、当代的鉴戒、后世的教训。读史使人明智，在行走的路上，读史使我们懂得分辨是非，学会在历史的长河中领略沿途风景。

本书没有一般史书的晦涩和冗长。每一个历史人物，每一个历史事件都以精简故事的方式娓娓道来，真实而又贴切，带着你一起重温历史、解读历史、思考历史。生动的文字让你感受到盛唐的辉煌气象、古罗马的灿烂文明；深刻的描写让你去体会拿破仑叱咤风云的雄心；真实的叙述让你直击“9·11”的惊心动魄；侦探的眼光带着你一起去揭开光绪帝和戴安娜王妃死因的神秘面纱；客观的评价将引导你解读一幕幕曾真实发生过的历史大片，了解那壮阔灿烂的历史文明和一个个鲜活的历史人物……

本书融常识性、趣味性、可读性为一体，采用精练简洁的文字阐述历史，讲解常识。内容上，本书分为中国卷和世界卷两部分，选取了中华五千年历史和世界历史的重大事件、风云人物、灿烂文化等内容，以故事的方式、求实的严谨态度讲述了人类的起源与进化、文明的昌盛和覆灭、帝国的衰败和传承、宗教的形成和传播，再现了上千万年来历史的沧桑变化。从中国上古时期到新中国成立，从世界古代史到近现代史，本书都以精巧而缜密的行文结构详细地讲述了每一个历史细节，为你重现出清晰的历史背景以及脉络有序的历史故事。不做作、不卖弄，只把最真实可靠的历史常识与你分享。另外，本书还特意添加了知识链接，内容涉及政治、文化、经济、科学、自然等多个领域，使视野更加开阔。

历史蕴藏着经验和真知，了解历史就是汲取经验，以前人的智慧和历史的教训来充实自己的头脑。翻开泛黄的书页，看历史的面容时而近时而远、时而熟悉时而陌生、时而清晰时而迷离，拂去岁月的尘埃，总有值得你感悟的瞬间。你已经了解或是不曾了解的，它们静默矗立，曾经发生过的精彩永远不会消亡——

在静静的书香里，在古老的文字中，请让历史重现。

2018 年 9 月

目 录

世界卷

中国卷

先秦时期

从大禹治水到夏朝建立

尧在位的时候，黄河流域洪水泛滥，庄稼被淹，房屋被毁，民不聊生。人们为了生存只能往高地搬迁，但又面临着毒蛇猛兽的袭击，老百姓的日子非常艰难。

尧看到这种情况后忧心忡忡，紧急召开了部落联盟会议，商讨治水的问题。为了寻找治理洪水的人才，尧便征询四方部落首领的意见。首领们都向尧推荐鲧，说现在没有比鲧更强的人才了，于是尧就派鲧去治理洪水。

9 年过去了，鲧还是没有把洪水治好。因为他只懂得水来土掩、造堤筑坝，结果堤坝被洪水冲塌，反而加重了水灾。

舜接替尧担任部落联盟首领后，亲自到治水的地方去考察。他发现鲧办事不力，就把鲧杀了，又派鲧的儿子禹去治水。

禹改变了他父亲的治水方式，采取开渠排水、疏通河道、堵疏结合的办法，他和老百姓一起劳动，戴着箬帽，拿着锹子，带头挖土、挑土，累得磨光了小腿上的毛。经过 13 年的努力，终于将洪水引入江河流往大海。

禹新婚不久，为了治水到处奔波，三过家门而不入。有一次，他妻子涂山氏生下了儿子启，禹在门外经过，听见婴儿正在哇哇地哭，即便这样，禹也狠下心没有进去探望。

当时，黄河中游有一座大山，叫龙门山（在今山西河津西北）。

由于河水受到龙门山的阻挡，常常会溢出河道，引发水灾。禹到了那里以后，观察了地形，立即带领人们开凿龙门，在龙门山上凿开了一个大口子。这样，河水就能畅通无阻，直流大海。后人都称颂禹治水的功绩，尊其为“大禹”。

舜年老以后，也像尧一样寻找继承人。因为禹治水有功，所以舜一死，禹就继任了部落联盟首领。这时已经到了氏族公社后期，生产力有了很大的发展，一个人生产的东西，除了能维持个人的生活之外，还有了剩余。氏族、部落的首领们利用自己的地位，把剩余产品作为自己的私人财产，氏族贵族逐渐形成。同时，剩余产品的出现，也使得部落之间的争夺战争频繁发生，而捉住的俘虏，也不再把他们杀掉，而是将他们变成奴隶，为贵族劳动。就这样，阶级逐渐产生，氏族公社开始瓦解。

由于禹在治水中的功绩，大大提高了其部落联盟首领的威信和权力。传说禹年老的时候，曾经到东方视察，并且在会稽山（在今浙江绍兴一带）召集了许多部落的首领。去朝见他的人都手持玉帛，仪式非常隆重。当时有个叫做防风氏的部落首领，到会最晚，禹便认为防风氏怠慢了他的命令，并将其斩杀。这说明，那时候的禹已经不单单是一个部落联盟首领，而是变成名副其实的国王了。

皋陶原来是禹的助手，曾经帮助禹管理政事。皋陶死后，他的儿子伯益也做过禹的助手。按照禅让的制度，禹的继承人本来应该是伯益。但是，禹死以后，禹所在的夏部落的贵族却拥戴禹的儿子启继承了禹的位子。

这样一来，王位世袭的制度便取代了氏族公社时期部落联盟的选举制度。至此，我国历史上第一个奴隶制王朝——夏朝开始走上了历史舞台。

太康失国与少康中兴

唐尧、虞舜都是由氏族民主选举出来的领袖。尧死后禅位于舜，舜死后禅位于禹。可到了夏禹时代，这种制度发生了实质性的变化。唐尧、虞舜在形式上完全执行选举这一古老的制度，而夏禹则是经过了一段曲折斗争的过程，最后将首领位置传给了儿子启，传子制战胜了传贤制，公天下变成了家天下。于是，中国历史上第一个王朝——夏王朝诞生了。

夏启登上王位以后，贪图享乐，生活糜烂，只做了9年国王就死去了。夏启的长子太康继承了王位。太康和他的父亲一样，只顾着吃喝玩乐，挥霍奢侈，整天打猎游玩，丝毫没有忧患意识。与此同时，夏东边的有穷部落正在逐渐强大起来，其首领后羿是个骁勇善战的神箭手。后羿看到夏王太康昏庸无能，民心怨恨，诸侯离心，便下决心要推翻其统治，取而代之。

太康依然只顾享乐，不曾有过丝毫的警惕，却不知厄运就要降临了。一次太康外出打猎，后羿见夏都空虚，便派出两路重兵，一路夺取了夏都；另一路则埋伏在洛水北岸阻拦太康返回都城。太康想杀回都城，可人单势孤，诸侯也不听指挥，根本无法和后羿抗衡，只得逃到洛水南岸，几年后郁郁而死。

后羿在当上国王后，却不知思考太康失国的原因。很快，他也过起了荒淫无度的生活。他自恃善射，终日以田猎为乐，不修民事，把国家大事交给一个叫寒浞的大臣处理。寒浞生性狡诈，常常阿谀奉承，不久便赢得后羿的信任。他暗中却收罗党羽，买通了后羿的家奴。后羿外出打猎归来，寒浞在酒宴上把后羿灌醉，将他杀死，并霸占了他的妻子和全部家产。

再说太康失国以后，其弟仲康继承了王位，但却一直流亡在外，无法回国。眼见复国无望，抑郁成疾，不久后仲康死去，他的儿子相便继承了这有名无实的夏朝王位。这时候，一些拥护夏朝的人聚集在相的周围，他的势力又逐渐强大起来，随后又得到了斟𬞟和斟灌两个同姓氏族的帮助，相把都城迁到帝丘（在今河南濮阳县南部一带）。寒浞杀死后羿当上国王后，派他的大儿子寒浇和小儿子寒豷起兵消灭斟𬞟氏和斟灌氏，想要把夏王室斩草除根。在帝丘两军展开交战，相被杀死。他的妻子后缗怀有身孕，在乱军厮杀中逃回了娘家有仍氏部落，不久生下了相的遗腹子，取名为少康。

少康长大后，在有仍氏部落做了掌管畜牧业的官员。寒浇杀死寒浞当上国王后，得知夏王朝还有后人存活，便派兵进攻有仍氏部落。少康为了躲避寒浇的追杀逃到了有虞氏部落，有虞氏部落的首领虞思不仅收留了少康，还把自己的两个女儿嫁给了他，并分给少康一些土地和500名部众，让他自己管理。

从小在忧患中长大的少康，十分了解人民生活的艰难。他总结了父辈不恤民事、只求享乐的教训，励精图治，凭借先祖大禹的威信，率领斟𬞟氏和斟灌氏的遗族以及逃亡多年前来投奔的夏人，组成复国大军，从根据地出发，前去征讨寒浇和寒豷。而此时的寒浇和寒豷却只顾享乐，民心尽失。两军一交锋，寒浇、寒豷的部队便溃不成军，少康一鼓作气收复了夏的故都，寒浇、寒豷最终也被他所杀。

在少康的统治下，夏王朝不仅获得复兴，而且更为强大，各地诸侯纷纷前来朝贺。少康亲自主持了祭祖和祭天的大典，宣布恢复夏王朝的统治。太康失国以及少康中兴的这段历史，告诫后人要时刻保持忧患意识；另外也告诫统治者要体恤百姓，不可腐化逸乐。从另一个角度讲，这段历史还反映了更深层的原因。后羿取代太康，体现了当时农耕民族和游牧民族之间的冲突与融合，而禅让制与世袭制便是冲突的直接表现。大禹开创了夏王朝的王位世袭制，但这毕竟是历史上的一个新兴事物，是原始公社向奴隶社会的一个转折阶段，直到后来王位世袭制彻底战胜了禅让制，奴隶制也才真正战胜了原始公社制。

暴虐无道的夏桀

生于忧患，死于安乐，少康之后的夏朝君主，并没有像他那样励精图治。到了第16代君主发在位时，各方诸侯已经不来朝贺了。夏王室不修内政，加上外患不断，阶级矛盾日趋尖锐。发死后，他的儿子桀（凶猛的意思）继任。夏桀不仅没有吸取父亲的教训，反而变本加厉，德政皆失。这个时候，延续了400多年的夏王朝已经开始走向了衰亡。

夏桀，又名癸、履癸，生卒年不详。传说他文武双全，赤手可以把铁钩拉直。但同时又荒淫无度、暴虐无道，是历史上著名的暴君。他在位54年，亡国后被放逐，最后饿死。桀是商汤给他的谥号。

夏桀时期的中国，整个社会可分为三大阶级：奴隶主阶级、奴隶阶级和平民阶级。其中奴隶主大多是由父系氏族社会末期的氏族贵族和部落首领转化而来的。他们在战争中扩大了权力，掠夺了大量的财富，最终转变为占有全部生产资料和生产者本身的奴隶主阶级，成为社会的统治者。上古文献中的“百姓”就是指这一阶级。而战败的俘虏以及部分氏族社会的贫苦社员则逐渐沦为了奴隶。在夏代，奴隶名目繁多，其中从事农业生产的称“民”“黎民”“众人”“众”，从事畜牧业的称“牧竖”或“隶圉”，奴隶主家内的奴隶则叫“臣”（男性）和“妾”（女性）。

奴隶主们每天沉迷于饮酒、打猎和歌舞之中，丝毫不顾奴隶的死活。在奴隶主眼里，奴隶只是“会说话的工具”。奴隶主把奴隶成批地赶到农田里去种地、放牧，从事各种繁重的体力劳动。另外，奴隶主还可以随意地把奴隶关进监狱，并施以重刑或杀害。

夏桀暴虐无道，为政期间破坏农业生产，滥施征伐，勒索小邦。在他即位后的第33年，发兵征伐有施氏（在今山东滕县一带），有施氏抵挡不住，向夏桀投降，不仅把多年来积攒的珍宝全部献出，还从民间挑选了许多年轻貌美的姑娘，一起进贡给夏桀。夏桀满心欢喜，下令撤兵。

在进贡来的女子中，有个叫妹喜的尤为貌美。妹喜告诉夏桀，她原来是有施国君的义女，是主动要求来侍奉夏王的。夏桀听后更是欣喜若狂，第二天就把妹喜封为王后，对其宠爱有加。他觉得像妹喜这样的美女不能居住在原来的那些宫室中，就下令征集民夫，为妹喜重新建造了一座华丽的宫殿。远远望去，宫殿耸入云天，浮云游动，宫殿好像要倾倒一样。因此，这座宫殿就被称为倾宫。宫内金雕玉刻，奢华无比，有琼室、瑶台、白玉雕的床榻、象牙嵌的走廊等。

夏桀为妹喜造就了倾宫，一切负担都落在百姓的身上，老百姓的生活更加贫苦。人民困苦不堪，敢怒而不敢言。此外，夏桀重用佞臣，排斥忠良，使政治更加黑暗，民不聊生。

夏桀还从各地搜寻美女3000，藏于后宫，日夜与佳丽们寻欢作乐。他下令在庭院的树上挂上肉食，称作肉林；又在庭院中挖个大池，池中灌满美酒，称作酒池。据说夏桀后宫的酒池修造得很大，可以航船，时常发生一些因酒醉而溺死的事情。妹喜有个奇怪的癖好，喜欢听裂帛之声，夏桀为了博取她的欢心，令人民每天进贡100匹帛，叫力气大的宫女天天撕裂给她听。而民众的生活更加困苦，每年的收成连温饱都难以解决，更无兼年之食，每逢天灾常常妻离子散。

夏桀即位后的第37年，东方商部落的首领汤将伊尹引见给桀。伊尹是一个德才兼备的人，常以尧、舜的仁政来劝说夏桀，希望他能够体恤百姓疾苦，勤修政事，用心治理天下。夏桀听不进去，依旧如往常一样，伊尹只得无奈地离去。到了晚年，夏桀更加荒淫无度，竟命人造了一个大池，称为夜宫。他带着一群男女在池内杂处，一个月不问政事，不上早朝。太史令终古哭着进谏，夏桀不以为然，反而斥责终古多管闲事。终古知夏桀已不可救药，失望之下就投奔了商汤。关龙逄是夏桀手下的一个臣子，他听到老百姓愤怒的声音，便对桀进谏说："天子谦恭而讲究信义，节俭又爱护贤才，天下才能安定，王朝才能稳固。现今陛下奢侈无度、嗜杀成性，弄得百姓都盼望你早些灭亡。陛下已经失去了民心，只有赶快改正过错，才能重新挽回人心。"夏桀听了又怒骂关龙逄，最后更下令将他杀死。夏桀还召集所属各部首领商议，准备发动讨伐其他部落的战争。夏桀的暴政使他更加不得民心，众叛亲离。

但夏桀却狂妄自负地认为他的统治永远不会灭亡，他说："天上有太阳，正像我有百姓一样。太阳会灭亡吗？太阳灭亡，我才会灭亡。"而人民对他的残暴统治已经忍无可忍，因此都愤怒地说："时日曷丧，予及女偕亡！"

这时，在汤的领导下，商部落日益强大起来。桀担心商汤会危及自己的统治，就借故将他囚禁在夏台（今河南省禹州境内）。但不久，夏桀便中了商汤的计谋，释放了他。

后来，商汤在伊尹谋划下，起兵伐桀。先攻灭了桀的党羽韦国、顾国，又击败了昆吾国，然后直逼夏的重镇鸣条。桀得到消息，带兵赶到鸣条，与商汤交战。夏军将士溃不成军，再加上原本就不愿为桀卖命，乘机纷纷逃散。夏桀制止不住，只能仓皇逃回城里，带着妹喜和珍宝，渡江逃到南巢（今安徽巢县）。后来汤追上了夏桀并将其俘获，结束了近500年的夏王朝统治。

商汤灭夏

商部落一直生活在黄河中下游地区。传说商的祖先是契，跟大禹一起治过洪水，是个有功的人。后来，商部落的畜牧业发展得很快，到了夏朝末年，汤领导商部落的时候，商部落已经发展成为一个强大的部落。在看到夏桀的暴政后，商汤就决心消灭夏朝。表面上他对夏朝臣服，暗地里却在不断扩大自己的势力。

商汤与有莘氏通婚后，运用贤臣伊尹和仲虺为左、右相，以亳地（今河南省商丘市一带）为前进据点，积极治国,积蓄力量准备灭夏。经过一段时间的发展，商部落逐渐强盛起来，由夏的属国发展为可与之抗衡的对手。商汤和伊尹商量讨伐夏朝的事，伊尹说："现在夏朝还有力量，我们先不去朝贡，试探一下，看它会怎样。"商汤采纳了伊尹的计策，停止了对夏朝的进贡。夏桀果然大怒，召集所属部落发兵攻打商族。商汤一看还有许多氏族听从夏桀的指挥，便马上向夏桀请罪，并恢复了进贡。当时，夏桀荒淫无道，宠用佞臣，目无百姓。在残酷的压迫下，民众都愤怒地诅咒他："时日曷丧，予及女偕亡。"过了几年，在夏朝的残酷压榨勒索下，一些部落终于叛离了夏朝。此时，商汤和伊尹决定大举进攻。启建立夏朝以来，同姓相传已经400多年，要把夏王朝推翻，并非一件容易的事情。商汤和伊尹商量了一番后，决定假借天命，讨伐夏桀。于是召集商军将士，由商汤亲自向大家誓师："不是我想叛乱，实在是夏桀作恶多端，上天降下旨意，要我消灭他，我不敢不听从天命啊！"

商汤借上天的旨意来动员将士，再加上夏桀本来就不得人心，因此商汤一举灭亡了夏朝，建立了商王朝。

盘庚迁殷

在我国历史上，迁都最频繁的王朝就是商朝。商王朝历经600年左右，自商王中丁统治时开始，先迁都于嚣（今河南荥阳东北），后迁于相（今河南内黄东南），接着又迁于庇（今山东鱼台附近），再迁于奄（今山东曲阜），最后才定都于殷（今河南安阳），因此商朝又被称作殷朝或殷商。

商王中丁时期以后之所以频繁迁都，主要是因为商朝的王位继承实行父死子继或兄终弟及的办法。这两种继承方法的同时存在，很容易引起叔侄之间的夺权斗争，导致内乱不断，阶级矛盾加深。商王阳甲即位以后，商王朝的政治局面更加混乱，贵族和大臣也越来越腐化奢侈，商朝的国力日益衰弱。一些诸侯和少数民族不再听从商王的号令，甚至公开进行反叛。导致人民的生活更加混乱不堪，再加上旱涝等自然灾害，商王朝内忧外患，几乎走到了崩溃的边缘。

商王阳甲死后，其弟盘庚继承了王位。面对国家衰弱不堪的现状，盘庚毅然决定迁都，只有这个办法才能从根本上解除弊病。盘庚选择殷作为新都城，主要出于三个方面的考虑：一是殷地处黄河中游，土地肥沃，非常适合建设和发展生产；二来迁都以后，重新发展，可以抑制王室、贵族，缓和阶级矛盾；三则从战略方面来说，迁都殷便于进击北方的游牧民族，也适合防守，都城会比较安全。

但王室和贵族们却极力反对，因为他们清楚，只要迁都，自己就不能像现在这般安逸舒适地生活。许多贵族不仅公开反对，还暗地里四处散布流言，煽动百姓的不满情绪，企图阻止迁都。但盘庚意志坚定，并没有因为贵族、大臣的反对而改变主意。他把贵族、大臣们召集起来训话说："我要效仿先王关心臣民关心你们、保佑你们，带你们去寻求安乐的地方。你们如果怀有二心，先王的在天之灵，便不得安息。"接着，盘庚又说出迁都的原因。王室贵族们只好乖乖听从号令，跟随盘庚迁往殷地。

虽然盘庚的迁都计划得以成功实施，但是本质问题却没能解决。到了一个新的地方，贵族大臣们不习惯，老百姓也不适应，很多人闹着要回家，王室贵族趁机煽动百姓重返故都。无奈之下，盘庚只得再次召集臣民训话。这次盘庚的态度非常强硬，他警告贵族要规规矩矩地服从命令，否则必将施以严重的惩罚。双方之间的斗争愈演愈烈，但盘庚始终立场坚定。经过几年的努力，出现了“百姓由宁，殷道复兴，诸侯来朝”的政治局面。从此商王朝结束了动荡的岁月，政治、经济、文化发展进入新时期。因此，盘庚迁殷是商王朝由衰到盛的一个转折。

经过盘庚的治理，在殷的土地上出现了一个繁荣的都市。商王朝的国力、生产力都得到了迅速发展。如青铜器的制造，在殷城附近就有一个可容纳上千奴隶同时劳作的青铜器作坊。奴隶们用铜、锡、铅三种金属做原料，冶炼铸造了成千上万件斧、戈、矛、刀等武器，以及鼎、爵、觚、壶、盘、盂等饮食器皿，和斧、凿、钻、铲等工具。当时许多青铜器的造型十分优美，并绘有精美的花纹图案，已经有了很高的艺术水平，形成了后来著称于世的青铜器文化。

在殷墟的遗址中，考古工作者发现了大量刻有文字的乌龟腹甲和牛的肩胛骨。这些文字，是迄今我国发现的最为古老的文字，称为甲骨文。据考古研究，这些甲骨文是商代后期王室用于占卜记事而刻在龟甲和兽骨上的文字，造字方法以象形、假借、形声为主，已经具备了后代汉字结构的基本形式，至目前为止已发现的甲骨文有4500余字，而且大多已经被考古学家破译。这些发现说明，盘庚时期的商朝政治稳定，经济文化繁盛，百姓安居乐业。

武王伐纣

盘庚迁殷后，商王朝又经过了几代的发展。到了商纣王在位时，商朝已经走向了衰落，国内外的局面十分危急。起初，商纣王也曾下过励精图治、改变国家现状的决心，并率兵亲征江淮地区，扫平叛乱，俘虏了大量的奴隶。可也正是因为这场战争的胜利，冲昏了纣王的头脑。于是他开始了“酒池肉林”的荒淫生活，和夏桀相比，商纣王有过之而无不及。

商朝的酒池肉林与夏朝的酒池肉林有着惊人的相似，二者都是君王为了讨好宠妃而兴建的。酒池建在富丽堂皇的王宫中，池中灌满美酒，其面积大到可以在里面划船，足够3000人不停狂饮。“肉林”则是在树上挂满肉，随手就能取食。建酒池、悬肉林，纣王让男女裸体追逐嬉戏于酒池肉林间。当然，这些是不够的，还得有美人为伴，这个美人就是苏妲己。为了取悦妲己，纣王投其所好，作“新淫之声，北鄙之舞，靡靡之乐”，还搜刮钱财，修建高达10多丈的宏丽鹿台，里面装满了奇珍异宝。

纣王为了女色，离经叛道，肆意妄为，视天下人为草芥。王朝内的贤臣对这种做法极为不满，多次进谏纣王，望其知过而止。这当然也遭到了妲己的嫉恨，而纣王对妲己的宠幸已经达到了“妲己之所誉贵之，妲己之所憎诛之”的程度，所以这些大臣最后都没有好下场。

国家本来就处于内忧外患的境地，纣王却荒废朝政，荒淫无度。再加上诸多贤臣被杀，各地诸侯心生不满，逐渐不再听从纣王的号令。而纣王为了压制诸侯的反叛和朝内大臣的怨恨，以杀戮和重刑来威慑。据说，在妲己的怂恿下，纣王发明了许多残酷的刑罚。其中最为著名的叫作“炮烙之刑”，就是在一根粗大的铜柱上涂满油，下面架炭烧火，周围烈火燃起，让犯人们光着脚从铜柱上走过。犯人们在上面走不了几步，就因无法忍受痛苦而掉进火海，最后被活活烧死，而纣王和妲己则在一旁幸灾乐祸。

“纣”是周朝给纣王的谥号，“纣”的含义就是“杀戮无辜”。据史书记载，纣王曾经把九侯剁成肉酱，把鄂侯做成肉干。其堂兄箕子无法忍受他的残暴行为，前来规劝，结果却被纣王关进监狱，箕子装疯卖傻，才免于被杀。其后，他的叔叔比干也进宫劝谏说：“大王您不按先王的圣德和法律治理天下，只听信妇人之言，为所欲为，再这样下去，我们商王朝很快就要亡国了。”纣王听后，暴跳如雷，认为比干是在给他难堪，盛怒之下，又听了妲己之言,便将比干处死。由于比干被传为圣人，纣王还挖出他的心脏，看看圣人的心是否真的有七个窍。这下子，一些忠心为国的大臣再也不敢进谏了，他们有的装疯卖傻，有的偷了商朝太庙的祭祀用品，前去投奔准备夺取天下的周武王。

此时的纣王可以说是众叛亲离，尽失民心。诸侯不再支持他，就连他的兄弟微子都离他而去。在纣王的暴政统治下，人人自危，很多人都扶老携幼，四处逃亡。

在这种局面下，地处西部的周部落等到了时机。公元前 1046 年，周武王亲率戎车 300 乘、虎贲先锋 3000 人、甲士 4.5 万人，会集依附他的诸侯军队起兵伐纣。周与诸侯之师到达商郊牧野，庄严誓师。纣王仓皇部署，调集大军，开赴牧野，与武王对阵。虽然纣王之师远远多于武王，但是因纣王暴虐至极，遗弃骨肉兄弟，任用奸人，残害百姓，士兵大多不肯为纣王卖命。战争一开始，商军前锋部队便倒戈投降，反过来帮助周军攻击商军，只盼望武王尽快打败纣王。武王乘势指挥军队冲入敌阵，商军兵败，纣王逃回国都，在鹿台上用 4000 多块宝玉环绕周身，然后自焚而亡。武王对纣王的尸体连射三箭，然后用剑击之，再用黄钺砍下了他的首级，悬于大白之旗示众。武王伐纣成功，商王朝至此灭亡。

公正地说，把商朝的败亡全部归咎于“美女祸国”，的确有夸大的成分。其灭亡的根本原因是在纣王的统治下，政治腐朽、横征暴敛、严刑酷法，导致最后民心尽失、众叛亲离；二是因为商朝在长期的掠夺战争中削弱了自身的力量，且造成军事部署的失衡；三是商朝的统治者对周部落缺乏警惕、放松戒备，致使最终被周部落击败；四是作战指挥上消极被动，无所作为。平时对军队要求不严格，军纪散漫，不注重训练，当战争到来时仓促应战，最终一败涂地注定是不可避免的。

西周的建立和灭亡

武王伐纣后，进入了商都，并将商的畿内分为邶、鄘和卫三个诸侯国：邶由纣王之子禄父（即武庚）管理；鄘由管叔鲜管理；卫由蔡叔度管理。安排妥善后，武王便继续带兵征伐那些尚未臣服的商朝诸侯。在征服了所有诸侯后，武王还师西归，在新迁的都邑镐京举行了庆典，建立了周朝。

周王朝建立以后，面临着一系列的问题，政治形势很不乐观。当时，为了巩固政权，武王采取按功行赏的方式理顺了家族内部的关系。武王实行以周王室为中心的分封制，先后封了鲁、齐、燕、卫、晋、宋和虢等 71 个诸侯国，让周王室成了众星拱月中的“月”。

周武王死后，其子姬诵即位，史称周成王。周成王即位时，只有 13 岁，没有能力治理国家。所以，武王的弟弟周公旦（即周公）便代其摄政，行使天子的权力。虽然周公竭尽全力辅助成王管理政事，但还是遭到周武王的弟弟管叔和蔡叔的猜忌，他们造谣说周公有野心，企图篡夺王位。

当时，不满足于周朝分封的武庚，便借此机会联合管叔和蔡叔起兵叛乱。在武庚和管叔等人的散播下，镐京一时谣言四起，召公奭听信流言也开始怀疑起来。成王年小，分不清事实真伪，所以对辅助他的叔父也不太信任了。

后来，周公出来辟谣，他首先向召公奭推心置腹地表明心意，说他绝没有野心，希望召公奭顾全大局，不要听信谣言，中了小人奸计。周公这番诚恳的话感动了召公奭，使他消除了对周公的误会。周公在解决了内部矛盾后，当即调集兵马，亲征武庚。

就在这时，东方也有几个部落开始蠢蠢欲动。周公不想把精力浪费在这些小部落上，于是便授权给太公望，由太公望负责征讨那些不服周朝的诸侯，自己则全力讨伐武庚。3 年后，周公扫平叛军，杀死武庚，把管叔革职，发配蔡叔。管叔觉得没有脸面去见哥哥和侄儿，便自杀了。

周公东征时，还抓获了一大批商朝贵族。因为这些贵族反周，便叫他们是“顽民”。周公不想这些顽民闹事，便在东面新建了一座都城——洛邑（今河南洛阳），把他们迁到那里，并派兵管理。因此，周朝就有了两座都城：西都是镐京，又叫宗周；东都是洛邑，又叫成周。

周公辅政期间，不但巩固了周王朝的统治地位，还为周朝制定了一套典章制度。到周成王 20 岁时，周公便把政权交还给了成王。

成王死后，他的儿子康王即位。在康王统治的 50 年间，周王朝达到了前所未有的强盛，这一段时期被后人称为“成康之治”。

成王、康王之后，周朝逐渐加重了对平民和奴隶的统治和剥削。到了第十代君王周厉王统治时期，矛盾加剧。公元前 841 年，平民因为不堪忍受周厉王的暴政而掀起了一场大规模暴动，史称“国人暴动”。

暴动虽然最终平息了，但周朝的统治却受到了严重的打击。到了周幽王在位时，周王朝已经走向了分崩离析，国力日渐衰落。周幽王不仅残暴昏庸，而且沉迷女色。为了博美女褒姒一笑，周幽王竟然给诸侯们开了一个大玩笑，这便是“烽火戏诸侯”的故事。周幽王被褒姒迷得神魂颠倒，为了她竟然废掉了申后和太子宜臼。

后来，西戎兵攻陷周都镐京，周幽王众叛亲离，最终被杀。周幽王死后，原来的太子姬宜臼被拥立为王，这就是周平王。公元前 770 年，平王迁都洛邑。历史上把周朝定都镐京的时期，称为西周；迁都洛邑以后，称为东周。

管仲相桓公，一匡天下

西周灭亡标志着周王室势力的衰落。东周建立后，几个强大的诸侯国之间展开了激烈的争夺战。在这个群雄并起的年代，首先称霸的是齐桓公。

齐襄公是个很荒唐的国君，曾和已嫁给鲁国国君的妹妹私通，做出了许多有辱伦理道德的事，最后还谋害了鲁国国君。最终，他也因为淫乱无道和不知收敛，死在手下大臣的刀下。因此，齐国也发生了内乱，齐襄公的弟弟公子小白，也就是后来的齐桓公，为了逃避人祸来到了莒国。

虽然齐襄公一生荒淫无度，但到死前也没留下一儿半女，所以齐国的君位只能由其弟弟继承。问题是，齐襄公有两个弟弟，一个是在莒国避难的公子小白，另一个是在鲁国管仲门下学习的公子纠。两位公子听到齐襄公被杀的消息后，都决定立刻回国继承君位，就看谁先回到齐国。

公子纠的老师管仲知道公子小白在莒国，离齐国很近，如果按正常速度，一定是小白先到齐国。于是，管仲带了 30 辆兵车，轻骑先行，准备在路上解决公子小白。很快，管仲就在一个叫即墨（今山东平度东南）的地方，发现了公子小白一伙。管仲当机立断，弯弓搭箭，准备射杀公子小白。箭射出之后，只听公子小白的随从们号啕大哭。管仲觉得自己阻击得手，便打马赶往齐国，和公子纠碰面。

让管仲万万没有想到的是，公子小白根本没死。那支箭正好射中了公子小白衣带上的钩子，公子小白于是将计就计，咬破舌头倒下装死骗过管仲。等管仲一走，公子小白就快马加鞭赶往齐国。就这样，公子小白和老师鲍叔牙一行提前回到了齐国国都临淄。公子小白一回到齐国，大臣、贵族都拥戴他登上了君位，史称齐桓公。

公子小白登基的消息传到鲁国后，鲁国君主鲁庄公立即出兵攻打齐国，想趁齐桓公刚刚即位，立足未稳之际，杀他个措手不及，然后迫使齐桓公将国君之位让给公子纠。

齐桓公听说鲁国出兵后，也迅速发兵，不久后，齐、鲁两军便在乾（今山东淄博东北）相遇，展开了大战。令鲁庄公万万没有想到的是，这一战，他一败涂地，还险些做了俘虏。战败后，他向齐桓公求和。齐桓公开出了两个条件：一是杀死公子纠；二是把公子纠的老师管仲交给齐国。鲁庄公迫于无奈，只好答应了齐桓公的要求。

管仲被带到齐国后，齐桓公本想把伏击自己的管仲碎尸万段，可由于鲍叔牙为管仲求情，最终不仅赦免了管仲，还任他为相，让他帮忙管理国政。其实，鲍叔牙和管仲本来就是很要好的朋友，此外，鲍叔牙也深知管仲是个比自己有能力的治国良才。

管仲果然不负重望，他从行政、军队和经济三方面对齐国进行了整顿：在行政系统方面，管仲提出以乡、连、里和轨为级别名称的地方政府机构；在军队建设方面，他将全国军队分为左中右三军，国君统率最强的中军，国、高二氏统率、左右二军；在经济方面，他统一货币，稳定物价，大开铁矿，并实现了大规模海水煮盐。因内陆诸侯国必须依靠齐国供应食盐和海产品，齐国在变革后不久就强大了起来。

公元前681年，齐桓公奉天子周僖王命令，在齐国西南边境的北杏（今山东东阿）召开诸侯盟会，会上所有诸侯国君都一致推举齐桓公为盟主，带领大家共同对付蛮夷的军事骚扰。

此后，齐国的发展也并非一帆风顺。齐桓公二年，鲁庄公十年（公元前684年），齐、鲁两国在长勺交战，鲁国军队在曹刿的带领下，利用士气三竭的心理弱点，打败了齐国。

但是，齐桓公在当时的霸主地位还是逐步形成。他先帮燕国打山戎，再帮助邢国打狄人，后来又帮卫国重建国都。齐桓公在诸侯中的威望越来越高，虽然他那时还没称霸，但一些诸侯早已将他视为霸主。

当时，周王室在诸侯中的影响力已日渐衰落，甚至发生了王位继承危机。面对周王室当时的情况，齐桓公帮助太子姬郑继承了君位，即周襄王。周襄王即位后，为报答齐桓公，特派使者把祭祀太庙的祭肉送给了齐桓公，这在当时是最高的奖赏。

公元前651年，趁着接受太庙祭肉的机会，齐桓公在宋国葵丘挟天子大会诸侯，订立盟约：申明盟约各国间不乱筑堤防和兴修水利，不使邻国遭受水害；互相救济灾荒，并且在灾荒时不禁止粮食流通。盟约还规定，各国间要友好相待，不再擅自分封，并强调了周天子的共主地位。这就是历史上首次出现“挟天子以令诸侯”的事件，史称“齐桓公始霸”。齐桓公一生9次会合诸侯结盟，历史称“九合诸侯，一匡天下”，这也标志着中国历史进入了一个新的阶段。

勾践灭吴

晋国在邲兵败后，霸业逐渐衰落，而楚国渐渐强盛起来。此后一段时间，晋楚争霸，各不相让。后来，经宋国调解，双方才谈和。

就在中原局势开始走向平静的时候，南方吴、越两国开始争霸。当时，吴国的国王是阖闾，他依靠伍子胥和孙武等人的辅佐，在柏举（今湖北麻城）之战中大败楚国。就在吴军攻入楚国郢都时，越国突然向吴国发起了进攻，从而拉开了吴越争霸的序幕。

公元前496年，越王允常逝世，其子勾践继位。吴王阖闾得知此消息后，趁机发兵攻打越国。很快两军展开大战，结果吴军大败，阖闾中箭受伤。临死前，阖闾对儿子夫差说：“千万要记住越国的杀父之仇。”夫差当即发誓要打败勾践，为父亲报仇。即位后，他任命伍子胥为相国，伯嚭为太宰，励精图治，发展军事力量，准备攻打越国。

勾践得知夫差昼夜练兵，于是决定先发制人。吴王夫差率兵迎战，双方在夫椒（今江苏太湖椒山）展开大战。结果，勾践战败逃到会稽山（在今浙江绍兴）上，并被围困在此。

勾践觉得当时的局面已临近最后关头，于是准备杀妻和吴王一决雌雄。当时，勾践手下有两个能人——文种和范蠡。他们都劝越王，说事情还没糟糕到这个地步，这样蛮干，只有死路一条，不如先贿赂吴国权臣伯嚭，然后去向吴王求和。于是，越王便暗中选了一批越女和奇珍异宝送给伯嚭，托他向夫差请和，后又派了文种亲自去见吴王。

文种见到吴王夫差后，先是叩首三次，然后对吴王说："你的奴隶勾践派他的小臣文种求见大王，如果大王接受求和，勾践将给大王做牛做马，并送上财宝和美女。"吴王不顾伍子胥反对，答应了越国的求和。

文种回来传达完消息后，勾践便把国家大事托付给他，自己带着夫人和大夫范蠡去了吴国。为了惩罚勾践，夫差派人在其父阖闾墓旁筑了一个石屋，命勾践夫妇和范蠡住在哪里。平常就让他们换上囚衣，去做喂马的苦役。夫差每次坐车出去，都叫勾践牵马，让范蠡伏在地上当马镫。

两年后，文种又给伯嚭送去珍宝美女，请他在夫差面前进言放回勾践。夫差对伯嚭一向信任，再加上他觉得勾践这两年的表现很好，是真心归顺，就点头同意了。

周敬王二十九年（公元前 491 年），吴王夫差放勾践回国。回国后的勾践广纳贤士，立志报仇雪恨。为了不忘屈辱和磨砺志气，他身穿粗布衣服，住简陋茅屋。此外，他还用柴草做褥子，并在吃饭的地方挂一个苦胆，每次吃饭就先舔一舔苦胆，大喊道："勾践，难道你忘记会稽的耻辱了吗？"就这样，他不断激励自己，振作精神。勾践的这个故事就是成语“卧薪尝胆”的出处。

为了增强国家的综合实力，勾践和百姓一起劳作，让夫人织布裁衣，和居民们同甘共苦。经过长期的艰苦奋斗，越国逐渐又强盛起来。

面对越国越来越强的发展形势，伍子胥常常焦虑不安，他对夫差说：“我听说勾践天天卧薪尝胆，并与百姓同甘苦共患难。大王，请一定要警惕啊！”夫差不仅不听伍子胥的劝告，反而渐渐疏远了他。

后来，夫差带兵进攻齐国，胜利凯旋。文武官员见大王打了胜仗回来，都拍马吹嘘。只有伍子胥诚恳地对夫差说：“这次打败齐国，只能算一个小小的胜利。对吴国来说，现在的越国才是最大的敌人。”吴王夫差听完当即大怒，把伍子胥赐死。

伍子胥死后不久，吴国便遭到越国攻击。勾践和范蠡率精兵 5 万袭击吴国，大败吴国守军，擒杀了吴国太子。

公元前 473 年，勾践再次进攻吴国，很快便把吴王夫差围困在姑苏山。吴国灭亡后，勾践把夫差发配到一个叫甬东的地方，但夫差痛悔自己相信伯嚭之言，却不听伍子胥的忠言，于是挥剑自刎。

勾践灭吴后，春秋时期到了尾声，到公元前 475 年，历史演进到战国时期。

百家争鸣

春秋战国时期知识分子中不同学派涌现出了各派争芳斗艳的局面，史称百家争鸣。《汉书·艺文志》把战国时期主要思想学派分为 10 家，分别是：儒、墨、道、法、阴阳、名、纵横、杂、兵、小说。西汉刘歆在《七略·诸子略》中把小说家去掉，改称为“九流”。“十家九流”之说便是从这里而来。

春秋战国时期的思想和文化在中国历史上，是最为辉煌灿烂、群星闪烁的时代。这一时期涌现出了诸子百家相互诘难争鸣的、盛况空前的学术局面，在中国思想发展史上占据着重要的地位。这一时期是中国历史上诸子百家政治学术思想大融合的重要时期，在这个时期，社会结构急剧变化，社会矛盾变得异常尖锐，各诸侯国间征伐不断，文化思想空前活跃。中国伟大的思想家大多诞生在这个时代，构成了中华文明的精华与基础。

在这个时期，“士”阶层的出现和活跃，成了一个重要的现象。

西周时期，学校都是由官府主办。《周礼》中明确规定：“古者学在官府”。那时的史官，不仅是官府的官吏，还是学校的老师。章学诚先生说：“三代盛时，天下之学，无不以吏为师，《周官》三百六十，天人之学备矣。”说的就是“学在官府”的现象。也就是夏、商、周各代，学校完全由官府控制，学校的老师必须是官吏，各种各样的学问，都要向官员来请教学习。比如若要学习法律，《周礼·地官》中记载“受法于司徒”，便是要向司徒之官学习法律。当时，只有那些王公贵族的子弟才有资格进入学校读书，其他人是不允许的，一般人规定不可以掌握文化知识。周平王东迁之后，天子地位逐渐衰落，出现了“礼崩乐坏”的形势。一些“王官”开始流向各个诸侯国，有的则流落民间。“学在官府”局面逐渐被打破，私人办学现象开始蓬勃发展，入学条件在西周时期已经大力改变。就像孔子办学，教育的对象并不区分地位等级，只要学生送给他“束修”(一串腊肉)作为学费就可以了，这就是“有教无类”。这样便大大扩大了受教育者的范围，有学问的人也逐渐多了起来。这些人就形成了“士”阶层。“士”的成分非常复杂，属于各个不同的阵营，“士”也可以经人推荐入仕为官。从这时开始，很多有经济基础的人开始弃农入仕，而私人办学的兴盛，也为这一现象提供了条件。

“士”阶层的活跃与当时社会盛行的“养士”之风，也有着密切的关系。春秋时代已经开始出现了“养士”之风，而到了战国时代则显得更为盛行。各诸侯大夫不仅在政治、经济、军事等方面加强自身的实力之外，为了逐鹿中原、一统中国，这时“士”的力量就显得更为重要了。于是各诸侯纷纷“养士”，逐渐形成了一种社会风气。如春秋晚期，齐国的田常，早在齐景公时就施惠于“士”。田常每杀一头牛，仅取走四升肉，剩下的都用来供府上“士”的食用。每次到了年底的时候，田常仅取“二制”，也就是两匹布帛，剩下的则分给“士”做衣服穿。如战国初期的魏文侯礼贤下士，有一大批知识分子跟随着他。到了战国中期齐威王、宣王的时候，在都城临淄西门外设立了稷下学宫，招揽天下才士在这里著书立说、议论朝政。以至于到了后来的战国“四公子”（即齐国的孟尝君、魏国的信陵君、赵国的平原君、楚国的春申君），他们“养士”都有千人之多。战国后期秦相吕不韦，也有“食客三千”，而且大多都有一技之长。“士”中许多优秀人物得到了重用，甚至封侯拜相，如商鞅、吴起等，学术活动也得到了资助与鼓励。

这时各诸侯国都致力于富国强兵，对学术研究采取了较为宽松的政策。特别是在战国时期，学术自由之风非常兴盛。这就为“士”著书立说、发表个人的意见创造了良好的条件，进而也大大促进了战国时期的思想解放。

百家争鸣主要典型的例证便是设在齐国的稷下学宫。

战国时期的齐国，经济发达、政治开明，有着良好的文化政策，士人们在齐王处可以得到优厚的物质待遇，这便吸引了当时几乎所有的著名学派栖居于稷下。稷下学宫也成了百家争鸣最为引人注目的学术场所。这使各诸侯国非常羡慕，便纷纷效仿，这几乎成为了当时社会的一种模式。

稷下学宫的兴盛衰败，与田齐政权相伴始终，二者密切相关。现在学术界最为普遍的看法是：稷下学宫创建于田氏取代姜族，夺取齐国政权后的第二代国君齐桓公时期；发展于齐威王时期；兴盛于齐宣王时期；中衰于齐闵王时期；中兴于齐襄王时期；亡于齐王建；直到秦灭齐国，存在了 150 多年，对后世乃至今日都产生了巨大的影响。

稷下学宫由田齐王朝所兴办，其直接的原因便是政治需要。田氏代齐后，历代君主都发愤图强，励精图治，以谋称霸各诸侯国。稷下学士为田齐君主制造舆论、设计蓝图、拟定典章制度，客观上也是对田齐统治政治需要的需求。因此，稷下学宫首先是一个智囊团性质的机构，其次就是炫耀国力，标榜礼贤下士，吸引人才。这就为学术交流、文化传播以及百家争鸣创造了优越的政治环境，所以稷下学宫又带有社科院的性质。

稷下学士最主要的活动特点便是“不治而议论”，这一特点体现了当时学宫鲜明的政治性。“不治”也就是“不任职”，学官虽然有上大夫的头衔，但并不担任实际职务。“议论”，就是议论时政、国事、治乱之策，以为田齐统治者提供决策依据，实现所谓智囊团的功能。而他们所议论朝政，是在宽松自由的环境中所进行，对田齐统治者的政治活动提出批评意见和决策参考建议，并没有多少阿谀奉承、溜须拍马的情况，这对田齐国力的增强，有着积极的作用与意义。

同时，稷下学宫各学派的学者也利用田齐所提供的优良政治环境，潜心研讨，互相争鸣，以取长补短，逐渐丰富和发展了各自学派的学说，对中国文化的融合有着积极的意义。这一时期产生了很多不同学派有名的著作，有些著作也在稷下学宫得以补充丰富。据《汉书·艺文志》记载，这些学派有黄老学派，也有儒家、法家、阴阳家等等。而稷下先生以及各派著名学者往往是带着弟子们一起聚集到这里。稷下先生与各派著名学者在学宫传道、授业、解惑，培养出大量人才。比如荀子 15 岁便到此学习，后来成为了稷下的学术大师。孟子两次来到稷下讲学，时间长达 30 年，被授予上卿。据《史记·田敬仲完世家》记载，齐宣王时稷下名士就有千余人，有成就者不胜枚举。《战国策·齐策》中记载，齐国政权对这些才能之士，经常会录用为各级官吏，让他们直接参与齐国的政治活动。

刘向在《别录》中也有记载："齐有稷门，城门也。谈说之士期会于稷下也。"这里便是说各派学者经常会有定期的学术例会。每逢例会举行，各学派都要推选出代表，阐发学术观点和政治主张，批驳与他们观点不一致的学派。这就直接为各学派提了学术交流与争鸣的机会，为丰富、发展各家学说，以及获得政治上的重视有着积极的意义。各学派争鸣的议题更是非常广泛，既有不同学术观点的诘难，又有对不同政治主张的阐发，也有对宇宙奥秘的思考。稷下学宫作为战国百家争鸣的主要基地，这类学术报告例会是百家争鸣的完整体现。

无论是战国早期魏国的"西河之学"，或者是战国中期齐国的稷下学宫，还是战国晚期吕不韦以3000门客编著的《吕氏春秋》，所实行的学术政策都非常宽容。各国对"士"都给予了十分优厚的待遇，以齐国威王、宣王时期的稷下学宫最为突出。这时的稷下学宫是当时社会学术文化的中心、百家争鸣的发源地。田齐政权虽然提倡黄老学说，但对各家学说并不排挤打击，而是采取兼容并包的方式，礼遇有加。学者们可以自由讲学、著书立说和议论时事。比如儒家大师孟子与齐威王、宣王政见不同，但在稷下学宫深受重视。齐宣王也曾多次向孟子问政，甚至是像齐伐燕这样的重大决策，也向孟子征求意见。虽然因政见不和，孟子离开了齐国，就在离开之前，齐宣王还尽量挽留他。"欲中国而授孟子室，养弟子以万钟"，即齐宣王打算给孟子建造一座房子，以资助他开课授学。

春秋战国时期诸侯对"士"的政策非常宽容，允许其"合则留不合则去"。"士"就好像鸟儿一样，可以"择木而栖"，这就大大促进了各国人才的流动。比如商鞅在魏国并没有得到重视，后来西行入秦，封官拜相。又如邹衍本是齐国人，在稷下学宫位列大夫，但他不满齐闵王的暴政，而去了燕国，被燕昭王封为太师。到了齐襄王的时候，邹衍又回到稷下学宫讲学，并在齐王建时作为齐国使者出使赵国，并未受到非议。再如吴起一生中曾在鲁、魏、楚等国为官，每当遭到诬陷便另寻明主。诸如此类的例子还有很多，在春秋战国这种特殊的历史环境中，为诸子百家的形成和“百家争鸣”局面的出现创造了良好的条件。

在这种自由的学术环境中，稷下先生们敢于冲破旧传统的思想束缚，勇于探求与创新，为学术的发展做出了巨大的贡献。因此，各家各派的著作就如同雨后春笋般涌现出来。这个时期，各种观点相互并存，相互诘难，这就形成了“百家争鸣”的学术繁荣现象。

百家争鸣出现的原因可以概括为以下几点：

1. 政治因素。当时的社会正值大变革，动荡不安，各诸侯国纷争林立。各诸侯国国君为了在争斗中夺得霸主的地位，竞相招纳贤士，利用不同的思想学说以求强盛国力，这就给百家争鸣创造了一个宽松的学术氛围。

2. 经济因素。随着当时经济的不断发展，某些人逐渐成为有闲阶层，也就有时间从事自己的学术活动。

3. 科技因素。这一时期，科学技术取得了长足的发展，例如天文学、数学、光学、声学、力学、医学等方面在当时的世界都达到了领先水平。这些科技成果标志着人们认知水平的提高，丰富了人的物质生活与精神世界。

4. 文化因素。随着周王室势力的衰败，饱学之士流落到了各诸侯国，其直接结果便是打破了“学在官府”的旧局面。原本贵族所垄断的文化学术，开始下移到民间，以至于“私学勃兴”。

5. 学术自由因素。各学术团体与政治权势是相互对立的关系，并不依存。各学派虽然是从不同的社会集团利益出发，但他们并非是政治势力的附庸，也并非依附于某个政治权势集团，而是“用我则留，不用我则去”。此外，各学派之间以及同一学派的不同流派之间，虽相互斗争，但互有借鉴，这也是促成百家争鸣的另一重要因素。

从三家分晋到战国七雄

东周时期，因诸侯之间相互兼并，导致某些诸侯国土地不断扩大。当时，食采邑的贵族有两类：一类是国君的儿子，按周礼规定，嫡长子得以继承君位，其余众子食采邑做大夫，如鲁国的三桓，郑国的七穆，齐国的高、国、崔和庆等；一类是立有战功或政绩卓越的异姓人，如晋国六卿中范氏、赵氏和齐国陈（田）氏等。大夫的采邑与名位都是子孙世袭制，国君会在大夫子孙中选出一人或数人做卿，辅佐自己治理国家。后来，华夏诸侯国，如晋、齐、鲁、宋、郑和卫等国的卿也成了子孙世袭制。发展到后来，几家世卿几乎把持了国家政权，某些“私家”（大夫）变为强宗，而“公室”（诸侯国君）则逐渐式微。公元前 562 年，鲁国被季孙、孟孙和叔孙三家瓜分。到公元前 537 年，三家又四分公室，季孙得二，孟孙、叔孙各得一，季孙私属甲士已达 7000 余人。

在周朝初期的所有封国中，当属晋国的面积最大、力量最强，最有资格统一中国。后来，晋国实权渐渐落到范、中行、赵、魏、韩和智六家手中，但他们之间争权夺利而互相攻战。后来只剩韩、赵、魏和智四家，其中又属智伯瑶势力最大、最有野心。为了侵占韩、赵和魏三家的领土，智伯瑶把赵襄子、魏桓子和韩康子请到家中，设宴款待。席间，智伯瑶说：“晋文公时期，晋国是中原霸主，后来霸主地位被吴和越抢去。现在，为了重振我们晋国的雄风，我希望我们每家献出 100 里土地给国君。”

韩康子害怕得罪智伯瑶，便首先表示赞同，把韩家土地和 1 万家户口交给国家；魏桓子虽然不愿意，但自己势单力薄，也不敢得罪智伯瑶，所以也愿把百里土地和9000家户口交给国家；过了一会儿，智伯瑶见赵襄子一声不吭，便以言语相威胁。赵襄子非常气愤，说：“土地是祖宗留给我的遗产，将它送给别人，我实在不敢打祖宗的主意。”智伯瑶听后当即翻脸，和赵襄子争吵不休。赵襄子最终拂袖而去。

没过几天，智伯瑶起兵攻打赵襄子，并亲自率领中军，让韩为右军，魏为左军，三军直奔赵城。赵襄子寡不敌众，节节败退，最后逃到晋阳（今山西太原）闭关固守。整整打了两年的仗，智军就是无法攻破晋阳。

智伯瑶看无计可施，十分恼火。一天，智伯瑶到晋阳周边察看地形，发现晋阳城东北有条河，水势湍急。他当即就想出了筑坝蓄水、水淹晋阳全城的办法。

大水冲击晋阳城后，赵襄子和谋士张孟谈探讨对策，说：“目前百姓情绪还算稳定，可只要水势再往上涨，全城就难保了，这可怎么办呢？”张孟谈分析说：“攻城不如攻心。我看韩和魏把土地让给智家，都是不情愿的。或许我们可以派人游说，把韩和魏两家争取过来，一起对付霸道的智伯瑶。”

赵襄子同意后，当夜就派张孟谈出城，直奔韩、魏两营。攻打赵襄子的这段时间，韩和魏两位大夫很是担忧自己的前途，经张孟谈一说，都同意合力对付智伯瑶。

第二天深夜，智伯瑶在营帐里睡得正香时，突然听见一阵喊杀声。他起来一看，发现床下全是水，便以为大堤决口的水从晋阳城漫过来了，心里万分高兴。可走出帐外一看，他就傻眼了，整个兵营一片汪洋。士兵们给突如其来的大水吓得惊慌失措，乱作一团。还不等智伯瑶缓过神来，韩、赵和魏三家大军便从四面八方冲杀过来，打得智家军措手不及。智家军被砍死和淹死的人不计其数，智伯瑶也死于乱军之中。

韩、赵和魏大败智家军后，乘势瓜分了晋国土地。公元前 403 年，三家派使者去见周天子，要求封他们为诸侯。周天子见木已成舟，只好同意，封韩康子、赵襄子和魏桓子三人为诸侯。

此后，韩、赵和魏都成了中原大国，并与秦、楚、燕和齐合称为“战国七雄”。

商鞅变法

战国初期，秦国内政混乱，国力渐渐衰落，社会动荡不安，外交地位很低。当时，魏国因国力强大，常常侵犯秦国。

公元前 361 年，秦献公的儿子嬴渠梁即位，称秦孝公。秦孝公即位后，决定求贤变法，征召人才，励志图强。卫国的没落贵族公孙鞅（即商鞅）听说这个消息后，立即赶往秦国。商鞅到秦国后，通过秦孝公的宠臣景监引荐，见到了秦孝公。他向秦孝公讲述霸王之道后，秦孝公极其佩服，于是决定重用商鞅，为秦变法。

公元前 356 年，商鞅开始在秦国施行变法，史称“商鞅变法”。虽然变法得到了秦孝公的支持，但商鞅深知，新法要在全国得以顺利推行，必须先取信于民，否则定会失败。为此，他想出了一个办法，这个办法就是历史上著名的典故“徙木立信”。商鞅派人把一根 3 丈长的木头立在南门，并发布告示：要是谁把木头搬到北门，就赏给 10 金。但人们都不相信做这么简单的事能得到这么高的酬劳，所以一直没人去搬。后来，商鞅便把赏金提高到 50 金。当时，人群中走出来一个人，把木头搬到了北门，果然拿到了那 50 金的赏钱。后来，这事很快传开，人们对商鞅建立了信任。取得信任后，商鞅立即公布了变法内容：

1. 改革户籍制度，实行连坐法。农民分成十家一什，五家一伍，并按照编制编入户籍。只要一家犯罪，另外九家必须把其告发。若不告发，则十家同罪，一并腰斩。若是告发，则给予奖赏。这一法律的制定与实施，取得了巨大的成效，使秦国“道不拾遗，山无盗贼，家给人足，乡邑大治”。

2. 重农抑商，奖励耕织。就是生产以农业为主，商业为辅。此外，还规定凡一户人家有两个儿子，儿子成人后各自为家，否则就要缴纳双倍赋税。

3. 奖励军功，按功授爵。商鞅把爵位分为20个等级，级别的晋升以在战场上立功为前提，砍下敌人一个脑袋，晋爵一级；斩敌首两个，晋爵二级。这一规定激起了广大官兵对爵禄、田宅、税邑、隶臣等物质利益的巨大欲望，从而大大增强了秦国军队的战斗力。

4. 统一度量衡。商鞅规定的1标准尺约合现今的0.23米，1升约合现今的0.2升。此外，商鞅还统一了斗、桶、权、衡、丈和尺的度量衡。度量衡准则统一后，为全国的经济和文化交流活动提供了便利的条件。

5. 推行县制。商鞅废除了分封制，以县为地方行政单位，设县令以主县政，设县丞以辅佐县令，设县尉来掌管军事；县下辖若干都、乡、邑和聚。这一改革从根本上加强了中央集权。

6. 废井田，开阡陌封疆。“阡陌”，指的是“井田”中间灌溉的水渠以及与其相应的纵横道路。纵向分布的称为“阡”，横向分布的称为“陌”。“封疆”只能是贵族受封井田的界限。总的来说，“开阡陌封疆”就是把标志土地国有的阡陌封疆去掉，废除奴隶制土地国有制，实行土地私有制，相当于今天的土地承包制。这一规定用法律的形式确立了土地私有，调动了农民的积极性。

商鞅的一系列变法，给秦人灌输了一个思想：人生只有两件大事，即耕田和打仗。商鞅通过给秦人灌输这样的思想认识，让秦国的农业不断发展，为秦国统一六国打下了坚实的物质基础。

在那个以农业为主的时代，商鞅通过严谨的法律实现了对农业的宏观管理。这种管理在当时可谓是一种“后现代”的理念，即使在今天看来，也是较为先进的。在先进的管理模式下，秦国国富兵强，生产力在七国之中遥遥领先。

然而，尽管秦国有发达的农业，但其有限的领土仍无法支撑一支规模越来越庞大的军队。为此，丞相张仪和大将司马错在咸阳宫还发生了激烈争论，争论的焦点是该先夺取西面的巴蜀还是攻打东面的韩国。最后，秦王采纳了司马错的建议，觉得巴蜀是一块富庶之地，可以用巴蜀的资源来养活自己强大的军队。随后的历史也证明了这一点，这个颇具远见的决定使秦国很快强大起来，为以后统一全国铺平了道路。

合纵与连横

没有永久的朋友，只有永远的利益，这是战国时期各国间的关系。这不仅是个群雄争霸的时代，也是个百家争鸣的时代，中国文化的发展，在战国时期达到了前所未有的顶峰。期间出现了很多谋士，他们奔走于各国之间，游说各方诸侯。在众多的纵横家中，苏秦最为成功。苏秦在外游历多年，穷困潦倒，一事无成。回家后，他的所有亲人都讥笑他，说他不好好在家待着，非要到处跑，却只有卖弄口舌的本事，活该沦落到这么狼狈的地步。苏秦觉得很羞愧，于是便将自己锁在屋里，把藏书又看了一遍。一天，苏秦感叹道：“我刻苦这么多年，读了这么多书，却不能用所学的东西去谋取富贵，读书有什么用啊！”话是这么说，但苏秦并没有气馁和灰心，而是更加投入地去研究一本叫《阴符经》的书。一年后，他终于悟出了许多揣摩人心理的诀窍，认为自己发现了诸侯国君所期望的治国之术，现在可以再次出道了。

苏秦首先去拜见了周天子周显王，可周显王身边的人看不起他，周显王本人也不信任他。苏秦无奈，只好西行前往秦国。

这时，秦国的秦孝公已死，秦惠公即位。苏秦对秦惠公说，秦国的地理位置非常优越。东边有黄河，西边有汉中，南面有巴蜀，北边是代地，四面环山，是一个易守难攻的国家。秦国占有这么好的地理位置，完全可以凭精锐的军队灭掉六国，统一天下。可秦惠公一向非常讨厌说客，便婉言谢绝了他。

接着，苏秦又来到赵国，但仍不被欣赏。苏秦只好匆匆离开，又赶往燕国。见到燕文侯时，他说："燕国土地肥沃，兵强马壮，粮草充足。东边有辽东各族，西有云中和九原，南面有赵国作为屏障，北边有林胡和楼烦等族。大王应当和赵国结盟，一起对抗劲敌秦国。原因很简单，燕国离秦国远，而离赵国近。秦国如果攻打赵国，必须从千里之外赶来，而赵国若想攻打燕国，就像在自己门前作战一样。因此，大王你要是能和赵国结好，同时让其他诸侯也加入联盟抵御强秦，燕国就可保千秋万世了。"

苏秦提出的这个策略叫"合纵"。"合"指的是联合；"纵"指的是南北。总的来说，"合纵"就是南北六国联合起来，一同对付渐渐强大的秦国，所以也叫"合众弱以抗一强"。

至此，苏秦算是遇上了自己的伯乐。燕文侯听后很赞成他这个主张，于是给了苏秦一笔重金，让他继续去游说强大的赵国和齐国。

苏秦再一次来到赵国，他对赵肃侯说："一个国家的君主，最大的职责就是要让自己的国家太平，使自己国家的百姓安居乐业。但在这个战火连天的时代要做到这一点，必须有个前提，那就是要选好邦交，选准自己的朋友。如果选到了损友，国家便不可能得到安宁。目前，就形势而言，赵国的处境很危险，西面是强秦，东面是强齐，简直是腹背受敌。要是赵国能和韩、魏、齐、楚和燕等五国结盟，共同对抗秦国，秦国一定不敢从函谷关出兵侵犯赵国。那么，大王您的千秋基业就可以保住了。"

赵肃侯听后，顿时如醍醐灌顶，觉得苏秦很有见解。于是，赵国也送出财宝和车马给苏秦，请他继续游说各诸侯国加入“合纵”。

接着，苏秦相继到了韩国、魏国、齐国和楚国，最终使六国达成了“合纵”意向，共同对付秦国。六国约定，要是秦国攻打其中一国，其他五国必须出兵救援。如果其中一国不信守诺言，其他五国则共同讨伐背叛盟约的国家。在六国联盟中，苏秦被六国任命为相，佩带六国相印，出任“纵约长”，代表六国利益。

在那个谋士辈出的年代，有人“纵”，就有人“横”。当时，苏秦有个同学叫张仪，他们曾同在鬼谷子先生门下学习。张仪的学问远在苏秦之上，但苏秦为“纵约长”时，张仪还一无所成。一次，老同学张仪闻得此讯后前来拜见苏秦。苏秦为了激励张仪，便对他冷嘲热讽，不予收留。可惜，这是一个致命的错误，张仪满怀希望而来，没想到被搞得灰头土脸，所以一怒之下投奔了秦国。

在秦国，张仪得到了秦惠文王的重用。公元前328年，张仪出任秦相，开始实行他的“连横”战略，以破坏六国“合纵”的抗秦策略。苏秦创“合纵”之法，张仪则以“连横”之术拆台，两人共同导演了战国末期群雄混战的大戏。

秦汉时期

秦始皇统一天下

秦始皇（公元前 259—前 210 年），嬴姓，名政，秦庄襄王之子，出生于赵国首都邯郸（今河北省邯郸市），中国历史上第一个大一统王朝——秦王朝的开国皇帝。公元前 247 年，年仅 13 岁的嬴政即王位是为秦王。因为秦王年幼，由太后和吕不韦共同辅佐他治理朝政。

秦王九年（公元前 238 年），22 岁的嬴政在故都雍城举行了国君成人加冕仪式，开始亲政。他先后除掉吕不韦、嫪毐等人，重用李斯、尉缭。

从公元前 230 年至公元前 221 年，秦王制定了远交近攻、分化离间、合纵连横的策略，逐步发动秦灭六国之战。先北取赵、中取魏、南取韩，然后再进取燕、楚、齐。先后于秦王十七年（公元前 230 年）灭韩、十九年（公元前 228 年）灭赵、二十二年（公元前 225 年）灭魏、二十四年（公元前 223 年）灭楚、二十五年（公元前 222 年）灭燕、二十六年（公元前 221 年）灭齐。建立了中国历史上第一个大一统、多民族、中央集权的专制主义国家——秦帝国。

在登上秦国王位的第 26 个年头，秦王统一了中国。时天下初定，39 岁的秦王要做的第一件事，就是重新给自己确定一个称号。

春秋战国时期，各国诸侯都被称为“君”“王”。战国后期，秦国与齐国也曾一度称“帝”，不过这一称号在当时并未流传。秦王一统天下后，认为过去的这些称号都不足以显示自己的尊崇，“今名号不更，无以称成功，传后世”，遂下令满朝大臣们商议称号。

经过一番商议，丞相王绾、廷尉李斯、御史大夫冯劫等人认为，秦王“兴义兵，诛残贼，平定天下”，功绩“自上古以来未尝有，五帝所不及”。他们引据传统的尊称，说“古有天皇，有地皇，有泰皇，泰皇最贵”，建议秦王采用“泰皇”头衔。然而，秦王却并不满意。他只采纳了一个“皇”字，因有“三皇五帝”而在其下遂又加一“帝”字，将“皇帝”这个新头衔授予自己。从此之后，“皇帝”就成为中国封建统治者至高的称谓。

“皇帝”称谓的出现，不仅仅是在名号上简单的变更，还反映了一种新的统治观念的产生。在古代，“皇”即是“大”的意思，人们对神明与祖先，有时候就称之为“皇”；“帝”是上古人们想象中能够主宰万物的最高天神。秦始皇将“皇”和“帝”两个字相结合，不仅说明了他想表达其至高无上的地位与权威，此乃上天所给予，即“君权神授”；还反映了他并不满足作为人间的统治者，还要当神。可见，“皇帝”这个称号，乃是秦王神化君权的一个产物。

据《史记·秦始皇本纪》记载：秦王是中国历史上第一个皇帝，自称“始皇帝”。他又规定，自己死后皇位家天下，后继者则沿称二世皇帝、三世皇帝，直至万世，他梦想着皇位永远由他一家继承下去，“传之无穷”。

秦始皇采取了一系列“尊君”的措施，将皇帝的地位神圣化：

1. 取消谥法。谥法起源于西周初年，是在君王死后，将其生平事迹，给予带有评价性质的称号。秦始皇认为，像这样后世议论祖先、臣子议论国君，太不像话，没有意义。他宣布废除谥法，不准后代臣子评价自己。

2. 天子自称为“朕”。“朕”与“我”的意义相同，秦以前一般人均可使用，但秦始皇规定只有皇帝才能自称为“朕”。

3. 皇帝的命令称“制”或“诏”。

4. 避讳（即文字中不准提及皇帝的名字）。文件中若遇到“皇帝”“始皇帝”等字句时，须要另起行顶格书写。

5. 皇帝使用的、以玉质雕刻的大印才能称之为“玺”。

以上这些规定，目的在于突出皇帝的特殊地位，强调与世人的不同，强化皇权在人们心中的神秘感。秦始皇幻想凭借这些措施，使他的皇帝之位在其子孙后代中，千秋万世地传承下去。

为了将国家有效的管理起来，也为了替子孙后代奠定基业，秦始皇汲取了战国时期设置官职的具体经验，建立了一套相当完善的中央集权制度与政权机构。

1. 中央机构：中央设丞相、太尉、御史大夫。丞相为两名，分管政事。太尉掌军事，不常置。御史大夫是丞相的副手，掌管图籍秘书，并负责监察百官。

丞相、太尉和御史大夫以下，设立分掌具体政务的诸卿：掌宫殿掖门户的郎中令，掌宫门卫屯兵的卫尉，掌京畿警卫的中尉，掌刑辟的廷尉，掌谷货的治粟内史，掌山海池泽之税和官府手工业制造以供应皇室的少府，掌治宫室的少府，掌国内民族事务和外事的典客，掌宗庙礼仪的奉常，掌皇室属籍的宗正，掌舆马的太仆等。丞相、太尉、御史大夫和诸卿议论政务，皇帝做出最后的裁决。

在此之外，秦代还设立了一些比较重要的官职，比如“掌通古今”的博士，即通晓古今以备皇帝咨询，同时负责皇家图书的收藏；与典客一样主管少数民族事务的典属国，不同的是典客主管的是与秦友好的少数民族的交往，而典属国则负责已经投降秦朝的少数民族；管理皇后和太子事务的詹事；负责宫殿建造的将作少府。秦王朝建立的中央集权机构中的政权机构，一直为后世历代王朝所仿效。其中汉代的“三公九卿”制，基本上就是仿照秦制。

2. 地方机构：秦始皇一统六国后，采纳李斯等的建议，废除分封制，改行郡县制。地方行政机构分为郡、县两级，郡县主要官吏均由中央任免。

郡设守、尉、监（监御史）。郡守为郡最高领导。郡尉辅佐郡守，并主管兵事。郡监司负责监察之事。秦始皇将全国分成36郡，后来又陆续增设至41郡。

县，拥有万户以上者设令、万户以下者为长。县令、长均有丞、尉及其他属员。县令、长主管政务，县尉掌管军事，县丞掌管司法。

县以下设乡，主要负责摊派徭役，征收田赋，查证本乡被告案情，参与对国家仓库粮食的保管工作。乡设三老以掌管教化，啬夫掌诉讼与赋税，游徼为负责治安。

乡下为里，是最基层的行政单位。里设里典，后世称里正、里魁，以"豪帅"（即强有力者）为之。里中设置了严密的什伍户籍组织，方便支派差役，征纳赋税。并规定互相监督告奸，若有一人犯罪，邻里皆要连坐。此外还有主管治安、禁盗贼的专门机构，称之为亭，亭设有长。亭除了主管治安之外，还负责接待来往的官吏，以及为政府输送、采购、传递（文书）等事。两亭之间的距离，大约为10里。

3. 书同文：夏商以来，文字开始逐渐普及，金文作为官方文字，形制比较统一。但是与春秋战国时期的兵器、陶文、帛书、简书等所篆刻的民间文字，却存在着非常大的差异。这种状况严重地妨碍了各地经济、文化的交流，也影响了中央政府政策法令的推行。秦统一中国后，秦始皇下令李斯等人开始进行文字的整理与统一工作。

李斯以战国时期通用于秦国的大篆为基础，汲取齐鲁等地通行的蝌蚪文，借用其笔画简单的优点，创造出了"秦篆"，这是一种形体匀圆齐整、笔画简略的新文字。"秦篆"又名"小篆"，作为官方规范文字，同时把其他异体字废除。有一位名叫程的衙吏因犯罪被关在云阳监狱，在坐牢的10年时间里，他将当时字体演变中出现的一种变化（后世称为“隶变”），进行总结。此举颇为秦始皇所赏识，于是将他释放，擢升为御史，命其“定书”，制定出一种新字体，于是“隶书”诞生了。隶书改变了古体汉字的传统，奠定了楷书形成的基础，大大提高了书写效率。

秦始皇下令将文字统一与简化，是对我国古代文字发展、演变做的一次系统性总结，也是一次宏大的文字改革，对我国文化的传承与发展做出了巨大的贡献。

4. 度同制：战国时期，各国的度量衡制度和货币制度并不一致。秦统一后，将货币分为金和铜两种：黄金称上币，以镒（秦制 20 两为一镒）为单位；铜钱称下币，统一为圆形方孔，以半两为单位。金币主要用于皇帝赏赐，铜币作为国家主要的流通货币。

秦始皇将原先秦国的度、量、衡作为单位标准，淘汰掉与此不合的制度。秦王朝在原商鞅颁布的标准器上再加刻诏书铭文，又另行制作了相同的标准器，刻上铭文，发到全国。与标准器不同的度、量、衡，一律禁止使用。

在田制上，秦王朝规定6 尺（约合 230 厘米）为一步，240 步为一亩。一亩制一直沿用了千年而没有改变。

5. 车同轨，行同伦：战国时期，各国车辆形制并不一致。秦始皇统一全国后，规定车宽为 6 尺，一车便可通行全国。“行同伦”就是端正民间习俗，以建立统一的伦理道德与行为规范。秦王朝在这方面，给予了相当大的重视。比如公元前 219 年，秦始皇周游到泰山脚下，这里本是齐国故地，号称“礼仪之邦”。始皇命人在泰山的石上刻下“男女礼顺，一慎遵职事，昭隔内外，靡不清净，施于后嗣”（意思是男女之间界限分明，以礼相待，女治内，男治外，各尽其责，从而给后代树立好的榜样），加以表彰。公元前 210 年，在会稽刻石上留的铭文，则对当地盛行的淫逸之风，大加鞭笞，以杀奸夫无罪的条文，矫正吴越地区男女之大防不严的习俗。

通过这些改革措施，秦始皇至高无上的地位得以确立，我国封建社会的中央集权制度也逐渐形成和完善。

秦始皇焚书坑儒

秦始皇统一全国后，在政治巩固和经济建设上，遇到了很多问题。早在统一之初，便在分封诸子的问题上发生了一场极为激烈的争论。当时，以丞相王绾为首一党认为，应该将诸子分封在刚刚占领的燕、齐和楚，以此来巩固秦国的统治。但以廷尉李斯为代表的一派认为，春秋战国之所以纷争不断，就是因为西周分封制造成的后果。只有废除陈旧的分封制，才可避免这样的祸乱再重演。秦始皇斟酌一番后，采纳了李斯的意见，在全国实行郡县制。

公元前213年，也就是秦始皇三十四年，秦始皇在咸阳宫举行宫廷大宴。宴会上，仆射周青臣，面谀秦始皇，吹捧他是自上古以来最威德的一位君王。博士淳于越针对周青臣的谀词提出了恢复分封制的主张。他说："臣闻殷周之王千余岁，封子弟功臣，为自己家辅政。今天，陛下有海内，而子弟却为匹夫，卒有田常和六卿之臣等，没有一个辅助你。到发生事情的时候，怎样相救啊。今青臣又面谀，以重陛下之过，非忠臣。"

秦始皇听后，不动声色，只是让大臣们讨论淳于越说的分封制。丞相李斯首先不同意淳于越的观点，他说三代之争，就是因为儒生们学古而不学今。如不加以禁止，统一就会遭到破坏。为了树立君权的绝对权威，他向秦始皇提出了焚毁古书的三条建议：

1. 除《秦纪》、医药、卜筮、农家经典、诸子和其他历史古籍外，一律限期交官府销毁。

2. 谈论《诗》和《书》的人一律处死，以古非今的灭族，官吏们发现而不举报，与其同罪。

3. 愿意弃古而学今的人，可以以吏为师。

秦始皇听后觉得李斯的建议很在理，有利于自己巩固统治地位，于是批准了李斯的建议。第二天，焚书运动就在全国如火如荼地展开。前后不到30天，秦代以前的很多古典文献，都化为灰烬。

焚书运动后的第二年，又发生了坑儒事件。但坑儒不是焚书的直接继续，而是由于一些方士和儒生的诽谤引起了秦始皇的愤怒。秦始皇在统一全国后，一直想长生不老。方士侯生和卢生等人为了迎合秦始皇，便提出为秦始皇寻找长生不老药。按照秦国当时的法律，承诺不能兑现或所献之药无效验，当事人要被处以死刑。后来，侯生和卢生自知弄不到长生不死药，不但逃之夭夭，而且诽谤秦始皇天性刚愎自用、专横跋扈等等。当时，秦始皇怀疑一些儒生也参与诽谤和诋毁，于是亲自圈定460个儒生活埋于咸阳。这就是历史上所说的坑儒事件。

焚书坑儒所造成的后果极其严重：一是使先秦大批文献古籍被付之一炬，给中国文化造成了不可挽回的损失；二是使春秋末期以来蓬蓬勃勃发展起来的自由精神，遭到了致命打击。最后落了个“竹帛烟销帝业虚，关河空锁祖龙居”的结局。

陈胜、吴广揭竿而起

秦始皇死后，胡亥在赵高和李斯的帮助下夺得皇位。但胡亥即位后不久，国内就爆发了历史上第一次大规模的农民起义。

秦二世元年（公元前209年）七月，征发闾左（秦时贫弱农户居闾之左，富者居右）900人戍守渔阳（今北京密云）。陈胜、吴广都被征调，担任屯长。陈胜又叫陈涉，是阳城（今河南登封东南）人。吴广又叫吴叔，是阳夏（今河南太康县）人。

那时，正逢雨季，他们押粮走到蕲县大泽乡（今安徽宿县西南）

时遇上了大雨。大泽乡一带靠近淮河的支流浍河，因地势低洼，大水淹没了道路，没法继续前行。按照秦朝当时的律法，如果误了交粮的期限，就是死路一条。陈胜对大家说："我们已过了期限，横竖都是死。现在就看怎么死法，逃走是死，起来造反也是死。与其这样等死，还不如去拼杀出一条生路！"吴广认为陈胜说得对，当即便决定和陈胜起兵造反。因为当时的人十分迷信，想要号召众人起来造反，除了假借扶苏的名义外，还得采用一套装神弄鬼的方法来取得众人的信任。

第二天，伙夫从街上买回一条鱼，剖开鱼肚子后惊奇地发现里面有一块绸子，并且绸子上还用朱砂写着"陈胜王"三个字。这件离奇的事很快就在人群中传开，大家听后都觉得这是老天爷的旨意，所以都纷纷起来响应陈胜。

一天，陈胜和吴广带着一帮人，趁着押送他们的军官喝醉酒，故意去要求释放他们回家。喝醉酒的军官一听，打了吴广几鞭子，接着又拔出剑准备杀吴广。这时，全部人一拥而上，陈胜乘机刺死军官。陈胜和吴广杀死军官后，大家都觉得出了一口恶气。陈胜和吴广两人看大家都很齐心，便当即决定起义。

起义军首先攻下了大泽乡，进而攻占蕲县及其他各县。很快，陈胜、吴广在大泽乡起义的消息传布四方，附近穷苦的百姓都扛着锄头、铁耙和扁担等，纷纷赶来加入起义军，起义队伍一下子壮大起来。不久，起义军攻占陈县（今河南淮阳），陈胜在此称王，国号"张楚"，陈县成为起义军的根据地。

为推翻秦王朝，陈胜封吴广为"都尉"，命他率主力西征荥阳（在今河南中部）。但吴广久久攻不下荥阳。于是陈胜又以周文为将军，命他领兵绕过荥阳，直逼关中。周文攻破函谷关后，屯军于戏（今陕西临潼东北）。

秦二世看大军压进，即令少府章邯把修建骊山陵墓的数十万刑徒和奴隶编成军队抵抗农民起义军。同时，他又从边塞调回王离的 30 万军队，用来保卫都城。周文率领的起义军虽英勇作战，但毕竟缺乏训练，又孤军深入，所以节节败退。最终，农民军被迫退出函谷关，在曹阳（今河南灵宝东北）驻守待援。

这时，武臣的东路农民军已经在河北打了胜仗，对秦朝官吏恩威并施，接连攻克 30 多座城池。攻占邯郸后，武臣在张耳、陈余的怂恿下自立为赵王。陈胜为了顾全大局，勉强予以承认，并命他率军西上，支援周文。武臣对此不闻不顾，封陈余为大将军、张耳为丞相，公然割据自立。六国旧贵族趁机纷纷割据称王，韩广称燕王，魏咎为魏王，田儋为齐王。陈胜手下各部义军互不服从，六国旧贵族又转身变成割据者，严重削减了反秦力量，起义军陷入孤立无援而又腹背受敌的境地。曹阳的农民军与势力雄厚的秦军大战了两个月，损失惨重，又孤立无援，终以失败而告终，周文自杀。章邯乘胜猛进，占领了渑池等地。

随着反秦斗争的全面进行，起义军自身的矛盾与弱点也逐渐暴露出来。围攻荥阳的起义军发生内讧，将领田臧因与吴广意见不合，竟假借陈胜之命杀死吴广，自立为将军，以至于军心涣散。章邯乘机率领秦军直扑荥阳，田臧率军迎战章邯，兵败身亡，余部四处溃散。陈胜依旧坐守陈县，章邯率军直奔陈县，在城西与张贺所率起义军展开了激烈的野战，陈胜亲自督战。秦军接连消灭周文、田臧等部，士气昂扬，起义军最终失败，张贺战死，陈县随后也失陷。十二月，陈胜退至下城父（今安徽涡阳东南）被车夫庄贾杀害，余部便投奔了其他的反秦武装。宋留闻讯后，在南阳投降秦军。轰轰烈烈的陈胜、吴广起义历经半年，最终还是在秦王朝的残酷镇压下失败了。

项羽和刘邦

陈胜、吴广起义之后，各地的百姓纷纷响应。农民起义随即像风暴一般，迅速席卷了大半个中国。

在南方会稽郡有一支强大的起义队伍，领导这支队伍的首领是项梁和他的侄儿项羽。 项梁是楚国大将项燕的儿子，秦国大将王翦攻灭楚国的时候，项燕兵败自杀，项梁一直想重建楚国。 他的侄儿项羽身材魁梧，力大无穷，跟项梁学了很多的本领。

项梁原为下相（今江苏宿迁西南）人，因为与人结仇，躲避到了会稽郡吴中。 他文武双全，吴中的年轻人都非常佩服他，将他当做老大哥看待。 项梁经常教这些年轻人学习兵法，练习本领。 这时，他们听说陈胜起义，觉得是个建功立业的好机会，就杀了会稽郡郡守，占领了会稽郡，几天之后，就组织了一支 8000 人组成的队伍。 因为这支队伍里都是当地的青年，所以称为“子弟兵”。

项梁、项羽带着八千子弟兵渡过长江，攻克广陵（郡名，治所在今江苏扬州），接着又渡过淮河，向北进军。 一路上又有各地方的起义队伍来投奔项梁。 第二年，刘邦带着一支 100 多人的队伍，也来投奔项梁。

刘邦是沛县（今江苏沛县）人，在秦朝曾做过亭长（秦朝十里是一亭，亭长是管理十里以内的小官）。 有一次，上司要他押送一批民夫到骊山做苦工，在去往骊山的路上，每天总有几个民夫跑掉，刘邦无力阻止。 这样下去，到了骊山，刘邦也交不了差。

有一天，他把民夫们叫到一起，对大家说：“你们到骊山去做苦工，累不死也会被打死，就算不死，也不知道什么时候才能返回家乡。 我现在放你们走，大家各自去找活路吧。”民夫们非常感激刘邦，当时就有几十个民夫愿意跟着他走。刘邦就带着这些人逃到芒山、砀山（两山在今河南永城县境）躲了起来。

沛县县里的文书萧何和监狱官曹参知道刘邦是个好汉，他们之间来往不断。 等到陈胜打下了陈县，萧何便与沛县城里的百姓杀了县官，并让人到芒砀山把刘邦接了回来，请他做了沛县的首领，大家称他“沛公”。不久，张良也投到了刘邦麾下。

项梁见刘邦也是一个人才，就拨给他人马。从此，刘邦成了项梁的部下。这时各地起义军的领导权都落在六国旧贵族手里，他们彼此争夺地盘，互相攻打。秦国的大将章邯、李由想趁机把起义军各个击破。

面对这种形势，项梁在薛城（今山东滕州市南）开始整顿起义队伍。为了增强号召力，项梁听从谋士范增的建议，立楚怀王的孙子为楚王。因为楚国人对当年楚怀王受骗死在秦国一直愤愤不平，所以大家把他的孙子仍称为楚怀王。

楚河汉界

鸿门宴之后，项羽集团和刘邦集团进入了敌对的状态。刘邦听从萧何的建议，拜韩信为大将，执掌兵权，准备攻打汉中。萧何整顿后方，训练士卒。

战争开始后，由于关中的老百姓对“约法三章”的汉军本来就有好感，所以，汉军每到一处，士兵与百姓都不愿抵抗。不到三个月的时间，刘邦就消灭了秦国降将章邯的兵力，牢牢地控制了关中地区。项羽得知刘邦攻占了整个汉中，准备率兵来打。但是西面齐国的田荣也起来反抗项羽，把项羽所封的齐王赶下台，自立为王，项羽只好放弃刘邦这一头带兵去镇压田荣。

刘邦趁项羽和齐国相持不下的时候，率军东进，攻下了西楚的都城彭城（今江苏徐州）。项羽赶紧往回撤兵，双方在濉水展开了一场大战。战斗一开始，双方谁也不知道对方有多少人，打得昏天黑地，尸横遍野。到最后，汉军战败，刘邦的父亲刘太公和妻子吕氏也被楚军俘虏了。

刘邦一方面带领着残兵败将，退到荥阳成皋一带，严密布防；另一方面派韩信带领兵马向北收服了魏国、燕国和赵国的势力，又派陈平用重金挑拨项羽和范增的关系。项羽本来疑心很重，听信了谣言，真的怀疑起范增来。范增一气之下告老还乡，又气又伤心的他死在路上。范增一死，项羽身边又少了一位得力的谋士，汉军的压力也随之减轻了。刘邦又叫彭越在后方截断了楚军的运粮道，这样就有效地控制了楚军。楚汉双方就这样对峙了两年多。

公元前203年，项羽决定自己带兵去攻打彭越。临走之时，他再三叮嘱成皋守将曹咎，无论如何也要坚守城池不许出战。刘邦见项羽一走便向曹咎挑战，曹咎说什么也不战，后来刘邦便叫士兵整天隔着汜水辱骂楚军。曹咎受不了刘邦士兵的辱骂，渡江作战被刘邦打得大败。曹咎觉得没脸去见项羽，就自刎了。

项羽听说成皋被汉军占领，曹咎自杀，急忙赶了回来，楚汉两军在广武（今河南荥阳东北）又对峙起来。

正当刘邦想和项羽决一死战的时候，项羽派使者给刘邦传话说："现在天下不安定，都是由于你我两人相持不下造成的，你敢不敢与我比试高低，咱们别再让老百姓受牵连了。"刘邦也叫使者回话说："我愿意比文斗智。"刘邦和项羽各自出阵来，刘邦为了让项羽在楚、汉军面前威风扫地，便历数项羽有"十大罪状"。

项羽听刘邦述说自己的"十大罪状"，忍无可忍，也不回答，回头做了个暗示。大将钟离眛带领弓箭手一阵乱箭齐发，刘邦刚要回头，胸口已经中了一箭。他忍住疼痛，故意弯下身，大叫道："不好，贼兵射到我的脚趾了。"众将士急忙把他扶回营里，叫医官医治。张良怕军心动摇，便劝刘邦勉强起来，坐在车上巡视军营。项羽见刘邦没死，还能巡视军营，而楚军已经感到进退两难。

刘邦受了重伤，见双方依然相持不下，也非常着急。这时，洛阳人侯公从中调和一番，双方订下协议，楚汉双方便以荥阳东南的鸿沟（古运河名，在今河南境内）为界，鸿沟以东属楚，鸿沟以西属汉，双方各守疆土，互不侵犯，偃旗息鼓，这就是历史上著名的“楚汉相争，鸿沟为界”。协议达成后，项羽便把刘太公和吕氏放了回来。

霸王之死

楚汉议和还不到两个月，刘邦便背信毁约，将韩信、彭越、英布三路大军会合一处，在韩信的率领下，追击项羽。

公元前 202 年，项羽被汉军围困在垓下（今安徽灵璧东南），韩信在垓下的周围布置了十面埋伏。项羽的人马少，粮食也快吃光了。项羽想带领人马冲杀出去，但是被汉军和各路诸侯的人马层层包围，项羽打退一批，又来一批。项羽没办法突围出去，只好回到垓下大营，吩咐将士小心防守。

这天夜里，项羽在营帐里愁眉不展。他身边有个宠爱的美人名叫虞姬，看见他闷闷不乐，便陪伴他喝酒解愁。项羽要虞姬离开垓下，回到彭城或者她的故乡，但虞姬谢绝了。

午夜时分，只听得一阵阵西风吹来，风声里掺杂着歌声。项羽仔细一听，歌声是从汉营里传出来的，唱的都是楚地的歌曲，深深地触动了楚军士卒的思乡之情，他们不觉坐起身来，不顾严寒，走出营帐，向汉军营寨远眺起来。项羽听见四面楚歌，禁不住流下了眼泪，旁边的虞姬跟侍从也都伤心地哭了起来。

当天夜里，项羽跨上乌骓马，带了 800 个子弟兵冲击汉营，马不停蹄地冲杀出去。天亮之后，汉军才发现项羽已经突围出去，连忙派了 5000 骑兵追赶而来。项羽一路奔跑，后来他渡过淮河的时候，跟着他的只剩下 100 多人了。

但后面的追兵马上又围追了上来。项羽对跟随他的士兵们说：“我从起兵到现在已经 8 年多了，经历过 70 多次战斗，从无败绩，才做了天下霸王。今天我在这里被围，这是天要灭我，而不是我打不过刘邦。”

项羽说罢又几次冲出重围，一直退到了乌江（今安徽和县东北）边。此时，他的身边只剩下20多个人了。恰巧乌江的亭长有一条小船停在岸边，亭长劝项羽马上渡江，说：“江东之地虽小，可还有1000多里的土地、几十万人口。大王若是过了江，还可以去那边称王。”

项羽苦笑了一下说：“我当年在会稽郡起兵之时，带了8000子弟渡江。现在，他们没有一个可以回去，若是我一个人回到江东，即便是江东父老同情于我，立我为王，我也没脸去见他们了。”

项羽说完跳于马下，对亭长说道：“我知道您是位长者，我骑这匹战马已经5年了，所向无敌，曾经日行千里，不忍心杀掉它，就送给您吧。”项羽把战马送给乌江亭长后，令骑士全部下马步行，跟追上来的汉兵展开肉搏战。他们杀了几百名汉兵，楚兵也一个个倒下。项羽身受十几处创伤，最后在乌江边拔剑自刎了。

项羽死后，楚地全部向汉军投降，唯独鲁地不降。刘邦亲率大军想要屠城，兵至曲阜城下，还可以听到城中的弦歌诵读之声，认为鲁人坚守礼义，能够为君主死节，便拿出项羽的人头给鲁人观看。鲁地父老见项羽已死，这才投降汉军。当初，楚怀王曾封项羽为鲁公。项羽死后，鲁地最后投降，因而刘邦按照鲁公封号应享有的礼仪，将项羽安葬在谷城（今山东东阿南）。

刘邦为项羽发丧，洒泪而去。项羽的各支宗族，刘邦都不加以诛害。刘邦封项伯为射阳侯、项襄为桃侯、项佗为平皋侯，但都赐姓为刘。

汉武大帝

在汉高祖刘邦之后，西汉出现了文景之治的盛世，后来的汉武帝更是使汉王朝的统治达到了前所未有的高度。

汉武帝刘彻（公元前156—前87年），是汉朝的第七位皇帝，中国历史上杰出的政治家、军事家。刘彻是汉景帝刘启的第10个儿子，4岁的时候被册立为胶东王，7岁的时候被册立为太子，16岁登基，在位54年（公元前140—前87年）。刘彻承文景之治而登上帝位，为巩固统一的封建国家和加强专制主义中央集权，做出了巨大的贡献。

元朔二年（公元前127年），刘彻颁布推恩令。不久之后，又制定了左官律和附益之法，严惩那些依附于诸侯王的犯罪官吏，限制诸侯王结党营私。诸侯只可以衣食租税，不得参与政事。元鼎五年（公元前112年），汉武帝借口列侯所献酎金分量和成色不足，夺爵100多人，诸侯王、列侯的势力从此日渐衰落。为了加强皇权，汉武帝于北军设置八校尉，又设期门、羽林军。他在裁撤丞相职权的同时，又提拔了许多贤良文士和上书言事的士人，让他们参与国家大事的决策。汉武帝还把京畿七郡之外的郡国划分为13个州郡，每州派遣刺史一人，按六条问事，以考察吏治。此外，他还任用一批酷吏，以打击各地的不法豪强，维护封建统治的秩序。

汉武帝即位后不久，就着手准备对匈奴发动大规模的军事进攻。元朔二年，卫青率军大败匈奴，收复了河南地（今内蒙古河套地区）。汉朝廷便在这里设置了朔方郡、五原郡，并从内地移民10万到那里定居。元狩二年（公元前121年）春，霍去病率军俘获匈奴休屠王祭天金人，同年夏天，攻至祁连山。汉朝廷先后在河西地区设置了武威、酒泉、张掖、敦煌四郡。经过汉军的多次远征，匈奴被迫远遁漠北，此后再没战力骚扰边防。为了发动对匈奴的攻势，汉武帝还派遣张骞出使西域，沟通了汉王朝与西域各国的联系。对闽越、东瓯以及南越的少数民族政权，汉武帝利用其内部矛盾，分别加以征服，置于汉政府的直接管辖之下。与此同时，汉武帝又在西南夷地区设置郡县。汉武帝还派兵从海陆两道进攻朝鲜，设置真番、临屯、乐浪、玄菟四郡。

由于汉武帝对外常年用兵，使得国家长期积累的财富趋于枯竭，许多富商大贾开始大量囤积货物，牟取暴利。为了解决国家的财政困难，武帝除了贱卖公爵和募民入粟入奴婢拜官以增加收入外，又实行盐铁官营与均输、平准等经济措施，并法定货币官铸，府库岁入因而大大充实。汉武帝先后颁布了算缗、告缗令，以打击囤积货物谋取暴力的商贾。紧接着，武帝又开始大力治理黄河，使其几十年不再为患。由于武帝的重视，各地的水利事业也开始有了比较大的发展，关中地区的漕渠、龙首渠、六辅渠和白渠等著名水利工程，对促进农业生产都起到了重要作用。

在思想文化领域，汉武帝“罢黜百家，独尊儒术”。中国皇帝有年号，也是开始于汉武帝。他还设立太学，置博士弟子，命令各个州郡举茂才、孝廉，培养和提拔了一大批儒生充任各级官吏。但他真正重用和依靠的大臣，却多是熟习儒术而又深谙刑法的人。他还幻想长生不死，又遵从方士之言，迷信鬼神。

汉武帝晚年，农民起义在各地频频爆发。征和二年（公元前 91 年），巫蛊事件引起戾太子的武装叛乱，与政府军在长安城内混战多日，死者数万人。次年，远征匈奴的军队又几乎全军覆没。这一系列的打击，使年老的武帝深悔自己过去穷兵黩武，劳民伤财。后来桑弘羊建议汉武帝募民去屯守轮台的时候，他果断下诏拒绝了，表示不再扰劳天下。后元二年（公元前 87 年），汉武帝病死。

在中华民族的发展史上，汉武帝留下了不可磨灭的贡献：

1. 独尊儒术。汉武帝听从了董仲舒的建议，“罢黜百家，独尊儒术”，开创了中国传统主流文化之正统，在中华传统文化舞台上独领风骚 2000 余年，受到历代统治者推崇。这里要说明的是，汉武帝并没有去限制各家的发展，而是大力提倡儒家的发展，让儒家与诸子百家结合起来。例如夏侯始昌既是有名的儒学家，还精通阴阳五行；宰相公孙弘兼修儒法两家；主父偃是以纵横家起家；而耿直的汲黯、司马谈、司马迁却是以黄老学说而起家。

2.设立中朝，抑制外朝。汉朝初年，丞相大多是随刘邦打天下的功臣。而汉武帝与这些丞相颇为不合，为贯彻自己的命令，于是设立中朝以与外朝官抗衡，尚书台也是这一时期出现的。

3.建立年号。汉武帝是中国历史上第一位使用年号的皇帝。公元前113年汉武帝以当年为元鼎四年，并追改以前为建元、元光、元朔、元狩，每一年号为6年。

4.太初改历。太初元年（公元前104年），汉武帝改太初历，以正月为岁首，色上黄。

5.盐铁官营。盐铁官营从汉代一直延续下去，直到今天，这些行业主要也是由政府控制的。

6.通西域。中国将冶铁、凿井、丝绸制造、漆器制造等技术传到了西方，而西方又将黄瓜、胡萝卜、葡萄、汗血马、核桃等传至中土，历史意义重大。

7.开疆拓土。在西北方面，经过霍去病、卫青、李广利、张骞等人前赴后继的努力，西域首次与中国紧密联系起来，为后来把西域并入中国版图奠定了基础。在西南方面，大汉的军队将西南部第一次并入中国版图。而在北方，卫青与霍去病的多次出击使北疆长时间稳定，保护了京师的安全。

汉武帝刘彻是雄才大略的政治家、战略家，在他统治期间，以汉族为主体的统一的多民族的封建国家得到了巩固，中国开始以一个高度文明和富强的国家闻名于世。汉武帝也成了和秦始皇并列的千古一帝，后人常以“秦皇汉武”并称。

卫青大破匈奴

卫青是卫媪（平阳侯府中婢女）与平阳县吏郑季的私生子，少年时代被送到生父家寄养。卫青在这里深受郑季的歧视和虐待，被迫放羊，后来离开了郑家回去与母亲一起生活，并改姓卫，在平阳侯府曾为骑奴（马夫）。后来由于他同母异父的歌女姐姐卫子夫被汉武帝相中，卫青得以随着入宫当差。

后来因为卫子夫怀孕，颇遭陈皇后嫉妒，陈皇后之母馆陶长公主便派人绑架卫青，企图杀害他以报复卫子夫，但是被卫青的朋友公孙敖带人劫狱救出。汉武帝得知后大怒，于是便借题发挥，当着皇后与长公主的面提拔卫青为建章监（禁卫队长）、侍中、太中大夫，封卫子夫为夫人（地位仅次于皇后的嫔妃），并大肆封赏卫家人及公孙敖等人。卫青开始被汉武帝重用，卫氏一族也从此发迹。

传说卫青年轻的时候曾跟随主人入宫办事，在甘泉宫前遇到一位带着枷锁的犯人为他相面，说他是大富大贵之人，将来一定会封侯。而卫青则回答道："作为奴隶，不挨打挨骂就心满意足了，还提什么封侯？"

卫青与首任妻子曾育有三子，分别为：卫伉、卫不疑、卫登。后来又娶了汉武帝的姐姐平阳公主（其前夫为平阳侯曹寿，是卫青以前的主人）为妻。平阳公主与卫青结伴终生，但没有为他生儿育女，死后二人同葬于一处。

元光六年（公元前 129 年），匈奴大举进兵南下，兵锋直指上谷地区（今河北怀来）。汉武帝发兵 4 万，兵分四路，果断地任命了初出茅庐的卫青为车骑将军，同李广、公孙敖、公孙贺一起迎击匈奴。这是卫青的首次出征，但他骁勇善战，直捣龙城（匈奴人祭扫祖先的地方），杀敌 700 人后，胜利凯旋。汉武帝见四路大军除卫青凯旋外非败即退，对他赏识有加，封他为关内侯。

元朔元年（公元前128年）秋，卫青亲率3万骑兵出击雁门郡（今山西代县），斩杀匈奴数千。次年春，卫青又领兵出征云中（今内蒙古呼和浩特西南），以很小的损失围歼了匈奴白羊王、楼烦王两部，俘虏匈奴数千、牛羊百万计，收复河套地区。此战消除了匈奴人长期对京城长安的威胁，汉武帝随后在河朔地区移民屯田，并建立朔方郡，为将来对匈奴作战创立了根据地。卫青因此被封为长平侯，加封食邑3800户。

匈奴人并不甘心失败，一心要夺回失地。为了先发制人，元朔五年（公元前124年）春，汉武帝命卫青率领骑兵3万出高阙。卫青部出塞后，急行军六七百里，趁黑夜突袭右贤王部，右贤王携爱妾独自逃跑，汉军俘获匈奴1.5万人、贵族10余人、牛羊数百万头。汉武帝拜其为大将军，统领全部汉军，并加封8700户侯。卫青的三个儿子尚在襁褓之中，也被封侯，但被卫青婉拒，要求转而奖赏其部下，其部下11人故被封侯。

元朔六年（公元前123年）春夏之交，卫青两次率领10余万骑兵出击漠南伊稚斜单于大本营，歼敌过万人。但因部下苏建、赵信所部3000人遭遇单于主力全军覆没（赵信带八百随从投降，苏建只身逃出），其部将都没有得到封赏。卫青的外甥霍去病此战自领八百骑出击，俘虏匈奴单于的叔父和相国，斩敌众多，其中包括单于的祖父。霍去病从此开始被汉武帝提拔重用。

元狩四年（公元前119年）春，汉武帝以14万匹马以及50万步兵作为后勤补给兵团，由卫青与霍去病各率领5万骑兵，兵分两路，出击匈奴，远征大漠。卫青所率部队由定襄北出，目标直指单于王庭，中途却与单于本部相遇。匈奴主力试图分两路大军伏击汉军，但被卫青识破。随后卫青拜李广为前锋将军，率领3000骑兵与匈奴大军正面轮番攻击，以争取时间，包抄由伊稚斜大单于所率之3万隐伏于红树林之中的大军。 此战大败单于本部，伊稚斜大单于也于此战中中箭身亡，匈奴军队大败，汉军一直追袭了 200 余里,直至赵信城，将其彻底捣毁。 这一次战役卫青所部斩获近两万人，给匈奴以沉重打击，他也因此与霍去病同时被拜为大司马。 这次战役中，匈奴的军队基本上被消灭，从此以后，匈奴元气大伤，逐渐向西迁徙到了更远、更贫瘠的地方，匈奴人对汉朝的军事威胁彻底解除，此次战役史称漠北之战。 这也是卫青一生中最后一次出征，自此之后他便不再被汉武帝所重用了。

卫青一生曾 7 次率军出征，本部无一败绩。 他治军严明，能与士卒同甘共苦，作战勇猛，深得将士爱戴。 其中淮南王刘安的谋士对卫青的评价尤其之高，以至于淮南王谋反计划的第一步就是要刺杀卫青。

虽然卫青品德高尚，却很少能够得到别人的赞扬。 部下苏建曾向卫青建议道："大将军你功高位重，但天下的士子文人却无人称赞你。 希望将军你能像古代名将那样招集门客来夸奖你。"意思是劝他广纳门徒、收买门客以在社会上制造有利于自己的舆论。 而卫青断然拒绝道："窦婴、田蚡等人大肆收纳门客，皇帝对他们恨得咬牙切齿。 若是要结交文人、招揽高贤亲信，那就会成为皇上眼里的把柄。我们作为臣子只要做好本职工作就可以了，招什么门客。"卫青功勋卓著，但为人非常谦逊低调，从来不仗势欺人。 《史记》中曾评价他："为人仁善退让，以和柔自媚于上。"汉臣汲黯从来不对卫青礼拜，而卫青非但不生气，反而更加敬重他。 漠北之战后，功高震主的卫青被汉武帝冷落，昔日的部下都去投奔了深得皇帝宠信的霍去病，只有任安一人不肯离开他，卫青也无怨无悔，平淡地过完了余生。元封五年（公元前 106 年），卫青去世，坟墓仿照阴山的形状建筑，葬于茂陵东北方向。

王莽篡汉

西汉经过几代的发展，到了汉成帝刘骜统治时期。刘骜即位后，荒淫无度，不理朝政，朝廷大权逐渐被外戚所掌控。成帝的母亲、皇太后王政君有 8 个兄弟，除了一个死去的以外，其他人都被封了侯。其中要数王凤的地位最为显赫，被封为大司马、大将军。

王凤掌控了朝廷的大权，他的亲戚都十分骄横，唯有一个侄儿王莽与众不同，他像平常的读书人一样，做事谨慎小心，生活也比较节俭。人们都说王莽是王家子弟中最好的一个。

王凤死后，他的两个兄弟先后接替他的职位，后来又让王莽做了大司马。王莽很注意招揽人才，有些读书人慕名前来投奔他。

汉成帝死后的 10 年，汉哀帝与汉平帝先后登基。汉平帝登基时才 9 岁，国家大事都由大司马王莽做主。很多大臣都吹捧王莽，说他是安定汉朝的大功臣，请太皇太后封王莽为安汉公。王莽说什么也不肯接受封号和封地，委婉地拒绝了。

王莽越是不肯受封，越是有人要求太皇太后封他。据说，朝廷里的大臣与地方上的官吏、平民上书请求加封王莽的多达 50 万人。有人还收集了各种各样歌颂王莽的文字，使王莽的威望越来越高。

渐渐长大的汉平帝越来越觉得王莽的行为可怕、可恨，经常在背地里说些抱怨的话，这些话后来传到了王莽的耳中。有一天，大臣们给汉平帝过生日，王莽借机献上一杯椒酒。没过几天，汉平帝便得了重病，死去了，王莽假惺惺地哭了一场。汉平帝死的时候才 14 岁，没有子嗣，于是由王莽摄政，称为“摄皇帝”。第二年，王莽改年号为居摄元年。同年三月，王莽立只有两岁的刘婴（宣帝玄孙）为皇太子，号称“孺子婴”，以效仿周公摄政旧事，为篡汉自立做准备。居摄三年（公元 8 年），梓潼（今属四川）人哀章制作铜匾，内藏“天帝行玺金匮图”与“赤帝行玺某传予皇帝金策书”，假说是高祖遗命令王莽称帝。于是王莽便到高帝祠庙接受铜匮，即天子位，定国号为“新”。

王莽自立为帝后，为了巩固政权，在全国实行改革，推行新制。从居摄二年（公元7年）到天凤元年（公元14年），王莽先后进行了四次币制改革。居摄二年，他下令铸造大钱、契刀、错刀，与汉五铢钱同为四品，一齐流通于市。两年后，又改币制，将错刀、契刀、五铢钱废除，另铸一铢小钱和十二铢大钱并行流通。始建国二年（公元10年），三改币值，把货币总称“宝货”，分为钱货、金货、银货、龟货、贝货、布货，总称“五物、六名、二十八品”。天凤元年，四改币制，又实行金、银、龟、贝等货币，废除大、小钱，改行货布、货泉二品。

始建国元年（公元9年），王莽下令将全国土地改为王田，奴婢改名为私属，都不能自由买卖。还规定一家男子不超过八人而种田数额超过一井（即900亩）的，应当把多出来的田地分给九族乡邻中没有田或少田的人，本身无土地人按照一夫一妇授田百亩的制度授予田地。

同年，王莽下令制造标准的度量衡器，颁行天下，作为统一全国的度量衡标准。

始建国二年，王莽下诏在全国实行五均、赊贷和六筦法。政府在长安、洛阳等大城市设立五均官，负责管理工商业经营和市场物价，收取工商税。赊贷规定由政府办理，百姓急需生活用钱借贷可免利息、兴办产业，年利息不得超过1/10。五均赊贷和政府经营的盐、铁、酒、铸钱及收山泽税，合称为“六筦”。

除此之外，王莽对中央和地方的官名、官制、郡县地名、行政区划，也进行了多次变更。

王莽大规模的改革，并没有起到维护新莽政权的作用。相反，改制后的结果触及到大地主商人的利益，严重加剧了统治阶级的内部矛盾。制度本身的弊病，也给人民带来了巨大的灾难，因此王莽政权也很快覆灭了。

绿林、赤眉起义

新莽天凤四年（公元17年），南方发生大饥荒，饥民们被迫流落于山泽之中。新市（今湖北京山）人王匡、王凤兄弟深得饥民信任，被推举为首领，率领数百人发动起义。不久，南阳人马武、王常、成丹等也率众前来参加。他们占据绿林山（今湖北大洪山），劫富济贫，除霸安民，深得百姓拥护，被称为绿林军。这支起义军在短短数月间便迅速扩大到了数千人。地皇二年（公元21年），王莽派遣荆州牧率两万大军前往镇压，绿林军在云杜（今湖北沔阳）大败官军，歼敌千人，缴获了大量辎重装备。绿林军乘胜追击，一举攻克竟陵重镇（今湖北潜江西北），之后转战云杜、安陆（今湖北安陆北）等地。当起义军再次回到绿林山时，队伍已经壮大到了5万多人。地皇三年（公元22年），绿林山一带发生瘟疫，起义将士病死了很多。在这种情况下，起义军逐渐分成了两路向外突击：一支由王匡、王凤、马武率领，向北进入南阳郡，称为新市兵；一支由王常、成丹率领，向西南进入南郡，称为下江兵。七月的时候，新市兵进攻随县（今湖北随州），得到平林（今湖北随州东北）人陈牧、廖湛等人领导的平林兵响应，平林兵与新市兵于是合兵一处，声势更加雄震。

就在绿林军纵横于湖北、河南一带时，东方也爆发了樊崇领导的赤眉军起义。天凤五年（公元13年），琅琊（今山东诸城东南）人樊崇等率领100多人在莒县（今山东莒县）起义，他们以泰山为根据地，转战于黄河南北，得到了青州、徐州一带饥民的响应，一年之间便发展到了万余人。第二年，东海人徐宣、谢禄、杨音等聚众万人，投奔樊崇，起义队伍得以迅速扩大。另一个起义领袖吕母死后，她的部队也投奔了樊崇。起义军没有设立文书、旌旗、部曲、号令，只是以言语相互约束，共同遵守杀人者死、伤人及盗者抵罪。起义军内部分为三级组织：最高首领称三老，其次为从事，再次称卒吏，彼此之间相互统辖。地皇二年（公元 21 年），起义军与翼平连率（即北海太守）田况的军队在姑幕（今山东诸城西北）展开激战，田况军大败，被歼 1 万多人。地皇三年（公元 22 年）四月，为剿平樊崇领导的起义军，王莽派太师王匡（和绿林军中的王匡不是一个人）和更始将军廉丹率领 10 万大军从长安出发，经过定陶、无盐（今山东东平附近）南下，在成昌（山东东平西）与起义军展开激战。这次战役，双方都投入了 10 万人以上，是农民起义军与新莽政权第一次大规模的较量。因为王匡轻敌冒进，大败而逃，廉丹以及其部下 20 余名将领被杀，王匡仓皇逃跑，方才得以活命。

在这次会战中，为了与官军进行区别，起义军把自己的眉毛都染成了红色。此后，这支队伍便被称为赤眉军。成昌大捷使东方战场的形势发生了重大变化，赤眉军改变了往常被围剿的局势，乘胜向西发展，接连占领了东到莒城、西至陈留、南达汝南、北到濮阳的广大地区。

农民起义得到了迅速的发展，在社会各阶层引起了巨大震动。本来，由于王莽改制损害了豪族地主的政治、经济利益，已经引起了统治集团内部矛盾的激化，而遍及全国各地的农民起义则更显示出王莽政权已失去了保护地主统治集团的能力。各地的豪强地主与刘氏宗族开始自寻出路。他们纷纷结寨自保，甚至是聚兵反叛。如南阳郡湖阳人冯鲂，招揽军士高达万人；陈留东昏人虞延，经常身着甲胄，手下也有万人；梁国蒙人夏恭，拥兵自守。他们虽然名为抵御义军，但当起义军迅速发展以后，很多人，尤其是刘氏宗亲纷纷打出了反王莽的旗帜。在这部分人中，以南阳人刘秀最为著名。

居住在南阳的刘秀，是汉高祖刘邦的九世孙，虽然从曾祖时就不能再承继封爵，但其父刘钦曾做过县令，刘秀也是南阳地区拥有大片土地的豪族地主。王莽夺取汉室政权、排挤刘氏宗亲，特别是实行了一系列的措施，严重地侵害了他们的政治、经济利益。所以，当绿林军活跃于南阳地区时，刘縯、刘秀弟便与其周围地主李通、邓晨等人商议："王莽暴虐，百姓分崩，今枯旱连年，兵革并起，此亦天亡之时，复高祖之业，定万世之秋也。"地皇三年（公元22年）十月，邓晨于新野起军、刘縯与李通等于宛起军、刘秀起于舂陵（湖北枣阳南），这支地主武装共有8000多人，号称舂陵兵。刘秀还派宗室刘嘉与新市、平林兵首领王凤、陈牧取得了联系，相约联合作战。舂陵兵与新市、平林兵一起，合攻长聚（今河南唐县境内），杀掉新野、湖阳两尉，并攻占了棘阳（今河南南阳南），取得了初步性胜利。十一月，刘秀急于求成，进攻南阳首府、战略要地宛城，被守将甄阜和梁丘赐击败，不得已退守棘阳。地皇四年（公元23年）正月，甄阜、梁丘赐等率领10万大军横渡淳水，企图一举歼灭驻扎在这里的绿林军主力。新市、平林兵与舂陵兵同心协力，乘着夜里偷袭敌军后方，夺得大量粮草辎重。第二天，联军发动总攻，斩杀甄阜和梁丘赐，歼敌2万，王莽兵余部纷纷溃逃。联军又乘胜大败前来救援的严尤、陈茂部，继而围攻宛城。

绿林军组织并不严密，与舂陵兵之间也只是一种协同作战的关系。棘阳大捷后，联军逐渐发展到了10余万人，将领们越来越感到目前的状况已经不能适应形势的需要，建立一个统一的政权，成为了迫切的任务。在天命皇权思想的影响下，选择刘氏宗室做皇帝的意见逐渐占据了上风。刘秀也依仗舂陵兵的实力，自称柱天大将军，准备夺得皇帝位置。

南阳地主也大多欲推他做皇帝，但绿林军将领却不拥护他，他们推举了一个平庸的刘氏宗室、更始将军刘玄做皇帝。地皇四年（公元

23 年）二月初一，新市、下江、平林、舂陵等各路义军正式推举刘玄为帝，称汉，年号为更始，以公元 23 年为更始元年。历史上称这个政权为更始政权。更始政权以刘玄的族父，即刘秀的叔父刘良为三老、王匡为定国上公、王凤为成国上公、朱鲔为大司马、刘縯为大司徒、陈牧为大司空，其他将帅都封为九卿将军。从此，更始政权的组织机构便初具规模了。更始政权的建立，对全国各地的反莽义军具有很强的号召力，据史书记载："时海内豪杰翕然响应，皆杀其牧守，自称将军，用汉年号，以待诏命，旬月之间，遍于天下。"在这种大好的形势下，更始政权于三月派出多支队伍，向正北和东北方向的颍川、汝南及沛郡等地进行了大规模的进攻。成国上公王凤、太常偏将军刘秀等率军进入颍川，接连攻克昆阳（今河南叶县）、定陵（今河南舞阳）、郾（今河南郾城）等地，前锋一直攻打到距离洛阳不远的阳关一地。义军在昆阳等地缴获了大量的物资，牛马财物，不计其数，谷数十万斛，转而围攻宛城。五月，义军攻克宛城，刘玄便将宛城定为国都。

刘玄称帝，对于刘秀是一个沉重的打击，而南阳地主集团也对此非常不满，对刘玄非常不服。刘秀的部将刘稷曾公开扬言："起图大事者，伯升（刘縯字伯升）兄弟也，今更始何为者邪。"随着起义军的节节胜利，南阳地主集团与绿林军将领之间的矛盾开始公开化。早在更始政权建立之前，平林兵就曾进攻新野，但久攻不下。新野城宰宣称，只要有刘秀一封书信，便可以交出新野城。更始政权建立之后，刘玄派刘秀率军攻打新野，当刘秀率兵赶到新野城下时，新野宰果然开门投降。五月，刘秀又率军顺利攻占了宛城。后来大军西去，攻下长安。绿林军创始人王匡、王凤和张昂等农民将领，在进入长安以后，仍然保持着农民阶级的本色，在他们的管辖地区，对官僚、地主坚决进行打击和镇压。他们手下的官员都是"群小贾竖、膳夫庖人"，政权依然掌握在劳动人民手中。王匡、王凤等对刘玄的荒淫腐化，对赵萌等人的专横跋扈，非常反感，感到痛心。他们想说服刘玄离开长安，谁知消息泄露，刘玄竟动了杀机，他先后用计将农民将领诳进宫中，杀害了申屠建、陈牧、成丹等人，王匡、张昂等机警地发觉了刘玄的阴谋，仓皇逃出虎口。刘玄又派赵萌率军攻打王匡、张昂驻地。于是，更始政权的内部斗争，变成了公开的内战，双方在长安连战月余，王匡、张昂等兵败后退出长安。原来想和绿林军合作的赤眉军，看到更始政权已经变质，便向西发动了进攻，这时已经逼近到高陵。王匡、张昂于是和赤眉军联合进攻长安。已成了孤家寡人的刘玄，走投无路，只好向赤眉军投降，后来被赤眉军处死。王匡、王凤、张昂与赤眉军联合推翻刘玄政权后，仍然坚持斗争。直到公元 27 年随赤眉军一起撤出长安，在崤底、宜阳被刘秀的军队镇压下去。

东汉建立与光武中兴

王莽篡权后没多久，就爆发了农民起义。同时，一批没落的贵族和地主豪强也乘机起兵造反。汉宗室的刘缜、刘秀两兄弟在舂陵乡起兵，声势越来越大。公元 23 年，起义军推选没落贵族刘玄做了皇帝，恢复汉朝国号，年号“更始”，刘缜为大司徒，刘秀为太常、偏将军。

在后来的昆阳之战中，刘缜、刘秀两兄弟一鸣惊人，威震八方。这使得一些起义军将领十分嫉妒，为了排挤刘秀、刘缜两兄弟，他们向更始帝刘玄进谗言，说当初刘缜反对您称帝，如果现在不除掉他，将来必定成为后患。刘玄向来没主见，听信谗言后，他借犒劳军队的机会制造矛盾，使起义军内部发生内讧。不久后，刘秀的哥哥刘缜便被杀害。

刘秀听到哥哥被杀后，立刻动身前往宛城。到宛城后，他绝口不提刘缜哥哥被杀一事，既不穿孝服，也不行孝礼，照常起居，装得若无其事。刘玄看刘秀如此，实感内心愧疚。从此，他更为信任刘秀，并拜他为破虏大将军，封武信侯。

其实，刘秀心里比谁都悲痛，数年后想起哥哥被杀一事，还常常暗暗落泪。在当时，他深知仅凭自己的实力，完全不足以和平林、新市的起义军对抗。于是，采取了隐忍的策略，一方面保全自己；另一方面赢得同情，为以后的自立创造条件。

公元23年，起义军攻破长安，王莽被杀，新朝灭亡。当时，刘玄定都洛阳后，想派一名有能力的大臣去安抚河北百姓。具有敏感政治嗅觉的刘秀发现，这是一个壮大自己的绝佳机会，便向刘玄请命去河北安抚百姓。征得同意后，刘秀以大司马的身份赶到河北。他每到一处，必做三件事：接见官吏，给予厚待；平反冤狱，释放囚犯；废除王莽的体制，慰问饥民。刘秀做的这三件事深得当地民心，很多人民都纷纷起来拥戴他。

尽管如此，刘秀面对的情况仍不容乐观，因为当时的河北有三股势力：首先是王朗势力；其次，是王莽的旧部和残余势力；再次是铜马和青犊等农民起义军势力。面对如此复杂的情况，河北人刘林曾向刘秀献计，说黄河以东的赤眉军，只需决河灌之，其百万士兵便可葬于水海。但刘秀认为这种做法太过于残忍，会失掉民心，便仍然坚持实行宽柔的政策。他以德收复人心，不以威震慑人心，逐渐招揽了邓禹、姚铫、冯异和耿纯等人才，又借当地起义军的名义壮大声势，而后刘秀又联合信都、上谷和渔阳等地的官僚集团。这样一来，刘秀不仅得到了人心，还壮大了自己的势力。

在笼络军心方面，刘秀更多的是采用宽柔政策，很少施用刑罚。铜马起义军投降了刘秀后，刘秀担心本部军和起义军产生矛盾，于是令本部军回营，而自己一人来到铜马军营，为铜马军操练兵马。铜马军见刘秀如此信任他们，便甘愿为他卖命，并称刘秀为“铜马帝”。

在处理内部矛盾方面，刘秀仍坚持采用宽柔的政策。刘秀消灭王朗后，下属在王朗住所搜出了很多议论刘秀的书信。刘秀非但不看，反而将那些文书当场烧毁。为此，那些从前议论刘秀的人都觉得刘秀值得信任，纷纷投靠了他。

公元 25 年，刘秀势力强大、羽翼丰满，在众将士的一再请求下称帝，年号“建武”。因刘秀是西汉皇族的后裔，故国号仍为“汉”，刘秀就是汉世祖光武皇帝。又因刘秀所建立的汉王朝首都在洛阳，而刘邦所建立的汉王朝首都在长安，在地理位置上一东一西，故后世称之为东汉。从此，刘秀开始逐步与其他起义军争夺地盘，最终统一天下。

在刘秀的政治生涯中，他柔道治天下的策略和思想起到了很大作用。此外，刘秀还极善于找出别人的优点，给予褒奖。公元 27 年，赤眉军的樊崇和刘盆子向刘秀投降。此前，两人都非常暴戾，对老人、弱者也毫不留情。刘秀接受他们投降后，却称赞他们做了三件好事：攻破城池，行遍全国，却没有抛弃故土的妻子；以刘氏宗室为君主，没有篡位之想；危急时刻没有像其他贼寇一样，拿自己君主的头颅去讨好敌人。两人听了刘秀的褒奖后，深感惭愧，于是痛改前非。

在处理将领之间矛盾时，刘秀也非常在行。常常好言相劝，不让他们互相争斗，并告诫群臣“在上不骄，做事要兢兢业业，如履薄冰，如临深渊，日慎一日”等。刘秀的这些告诫在一定程度上扭转了官场上的某些风气。

在行政和执法方面，刘秀始终实行轻法缓刑，重赏轻罚，绝不轻易杀戮将士。

东汉建立后，刘秀的怀柔政策始终没有改变。致使东汉初年政局稳定，经济发展迅速，人口逐渐增长，史称“光武中兴”。

黄巾起义与群雄割据

东汉末年，由于外戚和宦官专政，百姓生活在水深火热中。后来，一部分活不下去的百姓便聚众起义，从汉安帝到汉灵帝期间，各地共发生了大小起义 60 多次。

这个时期和春秋战国时期一样，是一个英雄辈出的年代。当时，在冀州巨鹿（今河北平乡西南），有张角、张宝和张梁三兄弟，他们共同创立了一个叫“太平道”的民间宗教。传教之初，张角派兄弟张宝、张梁和弟子周游各地，一面治病，一面传道。10 年后，太平道传遍了全国，全国百姓几乎人人皆知，各地的教徒发展到几十万人之多。张角看各方面时机已经成熟，便把全国八个州的几十万农民组织起来，分为三十六方，大方 1 万多人，小方六七千人，并在每方中选出一个首领，由自己统一指挥，发动起义。当时，张角自称天公将军，张宝称地公将军，张梁称人公将军。因张角的起义军头上都裹着黄巾作为标志，所以又被称为“黄巾军”，他们的起义称“黄巾起义”。起义发起不到 10 天，各地起义军就从四面八方向洛阳涌来，各郡县的告急文书犹如雪片一样飞向洛阳。

为了对抗浩浩荡荡的起义军，汉灵帝慌忙召集大臣商议，下令平定黄巾军叛乱。为了能更快、更有效地镇压起义军，汉灵帝把军权下放到地方。这些举措，虽然减慢了起义军在全国蔓延的速度，但是却造成了地方轻视中央的局面。大部分州郡将军在平乱过程中不断扩大武装力量，而后相互攻杀，抢夺地盘，造成了人人割据一方的混乱现状。当时，在各个割据政权中，当属袁绍和曹操势力最大。这两股力量在相互斗争过程中，都打着拥护皇帝、恢复汉室的旗号。这样的局面导致汉献帝刘协从登基那一刻起就注定是一个悲剧帝王，他在豪强军阀的争夺和挟持下，东奔西走，颠沛流离。后来，在国舅董承的帮助下，几经周折才又回到洛阳。可此时的洛阳，已被董卓一把火烧成了废墟。

汉献帝返都的消息传出后，在群雄中引起了强烈反响。但最终还是先发制人的曹操得以挟天子以令诸侯。对曹操而言，得到天子是他政治上的一大成功。他用这个优势，东征西讨，开始了他歼灭群雄统一北方的伟大征程。

当时，曹操的处境很不好，简直是四面受敌：北边是占有冀、并、幽和青四州的袁绍；东南是占据扬州的袁术；东方是占有徐州的吕布；正南方是占有荆州的刘表；西边是关中诸将。此外，张绣投降刘表后，驻军宛县（今河南南阳），对许都形成威胁。

建安三年（公元198年）九月，曹操起兵东征吕布。三个月后，吕布的部将侯成、宋宪和魏续生擒吕布谋士陈宫，归降曹操。吕布一看大势已去，便下城投降曹操。曹操杀掉吕布后，又收降了吕布的部将张辽、臧霸和孙观等人，基本控制了徐州。

但曹操的劲敌并非当时的第一猛将吕布，而是北边的袁绍。曹操早已料到他和袁绍之间必有不可避免的一战，于是预先做了很多布置。他派遣在青州具有一定影响力的臧霸等人攻入青州，占领齐治（今山东临淄）和北海（今山东寿光东南）等地，进一步巩固了自己的右翼；而后，他又命大将于禁驻军黄河南岸，监视袁绍行踪。不久，张绣听从他的谋士贾诩之计，投降曹操，至此，曹操连后顾之忧也解除了。在做好一切准备后，曹操亲自率军屯于官渡（今河南中牟北），准备和袁绍展开一场大战。

在吕布攻占徐州之前，刘备在徐州牧陶谦死后，任徐州牧。吕布攻下徐州后，刘备又投奔曹操。当时，曹操认为刘备是个英雄，于是先后任命他为豫州牧和左将军。曹操攻占徐州后不久，淮南袁术便准备逃往青州，投奔袁绍。曹操一看是消灭袁术的大好时机，便派刘备前去截击，而刘备和曹操并不是一条心。他为了发展自己的力量，趁机攻打徐州，杀了刺史车胄，占领了徐州。

曹操为了避免将来同袁绍作战时背腹受敌，便决定先消灭在徐州立足未稳的刘备。当时，曹操的诸多将领都怕袁绍乘机来攻打许都，而曹操却对此胸有成竹，说刘备人杰也，今不灭他，必有后患。那袁绍虽有大志，但行事迟疑，必定不敢轻举妄动。

于是，曹操以迅雷不及掩耳之势击破刘备，刘备不得不辗转投奔袁绍。

从桃园结义到青梅煮酒

且说刘备，虽有着西汉皇室血脉，却自幼丧父，家境败落，从小和母亲一起靠贩鞋织席过日子。刘备从小对读书不太感兴趣，却喜欢结交英雄豪杰。

一次，有两个贩马的商人经过涿郡。因赏识刘备气度不凡，就出钱帮助他招兵买马。当时，前来应募的有两个壮士，即关羽和张飞。他们武艺高强，跟刘备也志同道合。三人渐渐情同手足，便在桃园结义。

刘备投奔曹操以后，便和曹操一起大败吕布。为奖赏刘备，曹操请汉献帝把刘备封为左将军。当时，汉献帝觉得曹操的权力太大，便想借外戚董承设法除掉曹操，于是，写了一道密诏给董承。

董承接到密诏，便和亲信商量如何除掉曹操。于是，他们便秘密联系刘备。刘备得知此消息后，十分高兴，同意了这次谋划。

此后不久，曹操邀刘备做客。席间，两人青梅煮酒论英雄，畅谈天下大事。

曹操拿起酒杯，问道："您看当今天下，有几个人能算得上英雄？"

刘备笑了笑，说道："说不清楚。"

曹操笑着对刘备说："依我看，当今能算得上英雄的，只有你我二人。"

当时，刘备心里正想着跟董承同谋一事。听到曹操这句话，便大吃一惊，身子打了一个寒战，手里的筷子掉在了地上。此时，正好天边闪过一道电光，雷霆大作。刘备借此打圆场说道："这个雷真厉害，吓得我落了筷子。"

刘备出来以后，越想越觉得不对，觉得自己要是再留在曹操这里，迟早会丢了性命。

这时，袁绍派儿子到青州去接应袁术，正好要路过徐州。刘备一看，机会来了，便主动向曹操请命去截击袁术。曹操一时大意，觉得刘备较熟悉那一带的情况，便同意了他的请求。刘备一接到曹操的命令，便带着人马和关羽、张飞离开了许都。曹操一着不慎，结果是放虎归山。

官渡之战

刘备投奔袁绍后，袁绍感到和曹操之间的一战已经在所难免。于是，袁绍决定率领10万精锐步兵和1万骑兵夺取许都。

论军事实力，曹操比袁绍弱得多。因为袁绍本来势力就不弱，在联合诸侯讨伐的过程中他就积攒了大量的军力，后来又取得冀、并、幽和青四州之地，实力更加强大。其次，他的长子袁谭、次子袁熙和外甥高干分别守卫青、幽和并三州，后方稳固，兵精粮足。而曹操所占的黄河以南地区，地盘很小，又民生凋敝，战后还没有得到完全恢复，物质基础远远比不过袁绍。在兵力方面，曹操也大大比不上袁绍，曹操兵力一共不过几万人。根据《武帝纪》记载，当时曹操投入前线的兵力总共不到一万，伤者十之二三。这个数字虽然不一定准确，但曹操兵力远比不上袁绍却是肯定的。

袁绍大军来攻，许都城内惶恐不安。曹操安慰众将说，我知道袁绍为人，他志大却没足够的智慧；他气势虽猛，但胆子很小；爱猜忌又少威信，手下兵多将广，却赏罚不明。我正是基于对袁绍的了解，当初才敢在袁绍大军压境时抽身去打刘备。

建安五年二月，袁军颜良等人围攻白马，拉开了袁、曹大战的序幕。四月，曹操亲自率军北上，解白马之围。当时，曹操采纳了谋士荀攸的计策，先进军延津（今河南延津北），做出要渡河袭击袁军的样子，吸引袁军分兵西向。然后再突然转向去救白马。当曹军突然杀到白马寺时，袁军措手不及，很快便溃不成军，最终颜良被曹军杀死。曹操救出白马军民后，沿黄河西撤。袁绍得到消息后，立即率兵渡河追击曹操。曹操见追兵临近，命军士解鞍放马，并将辎重丢弃在道上。袁军追兵赶到争抢辎重，阵形混乱，一看曹操军队早已解鞍放马，于是放松了警惕。不料曹操率骑兵突然杀出，袁军再次被打得大败，文丑被杀。颜良和文丑是袁军的名将，但都被曹操所杀，袁军士气受到极大打击。曹操初战获胜，主动撤军，退到官渡扼守。

同年八月，袁绍大军再次发兵，进逼官渡。曹操分兵坚守营垒，伺机而动。袁军修筑壁楼，堆起土山，从高处以箭射击曹营，箭如雨下，使得曹营中的将士只能扛着盾牌穿梭在箭雨中，但壁楼土山不久就被曹军的“霹雳车”攻破。接着，袁绍又挖地道，企图从地下袭击曹营。对此，曹军则在营中挖掘长沟进行防御。就这样，两军一攻一守，相持两月之久，双方久战之下，曹操的处境极为困难。很多将士也暗通袁绍，预留后路。然而，在这种有利的情况下，袁绍方面的形势却突然急转直下。

同年十月，袁绍从河北运来万石粮草，屯于离袁绍大营 40 里的乌巢，并派大将淳于琼率万人看守。曹操从来降的袁绍谋士许攸那里得知消息后，亲率精锐步骑 5000 余人，趁夜从小路赶到乌巢。到了乌巢后，曹操命人四面放火，袁军一看粮草起火，顿时大乱。消息传到袁绍大营后，大将张郃认为应当急救淳于琼，而郭图却别有用心地提出，不如先进攻曹军大营，只要曹操后方失守，淳于琼必定得救。袁绍认为郭图说得对，于是派高览和张郃率领重兵攻击曹营，而只派一支轻骑救援乌巢。高览和张郃到达曹营后，久攻不下。这时，乌巢失守的消息已经传来，高、张二将再也无心恋战，弃械投降曹操。袁绍大军听说粮草没了，顿时大乱。慌忙中，袁绍及长子袁谭各骑一匹马逃走，直奔黄河渡口。这一仗，袁绍损失惨重，亡散士兵七八万之多，损失武器、辎重、图书和珍宝无数。袁绍逃到部下营帐时，握着部下的双手，伤感地说："现在，我可把自己的脑袋都交给你了。"

客观地说，曹操本来处于劣势，但他能正确分析敌我条件，善于听取不同的建议，采用正确的战略战术，使自己不利的处境渐渐转向了有利的一面，才在官渡大战中击溃了最大的敌人袁绍，为日后统一北方奠定了坚实的基础。

建安七年，袁绍病死后，他的两个儿子袁谭和袁尚，相互火拼，损失惨重。至此，袁绍集团实力已然所剩无几。

两年后，曹操乘袁尚出兵攻打袁谭之际，出兵邺城，将该城团团围住。袁尚得知后，立即率军回救，依滏水为营。随后，曹操又进军，将其营寨包围。袁尚胆小害怕，想向曹操求和，但曹操不肯接受，于是袁尚乘夜逃走。袁尚出逃后，邺城守军斗志瓦解，曹操趁机攻破邺城。

建安十年，曹操攻灭袁谭，平定冀州。袁尚兵败后，逃奔到了幽州刺史袁熙帐下。不久，袁尚和袁熙又联合逃奔到了三郡乌桓。建安十二年，曹操攻破乌桓，彻底扫清了袁氏的势力。

孙氏兄弟踞江东

曹操与袁绍在北方争夺时，南方也并不平静。孙氏家族在吴地是个很有势力的大族，孙坚是东汉末期的一个军阀，因镇压农民起义有功而被朝廷封为长沙太守。孙坚死后，他的儿子孙策接替了他的职位，在袁术手下供职。

孙策打起仗来比他父亲还勇猛，总是一马当先，当时的人们都称他为“孙郎”。孙策继承父亲遗志，一心想干大事。他觉得在袁术手下难以施展自己的抱负，于是便千方百计寻找机会脱离袁术。

当时，孙策的舅舅、江东太守吴景被扬州刺史刘繇赶出丹阳。孙策见机会难得，便向袁术请求平定江东，替舅舅报仇。

孙策带领着袁术拨给他的千余人马，一路招兵募士，从寿春到达历阳（今安徽和县）时，已招募到了五六千人。就在这时，孙策少年时的好朋友周瑜正在丹阳探亲，听说孙策出兵后，便带领一队人马前来接应，帮助他补充了粮食和其他物资。孙策不仅进一步充实了自己的力量，还得到了一个得力助手。

孙策到达江东后，很快攻下了吴郡和会稽郡，控制了江东大部分地区。此后，孙策严明军纪，不许士兵抢掠百姓财物、侵害百姓利益，深得江东百姓的欢迎。

一天，孙策外出打猎。他因追赶一头鹿，到了江边。因为孙策的马很快，所以随从都被远远甩在了后面。当时，原吴郡太守许贡的三个门客正好守在江边。因孙策其前攻下吴郡后杀了许贡，许贡的门客们便一直寻找机会替许贡报仇。当天，他们见机会难得，便一齐向孙策突发毒箭，射中了孙策的面颊。

回到家中后，孙策的病情很快恶化。孙策自知好不了，招来张昭等谋士，说：“我们现在依靠吴越地区的人力资源，再加上长江的险固，一定可以干一番事业，请你们好好辅佐我的弟弟。”

随后，他又把弟弟孙权叫到跟前，把官印和系印丝带交给孙权，并说道：“要是论带领江东人马，在战场上一决胜负，和天下人争英雄，那么，你不如我；但要是论推举和任用贤人，使他们尽心竭力，保住现在的江东，那么，我不如你。”

孙策死后，孙权掌权。在张昭和周瑜的帮助下，年仅 19 岁的孙权继承父兄业绩，担负起了巩固发展江东的重任。

乱世枭雄曹孟德

魏武帝曹操（公元155—220 年），字孟德，沛国谯（今安徽亳州）人，是东汉末年著名的政治家、军事家、文学家、诗人。在政治军事方面，曹操消灭了众多割据势力，统一了中国北方大部分区域，并实行了一系列政策恢复经济生产和社会秩序，奠定了曹魏立国的基础；在文学方面，在曹操父子的带动下形成了以“三曹”（曹操、曹丕、曹植）为代表的建安文学，史称“建安风骨”，曹操的诗以慷慨悲壮而著称，在文学史上留下了光辉的一笔。

曹操的祖父曹腾曾在汉桓帝时担任官职，封为费亭侯。据说曹操的父亲本姓夏侯，后成为曹腾养子并改姓曹，后得以继承侯爵。曹操小名阿瞒、吉利，故而有曹阿瞒之说。曹操年轻的时候机智聪敏，颇有随机应变的能力。曹操任性好侠，放荡不羁，不修品行，不研究学业，所以社会上没有人认为他有什么特别的才能，只有梁国的桥玄等人颇为赞赏他。桥玄曾对曹操说：“天下将乱，非命世之才不能济也，能安之者，其在君乎！”南阳何颙也说：“汉室将亡，安天下者，必此人也！”许劭（字子将，以知人著称）也曾对曹操说过：“君清平之奸贼，乱世之英雄。”

曹操于东汉末年黄巾起义时崭露头角，后来成为西园八校尉之一，参与了天下诸侯讨伐董卓的战争。董卓死后，曹操独自发展自身势力，纵横乱世，南征北战，先后战胜了吕布、袁术，并接受了张绣的投降。公元200 年，曹操在官渡以少胜多，大败河北袁绍，公元201 年在仓亭再次击破袁绍大军，并于公元207 年十二月北伐三郡乌桓，彻底铲除了袁氏残余势力，基本统一了中原地区。公元 208 年，曹操成为东汉政权丞相。公元 208 年七月，曹操南征荆州刘表，十二月于赤壁与孙刘联军作战，大败而回。公元 211 年七月，曹操领军西征，击败了以马超为首的关中诸军，构筑了整个魏国的基础。公元 212 年又击败了汉中张鲁，至此，三国鼎立之势基本形成。公元 213 年，汉献帝派御史大夫郗虑册封曹操为魏王，于邺城建立魏王宫铜雀台，享有天子之制，获得“赞拜不名、剑履上殿”的至高权力。公元 220 年，曹操于洛阳逝世，享年 65 岁，谥号“武王”，死后葬于高陵。曹操一生未称帝，他病死后，曹丕继位，不久称帝，追谥他为“武皇帝”。

曹操在北方大兴屯田，开挖水利，解决了军粮缺乏的问题，对农业生产的恢复有一定作用。曹操用人唯才，罗致地主阶级中下层人物，抑制豪强，加强集权。他还精通兵法，著有《孙子略解》《兵书接要》《孟德新书》等书。曹操还是一代才子，《蒿里行》《观沧海》等诗篇，不仅抒发了自己的政治抱负，还反映汉末人民的苦难生活，气魄雄伟，慷慨悲凉；他的散文也清峻整洁，有《魏武帝集》传世。

《后汉书·许劭传》曾评论曹操：“明略最优”，“清平之奸贼，乱世之英雄”。裴松之注引孙盛《异同杂语》语：“治世之能臣，乱世之奸雄。”著名的《让县自明本志令》作于建安十五年（公元 210 年），曹操很理性地说：“使天下无有孤，不知当几人称帝，几人称王。”

长篇历史演义小说《三国演义》里面表现出明显的贬曹笔法。但由于《三国志》写于晋朝，为了表明晋朝的正统，因此《三国志》对曹操的评价，是魏、蜀、吴三国君主之中最高者，陈寿评价曹操：“汉末，天下大乱，雄豪并起，而袁绍虎视四州，强盛莫敌。太祖运筹演谋，鞭挞宇内，揽申、商之法术，该韩、白之奇策，官方授材，各因其器，矫情任算，不念旧恶，终能总御皇机，克成洪业者，惟其明略最优也。抑可谓非常之人，超世之杰矣。”曹操唯才是用，军事上战术战略灵活多变。他对东汉末年中国北方的统一、经济生产的恢复和社会秩序的维系有着重大贡献。在内政方面，曹操创立屯田制，命令不打仗的士兵下田耕作，缓解了东汉末年战时的粮食问题。

曹操在乱世中积极追求个人抱负的实现，以及自我的不断超越，最终获得完全的优越感。由此可以看出，曹操一生以“安民定天下”为己任，以齐桓公、晋文公为榜样，追求“老骥伏枥，志在千里。烈士暮年，壮心不已”的境界。曹操由于对自我有着许许多多的自卑和不安全感，所以信奉“宁我负人，毋人负我”。这使得他可以变得极为猜疑和残忍，行为复杂多变，令人捉摸不透。

司马昭之心路人皆知

魏明帝曹叡死后，曹叡的养子曹芳即位。关于曹芳，很多人对他不是很了解。曹叡病危时，将他立为太子，并托付曹爽和司马懿辅佐他治理国家。此后，曹爽便树立党羽，私自更改制度。而司马懿则称病在家，不参与朝政，暗地里却和儿子司马师、司马昭筹划改朝换代。

公元 249 年，司马懿发动政变，杀死了执政大将军曹爽和众多皇室成员。从此，曹氏政权渐渐变为司马氏政权。政变后不久，司马懿病死，其儿子司马师、司马昭相继执政。司马昭做上丞相后，专横跋扈，大肆屠杀曹氏族人。当时，司马昭权重势大，根本不把魏帝放在眼里，篡权的野心渐渐暴露。这时，民间纷纷传说在宁陵县的井中出现了一条黄龙。

后来，魏帝曹芳被废，年仅 14 岁的曹髦继位。曹髦是曹丕的孙子，他即位后，非常憎恨司马昭的篡权活动，于是结合民间关于黄龙的传说，提笔写了一首《潜龙诗》来抒发心中忧愤。诗曰：伤哉龙受困，不能越深渊。上不飞天汉，下不见于田。蟠居于井底，鳅鳝舞其前。藏牙伏爪甲，嗟我亦同然！大意是：可怜的黄龙一直被困在井中，不能去大海中自由翻腾。泥鳅鳝鱼都来欺负你，在你面前摇头摆尾。可怜的黄龙啊，我现在的处境和你一样啊。

曹髦借黄龙发泄不满情绪，让司马昭十分恼怒。公元 260 年四月的一天，司马昭带剑上殿。大臣们一看连曹髦都起来迎接，便对曹髦说，司马大将军德高望重，理当封为晋公。曹髦听后，垂首不语。随后，司马昭高声说，我父子兄弟三人，为魏国立下汗马功劳，现在封个晋公还不够格吗？曹髦只得说，哪里敢不封。接着，司马昭又质问曹髦，你写的《潜龙诗》把我们比作泥鳅鳝鱼，这到底是什么意思呢？司马昭看曹髦不敢作答，得意地笑着离开。

曹髦回到后宫后，把侍中王沈、尚书王经和散骑常侍王业三人召来商议。气愤地说："司马昭之心，路人皆知。我与其现在坐着等死，还不如放手跟他一拼！"

尚书王经十分担忧，认为干这样的大事，要十分慎重，要是走漏消息，就会丢了性命。曹髦听后，便从胸前取出写在黄绸子上的诏书说："是可忍孰不可忍！我主意已定，就是死也不怕！"王沈和王业都很害怕，于是去向司马昭告了密。

随后，冲动的曹髦带着宫中卫兵数百人，吵吵嚷嚷着要去捉拿司马昭。可还没等动手，就被中护军贾充包围在南殿下。随后，曹髦便被贾充部下成济结果了性命。

曹髦一死，司马昭便假借太后名义，罗列曹髦无数罪状，把曹髦贬为庶民，以平民的身份安葬。但司马昭终究做贼心虚，唯恐引起众怒，于是又把罪责推到成济身上，将成济满门抄斩。

至此，司马昭的篡权活动已基本完成，曹魏政权名存实亡，三国鼎立的局面也即将结束。

两晋南北朝时期

西晋的建立和统一

司马昭执掌曹魏大权后，一心想要取代曹奂称帝。但时机还未成熟，他必须先灭掉蜀国和吴国。只有这样才能提高自己的声望，顺理成章地代曹称帝。

公元 262 年，司马昭率军 18 万，由邓艾、诸葛绪和钟会分别率领，兵分三路伐蜀。这时，蜀国的皇帝是后主刘禅，他是个无能的皇帝。诸葛亮在世时，他依靠诸葛亮，诸葛亮死后，他依靠蒋琬。等蒋琬死后，他索性把政权交给宦官黄皓，名义是自己掌管国家，实际则是黄皓专权。邓艾率魏军逼近成都时，刘禅吓得六神无主，亲自带着蜀汉户口簿和军队的花名册以及金银财宝去迎接邓艾。至此，蜀汉灭亡。

灭蜀后，司马昭的威信和声望大大提升，从晋公升为晋王。眼看着夺取皇位的时机已经成熟，司马昭却突然病故，未能亲自称帝。公元 266 年一月，曹奂禅位给司马昭的儿子司马炎。司马炎登基后，改国号为晋，年号泰始。

与此同时，吴国的君主孙皓横征暴敛，血腥残酷。在他的统治下，吴国人心惶惶，人民怨声载道。客观地说，这给司马炎的统一大业创造了绝好时机。

泰始五年（公元 269 年），司马炎开始筹划消灭吴国。他任尚书左仆射羊祜坐镇襄阳。羊祜早有灭吴统一天下的抱负，他一上任，就在襄阳安抚百姓、减轻赋税，加强储备战争所需的物资。东吴方面，孙皓任命陆逊的儿子陆抗为主帅，抵抗西晋军队的进攻。陆抗在襄阳与西晋军队作战中屡屡破阵，显示出了他卓越的军事才能。羊祜只得采取相持战略，实行司马炎的怀柔政策。一面备战，一面安抚边界军民，让当地人民感受到西晋新法的好处。

公元274年，陆抗病故。羊祜认为一举消灭东吴的时机已到，于是便向司马炎请命，出兵灭吴。但这一建议遭到了以贾充为代表的反战派的强烈反对。由于主战派和反战派双方意见无法统一，司马炎本人也是患得患失，在进攻东吴的问题上，这一拖就是两年。

两年后，羊祜身患重病。他让大臣张华转告司马炎，说现在孙皓在江东已失去民心。如果孙皓一死，换一个英明强干的君主继位，使东吴人心重归孙氏集团，到时候再想灭掉吴国，就很难了。司马炎听后，仍未做出决断。羊祜无奈，只好在死前向朝廷推荐了一个叫杜预的人才，说杜预可以担当重任，帮助司马炎完成统一大业。

司马炎接受了羊祜的举荐，重用杜预。杜预果然不负众望，上任后，并没有急于上奏朝廷攻打吴国，而是先解决掉东吴的西线实力。他利用离间计，让孙皓撤了西陵总督张政的职务。之后，杜预才请命司马炎，出兵灭吴。同时，益州刺史王濬也向司马炎上奏，说他在益州已造好大批战船，希望能尽快平定东吴。可司马炎还是举棋不定。一天，他找来大臣张华下棋，下到一半，杜预又命人送来一份请战书。身为主战派的张华当即推倒棋盘，极力陈述攻打吴国的主张和种种益处，使司马炎终于下定了攻打吴国的决心。

公元279年十一月，司马炎出兵20万，分六路大军征讨东吴，并命令贾充为伐吴元帅。而贾充仍坚持说伐吴不利，并且推辞说难当此大任。于是，司马炎要挟他，说他要是不受此任，自己就御驾亲征，贾充这才到襄阳上任。

公元280年，晋军一路势如破竹，打到建业（今江苏南京）城。

东吴军队节节败退，无奈之下，孙皓只得向司马炎俯首称臣。至此，三国时代画上句号，天下终归一统。

贾后干政与八王之乱

晋武帝司马炎有个儿子，叫司马衷（即晋惠帝），是历史上出了名的“白痴皇帝”。一年，国内闹饥荒，大臣报告司马衷说：“由于今年闹饥荒，很多百姓被饿死。”

司马衷问：“为什么会饿死？”

大臣说：“因为闹饥荒，农民没有粮食吃。”

司马衷好奇地问道：“没有粮食，为什么不吃肉呢？”

这样一个皇帝，自然是治理不好国家的。可司马衷虽然无能，他身后却有个非常有能力的女人，这便是皇后贾南风。

贾南风是西晋开国元勋贾充之女，西晋建立后，贾充因受排挤，怕地位不保，便想把女儿贾南风嫁给太子。根据史书记载，贾南风身材矮小，面目黑青，眉后还有一大块胎记，十分难看。司马炎对她的相貌很不满意，认为这样一个其貌不扬的女子怎么能做将来的一国之母。但念及贾充的功劳和为了司马氏政权的稳固，司马炎最终还是同意了这门婚事。

司马衷对贾南风是三分喜爱，七分畏惧。贾南风虽是女子，可善于钻营，精于权术，史书上记载她“妒忌多权诈”。

咸宁四年（公元 278 年），司马炎为了试试他的儿子司马衷到底有没有能力治国，命人出了一套考题给司马衷做。司马衷一看卷子，简直傻眼了，一道题也答不出。刚想把空白卷子交上去，身边小宦官劝说他找个太子府的老师来做。贾南风发现后，当即阻止了这个做法。她想，司马衷在平日间已给皇宫上下留下了一个不聪明的印象，如果请高手作答，反而会引起司马炎的怀疑。与其这样，还不如找个平庸之人来答题，这样反而不会引起官员的质疑。 于是，司马衷在贾南风的帮助下，顺利通过了司马炎的考核。

由于司马衷没有治国能力，军政大权落到了杨太后的父亲杨骏手中。 杨骏执掌政权后，拉帮结派，专权跋扈。 贾南风也不甘示弱，暗中联络宗室，计划除掉杨骏。

永平元年（公元 291 年），贾南风伙同楚王司马玮下诏诛杀了杨骏及其党羽，拉开了长达 16 年的“八王之乱”序幕。

灭掉杨骏后，贾南风命大司马、汝南王司马亮为太宰，协同太保卫瓘共同辅政。 可汝南王司马亮并不满足，他经过一系列的谋划后，准备夺取楚王司马玮的兵权。 这一举措要是得逞，如同削去了贾南风的左膀右臂。 贾南风得知此消息后，先指使楚王司马玮杀了汝南王司马亮，然后又给司马玮扣上了擅杀朝廷重臣的名义，将他处死。 就这样，贾南风将计就计，不费吹灰之力除掉了两股势力。 贾南风独揽朝政后，太子司马遹又成了她的眼中钉。 因为这个太子并非她亲生，而且司马遹天性聪慧，一旦登基，自己的地位就会不保。 于是，贾南风一直在找机会除掉太子。

为了除掉太子，贾南风命人以太子的口吻写了一封逼晋惠帝司马衷退位的信。 然后，她又请太子喝酒，趁太子醉意朦胧的时候，骗他把信抄了一遍。 次日，贾南风把太子写的信拿给大臣们看，朝野上下一片哗然。 贾南风借此将太子司马遹废掉。

贾南风废太子之举，使宗室、群臣对她产生了憎恨。 当时，掌握禁军的赵王司马伦觉得，这是一个自己掌权的大好机会。 于是他命人到处散布谣言，说大臣打算扶太子复位。 贾南风得知后，十分后怕，便派人把太子毒死。 贾南风的这一举措，正中赵王司马伦下怀。 于是司马伦抓住贾南风杀太子这一把柄，派齐王司马冏进宫杀了贾南风。

至此，赵王司马伦独揽朝政。 可当了相国的司马伦仍不满足，永康二年（公元 301 年），赵王司马伦索性将惠帝软禁，自己登上了皇位。

司马伦篡位，引起了诸王的强烈不满。许昌的齐王司马冏首先起兵讨伐，随后，成都王司马颖和河间王司马颙也举兵响应，一同进军洛阳。就在这时，左卫将军王舆发动兵变，将司马伦幽禁起来，迎惠帝复位。惠帝复位后，下诏处死了司马伦父子，转而封司马冏为大司马。

然而，司马冏辅政不久，成都王司马颖和河间王司马颙以及长沙王司马乂又起兵讨伐并杀死了司马冏。司马冏被杀后，朝政大权落到了长沙王司马乂手中。成都王司马颖和河间王司马颙自然不甘心，于是，在太安二年（公元 303 年），两人又起兵进攻洛阳，讨伐司马乂。在双方混战厮杀得不可开交之时，半路杀出的东海王司马越趁机擒杀了长沙王司马乂。

司马颖进入洛阳后，逼迫惠帝封他为相，独揽大权。东海王司马越没捞到半点好处，心中十分不满。于是，他假借惠帝名义起兵，出兵讨伐司马颖。随后，双方进行了一番大战，但政权却落入了河间王司马颙之手。后来，成都王司马颖和河间王司马颙相继被杀。八个王最后只剩下东海王司马越一个。

在整个过程中，惠帝完全是一个傀儡，一会儿被立，一会儿被废，受尽凌辱。最后，东海王司马越将其毒死。

晋惠帝司马衷死后，由他弟弟司马炽即位，史称晋怀帝。虽然漫长的八王之乱终于下了帷幕，但此时的西晋国力已远不如前，渐渐开始走向灭亡。公元 317 年，西晋皇室司马睿以建康为都城，建立了东晋。

淝水之战与南北朝并立

公元 383 年十月间，前秦苻融率领前锋部队攻破寿阳（今安徽寿县），接着又围困硖石（今安徽凤台西南）。当时，硖石的守将胡彬因为粮草用尽，向谢石告急说，敌人现在士气旺盛，而我军粮尽兵弱，我恐怕再也见不到你们了。

可这封告急信却被前秦军截获，交给了苻融。苻融看完信后，认为晋军不难击破，当尽快发动进攻，以免晋军逃走。苻坚接到报告后，留下大军驻守项城，自己率八千轻骑日夜兼程赶到了寿阳，然后派朱序前往晋军中劝降。朱序原是东晋梁州刺史，在襄阳失守后被俘，他到了晋营后，不但没有劝降，反而向谢石透露了秦军实情。谢石听说苻坚来到寿阳后，心里十分害怕。朱序看出谢石胆怯，便说："现在秦军的各路人马尚未集中，如果此时迅速发起突袭，挫其前锋，秦军就不再难对付。"谢石听后，采纳了朱序的建议，并当即派刘牢之率5000北府兵，出击洛涧。正当前秦军大将梁成准备出战硖石时，不料遭到刘牢之夜袭，被杀了个措手不及，最后兵败身死。随后，刘牢之又分兵截断梁成军的归路。秦军得知后路被断，争先恐后抢渡淮水。晋军趁机杀来，斩杀了前秦1.5万人，并缴获了大量军资器械。谢石见首战告捷，立即命军队水陆并进，直逼淝水（今淝河，安徽寿县南）东岸。

苻坚在寿阳城上一看，只见晋军布阵严整，旗号鲜明，又望见附近八公山上（今安徽凤台东南）的草木左右摇晃，以为也是晋兵，心中不禁开始惶恐。他对苻融说，这明明是劲敌，你怎么说他们不堪一击呢?

就在这时，晋军派使者来见苻融说，将军率军深入晋地，却紧逼河岸列阵。这是不是表明想要决战吗？要是决战的话，请你把阵地稍向后退，空出一块地方，让我军渡过淝水，双方一决胜负。

秦军诸将听后，当即表示反对，但苻坚认为可以将计就计，想趁晋军渡河时，以骑兵发起突袭，一举击溃晋军。

可想而知，本来士气就低落的秦军，一后撤肯定会失去控制，阵脚大乱。谢玄一看秦军内部大乱，当即率领8000名骑兵趁势抢渡淝水，向秦军发起猛攻。朱序则在秦军后阵大喊："秦兵败了！秦兵败了！"慌乱中的秦兵一时难辨真假，争相逃命，很快便溃不成军。

苻融见情况不妙，急忙骑马前去阻止，想稳住阵脚。不料战马被乱兵冲倒，中箭身亡。这时，失去主将的秦兵更加慌乱，人马相互践踏，死伤无数。一些活着的人听到风声，以为是晋军追兵的呐喊，便不敢停下，拼命逃跑。此时又是冬天，逃兵们沿途受冻挨饿，一路上又死了无数。等逃回洛阳后，只剩下十几万残兵。著名的两个成语"草木皆兵"和"风声鹤唳"，就出自于淝水之战。

这场大战后，前秦从此一蹶不振，渐渐土崩瓦解。后来，被前秦吞并的几个国家相继复国，一些少数民族则据地自立，中国北方再度陷入分裂割据的局面。直到公元439年，北魏灭北凉，统一华北，结束了"五胡十六国"时期，与灭掉东晋的南朝宋形成南北对峙，中国历史正式进入到南北朝阶段。

北魏孝文帝改革

东晋之后的百余年间，江南相继出现了以建康为都城的四个政权，即宋、齐、梁、陈，历史上将这四个政权称为南朝。北魏太武帝拓跋焘于公元439年统一了北方，历史上将北魏与魏末分裂的东魏、西魏，以及继起的北齐、北周合称为北朝。南北朝时期是上承两汉、下启隋唐两个大一统时期中间的一个分裂、战争的时代，前后长达170年。在南北朝时期，虽然战乱不断，但北魏孝文帝的改革却对后世影响深远。

皇兴元年（公元467年）八月，拓跋宏出生于平城（今山西大同）皇宫之内，其父献文帝非常高兴，因喜生贵子而大赦天下。拓跋宏3岁时被立为皇太子，其母李夫人按照北魏"皇妃生子立为太子则被赐死”的规矩，身遭厄运。皇兴五年八月，献文帝在拓跋宏5岁的时候，传位于他，自称太上皇帝，总揽朝政。是时，北方连年水旱，赋税繁重，官吏残暴，百姓流离失所，各族人民的反抗斗争连绵不断。太上皇揽政数年，还先后采取了一些奖励廉吏、严惩贪污、减轻租赋、劝课农桑等应对措施，但都收效不大，局面一直没有什么变化。据统计，从孝文帝即位的延兴元年至太和四年（公元471—480年）的10年之间，有史可考的各地暴动、反叛事件就达20多起，北魏政局一直处于严重动荡之中。承明元年（公元476年）六月，孝文帝刚满10岁，太上皇帝暴崩（坊间说是被冯太后毒死），太后乃以太皇太后的名义二次临朝称制，改年号为太和。自太和元年以后，太后开始在社会风俗、政治、经济等方面进行一系列重大改革，有意识地进行汉化。孝文帝自幼在太后的抚育、培养下长大成人，对祖母十分孝敬，谨小慎微，自太后临朝专政，他很少参与朝政，事无大小，都要秉承太后的旨意。

太和十四年（公元490年），冯太后病逝，拓跋宏开始亲政。在太后的长期严格教育下，他不但精通儒家经义、史传百家，而且积累了丰富的治国经验，增长了实际才干，这些都为后来的改革大业奠定了坚实的基础。孝文帝自此以后，独自挑起了改革的重担，颁行了俸禄制、三长制和均田制。

北魏初年吏治混乱，官吏以自筹俸禄为名任意敲诈百姓、鱼肉乡民。针对这种情况，孝文帝规定官吏俸禄由政府统一筹集、分发，官吏不得自行筹集。

孝文帝还建立了三长制，以五家为一邻，五邻为一里，五里为一党，分别设置邻长、里长、党长。三长制是为取代宗主督护制而建立的基层行政组织，有利于中央集权。

此外，孝文帝还推行了均田制，规定只要是15岁以上的男女都可以向国家领取耕种的土地，男子一人可领取荒地40亩、桑田20亩，女子可领取荒地 20 亩。桑田作为私田，也称永业田，死后可以传给子孙。露田不能买卖，死后归还官府。

太和十七年（公元 493 年），孝文帝从平城迁都洛阳，并决心进一步改革旧的风俗习惯。他重用了许多主持改革、提倡汉化的鲜卑贵族，还重用了许多有才干的汉族人。对南朝投降过来的官吏，他也能唯才是用，待之以礼。孝文帝不拘一格地选用人才，为自己的改革组织了一个智囊团，在这些智囊的支持和帮助下，孝文帝从改革鲜卑旧俗，学习汉族的生活方式和典章制度着手，开始了自己一系列的改革：

1. 禁止鲜卑贵族衣着胡服，一律改穿汉族衣服。

2. 禁止鲜卑贵族讲鲜卑语，一律改说汉语。

3. 公元 496 年，下令改鲜卑复姓为汉姓，禁止鲜卑族同姓通婚，提倡鲜卑贵族同汉家世族通婚。他先把皇族的姓氏拓跋氏改为元氏，所以孝文帝拓跋宏又名元宏；还把其他的 100 多个鲜卑姓氏改为汉姓。同时下令改变鲜卑人的籍贯，规定凡是迁到洛阳的鲜卑人就算是洛阳人，死后不准归葬塞北。

孝文帝强制性地实施这些政策，是为了减少民族差异与隔阂。许多贵族虽然心怀不满，却也只能执行。为了拉拢汉族地主，扩大统治基础，孝文帝还主张同汉族通婚。他自己带头娶汉族大姓卢、崔、郑、王四家的女儿为妃，并把自己的女儿嫁给汉族大姓，还为自己的 5 个弟弟娶了汉族地主的女儿为妻。这种姻亲关系，把汉族地主和鲜卑贵族的利益联系在一起，壮大了北魏的统治力量。而且，血统的交融，也加速了鲜卑的汉化。

4. 在北魏建立门阀制度，把汉族地主的门阀制度推广到鲜卑族当中去。他把鲜卑贵族和汉族地主按门第分成四等，并按照门第等级来确定官职的高低。这套制度在北朝一直沿用，从而形成了关陇氏族和代北氏族两大门阀集团。一直到唐朝，武则天编修《姓氏录》，才彻底否定了门阀制度。

5．改鲜卑官制、法律、礼仪、典章为汉制，革除鲜卑旧制。孝文帝废除了鲜卑族原来的政治制度，让王肃仿照南朝齐，重新制定了一套官制礼仪，修订法律，改革官职名称等。

通过孝文帝的改革，鲜卑族的经济文化得到了迅速的发展，比起同期进入中原的其他民族，如羯、氐等，鲜卑族的汉化程度无疑是最高的。改革在一定程度上缓和了阶级矛盾，巩固了北魏政权，也促进了各族人民的融合和发展。

隋唐时期

隋朝的建立和统一

天下大势，合久必分，分久必合。在长达百余年的分裂后，还是有人站了出来，结束了这种局面，重新建立起统一的多民族国家。这便是上承南北朝、下启唐朝的隋王朝，提到隋朝的建立，就不得不提它的开国皇帝杨坚。

杨坚（公元541—604年）是汉太尉杨震第十四世孙，他的父亲杨忠是西魏和北周时期的军事贵族，曾跟随北周太祖起义，官职至柱国、大司空和随国公。父亲死后，杨坚承袭父爵。初唐李延寿曾在《北史》中赞美隋文帝道："皇考美须髯，身长七尺八寸，状貌瑰伟，武艺绝伦；识量深重，有将率之才。"

杨坚深有"身在帝王边，如同伴虎眠"之感。因齐王宇文宪曾对武帝宇文邕说："杨坚相貌异常，人颇狡诈，我每次见到他不觉自失，请您尽早除去他。"本来宇文邕就对杨坚早存疑心，听宇文宪说后，疑心更加重了。

但宇文邕对是否立即剪除杨坚还是犹豫不定，于是便问畿伯下大夫来和，来和也说杨坚这人颇为不凡，但暗中想给自己留条后路，便谎称道："杨坚此人是可靠的，如果皇上让他来做将军，带兵去攻打陈国，那就没有攻不下的城池。"为杨坚避免了一场杀身之祸。

但宇文邕还是放心不下，于是暗地里又派人请星相家赵昭偷偷去为杨坚看相。赵昭与杨坚交好，当着宇文邕之面佯装观察杨坚的脸庞，然后毫不在意地说："皇上，您不必多虑，杨坚的相貌极其平常，并没有大富大贵可言，将来最多做个大将军罢了。"又使杨坚渡过了一次险关。

这时，内史王轨又劝谏宇文邕说："杨坚貌有反相。"言下之意便是要及早除掉杨坚。因为宇文邕早对星相家赵昭的结论深信无疑了，便不悦地说道："要是杨坚真的是天命所定，那有没有什么办法啊？"杨坚再次化险为夷。

宇文邕死后，其子宇文赟即位。杨坚的长女被聘为后妃，杨坚随即又被晋升为柱国大将军、大司马。

宇文赟对杨坚的疑心更大，他曾直言不讳地对杨妃说过："我发誓一定要消灭你们全家。"并命内侍在皇宫埋伏杀手，再三叮嘱说道："若是杨坚有一点无礼之色，便立即杀掉他。"然后他把杨坚召唤进宫，议论政事。杨坚几经化险为夷，心中早有防备，不管宇文赟怎样刺激、怎样蛮横，杨坚都镇定自若，宇文赟见没有杀机可乘，便放弃了。

最后，杨坚想出了一个"两全"之策，通过内史上大夫郑译向宇文赟透露出自己早有出藩之意。这正合了宇文赟的心意，当即任命他为扬州总管。这样宇文赟放心了，杨坚也安心了。

宇文赟是皇家世袭之君，根本不懂得治国安邦。终日不问朝政，沉迷酒色，满朝文臣武将敢怒而不敢言。

宇文赟非但不听忠臣劝谏，反而觉得这皇帝当得太不称心如意。后来他想出了一个逍遥自在的法子，将皇位传给了年仅 6 岁的儿子，自称天元皇帝。宇文赟整日住在后宫，与嫔妃宫女们吃喝玩乐，嬉戏耍闹，荒淫无度的生活使他在 22 岁的时候就丧命了。

他的儿子静帝即皇帝位，拜杨坚为丞相。周静帝即位时年仅 8 岁，还是个不谙世事的小孩，所以杨坚逐渐控制了北周的朝政。

大定元年（公元 581 年）春，北周首都长安发生了宫廷政变，外戚杨坚废掉了周静帝，夺取帝位，建立了隋朝，杨坚即隋文帝。开皇八年（公元588年），杨坚派晋王杨广率领51万大军向南方的陈朝发动了总攻。第二年元旦清晨，隋朝大将韩擒虎、贺若弼在漫天大雾的掩护下，分别率领军队渡过长江。隋朝大军渡过长江后，陈朝曾有人上书向陈后主告急，要他火速派兵救援，但是陈后主此时仍只顾饮酒作乐，不顾军国大事。

当隋军攻破建康搜索宫廷时，发现那封告急信仍然丢在陈后主的床底下,还没有拆开。陈后主与宠妃张丽华、孔嫔妃躲在一口枯井内，被隋军搜出来，做了俘虏。

公元589年，隋文帝派兵挥师南下，灭亡了割据南方的陈朝，统一了全国。同年琉球群岛归降隋朝，突厥可汗尊杨坚为圣人天可汗，表示愿为藩属永世归顺。隋文帝结束了中国长期混乱的局面，使中国又回到了和平年代。

杨坚在政权基本稳定之后便开始了一系列的改革，包括中央和地方的政治体制、赋税、土地制度、法律、钱币、对外关系等方面。杨坚内修制度，外抚四夷，崇尚节俭，勤理政务，被誉为历史上的好皇帝之一。

杨坚推行汉化，对反叛旧臣、豪强大吏、上层贵族，毫不手软。他罢黜了很多没有才干的大臣，包括对自己夺取帝位有功的人，将一些有真才实干的人提拔上来，辅佐自己管理国家政务。

隋文帝统一了币制，废除其他比较混乱的古币以及私人铸造的钱币，改铸五铢钱。“五铢钱”背面肉好，皆有周郭，重如其文，每钱一千重四斤二两。史书记载：“车书混一，甲兵方息。”度量衡在隋文帝时重新统一。

隋朝建立后，开皇元年，隋文帝下令命人参照魏晋旧律，制订《开皇律》。开皇三年，隋文帝又任命苏威、牛弘修改新律，删除苛酷条文。《开皇律》将原来的宫刑（破坏生殖器）、车裂（五马分尸）、枭首（砍下头悬挂在旗杆上示众）等残酷刑法全部废除。规定一概不用灭族刑，减去死罪 81 条，流罪150 多条，徒、杖等罪 1000 余条，保留了律令 500 条。刑罚分为死、流、徒、杖、笞等五种。基本上完成了自汉文帝刑制改革以来的刑罚制度改革历程，这就是封建时期的五刑制。死刑复奏制度也是从开皇十五年形成定制的，隋文帝规定凡是判处死刑的案件，必须经过“三奏”才能处决犯人。《隋书刑法志》：“（开皇）十五年制，死罪者三奏而决。”隋文帝还诏令天下：“天下死罪，诸州不得便决，皆令大理复治。”《开皇律》对后世的律法影响深远，杨坚修订的法律基本上都被唐朝所继承。

杨坚恢复了汉魏时期的体制，基本上确立了三省六部制度。杨坚在中央设立三师、三公、五省。三师、三公只是一种荣誉虚衔，而实际掌握政权的却是五省，分别是内侍省、秘书省、门下省、内史省和尚书省。内侍省是属于宫廷的宦官机构，管理宫中日常事务；秘书省掌管书籍历法，事务比较少。内侍省和秘书省在国家政务中并不起重要作用，内史省、门下省、尚书省则都是最高政务机构。内史省负责决策，门下省负责审议，尚书省负责执行，这就是后来被唐朝继承的三省制。尚书省设立吏、民、礼、兵、刑、工六部，每部设尚书一名，掌管本部政务。具体办事机构就是这六部：吏部，掌管全国官吏的任免、考核、升降与调动；民部，掌管全国的土地、户籍、赋税以及财政收支；礼部，掌管祭祀、礼仪与对外交往；兵部，掌管全国武官的选拔、兵籍、军械等；刑部，掌管全国的刑律、断狱；工部，掌管各种工程、工匠、水利、交通等。起初的时候，六部又名六曹，即六个办事机构，六部的设置成为后代封建国家中央政权的固定制度。三省六部制分工明确，组织严密，大大地加强了中央集权，对唐及以后历代王朝的影响都十分巨大。隋文帝建立了这一整套规模庞大、组织完备的官僚机构，表明封建制度已发展到成熟阶段。自隋朝定制，一直沿袭到清朝。

隋文帝杨坚推行均田制，整顿户籍，全面实行了“大索貌阅法”。要求官吏经常检查人口，且要根据相貌来检查户口，使编户大大增加，有效地防止了地方豪强与官僚勾结、营私舞弊。将那些依附于豪强的人口解放出来，增强了国家的劳动力，调动了贫苦农民的生产积极性，使国家掌管的纳税人口数量大增。

隋文帝还曾颁布“人年五十，免役收庸”“战亡之家，给复一年”等仁政措施。隋文帝进行了一系列的改革措施，大量地减少了国家的财政开支，增加了国家的财政收入。

为了更好地行使权力、控制地方，杨坚下诏，九品以上的官员全部由中央任免。官吏的任免权一概由吏部掌握，禁止地方官就地录用幕僚。而且每年还要由吏部进行考核，以决定奖惩与升降。后来，又在全国实行三年任期制。杨坚将地方行政机构简化，废除九品官人法，创建了科举制。隋文帝命令各州每年推选三个文章华美、有才能的人，到中央接收封官。后来，隋文帝又下了诏令，京官五品以上、地方官等，要由德才皆备的举人担当。这种选拔政府官员的制度，使各个阶层有才华的人都有机会为政府效力。杨坚开创建立的科举制度，在中国历史上延续了1300年之久，直到清朝末期才被废除。

大隋开皇盛世气象恢宏磅礴，隋文帝下令修建西京大兴城（即后来的长安城）和东京洛阳城，大兴城的修建不仅是中国古代城市建设规划高超水平的标志，也是当时国家的经济实力和科技水平的综合体现。大兴城是当时的“世界第一城”，它的设计与布局思想，对后世都市建设及日本、朝鲜都市建设都有深刻的影响。隋文帝于公元584年任命宇文恺率众开通漕渠，自大兴城西北引入渭水，略循汉代漕渠故道而东，至潼关进入黄河，长达150多千米，名叫广通渠，这是修建大运河的开始。

《剑桥中国隋唐史》曾经评价道：“隋朝消灭了其前人过时的和无效率的制度，创造了一个中央集权帝国的结构，在长期政治分裂的各地区发展了共同的文化意识，这一切非常了不起。人们在研究其后伟大的中华帝国的结构和生活的任何方面时，不能不在各个方面看到隋朝的成就，它的成就肯定是中国历史中最引人注目的成就之一。”无比辉煌的大隋皇朝，给子孙后代留下了巨大的财富，对后世中国影响深远。

隋炀帝的功与过

隋文帝死后，他的次子杨广即位，史称隋炀帝。杨广（公元569—618年）又名杨英，是隋朝的第二个皇帝。杨广是个很有才华、头脑精明的人。对于国政，他有着恢宏的抱负，并且尽自己的全力付诸实现。杨广主政后，他巡视边塞、开通西域、推动大建设。然而，最终因人民承受不了他一而再再而三的穷兵黩武，遂以残暴留名于世。有人经常用商纣王、秦始皇等与他相比，称其为暴君。他对人民的奴役征敛非常苛重，使生产遭到严重破坏。在人民大起义的打击下，部下宇文化及等发动兵变，将他吊死在江都（今江苏扬州）。

杨广在位14年（公元604—618年），完成了几件大事。

1. 帮助隋文帝统一江山，亲自指挥完成国家的统一。公元589年，年仅20岁的杨广被拜为隋朝兵马都讨大元帅，统领51万大军南下向富裕强盛的陈朝发动进攻，并完成统一。当时人们认为“长江天堑，古以为限隔为南北……”当年苻坚百万大军都没有突破长江天堑，可见这是非常难以完成的任务。但隋朝大军在杨广的指挥下，纪律严明、骁勇善战，一举攻破长江天堑。所向披靡，而对百姓则秋毫无犯，对于陈朝府库资财一无所取，得到了人民广泛的赞扬，据史书记载“天下皆称广以为贤”。杨广20岁的时候帮助隋文帝完成了中国的统一大业，结束了近30年中国分裂割据的局面，中国从此进入了和平强盛的时代。

2. 开通大运河。隋炀帝下令开挖修建了南北大运河，将钱塘江、长江、淮河、黄河、海河有效地连接起来。如此浩大的工程，有利于千秋万代的后世子孙。大运河的开通对于中国来说比长城更为重要。大运河连接了黄河流域和长江流域，使黄河流域、长江流域逐渐融为一体，将两个文明有效地连接在了一起，是将中国凝聚之举。满足了将已成为全国经济中心的长江流域同作为政治中心的北方连接起来的需要。大运河的修建也使中国水运变得畅通与发达，为中国后世的繁荣富强打下了坚实牢固的基础。

3. 西巡张掖。隋炀帝亲自开拓疆土，畅通丝绸之路。公元 605 年（大业元年），隋将韦云起率突厥兵大败契丹。韦云起扬言借道去柳城（今辽宁朝阳南）与高丽贸易，率军进入其境，契丹人未加防备。韦云起率军进入到距离契丹大营 50 里的地方，突然发起进攻，大败契丹军，俘虏了 4 万余人，隋朝此举拖延了契丹崛起强大的速度。

公元 608 年（大业四年），隋炀帝派兵灭掉了吐谷浑，开拓疆域达到数千里。这个疆域范围东起青海湖东岸，西至塔里木盆地，北起库鲁克塔格山脉，南达昆仑山脉，并推行郡县制度管理，使之归入中国统治之下，这是以往各个朝代从未设置过正式行政区的地方。

公元 609 年（大业五年），隋炀帝率大军从京都长安浩浩荡荡地出发到甘肃陇西，西上青海，横穿了整个祁连山，经大斗拔谷挥师北上，到达了河西走廊的张掖郡。这次出行绝不是游山玩水，因为西部地区自古属于大漠边关，自然条件非常恶劣。大斗拔谷海拔高达 3000 多米，终年温度在 0℃以下，士兵冻死了大半，随行官员也大都失散。隋炀帝也狼狈不堪，在路上吃尽了苦头。隋炀帝这次西巡历时长达半年之久，到达了青海和河西走廊，其意义非常重大。在封建时代，中国皇帝抵达到西北这么远的地方的，唯有隋炀帝一人。隋炀帝在西巡过程中设置西海、河源、鄯善、且末四郡，进一步促成了甘肃、青海、新疆等大西北地区成为了中国不可分割的一部分。

隋炀帝到达张掖之后，西域 27 国君主与使臣纷纷前来觐见，表示臣服，各国商人也纷纷云集到张掖进行贸易。隋炀帝此次西巡开拓疆土、安定西域、威慑各国、开展贸易、畅通丝路，对后世影响深远。

4. 三游江都。隋炀帝乘坐四层高的龙舟，从京城浩浩荡荡地南下江南。对此后人评价不一，有人认为巡游的意义非常重大，一个中原的皇帝下江南，一个刚把江南归于自己的统治之下不久的王朝，为表示对江南的统治与重视进行巡游；但也有人认为，巡游耗费了无数的人力、物力，实是祸国殃民之举。

5. 三驾辽东。公元 611 年（大业七年），隋炀帝以高句丽本为箕子（商纣王叔父）所封之地，不遵臣礼为由，动员全国士兵，不论远近均于次年正月会集于涿郡（今北京城西南）。此后，各地百姓纷纷有组织或自发地聚集到了幽燕地区的驿路山冈之上，遍地都是装甲武士。这次远征高句丽是深得百姓支持的，遗憾的是这次征伐却因为种种原因而没有成功。

公元 613 年（大业九年），隋炀帝不甘心第一次征伐高句丽的失败，从洛阳出发，再次御驾亲征高句丽。隋朝大军兵强马壮，周密计划，准备充分。但由于后院起火，杨玄感起兵反叛，严重地威胁到了隋王朝的腹地，隋炀帝被迫撤回大军，导致第二次征伐高句丽的失败。

公元 614 年（大业十年），隋炀帝不顾国内危机四伏，第三次亲征高句丽。沿途有很多士卒逃亡，但此次隋军大获全胜，高句丽王高元非常恐惧，于是遣使请降。隋炀帝见国内农民起义烽烟四起，便无心再战，班师回朝。

隋炀帝的晚年，并没有像陈后主那样做个长城公，也没有把经常带在身边的毒药派上用场。大业十四年（公元 618 年）三月，隋炀帝见天下大乱，无法挽回，便下命修建了丹阳宫（在今南京），准备迁居到那里。从驾的都是从关中来的卫士，他们非常怀念家乡，便纷纷逃归。这时，虎贲郎将元礼等，与直阁裴虔通共同密谋，利用卫士们思念家乡的怨恨情绪，推举宇文述的儿子宇文化及作为首领，发动了兵变，隋炀帝被迫自杀。隋炀帝死后，连个像样的棺材也没有，由萧后和宫人拆床板做了一个小棺材，偷偷地葬在了江都宫的流珠堂下。唐朝平定江南后，于贞观五年（公元631年）将其移葬于雷塘（今江苏扬州市北15千米雷塘南平冈上，南距吴公台5千米）。

这是一个穷兵黩武、奢侈腐化的帝王，也是一个开疆辟土、立功无数的帝王，功过是非，只能任由后人来评说。

唐朝的建立

公元616年，隋炀帝任命李渊为太原留守。尽管李渊非常尽心尽力，想博得隋炀帝的赏识，但是隋炀帝非但不信任李渊，还派了自己的心腹王威、高君雄做太原的副留守，监视李渊的一举一动。李渊表面上整天喝闷酒，心中却早有所谋。他暗地里花重金买通了朝中重臣，培植自己的势力。当时，为了躲避东征高句丽和农民起义风潮的官僚纷纷来到晋阳（今山西太原），李渊便与他们结交，同时还网罗了很多隋朝的犯罪官员，委托他们以重任。

李渊何许人也？李渊出生于一个大官僚的贵族家庭，父亲是北周时期赫赫有名的柱国大将军，母亲是隋文帝独孤皇后的姐姐。李渊有四个儿子，分别是李建成、李世民、李元霸和李元吉（李元霸早死）。其中李世民最具有雄才大略，他很有远见卓识，看到全国风起云涌的反抗斗争，认为隋朝的统治不会长久，只有趁现在天下大乱的时机，才能夺取政权。这时候，时任晋阳令的刘文静被抓捕，因为他与瓦岗军首领李密是姻亲。李世民便冒险来到狱中探望刘文静，两人在狱中定下了反隋大计。

与此同时，太原北面的突厥可汗大举进攻马邑。李渊便以抵抗突厥为名，招兵买马。仅仅 10 多天的时间，就募集到 1 万多人马。太原副留守王威、高君雄心中生疑，便立即抓捕了隋朝逃犯右勋卫长孙顺德、右勋侍刘弘基，从他俩口中得知了李渊的真实意图。于是，王威、高君雄两人便商定了计谋，打算请李渊到晋祠去祈雨，想乘机将他杀死。李渊得知他们的计谋后，便决定先下手为强，给高、王二人安了一个里通外国、引突厥袭边的罪名，将二人杀死。公元 617 年五月，李渊自称大将军，派李建成和李世民分别做左右领军大都督，刘文静做司马，起兵反隋。李渊将兵士称为“义士”，他们率领 3 万人马离开太原，向长安进军，一路上继续招兵买马，并且效仿农民起义的做法，打开官仓发粮给贫民。这样一来，应募的老百姓就越来越多。

可是，当李渊率军到达霍邑（今山西霍县）的时候，却遇到了一个强劲的对手，他就是驻守霍邑的隋朝虎牙郎将宋老生。宋老生骁勇善战，他并没有与李渊军正面作战，而是坚守不出，以消磨李渊大军的锐气。此时忽然连降大雨，李渊军的粮草供应变得非常困难。李渊遂动摇不定，打算撤兵返回太原。李世民与李建成都来劝说，李渊依然犹豫不定。幸亏很快就雨过天晴，粮草如期送到，李渊军士气大振。于是，李渊立刻组织部队进攻霍邑。这一次他没有和宋老生发生决战，而只是派遣了一部分游击军去佯装攻打，以此来激怒宋老生，宋老生果然上当。宋老生率领 3 万人马，从东门、南门出来迎战，李渊以退为进，吸引宋老生到城外不远的地方，又派李建成和李世民率军绕到了宋老生大军的背后，切断他的后路，让人在乱军中大声喊话，说宋老生已经被杀死了，让大家快去逃命。结果宋老生部阵势大乱，四处溃散而逃，宋老生也被斩于马下，李渊取得了第一次战役的决定性胜利。随后李渊兵分两路，一路由李世民率领，顺利攻下了屈突通镇守的河东，另一路主力军则由他自己亲自率领西进，由壶口渡过黄河，扼守潼关，直逼关中。 留在长安的李渊的女儿也招募了1 万多人马，号称“娘子军”，与进关的李渊军遥相呼应。 李建成则率领着精兵与李渊会师，20 多万军队围攻长安，千军万马齐头并进，长安守军大为恐慌，纷纷溃散投降，长安城很快被李渊大军攻下。

攻克长安后，李渊为了争取民心，颁布了12 条法令，善待民众，剪除奸臣，把隋炀帝制定的苛刻法令全部废除。 但李渊并没有立即称帝登基，因为这时候只是关中略微平定，离全国统一的目标还相去甚远。 此时称帝，恐怕会破坏了大事。 于是，李渊便效仿曹操“挟天子以令诸侯”的做法，宣布尊立 13 岁的隋炀帝之孙代王杨侑为帝，遥尊炀帝为太上皇。

第二年，也就是公元 618 年夏天，隋炀帝的禁军右屯卫将军宇文化及发动了兵变，将隋炀帝杀死。 隋炀帝被杀的消息迅速从江都传到长安，李渊的儿子和谋臣们都认为这是个大好时机，便逼迫隋恭帝杨侑退位。 李渊正式做了皇帝，改国号为唐，改元武德，李渊即唐高祖。

李渊称帝后，关中最大的障碍是王世充的势力。 王世充原本为隋朝的大将，曾任江都通守，隋炀帝被杀后，他拥立炀帝的另一个孙子杨侗为帝，但到了公元 619 年，他干脆废了杨侗自立为帝，建立郑国，定都洛阳。

公元 620 年九月，李渊派李世民率军东进洛阳，王世充率 3 万人马与唐军在慈涧（今河南洛阳西）交战。 经过长时间的激战，王世充退回城内。 李世民断绝了王世充的粮道，把主力军屯驻于洛阳北面的邙山，对洛阳形成包围夹击之势。

李世民率领唐军与王世充部在洛阳对峙的时候，河北的窦建德起义军也是一支非常强大的力量。 李世民和王世充都派人去争取窦建德，窦建德一面表示愿与李世民联合，一面又向王世充表示愿意派兵相助。

公元 621 年三月，窦建德率兵 30 万，突然增援王世充部。他率领大军到达虎牢关（今河南荥阳西），并通知王世充，希望能东西夹击唐军。

面临腹背受敌的威胁，李世民亲率精锐部队东赴虎牢关，与窦建德军几次交锋，唐军都取得了胜利。窦建德誓死一搏，率全军西进发动进攻。唐军以逸待劳，坚守不出，从早上坚守到中午，趁窦建德军饥渴疲倦之时，突然出击。窦建德措手不及，边打边退，最终被唐军俘获。窦建德失败后，王世充知道大势已去，便举城投降了。

这之后，中原、河北一带，基本上为李渊所占据。而此时的江南仍然被萧铣割据，萧铣原本是南朝后梁皇族后裔，与隋炀帝的萧皇后同是本家，他想趁天下大乱恢复梁的基业，但很快就被李渊手下大将李靖打败。

至此，李渊基本上消灭了隋末以来分裂割据的局面，完成了全国的统一。

贞观之治

玄武门之变的两个月后，李渊诏令传位于新太子李世民。李世民听信房玄龄等人的劝解，推辞不接受。李渊只好退位，做了太上皇，李世民即位后居住于东宫显德殿，是为唐太宗，改年号为贞观。

在唐太宗李世民的政权中，夹杂着各种政治力量。有原来隋朝的官员，也有农民起义军的将领，还有玄武门之变中李建成、李元吉集团的重要人物。各种政治力量，都需要以李世民为中心进行重新组合。于是，李世民竭力地促进各种力量的重组。他根据自己的选人标准，不管是哪一种政治力量，只要有才能的，就加以重用。

李世民当秦王的时候，为了加强自己的力量，就设置了文学馆十八学士，作为自己的智囊团。十八学士中的房玄龄、杜如晦等，都是玄武门之变的骨干力量，由此可见文学馆的学士都是李世民的亲信。李世民登基之后，又另行设立了弘文馆学士以代替文学馆学士，弘学馆学士不限人数，增加了原秦王集团以外的成员。李世民根据实际需要而变化，没有亲疏之别，从而使大量的人才聚集在自己周围。这是李世民用人之道的一大特点。

另一特点，便是纳谏，这是李世民笼络人才的高超手段。皇帝纳谏，是对臣下的最大尊重，做臣子的必然尽力效忠于皇帝，这是儒家思想“君使臣以礼，臣事君以忠”的具体表现。唐太宗李世民和魏征的关系，就是这种思想的典型。

魏征曾在隋朝末年参加瓦岗军，降唐后又成为李建成的洗马，本来是李世民的敌对力量，但在玄武门之变后，李世民非常敬重他的意见。李世民登基的时候，曾询问魏征，说君王怎样才能做到明，而什么样又是暗。魏征回答说：“兼听则明，偏信则暗。”李世民听后，非常赞成，他知道，自己并不是无所不知、无所不能。而魏征确实有经国济世之才，而且知无不言、言无不尽。在治理国家方面，尤其是在大乱之后拨乱反正，魏征主张宜快不宜慢、宜急不宜缓。唐太宗即位的时候，天下初定，百废待兴，唐太宗虽有心治理好国家，但并没有具体的办法。魏征认为，大乱之后治理国家，就像饿极了的人要吃东西一样，时间要快。如果人心如流水一般向下堕落，今天的人也会变成鬼怪，还怎么来治理国家。“行帝道则帝，行王道则王”，问题是采取什么措施来治理，而不是人民是否可以教化。

在具体治理国家的方略上，魏征提出了轻徭薄赋、与民休养。魏征认为，隋朝灭亡的教训在于扰民太多，国家赋税极重，徭役繁多，以至于民不聊生，国家的败亡就从这里开始，“静之则安，动之则乱。”于是，唐太宗实行了一套有利于老百姓的政策，如减免苛捐杂税，减轻农民负担，大力发展农业生产，在全国推行均田制和租庸调制，以休养生息、奖励农耕。因此，在整个贞观年间，朝廷的赋税和徭役都不算太重，这是贞观年间社会安定、经济发展的基本保障之一。

在执法方面，魏征提出宽缓明确。他坚决反对像秦朝那样实行严刑峻法，将百姓当做鱼肉来宰割，但同时又坚决主张明正典刑，反对徇私枉法。

魏征的意见，唐太宗基本都听从了，并积极采取了有效措施。

贞观年间，在对待少数民族的政策方面，唐太宗的基本态度是投降就安抚、反叛就讨伐，就是说只要各少数民族不公开与唐对抗，就以各部的酋长封为都督、刺史，仍然按照其原来的风俗习惯、社会制度，对本族进行统治。反之，对那些侵扰内地或者对唐有严重威胁者，就采用武力解决。

隋末战乱连年，经济凋零，文化衰退，满目疮痍，而唐太宗在经济、政治、民族关系等各方面都采取了积极措施，使经济得以迅速恢复和发展，民族关系得到很大改善，迎来了唐帝国空前的繁荣。唐太宗当政期间，出现了中国封建社会少有的太平盛世，史称“贞观之治”。

日月当空

公元 649 年，唐太宗去世，其子李治即位，时年 22 岁，是为唐高宗。李治的性格优柔寡断，朝廷大事都依靠着他的舅父、宰相长孙无忌来拿主意，直到他将武则天立为皇后，情况才发生了根本性的变化。

武则天本名曌，13 岁时做了唐太宗的才人。唐太宗逝世后，按照皇家规定，已故皇帝的姬妾，都要出家为尼。因而唐太宗的所有姬妾都被送到了长安感业寺，武则天也在其中。

李治在做太子的时候就曾见过武则天，对她一直念念不忘。公元654年，唐高宗与妻子王皇后到感业寺进香，再次见到了武则天，二人相对垂泪，这一切都被王皇后看在眼里。那时，王皇后正跟李治的另一位姬妾萧淑妃争宠，于是王皇后把武则天接回皇宫，册封为昭仪，想用她帮助自己打击萧淑妃。

武则天回宫以后，迅速赢得了唐高宗的宠爱，高宗不仅疏远了萧淑妃，还想将王皇后废掉，立武则天为皇后。这件事遭到很多老臣的反对，尤其是长孙无忌，说什么也不同意。那时武则天私下拉拢了一批大臣，他们在唐高宗面前都支持武则天当皇后。他们对唐高宗说："册立皇后是陛下的家事，别人管不着。"唐高宗这才下定了决心，把王皇后废了，让武则天做了皇后。

武则天当了皇后之后，使出了很多果断泼辣的手段，把那些反对她的老臣一个个降职、流放，连长孙无忌也被逼自杀。

不久之后，唐高宗生了一场病，成天头昏眼花，有时候连眼睛都张不开。本就不喜欢处理国政的高宗，见武则天颇为能干，索性把朝政大事全交给她管理了。

武则天掌权之后，便渐渐不把高宗放在眼里。高宗想干什么，若是没有经过她的同意，就干不了。唐高宗心里也非常气恼，于是有一次，他跟宰相上官仪商量，打算将武则天废掉。上官仪下去起草废除皇后的诏书，而此时，早就有太监把这件事报告给了武则天。

等上官仪拿着起草好的诏书来见高宗时，武则天也已经到了，她厉声问高宗："这到底是怎么回事？"唐高宗见了武则天，吓得把上官仪起草的诏书藏在袖子里，结结巴巴地说："我本来没这个意思，都是上官仪教我干的。"于是武则天立刻下命令把上官仪杀了。从此以后，唐高宗凡是上朝，武则天便也要坐在旁边，大小政事都得由皇后点了头才能算数，朝中称之为"二圣"。公元683年，唐高宗逝世。武则天先后把自己的两个儿子立为皇帝，是为中宗李显和睿宗李旦，但他们都不中她的意。于是她便把中宗废了，把睿宗软禁起来，自己以太后的名义临朝执政。这样一来，又遭到一些大臣和宗室的反对，还有人起兵发动叛乱。

武则天迅速派兵镇压了叛乱，全国得以恢复安宁，自此没有人再敢反对武则天。后来有一个名叫傅游艺的官员，联络了关中地区900多人联名上书，请求太后继承皇帝位。武则天一面推辞，一面擢升了傅游艺的官职。结果，劝她做皇帝的人越来越多。公元690年，武则天便接受了大家的请求，自称圣神皇帝，改国号为周，成了中国历史上唯一的女皇帝。

武则天当政期间，贬逐老臣，任用酷吏，唐初的元老重臣如长孙无忌、褚遂良、于志宁、裴炎等人，少数被贬逐，多数遭到了诛杀。她举行殿试，开创武举、自举、试官等制，经济上采取薄赋税、息干戈、省力役等主张，因此在其执政的半个世纪中，政绩辉煌，国威大震，声名远播，有“贞观遗风”之誉。

公元715年，宰相张柬之乘武则天年老病危，拥立中宗复位，尊武氏为“则天大圣皇帝”。同年冬，武则天病死，享年82岁，遗诏“去帝号，称则天大圣皇后”。李白将武则天列为唐朝“七圣”之一。武则天死后，曾立“无字碑”。自秦汉以来，帝王将相无不希望死后能树碑立传，中国历史上唯一一个女皇帝的石碑却没有刻一个字。后世说法有几种：第一种说法认为，武则天立“无字碑”是用以夸耀自己，表示功高德大，用文字是无法来表达的；第二种说法则认为，武则天立“无字碑”是因为自知罪孽深重，感到还是不写碑文为好；第三种说法认为，武则天是一个有自知之明的人，立“无字碑”是聪明之举，功过是非让后人去评论，这是最好的办法。

对于武则天，从唐代开始，历来有各种不同的评价。唐代前期，由于所有的皇帝都是她的直系子孙，并且儒家正统观念还没有占据统治地位，所以当时对武则天的评价相对比较积极、比较正面。但随着时间的推移，特别是司马光所主编的《资治通鉴》，对武氏进行了严厉批判。后来在南宋期间，程朱理学在中国思想上占据了主导地位，重男轻女的舆论决定了对武则天的负面评价。明清之际的时候，著名的思想家王夫之，就曾评价武则天“鬼神之所不容，臣民之所共怨”。不过不可否认的是，武则天对社会发展做出了巨大的贡献。

武则天的第一个贡献是，打击了保守的门阀贵族。武则天被立为皇后以后，便把反对她做皇后的长孙无忌、褚遂良等人一个个地都赶出了朝廷，贬逐到了偏远的地区。这在武则天看来，是杀鸡儆猴。这些关陇贵族和他们的依附者，在当时已经成为一种既得利益的保守力量。把他们赶出政治舞台标志着关陇贵族从北周以来长达一个多世纪统治的终结，也为社会进步和经济发展创造了一个良好的条件。

第二个贡献是促进了经济的发展。虽然早在贞观年间就曾提出过“劝农桑”的政策，但是由于各种原因，未能很好地去实施和完成。因此，武则天在《建言十二事》中就曾建议“劝农桑，薄赋役”。当她掌握朝政以后，又编撰了《兆人本业记》颁发到了各个州县，作为州县官劝农的参考。她还注重地方吏治，加强对地主官吏的监察。对于土地兼并和逃亡的农民，也采取了比较宽容的政策。因此，武则天统治时期，社会是相当安定的，农业、手工业和商业都有了长足的发展。人口也由唐高宗初年的380万户进一步增加到615万户，平均每年增长达9.1%。这在中国古代，是一个很高的增长率，也是反映武则天时期唐代经济发展的客观数据。

第三个贡献是稳定了边疆形势。武则天执政之初，边疆并不是很太平。西方的西突厥攻占了安西四镇，吐蕃也不断在青海一带蚕食唐国的土地。北边一度臣服的突厥和东北的契丹一直打到河北中部。武则天组织反攻，恢复了安西四镇，打退了突厥、契丹的进攻，同时又在边地设立军镇，驻守军队，并把高宗末年在青海屯田的做法推广到甘肃张掖、武威、内蒙古五原和新疆吉木萨尔一带。武则天还以温和的民族政策，接纳多元文化的发展，对在屯田工作上做出了巨大贡献的娄师德，武则天更是致书嘉勉。书中特别指出，由于屯田，使得北方镇兵的粮食“数年咸得支给”。

第四个贡献是推动了文化的发展。唐人沈既济在谈论科举制度时说道：“太后颇涉文史，好雕虫之艺”，“太后君临天下二十余年，当时公卿百辟，无不以文章达，因循日久，浸已成风。”沈既济的这些话包含了丰富的内容：一是武则天重视科举，大开制科。有一次策试制科举人时，她亲临考场，主持考试；二是当时进士科和制科考试主要都是考策问，也就是申论，文章的好坏是录取的主要标准；三是武则天用人不看门第出身，不管你是否是高级官吏的子孙，而是看你是否有政治才能，因此特别注意从科举出身者中间选拔高级官吏。这就大大刺激了诗人参加科举的积极性，更刺激了一般人读书学习的热情。这就是沈既济所说的“浸已成风”。开元、天宝年间“父教其子，兄教其弟”，“五尺童子耻不言文墨焉”的社会风气，就是从武则天时期开始的。正是因为文化的大力普及，才推动了文化的全面发展。著名的诗人和文学家崔融、李峤都是这个时期涌现出来的。雕塑、绘画在这一时期也达到了前所未有的高度。

但武则天也有不少消极的行为。她崇信佛教，广建寺院、修筑明堂、建造天枢、铸造九鼎，浪费了大量的人力、物力。在打击政敌的过程中也不免滥杀无辜。官吏大增也必然加重农民的负担，在她统治时期尽管社会经济有所上升，但逃户问题已经日益严重，府兵制开始走向破坏。此外，武则天重用武氏宗室武承嗣、武三思、武攸绪及武攸宁等人，并大封武氏宗人为王。晚年的武则天还宠爱男妾张昌宗、张易之兄弟，使得二人狐假虎威，飞扬跋扈。

大臣吉顼等人深以嗣君之选为虑，武则天也感到作为女子，死后只能入李家宗庙享子孙祭祀，所以接受臣下建议，于圣历元年（公元698年）迎还庐陵王李显，复立为太子。

武则天的做法到底如何，就像她立在自己墓前的无字碑一样，只能由后人去评说了。

从开元盛世到天宝之乱

公元705年，武则天退位，李显即位，恢复了唐国号，是为唐中宗。但中宗即位后，政权却旁落到了皇后韦氏手中。中宗驾崩后，韦后立温王李重茂为帝，是为少帝。

景龙四年（公元710年），临淄王李隆基与太平公主（唐高宗与武则天之女）联合起来发动了宫廷政变，韦后与安乐公主等先后被杀，唐睿宗李旦复位，李隆基被立为太子。延和元年（公元712年）八月，睿宗传位于太子，自己做了太上皇。李隆基即位后，改元先天，是为玄宗。

唐玄宗李隆基（公元685—762年）是唐睿宗李旦的第三子，母亲是昭成窦皇后（窦德妃）。因其谥至道大圣大明孝皇帝，故又称唐明皇。玄宗个人素质优秀，既善于骑射，又通晓音律、历象之学，可谓是才艺双全。

当时，宰相大多是太平公主之党，文武大臣，也都依附于她。于是，除掉太平公主就成为唐玄宗的当前要务。太平公主看到唐玄宗锐意执政，也想将唐玄宗废黜。

开元元年（公元713年）七月，唐玄宗与岐王李范、薛王李业、兵部尚书郭元振、龙武将军王毛仲等决定起事。唐玄宗命令王毛仲到闲厩取出御马并调集家兵300余人，亲自带领太仆少卿李令向、王守一、内侍高力士、果毅李守德等亲信10多人，先杀掉了左、右羽林大将军常元楷、李慈，又俘获了太平公主的亲信右散骑常侍贾膺福和中书舍人李猷，接着杀了宰相岑羲、萧至忠。窦怀贞暂时逃跑，最后自缢而死。太平公主惊恐万分，先是逃入山寺，后又被赐死于家。从此之后，朝廷军政大事完全由唐玄宗一手掌控了。

唐玄宗做了皇帝后，励精图治，重用姚崇，革新政治。姚崇建议：抑制权贵，重视爵赏，纳谏诤，禁贡献。唐玄宗都一一采纳。那些无关大局的具体问题，他都放手让姚崇来处理。有一次，姚崇请奏决定郎吏的任命问题，姚崇再三请求玄宗来决定，唐玄宗只是抬头看着殿屋，没有说一句话。高力士上前提醒唐玄宗应置可否，他回答道："朕让姚崇理政，大事自然应当与朕共议，郎吏小官之事，何须一一来烦朕！"从此之后，满朝大臣便都知道唐玄宗能够尊重大臣的决定。

唐玄宗弟薛王李业的母舅王仙童，凌辱百姓，被御史弹劾。薛王李业为其求情，唐玄宗命中书、门下复查。姚崇等请奏道："王仙童罪状上面写得明明白白，御史所言非常正常，不可纵容。"唐玄宗于是同意了姚崇的意见。从此，所有贵族都不敢再放肆。

为了纠正奢华的风气，据《资治通鉴》记载：开元二年（公元714年）七月唐玄宗下令"乘舆服御、金银器玩，宜令有司销毁，以供军国之用；其珠玉、锦绣，焚于殿前；后妃以下，皆毋得服珠玉锦绣。"又下敕令："百官所服带及酒器、马衔、镫，三品以上，听饰以玉，四品以金，五品以银，自余皆禁之；妇人服饰从其夫、子。其旧成锦绣，听染为皂。自今天下更毋得采珠玉、织锦绣等物，违者杖一百，工人减一等。"同时，还罢掉了两京织锦坊。他还强烈反对厚葬，他认为厚葬对死者并没有益处，反而有损于生者。于是，要求丧葬务必遵守节俭，凡陪葬之物品，均不可以用金银器为饰；若是有违抗者，杖一百。州县长官没有举报的，一律贬官。

为了总结历史教训，汲取经验，作为统治国家的借鉴，唐玄宗酷爱阅读史书，读到有关政事的时候，他就特别地留心。但是经常会碰到自己无法解决的疑难问题，于是，他要宰相为他推荐侍读，以帮助他读书。开元三年（公元715年）九月，马怀素、褚无量被推荐为侍读。唐玄宗对侍读都非常敬重，亲自迎送，待之以师傅之礼。

开元二十三年（公元735年）四月，唐玄宗与中书门下及礼官、学士大宴于东都集仙殿。他说："仙者凭虚之论，朕所不取。贤者能治理国家，朕与诸位合宴，宜更名曰集贤殿。""仙""贤"虽只是一字之差，却反映出玄宗重视人才的态度。

唐玄宗治国初期，以开元作为年号，那时社会比较安定，政治清明，经济达到了空前的繁荣，唐朝进入了鼎盛时期，后人称这一时期为开元盛世。在这一时期，唐玄宗采取的主要统治方法是：

1. 任用贤能。唐玄宗即位之后，先起用姚崇、宋璟为相，其后又任用张嘉贞、张说、李元纮、杜暹、韩休、张九龄等为相。他们各有所长，并且恪尽职守，使得朝廷充满了朝气。而且玄宗在此时还能做到虚怀纳谏，因此政治清明，政局稳定。

2. 改革吏治。唐玄宗采纳了张九龄的建议，制定了官吏的升迁制度。选取了很多京官中有才能的人，将其外调为都督、刺史，以锻炼他们的处事才能，培养行政经验。同时，又选拔了很多都督、刺史中有能力的人，将其提升为京官。这样内外互调，极大地增强了中央与地方的沟通、了解与信任。玄宗还把全国分为15道，在各道设置采访使，用来监督地方州县的官员，并经常考察地方官吏的政绩。而在选拔人才方面，玄宗还对科举制度做出了改革，限制了进士科及第的人数，以减少庸官的出现，提高了官吏的整体素质。

3. 发展经济。唐玄宗在这段时间里过得非常节俭，他下令三品以下的大臣，包括内宫后妃以下者，不得佩戴金玉制作的饰物，并且遣散了很多宫女，以便节省开支。他还下令全国各地均不得开采珠玉以及制造锦绣，一改武则天时期以来后宫的奢靡之风。他下令宇文融清查全国的逃亡户口以及籍外田地，一共查处80多万户，大大增加了唐朝的税收和兵力来源。因为这些措施的实行，唐朝的财政变得愈加丰裕，而且全国的粮仓充实，以至于物价变得非常之低。

4. 提倡文教。唐玄宗为了选拔人才，亲自参与殿试，考核吏部那些新录取的县令，而且对儒生十分照顾。下令群臣寻访历代的遗书，共觅得图书近 5 万卷，使唐朝的文化事业走向了顶峰。

5. 对外军事。唐玄宗采取了张说的建议，实行募兵制，以取代日渐衰微的府兵制。在公元 722 年，他亲自挑选府兵及壮丁共 12 万人作为京师的守卫，称之为“骑”。他还在边疆地区设置了十大兵镇，以节度使节制，作为统治异族和巩固边防的措施。

唐玄宗后期，唐玄宗自以为天下已经太平，便开始贪图享乐，宠信并重用李林甫等奸佞之臣，逐渐丧失了积极进取的精神，以至于生活奢靡，不问政事，使富强的大唐皇朝逐渐走向了衰落。

唐玄宗最初非常宠爱武惠妃，但武惠妃于开元二十五年（公元 737 年）去世，后宫佳丽虽然多，但没有一个能使他满意的。

相传，其第十八子寿王妃杨氏颇有姿色，举世无双。唐玄宗见到她以后，果然以为是仙女下凡。天宝三年（公元 744 年）十二月，玄宗封杨氏为女官，号太真。天宝四年（745 年）八月，又册封杨氏为贵妃。

杨贵妃不仅个人受宠，她的三个姐姐也都赐府第于京师，可谓是“一人得道鸡犬升天”，其远堂兄杨国忠也从此飞黄腾达。杨贵妃出门都要骑马，皆由大宦官高力士亲自于马后执鞭，且贵妃院的织绣工就有 700 多人。岭南经略史张九章、广陵长史王翼，因献给杨贵妃的贡品精巧，均得到了升官。于是，各地官吏竞相模仿。杨贵妃喜爱吃岭南的荔枝，就有人千方百计地运来新鲜荔枝到长安。在男尊女卑的封建社会里，民间竟然流传着这样的歌谣：“生男勿喜女勿悲，若今看女作门楣。”由此可见，玄宗宠爱杨贵妃的社会影响是多么深远。

生活的奢华，随之而来的便是政治上的腐败。天宝初年，口蜜腹剑的李林甫被擢升为宰相。李林甫为了掌控大权，反对谏官有益的建议。他训斥朝廷的谏官道：“如今明主在上，群臣将顺之不暇，何须多言！”补阙杜琎上书言事，第二天便被降为下邽（今陕西渭南东北）令。从此之后，再也没有人敢有谏诤之言了。

在用人方面，李林甫认为凡在德才方面超过了自己的，他都设法将其除去。唐玄宗想提拔兵部侍郎卢绚，他就把卢绚调到华州（今陕西华县）去做刺史，并欺骗唐玄宗说卢绚因病不能再做事了。唐玄宗后来又想重用绛州（今山西新绛）刺史严挺之，李林甫又欺骗玄宗说严挺之年老病多，宜授其散职，以便于他养病。于是，严挺之又被送到东京（今河南洛阳）养病去了。

李林甫欺上瞒下，并没有引起唐玄宗的注意，他反而还以为天下太平，自己要高居无为，悉以政事委于李林甫。高力士劝谏他不可以将大权旁落，他还颇为生气，致使高力士惶恐自责。李林甫死后，唐玄宗一面重用专权的杨贵妃堂兄杨国忠为宰相，一面又信任心怀不轨的边将安禄山。

杨国忠重用亲信，排除异己。天宝十二年（公元753年），关中饥荒，因京兆尹李岘没有遵从于他，于是把火气发泄到李岘身上，将李岘贬谪到长沙（今湖南长沙）做了太守。后来又发生了水灾，唐玄宗询问灾情，杨国忠便将好的禾苗取来给玄宗看，以掩盖灾情真相。扶风（今陕西凤翔）太守房琯将所管辖地区的灾情向上反映，杨国忠就派御史去追究他的责任。因此，天宝十三年（公元754年）虽然关中灾情严重，但没有人敢如实上报。连高力士也说过，宰相大权在握，赏罚不公，大臣们都变得不敢讲话了。

范阳（今北京附近）节度使安禄山，为了和杨国忠在玄宗面前争宠，二人相互诋毁。唐玄宗的左右安抚，不分是非，并且认为将政事交付于宰相、边事交付诸将，便可以高枕无忧了。这样一来，蓄谋已久的安禄山终于发动了反唐的大叛乱。

天宝十四年（公元 755 年），安禄山趁唐朝内部空虚，发动兵变，天下太平已久，民不知战，河北州县，望风而瓦解，史称“安史之乱”。唐玄宗赶忙逃往四川，途中路过马嵬驿，士兵发生哗变，将杨国忠砍死，又逼玄宗赐死了杨贵妃，太子李亨与唐玄宗分道扬镳。李亨率一部分禁军向北去了灵武（今宁夏灵武西南），七月即位，改元至德，是为唐肃宗。李隆基与陈玄礼率另一部分禁军继续南逃成都，后被尊为上皇天帝。唐王朝从此由盛转衰。

至德二年（公元 756 年），唐玄宗由成都返回长安，居住在兴庆宫（南内）。宦官李辅国离间唐玄宗与肃宗的关系，唐玄宗被迫迁到太极宫（西内）甘露殿。晚年的唐玄宗郁郁寡欢，宝应元年（公元 762 年）驾崩，葬于泰陵，终年 78 岁。

平定叛乱

马嵬驿兵变之后，唐玄宗继续逃往成都，太子李亨则率部逃到灵武。公元 756 年七月，李亨即位，改元至德，是为唐肃宗，玄宗则在成都做了太上皇。这时候，叛军安禄山已经率兵攻入长安，烧杀抢掠，无恶不作。

唐肃宗命大将郭子仪为兵部尚书兼宰相，率军平定叛乱。九月，郭子仪亲率大军 15 万逼近长安，与叛军 10 万人相持于长安西香积寺北沣水之东。双方杀得昏天黑地，日月无光，最终叛军全线溃败，唐军遂收复了长安。此时，安禄山在洛阳的叛军统治集团内部为了争权夺利，将安禄山杀死，他的儿子安庆绪继位做了皇帝。随着唐军继续东进，安庆绪放弃了洛阳，北走邺郡（今河南安阳）。不久之后，唐军又收复了洛阳。

公元 758 年九月，唐肃宗调集 9 个节度使，共数十万的兵力讨伐安庆绪。在这些节度使中，郭子仪、李光弼等战功卓著，威信最高。肃宗不想将兵权交付他们，所以没有设立主帅，只是让宦官鱼朝恩为观军容宣慰处置使，总揽全局。

9 个节度使的大军围攻邺郡，引漳水入城，安庆绪军不仅身遭水灾，而且城中粮食奇缺，连老鼠都成了桌上之食，一只老鼠能卖到 4000 钱，这无疑成为了一个破城良机。可是唐军因为没有主帅，不能统一指挥，致使叛军大将史思明从魏州（今河北大名）率部援助邺郡。史思明劫持了唐军运粮的舟车，断了唐军的粮源。同时，又采用声东击西的方法不断地骚扰唐军，以至于唐军疲于应战。

公元 759 年三月，唐军和史思明军展开了激战。正当激战之际，狂风大作，昏天暗地，近在咫尺也分不清敌我。一场混战，双方都遭受到了巨大的损失。叛军与唐军只好各自退回。之后，郭子仪被任命为东征元帅，在东京留守。后来，宦官鱼朝恩把邺郡之战的失败责任全部推给了郭子仪，肃宗便将郭子仪召回京师，让李光弼为天下兵马副元帅，镇守东京。

同年九月，史思明再度南下，攻占洛阳。十二月，史思明又派大将李归仁攻打陕州，但被唐军击败。从此之后，叛军内部矛盾激化加重，史思明的长子史朝义利用很多将领对史思明的不满情绪，发动兵变，将史思明杀死，自己继位称帝。同时，史朝义又派兵到范阳杀了与他争夺帝位的弟弟史朝清，还杀了很多持有不同意见的人。这种自相残杀引发了大规模的内讧，致使数月之内，范阳有数千人为此事而死。

公元 762 年十月，唐肃宗病逝，其子李豫即位，即唐代宗。即位不久，唐代宗便命雍王李适为天下兵马元帅，继续平定叛军。唐军很快攻下洛阳，随后又在昌乐打败史朝义，收复大片失地。次年正月，史朝义领军到了范阳，但手下纷纷叛逃，走投无路的史朝义最终自缢身亡。

至此，历时8年的安史之乱才最终被平定。叛乱虽然结束了，但长达8年的动乱严重破坏了中国北方的政治、经济发展，盛世唐朝也由此迅速走向了衰落。

牛李党争

安史之乱后，唐朝的统治日渐衰落。虽然德宗、宪宗年间都曾致力于变法中兴，但唐王朝的政治环境已经江河日下，不仅外部藩镇割据严重，而且朝中也面临着宦官专权和朋党之争的混乱局面。

宦官专权的时候，朝廷官员中凡是有反对的，大都会遭到打击。而这些依附于宦官的朝官，又分别属于牛党、李党两个不同的派别。牛党是以牛僧孺、李宗闵为首的官僚集团，李党是以李德裕为首的官僚集团。唐宪宗时期，两党政争开始，穆宗时朋党正式形成，历经敬宗朝、文宗朝、武宗朝、宣宗朝。两党斗争的形式是交替掌权，一党掌权，就积极地去排挤另一党，把朋党利益置于国家利益之上。两派官员相互攻击，争吵不休，一直持续了40多年，历史上把这次争斗称为“朋党之争”。

这场争斗开始于唐宪宗在位之时。有一年，长安举行科举考试，选拔敢于直谏之人。在参加考试的人员中有两个下级官员，一个叫李宗闵，另一个叫牛僧孺，两人在考卷里都批评了当时的时政。考官看完卷子以后，认为这两个人非常符合选拔的条件，便向唐宪宗推荐了他们。

宰相李吉甫知道了这件事后非常生气。李吉甫出生于士族，他原本就对科举出身的官员有想法，现在出身低微的李宗闵、牛僧孺居然对朝政大加指责，揭了他的短处，令他感到十分生气。于是他便在唐宪宗面前说，这两个人被举荐，完全是因为跟考官有私人关系。唐宪宗对李吉甫的话深信不疑，就把几个考官降了官职，李宗闵和牛僧孺也没有得到提拔。

李吉甫死后，他的儿子李德裕倚仗父亲的地位，做了翰林学士。那时候，李宗闵也在朝廷做官。李德裕对李宗闵批评他父亲的事情，仍然怀恨在心。

唐穆宗即位之后，又举行了进士考试。有两个大臣因为有熟人应考，便私下里与考官勾结，但是考官钱徽没有卖他们人情。正好李宗闵有个亲戚应考，结果考中了。这些大臣便向唐穆宗告发钱徽徇私舞弊。唐穆宗询问翰林学士李德裕，李德裕便谎称有这样的事。唐穆宗便将钱徽降了官职，李宗闵也受到了牵连，被贬谪到外地去做官。

李宗闵认为李德裕是存心排挤他，恨透了李德裕，而牛僧孺也非常同情李宗闵。从此之后，李宗闵、牛僧孺就跟一些科举出身的官员结成一派，李德裕也与士族出身的官员拉帮结派，双方开始了明争暗斗。

唐文宗即位之后，李宗闵利用贿赂宦官做了宰相。李宗闵向文宗举荐牛僧孺，把牛僧孺也提拔为宰相。两人一掌权，便合力去对付李德裕，把李德裕赶出了京城，派往四川（治所在今四川成都）做节度使。

唐文宗本人因为深受宦官的挟制，没有自己的意见。一会儿用李德裕，一会儿用牛僧孺。一派掌了权，另一派的日子便不好过。两派势力就像走马灯似的轮流转换，把朝政搞得非常混乱。

牛、李两派为了争权夺利，纷纷讨好宦官。李德裕做淮南节度使的时候，监军的宦官杨钦义被召回了京城。临走的时候，李德裕就办酒席请了杨钦义，还为他献上了一份厚礼。杨钦义回到京师后，就在当时为太子的唐武宗面前竭力举荐李德裕。到了唐武宗即位之后，李德裕果然又做到了宰相。他竭力排斥牛僧孺、李宗闵，把他们都贬谪到了南方去做官。

公元 846 年，唐武宗病死，宦官们立武宗的叔父李忱即位，就是唐宣宗。 唐宣宗对武宗时期的大臣全部排斥，即位的第一天，就把李德裕的宰相官职给撤除了。

李德裕一贬再贬，最后于公元 848 年客死于贬所，从此李党瓦解，牛、李党争以牛党的胜利宣告结束。 宣宗以后，牛李两派的领袖人物相继去世，朋党之争终于停息。

历经六朝近 40 年的朋党之争，使官僚集团陷入了严重的内耗之中，他们为了争夺自身的政治权力不顾一切，严重地损害了国家人民的利益，但两党官员还是做出了一些政绩的。 如李党首领李德裕曾经辅佐朝廷北破回纥，安定边陲；又平定昭义镇叛乱；抑制宦官权力，并裁减冗官、禁崇佛教。 但他却又不择手段地维护自己的同党，陷害敌党，可惜一代名相身陷于朋党之争中而“功成北阙，骨葬南溟”。

唐朝灭亡

在不断的内耗和藩镇战乱中，唐王朝的统治已经摇摇欲坠。 统治阶级不思悔改，反而继续腐败堕落，导致社会矛盾日益尖锐，加之连年的灾荒，各地农民纷纷起义。

王仙芝和黄巢领导的农民起义长达 9 年，转战了大半个中国，沉重地打击了唐朝的统治基础。 公元 881 年，黄巢率领起义军攻陷长安，建立了大齐政权。 当时，因为起义将领没有提出明确的经济纲领，也没有乘胜追击唐朝的残余军队，所以给了唐军苟延残喘的机会。 加上黄巢手下大将朱温叛变，导致在陈州等几次战役中，黄巢军大败。 公元 882 年，黄巢自杀，这场起义最终以失败而告终。

在镇压黄巢起义的过程中，各地藩镇都趁机争夺自己的地盘，扩大势力，雄霸一方。 朱温便是这股势力中最大的一支，而且势力越来越大。

朱温又名朱全忠，小名朱三。 朱温从小游手好闲，后参加农民起义军队伍。起义军占领长安后，黄巢派他去做同州防御使。后来，因唐王朝派军攻打长安，朱温便趁机投靠了唐王朝，被封为宣武节度使。

不久，李晔即位，为唐昭宗。公元 900 年，宦官刘季述发动兵变，废黜了唐昭宗。朱温借护主为由，率军讨伐刘季述。谁知朱温还没有入关，宰相崔胤就打死了刘季述，昭宗宣布复位。昭宗重新上位后，便把所有的宦官都杀了。但是，昭宗并不想把禁军大权交给外人，依然选拔了韩全海、张彦弘两个太监代替刘季述。崔胤写信给朱温，要他率军来迎接昭宗。这个消息传到韩全海耳里后，他们知道情势危急，就和剩下的宦官们抢先下手，将唐昭宗劫持到了凤翔，投靠了凤翔节度使李茂贞。

朱温得知后，立即发兵凤翔，要求李茂贞交出昭宗。李茂贞兵将寡，不是朱温的对手，只好坚守不出。朱温大军将凤翔团团包围，断绝了李茂贞的一切粮草来源，不久城内就没有了粮食，再加上连日大雪，饿死、冻死的人不计其数。李茂贞没有出路，只得开门投降，朱温把昭宗抢到了手。回到长安之后，朱温便将宦官全部杀掉了。宦官势力被彻底地清除了，而朱温从此也盘踞朝堂。不久之后，朱温又杀了宰相崔胤。杀到最后，皇宫里只剩下 30 多个人，只得从外地选拔官员进宫服役。从此，朝中大权就落到了朱温手上。

到公元 904 年，朱温提出要将国都从长安迁到洛阳。唐昭宗只得服从，半个字也不敢多说。迁都时，朱温命令兵士将长安的百姓全部赶到去洛阳的大道上，然后派人将长安的宫室、官府和民房全部拆光，使长安变成了一座废墟。拆下的材料都顺着渭水、黄河运送到了洛阳。整整一个多月，从长安到洛阳的路上，挤满了被迫迁徙的长安老百姓，他们扶老携幼，走了一路，哭了一路。

唐昭宗与皇后、皇子、公主、侍从以及朝中的官员，也只得默默离开长安，向东行进。走到半路上，朱温就下令杀掉了朝中的几个官员和200多个侍从。到达洛阳后，朱温便把自己的心腹将领，全部安置到了京城和皇宫内外的一切重要职位上，然后派亲信杀掉了唐昭宗。3天之后，立了一个13岁的孩子做了傀儡皇帝，这个孩子便是唐朝末代皇帝唐哀帝李柷，他是唐昭宗的第九子。随后，朱温又把朝廷剩下的30多个大臣杀死，尸体扔进了黄河。昭宗剩下的9个孩子，则被朱温召到九曲池饮酒，在那儿乘机把他们绞死，尸体全部丢入九曲池之中。

宦官杀光了，皇帝也被杀了，老大臣们也都死光了。朱温不费吹灰之力就可以做皇帝了，但他还不愿意这样称帝，生怕引起藩镇的不服和反对，这就需要唐哀帝主动将皇位让出来。

公元907年三月，唐哀帝亲笔写下了禅让的“御札”，向朱温“禅位”。朱温登基称帝后，改国号为梁，自己改名叫朱晃，史称后梁太祖，并以大梁（今河南开封）为国都。自此，长达289年的唐王朝统治结束了，中国进入了五代十国的纷乱时期。

宋辽西夏金时期

从陈桥兵变到“杯酒释兵权”

周世宗显德六年(公元959年)，周世宗逝世，7岁的太子即位，太后垂帘听政。当时，因皇帝年幼，符太后又没有什么突出的政治才能，导致世宗时稳定的国家根基发生动摇。

第二年正月，忽然有人来报，说辽国联合北汉大举入侵。符太后慌了神，不知道该如何是好，只好和宰相范质商议。范质想来想去，觉得唯有赵匡胤才能领兵出征，于是派赵匡胤统率大军，向北开拔。

几天之后，赵匡胤和他的军队到了陈桥驿（今河南开封东北）。他的弟弟赵匡义（即后来的宋太宗）与谋士赵普便在军中散布谣言，说此次出征必定有去无还，而当今皇帝年幼，未必会记得将士们的功劳，不如拥立赵匡胤为皇帝。将士们被这些言论所蛊惑，军心不稳，仿佛一个火药桶，一触即发。这天晚上，赵匡胤用酒肉犒劳了全军。在谋士的安排下，士兵发生了哗变，要求拥立赵匡胤做皇帝。第二天清晨，他们将一件黄袍披在了赵匡胤身上。群情激昂中，赵匡胤答应称帝，但与士兵们约定：不掠夺都城，不伤害周室的王公大臣。紧接着，赵匡胤率领大军浩浩荡荡地返回京师，升殿称帝。然后，他将只有7岁的后周恭帝迁到西宫，尊符太后为周太后，改国号为“宋”，并改年号为建隆。这样，赵匡胤便从后周的殿前都点检成为了北宋的开国皇帝。赵匡胤即宋太祖。尽管赵匡胤已经登基，但这个政权却极不稳定。由于政权刚刚建立，一部分兵权仍然在原后周将领手下。

这一部分人迫于形势，虽然尊太祖为帝，但日后难免会生出什么变化。 其次是当时的骄兵悍将统率藩镇，臣子强皇帝弱，已经危及到了皇权。 在这种情况下，宋太祖进行了数次兵权的调整，以稳定其得来的皇权。

建隆元年(公元960年)，李筠和李重进先后发动叛乱。 宋太祖两次出兵平叛，并借此以削弱藩镇势力。 与此同时，他还两次调整禁军将领，将禁军殿前司、侍卫司的9个统帅全部调换为自己的开国心腹。 其中，殿前司元帅慕容延钊和赵匡胤是结拜兄弟，副帅为高怀德，殿前司的第四统帅为皇弟赵匡义。 而侍卫亲军司方面，韩令坤接替了元帅职务，石守信接替副帅职务。 赵匡胤让自己的亲信来掌管国家最重要的军队，这才稍微松了一口气。

然而，如何治理国家，以求长治久安，避免成为五代之后的第六个短命王朝。 如何将地方的权力集中到中央，避免重蹈覆辙，一直是让宋太祖深思并忧心的问题。

一日，赵匡胤传赵普前来问话：“从唐朝末年到现在，几十年内，帝王换了很多，战争不断进行，生灵涂炭，这到底是因为什么？我想平息这天下的战争，希望国家得以长治久安，应该怎么办？”赵普回答道：“这并不是别的缘故，而是由于藩镇权力太大，君弱臣强罢了。 现在只要慢慢削减了他们的权力，控制他们的钱粮，收回他们的精锐部队，天下自然也就安定了。”话还没有说完，宋太祖便打断了他：“好了，别说了，我知道了。”

这个时候，宋太祖心里便已经有了如何削弱节度使权力的打算。但眼前最大的威胁并不是来自藩镇，而是身边的禁军将领们。

赵普屡次进谏，请求太祖撤除石守信等人的禁军职务，宋太祖总是不答应。 赵普抓住机会便再次进谏，宋太祖非常不耐烦地说：“他们一定不会背叛我的，你不用担心。”赵普答道：“我也不担心他们会背叛您。 但是我看到这些人，没有统率军队的才能，恐怕不能制伏他们的部下。一旦如此，万一他们的手下煽动，那他们到时候恐怕就由不得自己了。”

宋太祖突然认识到了这一点，他是忘不掉自己如何夺得皇位的。如今，掌管禁军的虽然都是自己的亲信，对自己忠心耿耿，但人心毕竟叵测。为了巩固自己的帝位，为了让后世子孙得以治理这个国家，他采取了一个令后人津津乐道的办法。

建隆二年（公元961年）秋天的一个晚上，宋太祖置办了酒席，邀请石守信、王审琦等人前来饮酒。酒过三巡，宋太祖屏退了左右，对大家说：“要不是有你们大家，我也不会有今天的地位，我时时刻刻都在感念你们的德义。但是做天子也非常难，还不如去做一个节度使快乐。我从即位到现在，从来都没有睡过一个安稳觉。”石守信等人问：“这是为什么呢？”宋太祖说：“因为很多人想要得到我这个位置。”

石守信等人一听话头不对，赶紧起身拜倒在地上，战战兢兢地问道：“陛下为什么要这样说，现在天下已定，谁还敢有二心呢？”宋太祖说：“那可不一定。即使你们没有二心，但是若是你们的部下有人想要富贵，有朝一日把黄袍披到你们的身上，你们即使不想做天子，恐怕也由不得自己吧。”

石守信等人拼命地磕头，痛哭流涕地说道：“我们太愚笨了，没想到这一步，只求陛下可怜我们，指给我们一条生路。”宋太祖惺惺作态地说道：“人生如白驹过隙，不如富贵一场，多攒下一些金钱，也可以为后世子孙们积攒下一些财富。你们为什么不交出兵权，去边镇做个节度使，买下几处田宅，为子孙置办一份家业。再买上几名歌姬舞女，每日饮酒作乐，颐养天年。我和你们再结为亲家，君臣之间便没有了猜疑，上下相安，不是也很好吗？”石守信等人都拜谢道：“陛下如此惦念我们，就如同骨肉一般。”

第二天，石守信、王审琦等人纷纷上书称病，请求辞去禁军职务。宋太祖大喜过望，丰厚地赏赐他们，免去了他们的禁军职务，让他们去外地担任节度使。只有石守信仍然兼任侍卫都指挥使，但兵权已经被收回了。

这便是历史上有名的“杯酒释兵权”。然而这段历史并没有在《宋史》中记载，直到北宋中期，才有了相关的记述。现存可考的最早有关这段历史的记载，出现在北宋丁谓的《丁晋公谈录》中。此外在王曾的《王文正公笔录》和司马光的《涑水纪闻》中也都有相关记载。但是，这些记载又各有出入，并且距离当时事件发生时间越久，记述便越详细，因此有些史学家对是否真发生过“杯酒释兵权”这件事存在着质疑。即便这样，宋太祖登基之后，多次调整兵马统帅，最后将天下兵马大权牢牢掌握在自己手中却是不争的事实。

后来，宋太祖果然信守诺言，将两个女儿分别嫁给石守信和王审琦的儿子，而太祖的弟弟赵光美则娶了张令铎的女儿，以此来安抚诸将。在经过一系列的罢免兵权和政治联姻之后，宋太祖牢牢地将兵权掌握在了自己手中，可以说五代十国时期的诸藩镇拥兵自重，“兵权所在，则随以兴；兵权所去，则随以亡”的时代已经宣告终结了。

飞鸟尽，良弓藏；狡兔死，走狗烹。这并非是一个历史定律，但是历代皇权稳定之后必定会有一轮血洗功臣的过程。这或是因为皇帝害怕功臣拥兵自重，危及皇权，或是因为大将静极思动，起了谋反的心思。但是，无论出于何种原因，勾践杀文种、刘邦诛韩信等，都或多或少地引起了社会不安，甚至是动乱，最终受害的依然是普通百姓。因此，宋太祖赵匡胤的杯酒释兵权可以说是一个创举。他对军中统帅多次进行了温和的调整，逐步罢免后周将领的兵权，同时予以适当安抚，或政治联姻，或赐给锦衣良田，使得诸将得以安享晚年。在兵不血刃的情况下既稳固了皇权又安定了民心，确实可以说是一个创举。

然而，任何事情都有其两面性。宋太祖“杯酒释兵权”的初衷在于集中中央军事权力，防止军人以武犯禁。但是为达到这个目的，太祖实行“强干弱枝”和“养兵”的政策，将原有的两司（殿前司和侍卫司）分为三衙（殿前司与侍卫马军司、侍卫步军司），降低中央统兵将领的职位，并将三衙的统兵权扩大，最后全国的藩镇兵马和当时的禁军一起，都成了天子的亲兵。

三衙的制度使兵权分成四部，导致行军作战之时，枢密院下发兵符，有调动军队的权力，却没有统辖军队的权力。这样，部队外出作战时，被临时指派的将帅，兵不识将，将不识兵，且各方互相掣肘，相互钳制，大大削弱了北宋军队的战斗力，以致在对北方游牧民族作战中，屡战屡败。北宋和辽国的涿州之役、和西夏的好水川之役均以惨败而告终。

杯酒释兵权之后，赵匡胤确立了北宋王朝以文治国的方针。当时，由于宋太祖集中军权，且对各处统帅极不放心，便任命文臣在军队中任职。军队中最高等级的三衙听命于枢密院，枢密院还掌管着兵籍和虎符等调遣兵将最重要的凭证。因此，军权实际掌握在文臣手中。这种现象对恢复儒家所倡导的“君为臣纲”、重建社会礼法十分有利。但却造成了轻视军队建设的现象，使北宋王朝一步一步走向积贫积弱的境地。

宋太宗即位

宋太祖开宝九年（公元976年）十月十九日夜，宋太祖突然召晋王赵光义入宫。见到赵光义后，宋太祖屏退左右侍从，独自和赵光义酌酒对饮。兄弟二人饮酒一直到了深夜。

赵光义离开后，宋太祖才解衣就寝。然而，到了次日凌晨，宋太祖便离奇驾崩，年仅50岁。

就在宋太祖赵匡胤驾崩后，宋皇后立即命宦官王继恩去宣召皇子赵德芳入宫，而王继恩却去了开封府请赵光义。到了地方，看见程德玄站在府门外。程德玄是赵光义的亲信，他精通医术。此时是凌晨，程德玄怎会站在开封府门外？他显然是在等待什么人的到来。

王继恩看到程德玄后，露出了惊讶的表情。王继恩问道："你怎会在这里？"程德玄回答："前夜二更时分，有人在我家大门口唤我出去，说是晋王召见，但我出门一看，没人。我担心晋王生病，便来开封府探视，刚到门口，就见到您了。"程德玄口中的这个"人"是否存在，只有他自己心里清楚。二人的这番对白，想要表达的是双方只是偶遇，并非事先约定，欲盖弥彰。这里有一种很大的可能性，便是赵光义早就收买了王继恩。虽然宋朝没有宦官干政的现象，但却并不能低估宦官的身份和能量。赵光义素来与内侍大臣关系密切，而王继恩是个审时度势的人，在储君的候选人中，他知道赵光义的实力是最强的。如果他帮助赵光义，便有机会获得拥立之功。所以，他违背宋皇后的懿旨直奔到了开封府。

王继恩和程德玄对完话后，一同进入开封府，去见赵光义。此时又出现一个极大的疑点，便是凌晨时分，赵光义居然还没有就寝，这无疑说明他在等待一件大事的来临。他听说兄长赵匡胤暴亡，立刻做惊异状，犹豫着不肯前往皇宫，提出要和家人商议一下。如此紧要的大事，又是危急关头，能跟家人商量什么，家人又不能参与朝政。很明显，赵光义这是在掩饰，他边说边走进内室。这时候王继恩着急了，他赶忙说道："时间久了，恐怕被别人抢先了。"这句话完全暴露了实情。"时间久了"是指什么？宋皇后派他出宫，若是久不见他回，必定派其他人去召皇子赵德芳。其次，"恐怕被别人抢了"。这个关头，王继恩口中的"别人"除了赵德芳，恐怕没有别人了。除了"皇位"还有什么可以抢的呢？再次，"抢"的意思便是夺，这也从另一个方面表明，赵光义早有夺取皇位的野心和计划。这句话，也可以说是进一步表明，王继恩是赵光义在宫中的耳目，早已被他收买。此刻他唯恐生米煮不成熟饭。同时，王继恩这句话也透露了另一个事实，王继恩是带着宋太祖的遗诏来找赵光义的，这显然是个漏洞。如果是这样，王继恩就不会说出“时间久了，恐怕被别人抢了”的话了。

如果就是赵光义用毒酒谋杀了赵匡胤，那么，他的动机只能有一个，那便是夺取皇位。

赵匡胤死后，赵光义即位，是为宋太宗，他一登基便采取了一系列举措。

1. 太祖赵匡胤死得不明不白，赵光义为了显示自己继位的合法性，便抛出其母杜太后的遗命。在杜太后临终之前，赵普等人曾记录过遗命。据说当时太祖也在场，杜太后问太祖如何能夺得天下。太祖说是祖宗和太后的恩德和福荫。杜太后说：“你想错了，若非周世宗传位幼子，使得主少国疑，你怎能取得天下？你应该汲取教训，他日帝位传光义，光义再传光美，光美传于德诏，如此，则国有长君，便是社稷之幸。”

太祖听完这番话后，哭泣叩拜。杜太后便让赵普将自己的遗命写成誓书，藏于金匮之中。

2. 赵光义一即位，立即宣召赵普入朝，让他任太子太保，在京师供职。

3. 赵光义即位为宋太宗后，先是大赦天下，封弟弟赵廷美（即赵光美，为避讳改名为廷美）为开封府尹兼中书令、齐王。宋太祖和赵廷美的子女，均与赵光义的子女并称为皇子皇女。宋太祖的旧部薛居正、沈伦、卢多逊、曹彬和楚昭辅等人也全部加官晋爵。显然，这是在刚刚登基、根基还不稳的情况下，做出的安抚人心、消除动荡之举。

4. 改年号为“太平兴国”。根据惯例，新皇帝即位，都是次年才改用新年号。为什么宋太宗打破常规，将只剩下两个月的开宝九年改为太平兴国元年，这更说明他心怀鬼胎，要抢先为自己“正名”，以造成不可逆转的既成事实。

辽国萧太后

契丹原本是胡服骑射民族，但由于民族内部部落众多，所以争夺不断。后来，耶律阿保机以良策治军，部落日益昌盛起来，终于统一了契丹八部，使契丹各部停止了纷争。塞外物资的匮乏使得契丹族常年南下侵扰，于是中原河北的地方势力，便经常利用契丹为外援支持以实现个人的野心，契丹则从中谋取实惠。随着契丹族与中原频繁的接触，中原先进的文化和政治制度给耶律阿保机以巨大的震撼。于是他仿效汉制，封妻子述律氏为后，设置百官，又在城南别建汉城。

耶律阿保机的革新给为日后建立辽国打下了坚实的基础。公元907年二月二十七日，耶律阿保机称“天皇帝”。公元916年三月十七日，耶律阿保机登基称帝，立国号契丹，建年号为神册，是为辽太祖。公元918年，定都临潢府（今内蒙古赤峰巴林左旗南波罗城）。公元936年，契丹南下中原，攻灭后晋后改国号为大辽。

正当宋太宗为了巩固政权和统一国家而努力的时候，北方的辽国也并不平静。辽景帝暴病死后，12岁的辽圣宗即位。为了辅助根基未稳的辽圣宗，皇太后萧绰临朝听政。

萧绰，小名燕燕，是辽国大臣北府宰相萧思温第三女。辽景宗继位后，萧绰被选为贵妃，公元969年又被册封为皇后。辽景帝英年早逝，辽国局势险恶，萧太后一度陷入了孤立无援的境地。

面对险恶的形势，萧太后采取了一系列果断而又有效的措施。她知道，要站稳脚跟，就必须巩固自己的统治地位。首先便要亲自控制兵权，于是，她将心腹大臣韩德让、耶律斜珍分别任命为南、北院枢密使，统率御林军主持朝政。又任命耶律休哥为南京留守，负责边防军事。

其次，萧太后和很多贤明的君主一样，非常重视农牧生产。她奖励开垦荒田，减免税赋，赈济救济灾民和贫民，使辽国的农业和畜牧业得到巨大的发展。

在任用官吏方面，萧太后大力重用汉人官员，提倡汉化。起用了以韩德让为首的一批汉人将领，认真听取他们的建议。而且，萧太后还效仿隋、唐时期科举考试的模式，在辽国开科取士，使大量德才兼备的知识分子得以通过科举脱颖而出。这位辽国历史上赫赫有名的萧太后，还摒弃了辽国世代沿袭的狭隘、陈腐的民族偏见，修改了不合理的法律。辽国以前的法律极为不平等，比如辽人打死汉人，用牛马赔偿便可以，而汉人如果打死辽人，不仅要抵命，他的家属也要做奴婢。对这些不利于国家发展的法律，萧太后都进行了更改，多达 10 余条。规定凡是辽国子民，无论是契丹族还是汉族，都一律平等对待，在法律上都要负相同的责任。除了民族对立，辽国的旧律也使阶层之间日益对立，特权阶级违犯法律，损害百姓利益，往往都能逃过追查。事实上，这一点北宋王朝也无法避免。但萧太后却严格地执行了“王子犯法，与庶民同罪”的原则，切实保障了百姓的利益。为了检讨从前执法的缺陷，萧太后制定了“上诉”制度，允许冤屈或者是刑讯过重的百姓直接到御史台告状。她还派遣专人巡察各地，清理陈年旧案，洗雪冤屈，如有需要她甚至还亲自决狱。除了“宜宽法律”外，萧太后对一些证据确凿的罪犯也给予了相对人性化的处理方法。例如：在旧律中，死刑执行后，犯人的尸体要示众三日。萧太后则下令执行后的次日一早就可以由死囚家属收取全尸。还有，即使是主人，也不可以擅自杀害奴仆，即使奴仆确实犯下过失，也必须交由公堂，由他人审决。皇族贵戚耶律国留将出逃的奴仆杀死，萧太后知道后便将耶律国留处斩。

萧太后在修订法律时，所做的最令人称道的决定莫过于废除“连坐”之法。“连坐”是一条非常残酷的法律，而这条法律不仅辽国有，汉、唐、宋、明也都有。经常是一人犯谋逆之事，兄弟不知情者都难逃一死。

统和初年，北院宣徽使耶律阿没里向萧太后进谏，认为“连坐”之法过于残忍，祸及无辜，希望能够将这条恶法免除。萧太后立即采纳，并将之载入律书。

除了内政，由于萧太后任人得宜，使得辽国的军事实力方面也有了相当的增强。她对将士奖罚分明，军心大振。

据辽史《刑法志》记载，自萧太后变革之后，辽国“国无幸民，纲纪修举，吏多奉职，人重犯法”，“统和中，南京及易、平二州以狱空闻”。辽国内政呈现出一片兴旺的景象。

公元986年，宋太宗对辽国发动了大规模的“雍熙北伐”。宋军分三路出兵，起初确实取得了一些胜利，然而随着战事深入，局势开始有了变化。

事实上，早在当年辽景宗时期北宋伐幽州之后，萧太后便已经开始着重于对辽国军事实力的培养。她不但将辽国最出色的将领耶律休哥、萧道宁等人派往与宋相邻的边境镇守，更授意他们一切皆以对宋抵抗用兵为宗旨做好各项准备。因此，他们早已胸有成竹。

就在这年六月，萧太后亲自披挂上阵，一面率兵在正面与曹彬对阵，一面派耶律休哥包抄宋军后路，断绝水源粮道。终于形成夹攻之势，使得宋军转胜为败，死伤惨重，以至于易州之东的沙河被尸体所堵塞。

此后不久，辽国便渐渐占了上风，而宋国则节节败退。

澶渊之盟

伐辽失败后，宋政府只得采取退让政策，在河北沿边的平原上广修河渠池塘，广泛种植水稻和柳、榆林，以阻挡辽国的大军进犯。宋真宗即位后，对辽更是俯首称臣。辽军不断派兵南下，威胁宋廷。大将杨延昭等人奋起抵抗，才算抵抗了辽军的一次又一次侵入。

1004 年，辽国再次南侵。辽圣宗及萧太后亲自出战，督军 30 万，大规模南下，深入宋境内地，一直到达澶州（今河南濮阳）北城，离北宋首都东京只有一河之隔。

告急的消息不断传到已经当了宰相的寇準那里，一晚竟然传来五次之多。寇準不慌不忙，只是说声“知道了”，照样喝酒下棋。宋真宗慌忙把寇準叫来，问道：“大兵压境，到底该怎么办？”

寇準说：“这好办，只要 5 天时间就够了。”还没有等真宗再发问，寇準接着说：“现在唯有陛下亲自出征，才能长我军士气，灭敌人威风，我们一定能够打败强敌。”站在旁边的一些大臣听后顿时慌作一团，怕寇準也让自己上前线，都想赶快走开。

宋真宗也很胆怯，听了寇準的话，脸都吓白了，便想回皇宫躲起来。寇準郑重地说：“陛下您这一走，国家的事没人决断，恐怕会坏了大事，还请陛下三思。”在寇準的坚持下，宋真宗才平静下来，商议起亲征的事。

过了几日，辽军的前锋已经打到了澶州，情况万分紧急。同平章事王钦若趁机劝谏宋真宗迁都避敌，寇準据理力争，真宗才勉强答应亲征。

宋真宗和寇準带领人马离开东京往北，来到韦城（今河南滑县东南）时，听说辽国兵马十分凶猛，宋真宗又害怕了，有的大臣便趁机再次向他提出迁都到南方。

宋真宗派人将寇準找来，问道：“有人劝我到南方去暂避风险，你看如何？”寇準心中生气，可还是耐心地说：“您千万别听那些懦弱无能的人的话。前方的将士日夜期盼着您，他们知道您亲征，就会勇气百倍，您若是先走了，军心便会动摇，就要打败仗。敌人在后面紧紧追赶，若是想逃到南方也是不可能的了。”宋真宗听后，依然下不了决心，皱着眉头，一声不吭，停了一会儿，他让寇準出去。

寇準刚出来，遇到将军高琼，连忙对他说：“将军这次打算如何为国出力呢？”

高琼说：“我乃一介武夫，愿意为国战死！”

“好，你跟我来！”寇準带着高琼又来到宋真宗面前，说道，“我对您说的，您要是不信，就再问高琼好了！”紧接着，他又把反对迁都和主张亲征的事说了一遍。

高琼听了，连声对宋真宗说：“宰相说得非常对，您应该听他的。只要您到澶州去，将士们就会拼死杀敌，一定将辽军打得落荒而逃。”

寇準激动地接过话，说：“陛下，机不可失，眼下正是打败辽军的好机会，您应当立即出征。”宋真宗让寇準说得也露出了笑容，抬头看着站在旁边的卫官王应昌。王应昌紧紧握住挂在腰上的宝剑，说：“陛下亲征，一定成功，假如停止前进，敌人势必会更加猖狂。”寇準和两员武将抗敌的坚定态度感染了宋真宗，他这才下定决心去澶州亲征。

宋真宗亲征的消息很快传到了前线，宋军将士士气大振。当辽军攻打澶州城的时候，宋军拼死抵抗，威虎军头张环暗用弓弩射死了辽军统帅萧挞凛。辽军见统帅未战先死，顿时士气低落。辽军见形势危急便主动提出和谈，而真宗本无抵抗之心，急忙答应与辽议和。他不顾寇準等人的反对，派使臣曹利用前往和谈，告诉曹利用就是赔百万两白银也行。寇準不得已，告诉曹利用超过30万便杀了他。经过几次讨价还价，双方达成协议：宋辽结盟为兄弟之国，宋帝尊辽萧太后为叔母，辽主称宋真宗为兄；宋朝每年交给辽朝绢20万匹、银10万两等。因议和地点在澶州城下，史称“澶渊之盟”。

“澶渊之盟”可谓是宋朝的屈辱性条约。当时，宋朝明显处在军事有利的条件下，但却开了赔款的先例，加重了宋朝劳动人民的负担。不过，“澶渊之盟”结束了宋辽之间的战争，使宋辽两国差不多维持了上百年的和平局面。

西夏的建立

宋真宗的求和政策，虽能安定辽国，但却阻止不了西北边境党项族（古代少数民族之一）的侵扰。在党项族不断入侵的情况下，宋真宗只好妥协退让，封党项族首领李继迁为夏州（今陕西靖边境内）刺史、定难军节度使。

李继迁死后，宋真宗又封他的儿子李德明为西平王，并每年送去大批银、绢，以示安抚。李德明的儿子李元昊是个雄心勃勃的人。他精通汉文和佛学，曾率军多次打败吐蕃、回鹘等部落，使党项族势力范围不断扩大，还劝说李德明不要再向宋朝称臣。

李德明不肯接受他的意见。直到李德明死后，李元昊继承了西平王的爵位，便按照自己的主张，设置官职，整顿军队，准备脱离宋朝的控制，自立门户。

1038 年，李元昊正式宣布即位称帝，国号大夏，建都兴庆（今宁夏银川）。因为它在宋朝的西北，故史称西夏。

元昊称帝以后，派使者要求宋朝承认其政权的合法性。那时候，宋真宗已经死去，在位的是他的儿子宋仁宗赵祯。宋朝君臣商议的结果，认为这是元昊反宋的表示，便下令削去元昊的西平王爵位，断绝贸易往来，还在边境关卡上张榜悬赏捉拿元昊。元昊彻底被激怒了，就决定大举进攻宋朝。

那时，在西北驻防的宋军兵士有近 40 万人，但是这些兵士分散在 20 多个州的几百个堡垒里，而且各州人马都直接由朝廷指挥，彼此之间并没有作战配合。西夏的骑兵却是统一指挥，机动灵活，所以常常将宋军打得大败。

一年之后，西夏军向延州（今陕西延安东北）进攻，宋军又打了一个大败仗。宋仁宗十分生气，便把延州知州范雍革职查办，另派大臣韩琦和范仲淹到陕西指挥抗击西夏。

范仲淹到了延州，改革边境上的军事制度。他把延州的两万人马兵分六路，由 6 名将领率领，日夜操练，宋军的战斗力显著提高。西夏将士看到宋军防守严密，不敢再进犯延州。

1041 年二月，西夏军由元昊亲自率领，向渭州（今甘肃平凉）进犯，韩琦集中所有人马布防，还挑选了两万名勇士，由任福率领出击。

任福带了几千骑兵抵抗西夏兵，两军相遇，大战一场，西夏军丢盔弃甲、落荒而逃。任福派人侦察，听说前面只有少量的敌兵，就在后面紧紧追赶。

任福带着宋军一路向西，到了六盘山下，连西夏军的影子都没看见。只见路边有几只银泥盒子，封得很严实，兵士们走上前去，把耳朵附在银泥盒子上，有一种跳动的声音从里面传来。兵士报告任福，任福命令兵士打开盒子。只见里面接连飞出了 100 多只带哨的鸽子，在宋军头上不停地飞翔盘旋。

原来，西夏军采取了诱敌战术。在六盘山下，元昊带了 10 万精兵，早已布置好埋伏，只等那鸽子飞起，四面的西夏军就全部杀出，将宋军紧紧围在中央。宋军奋力突围，从早晨一直打到中午，大批的西夏军不断从两边杀出。宋兵边打边退，伤亡损失巨大。

任福身中 10 多支箭，兵士劝他逃脱。任福说："我身为大将，兵败至此，唯有以死殉国。"他又冲了上去，最后死在西夏军刀下。

这一仗，宋军死伤惨重，元昊获得大胜。韩琦听到这个消息，非常难过，上书朝廷请求处分。宋仁宗撤了韩琦的职位，范仲淹虽然没有直接指挥这场战争，但却因被人诬告，也被降了职。

此后，只要两国一交兵，宋军便节节败退。出于无奈，宋仁宗不得不重新起用韩琦和范仲淹指挥边境的防守。上任后，两人同心协力，爱抚士卒，军纪严明，很快遏制了西夏的进犯。

王安石变法

王安石（1021—1086 年），字介甫，号半山，封荆国公，宋代临川（今江西抚州）人，北宋著名政治家、思想家，也是著名文学家，唐宋八大家之一。

王安石出生在一个小官吏家庭。父亲名益，字损之，曾任临江军判官，一生在南北各地做过几任州县官。王安石自幼喜欢读书，记忆力极强，受到过较好的教育。

庆历二年（1042 年），王安石登杨真榜进士第四名，先后任淮南判官、鄞县知县、舒州通判、常州知州、提点江东刑狱等地方的官吏。

治平四年（1067 年）神宗初即位，诏王安石知江宁府，旋诏为翰林学士。

熙宁二年（1069 年）提为参知政事。从熙宁三年起，王安石两度任同中书门下平章事，推行新法。由于新法中的土地改革严重地影响到了地主阶级与相关的官僚，变法遭到他们的强烈抵制。在民间由于改革推行难度大，反而对一般民众的生活产生了不利的影响，因而又遭到关心民生的知识分子的敌视。使得他在民间形象一直都不怎么好。

熙宁九年罢相后，王安石过起了隐居的生活。宋神宗死后，原反对变法派司马光任宰相，几乎废除了所有新法案。王安石最后病死于江宁（今江苏南京）钟山，谥号“文”。其政治变法对宋初社会经济具有很深的影响，已经具备了近代变革的特点，被列宁誉为是“中国十一世纪最伟大的改革家”。欧阳修也曾称赞王安石：“翰林风月三千首，吏部文章二百年。老去自怜心尚在，后来谁与子争先。”有《王临川集》《临川集拾遗》等存世。

王安石为人特立独行。据史书记载，他常不梳洗便出门会客，看书入神时则会随手拿起东西吃，吃了鱼食都不知道。后人普遍认为苏洵的《辨奸论》就是影射王安石的，其中写道：“夫面垢不忘洗，衣垢不忘浣，此人之至情也。今也不然，衣臣虏之衣，食犬彘之食，囚首丧面而谈诗书，此岂其情也哉？”苏轼和王安石素来不和，王安石好做惊人之言，苏轼曾作文讥讽。民间流传有不少两人斗智的故事。

王安石推行的变法，历史上曾有很多的评价。北宋时期，其反对派便以修史的方法进行批评。到了南宋，再次通过修史的方法对其改革进行定性，指出王安石变法使得北宋王朝惨遭了灭亡。以后历朝历代都以此作为依据，对其变法做出这样的判断，以至于在宋元话本里有文章专门讽刺。这种说法一直延续到近代才被翻转过来。

王安石从神宗即位时期便开始变法，建立了一个指导变法的新机构，名叫制置三司条例司。条例司撤销后，由司农寺主持变法的大部分事务。吕惠卿、曾布等人参与草拟新法，这些新法按照内容和作用大致可以分为以下数个方面：

1. 限制商人。供应国家需要与限制商人的政策，主要是推行均输法、市易法和免行法。

①均输法。熙宁二年七月，颁布淮、浙、江、湖六路均输法。由发运使掌握六路的财赋情况，议定每年应该上供京城所需物资的情况，然后按照“徙贵就贱，用近易远”的原则，“从便变易蓄买”，以贮存备用，借以节省价款和转运的劳费。均输法损害了富商大贾的部分利益，同时也缓解了纳税户的一些额外负担。

②市易法。熙宁五年三月，全国实行市易法，在开封设置市易务。市易务根据市场情况来决定价格，收购滞销货物，待至市场上需

要时再出售，商贩便可以向市易务贷款，或赊购货物。后又将开封市易务提升为都提举市易司，作为市易务的总机构。市易法在限制大商人垄断市场方面发挥了重要的作用，同时也增加了朝廷的财政收入。

③免行法。熙宁六年七月，正式颁布免行法。免行法规定，各行商铺必须依据赢利的多少，每月向市易务交纳免行钱，不再轮流以实物或人力供应官府。

2. 发展农业生产。调整封建国家、地主和农民关系的政策，发展农业生产的措施，主要有青苗法、募役法、方田均税法和农田水利法。

①青苗法，熙宁二年九月颁布实施。规定以各路常平、广惠仓所积存的钱谷为本，其存粮遇粮价贵，即较市价降则低价出售；遇价贱，即较市价增贵收购。其所积现钱，每年分两期，即在需要播种和夏、秋未熟的正月和五月，按自愿原则，由农民向政府借贷钱物。待收成后，随夏、秋两税，加息 1/5 或 3/10 归还谷物或者现钱。青苗法使农民在新陈不接之际，不致受“兼并之家”高利贷的盘剥，使农民能够“赴时趋事”。

②募役法，熙宁四年颁布实施。募役法（免役法）规定由州、县官府出钱雇人应役。各州、县统算每年雇役所需经费，由民户按户等高下分摊。募役法使原来轮流充役的农村居民得以回乡务农，原来享有免役特权的人户不得不交纳役钱，官府也因此增加了财政收入。

③方田均税法，熙宁五年颁行。方田均税法规定每年九月由县官丈量土地，以查验土地肥瘠，分为五等，规定税额。丈量后，到次年三月分发土地账帖，作为“地符”。分家析产、典卖割移，都以现在丈量的田亩为准，由官府登记，发给契书。以限制官僚地主兼并土地，隐瞒田产和人口。

④农田水利法，熙宁二年颁布。奖励各地开垦荒田，兴修水利，修筑堤防岸，由受益人户按户等高下出资兴修。在王安石的倡导下，

一时形成“四方争言农田水利”的热潮。北方在治理黄河、漳河的同时，还在几道河渠的沿岸淤灌成大批“淤田”，使贫瘠的土壤变成了良田。

3. 稳定封建秩序。巩固封建统治秩序和整顿、加强军队的措施，有将兵法、保甲法、保马法以及建立军器监等。

①将兵法。作为强兵措施，王安石一方面精简军队、裁撤老弱、合并军营，另一方面实行将兵法。自熙宁七年始，在北方各地选拔武艺较高、作战经验较多的武官专掌训练。将兵法的实行，使兵知其将、将练其兵，极大地提高了军队的战斗力。

②保甲法，熙宁三年颁行。各地农村住户，不论主户还是客户，每十家（后改为五家）组成一保，五保为一大保，十大保为一都保。凡家有两丁以上的，出一人为保丁。农闲时集合保丁进行军训，夜间轮流巡查，维持治安。保甲法既可以使各地壮丁接受军训，与正规军交互使用，以节省国家的大量军费，又可以建立严密的治安网，把各地人民按照保甲编制起来，以便稳定封建统治秩序。

4. 改革教育制度。王安石等变法派还改革科举制，整顿各级学校，为社会培养需要的人才。

王安石变法以“富国强兵”为目标，从新法实施，到守旧派废黜新法，前后将近15年时间。在此期间，每项新法推行之后，基本上都有收到了预期的效果，使土地兼并和高利贷者的活动受到了一定的限制，使中、上级官员和皇室减少了一些特权，而乡村上户地主和下户自耕农则减轻了部分差役和赋税负担，朝廷也加强了对直接生产者的统治，增加了财政收入。各项新法多多少少触犯了中、上级官员和皇室、豪强、高利贷者的利益，因而最终被废除。

王安石不仅是一位杰出的政治家和思想家，同时也是一位伟大的文学家。他为了实现自己的政治理想，把文学创作和政治活动密切地结合起来，强调文学的作用首先在于对社会的服务。他反对西昆派杨亿、刘筠等人空泛的浮靡文风，认为“所谓文者，务为有补于世而已矣。所谓辞者，犹器之有刻镂绘画也。诚使巧且华，不必适用；诚使适用，亦不必巧且华。要之以适用为本，以刻镂绘画为之容也”（《上人书》）。正因为王安石以“务为有补于世”的“适用”观点当做文学创作的根本，他的作品多揭露社会弊端，反映社会矛盾，具有较浓厚的政治色彩。

才子昏君宋徽宗

宋徽宗赵佶出生于北宋元丰五年（1082 年），为宋神宗第十一子，初封端王。元符三年（1100 年），他的哥哥哲宗赵煦（神宗第六子）去世，因无子，皇太后向氏诏立端王赵佶继位，赵佶时年 19 岁。

赵佶即位的时候，曾遭到朝中大臣强烈的反对，认为他太年轻不可以治国，但向太后极力推荐，并借用宋神宗的话来驳斥反对派：“先帝尝言：端王有福寿，且仁孝，当立。”（《续资治通鉴·宋纪八十六》）赵佶即位的第二年，向太后去世，改年号为“建中靖国”。这是赵佶统治北宋政权的开始，在位共 25 年。

赵佶即位后不久，便重新启用蔡京、王黼、童贯、梁师成、朱勔、李邦彦一帮奸党，时人称为“六贼”。赵佶还以“绍述”的旗号，定司马光、文彦博等人为“元祐奸党”，定章惇等人为“元符党人”，并刻石朝堂，以示贬斥。

赵佶生活穷奢极侈，和“六贼”滥增捐税，大肆搜刮民脂民膏，大兴土木，修建华阳宫等宫殿园林。他还派朱勔设立苏杭应奉局，搜刮江南民间的奇花异石，称“花石纲”，运送到汴京，修筑“丰亨豫大”（即丰盛、亨通、安乐、阔气的意思）的园林，名为“艮岳”。他的这一做法将北宋政府历年积蓄的财富很快便挥霍一空，更害得许多百姓倾家荡产、家破人亡。

赵佶还崇信道教，大建宫观，自称教主道君皇帝，并经常请道士看相算命。他的生日是五月五日，道士认为不吉利，他就改成十月十日。他的生肖为狗，因此便下令禁止汴京城内屠狗。

宣和七年（1125 年），金军大举南侵，金军统帅完颜宗望统领的东路军在北宋叛将引导下，直取汴京。赵佶接到消息后，连忙下令取消花石纲，颁下《罪己诏》，承认了自己的一些过错，想借此挽回民心。金兵长驱直入，逼近汴京。徽宗又怕又急，拉着一个大臣的手说："没想到金国人这样对待我们。"话还没有说完，一口气塞住了喉咙，昏倒在床前。被救醒后，他伸手要来纸和笔，写下了"传位于皇太子"几个字。十二月的时候，他宣布退位，自称"太上皇"，让位于子赵桓（钦宗），带着蔡京、童贯等贼臣，借口烧香仓皇逃向安徽亳州蒙城（今安徽蒙城）。第二年四月，围攻汴京的金兵被李纲击退北返，赵佶才得以返回国都。

1126 年闰十一月底，金兵再次南下。十二月攻破汴京，金帝将赵佶与赵桓废黜为庶人。靖康二年（1127 年），金帝将徽、钦二帝，连同后妃、宗室、百官数千人，以及教坊乐工、技艺工匠、法驾、仪仗、冠服、礼器、天文仪器、珍宝玩物、皇家藏书、天下州府地图全部押送北方，汴京中公私积蓄被掳掠一空，北宋灭亡。因此事发生在靖康年间，史称"靖康之变"。

赵佶被囚禁了 9 年。1135 年，终因忍受不了精神折磨而死于五国城，金熙宗将他葬于河南广宁（今河南洛阳附近）。1142 年，宋金两国根据协议，将赵佶的遗骸运回临安（今浙江绍兴），由宋高宗葬之于永佑陵，立庙号为徽宗。

金的崛起

就在北宋王朝势力江河日下之时，东北的女真族逐渐强盛起来。

女真族是我国少数民族之一，主要分布在黑龙江、松花江流域和长白山一带。 直到隋唐时期，女真族还过着以渔猎为主的氏族部落生活。

唐朝的时候，靺鞨发展成几十个部落，其中粟末靺鞨和黑水靺鞨这两部最为强大。 黑水靺鞨后改为女真族。

10 世纪，女真族受到辽国的奴役与压迫。 辽国统治者为了削弱女真族的实力，把实力较强的一部分女真人迁移到了辽阳以南，编入了辽国的户籍，由辽国官员直接统治，这部分女真人称为“熟女真”。 那些没有迁走的依旧住在老地方，他们没有编进辽国户籍，称为“生女真”。

生女真包括几十个部落，有十几万户，每个部落都各自推选一名酋长。 他们主要靠捕鱼打猎为生，并没有固定的住处。 天气暖和的时候，哪里有水草，他们便住在哪里。 冬天的时候，便在山脚下挖个洞，盖上木板，就算是房屋。 那时，他们还处于原始氏族社会的历史阶段。

生女真最大的部落，名完颜部。 在 10 世纪中期，也就是北宋仁宗时期前后，完颜部迁到按出虎水（今黑龙江哈尔滨）东南一带，开始修建房屋，种植五谷，还学会了烧炭炼铁。

随着生产力的不断发展，女真社会发生了一些重要的变化。 个体家庭出现了，并且牛马等也开始私有化。 犯罪判罚奴婢的现象已经产生，还出现了本族的奴隶，对外掠夺奴隶和财富的战争不断发生，形成了奴隶主和奴隶两个对立的阶级。

到了 11 世纪中期，完颜部的酋长完颜乌古乃制造弓箭器械，兵力逐渐强盛起来。 附近一些部落纷纷归附他，听从他的号令。 到了 11 世纪，完颜部已经统一了黑龙江和乌苏里江流域的广大地区，为建立奴隶制国家打下了基础。

1113 年，完颜乌古乃的孙子完颜阿骨打做了酋长。 这时候，在辽国天祚帝的统治下，生女真部落过着水深火热的生活。 生女真被迫每年进贡人参、貂皮、珍珠等特产，引起了女真人民的强烈不满。完颜阿骨打决心领导女真人民摆脱辽国的奴役。他积极修建城堡，训练兵马，联合生女真人其他部落，准备发动抗辽战争。

1114 年，完颜阿骨打出兵攻打辽朝。他的军队只有不到 3000 人。出发之前，他对士兵说，你们只要同心尽力，立了大功，原来的奴婢可以做平民，平民可以做官，有官职的可以按照功劳大小升官，如果谁敢违抗，那便立即处死。

完颜阿骨打率领女真军很快到达了辽国边界，和两万辽国军队交战起来。完颜阿骨打拿起弓箭，一箭射死了为首的辽将萧十三。辽军阵营顿时大乱，女真军乘机一齐冲杀过去，杀死了很多辽军，打了个大胜仗。不久之后，女真军又乘胜攻下了宁江州（今吉林扶余东南），得到了不少马匹和财物，胜利凯旋。

辽天祚帝得知宁江州失陷，勃然大怒，派 10 万大军进攻生女真。阿骨打带领 3000 人奋勇抵抗。双方在出河店相遇，此时，狂风四起，吹得尘土弥漫。完颜阿骨打利用这个机会，带领士兵猛冲过去。辽军不知道女真军有多少，便纷纷逃跑，丢盔弃甲者不计其数。完颜阿骨打把俘虏的辽国士兵收编到女真军中。而此时，完颜阿骨打的部队已经发展到近 2 万人。

1115 年，完颜阿骨打称帝，国号为“金”，年号“收国”，定都会宁（今黑龙江月城县南的白城子），完颜阿骨打即金太祖。

辽军屡战屡败，统治阶级内部不断发生叛乱，各族人民起义和士兵厌战的情绪也不断高涨。于是，辽国军民纷纷投奔金国，完颜阿骨打论功行赏，对归附来的辽国军民尽力安抚。

1125 年，完颜阿骨打攻占辽国重镇黄龙府（今吉林安农）。到此，辽国上京已被团团包围。在这种形势下，宋、辽和金之间的关系发生了变化。

北宋灭亡

1125 年三月，辽国末代皇帝天祚帝被俘，辽国宣布灭亡。同年十月，完颜阿骨打决定出兵宋朝。

金和宋本是同盟，曾订下“海上之盟”条约。金国为了入侵宋朝，以宋朝收留了一名辽国的降将为借口。原来，双方约定都不许招降纳叛。现在，宋朝背弃盟约，金国便借此兵分两路南下，西路军由完颜宗翰率领攻至太原城下，东路军由完颜宗望率领经燕京直驱南下。西路军在太原城下遭到北宋军民的顽强抵抗，被阻断在太原城一线。东路军打到燕京时，燕京守将郭药师像他当年弃辽投宋一样，又投降了金军，而且做了金兵的向导，带领金军长驱南下，直逼开封。

宋徽宗惊慌失措，不敢亲自领导抵抗金军，在宰相李纲的劝谏下，急忙传位给太子赵桓，自己做了太上皇。赵桓即位，为宋钦宗，改国号靖康。钦宗即位后，在李纲等忠心大臣的强烈要求下，铲除了“六贼”。

靖康元年（1126 年）正月初一，金国东路军相继占领相州、浚州，黄河南岸防守的宋军焚烧河桥后溃逃。正月初三，消息传到开封，作为太上皇的徽宗当天半夜出逃。金东路军迅速渡河南下并于初七到达开封城下。宋钦宗迫于形势起用主战派李纲为亲征行营使，部署京城的防御。李纲刚把京城守备设施布置就绪，完颜宗望便率领金军兵临城下，金军向开封的宣泽门发起猛烈攻击。李纲组织开封军民坚守城池，与金军展开血战，多次击退攻城的金兵。完颜宗望见开封一时难以攻下，便使用“以和议佐攻战”的策略。宋钦宗也想议和，于是派人前去谈判。哪知道金人的胃口大得惊人，提出的条件是宋付给金黄金 500 万两、银 5000 万两、绢 100 万匹、牛马骡各 1 万头，并且还要割让三郡土地。如此苛刻的条件，宋钦宗居然答应了。在开封城中大肆搜刮，然而依然无法满足金人所要的数目，金军则见好就收。

金军撤走后，徽宗、钦宗回到开封。但是，经历了这场变故的两位皇帝，并没有整顿边防加强防御，而是又开始过着歌舞升平的日子。此时的太原仍然处于金军的围困之中，而朝廷却不问不顾，太原城军民因伤亡殆尽而陷落。金军看到宋军基本没有什么战斗力，于是鼓动军士再次南下侵略。两路大军攻打至封城下，再次对开封城展开猛烈攻击。开封城内兵力有限，士气低迷。宋朝在危急之际，竟派道士郭京作法，用所谓的“六甲神兵”出战，被金兵杀得四处溃散，东京城最后被攻破。

事后，钦宗要求议和。为了求和，上至诸王、宫妃，下至平民百姓，全都被搜刮一空。此外，金人还索要少女 1500 人，为此钦宗甚至不惜捐出了自己的妃嫔。但金人依然不满足，最后还扣留了钦宗，接着又扣留了太上皇徽宗。

公元 1127 年二月，金人废徽、钦二宗并拿着花名册把皇宫中的嫔妃、公主、皇子、皇孙和驸马等逮进金营中。四月初一，金军携徽、钦二宗以及皇太后、皇后、嫔妃、皇子、宗室诸王共 3000 多人北归。

至此，北宋灭亡，史称“靖康之变”。

南宋建立

北宋灭亡时，北宋皇室只有两个人幸免于难，即元祐皇后和康王赵构。

赵构起初并不被徽宗看重。金国打到汴京时，宋钦宗就把赵构送到金营里当人质，与金军议和。但金人认为赵构并不是皇子，要求另外换个人质，所以赵构才得以释放回来。

后来，赵构又被派去河北正定议和，结果半路被百姓挡驾，留在了相州（今河南安阳）。开封被金兵围困时，赵构奉诏率众起兵，各地勤王部队也纷纷赶来与赵构会合。而此时，金军已经俘虏了徽、钦二帝北撤，让北宋宰相张邦昌做了伪皇帝，史称伪楚皇帝。张邦昌知道自己不会受到拥戴，于是他便让元祐皇后进宫垂帘听政。接着，元祐皇后又派人去请赵构即位。

1127 年五月，赵构在南京应天府即位，为宋高宗，改年号为建炎。因为他建立的宋朝在南方，所以历史上称为“南宋”。

宋高宗即位后，和他的父兄一样仍然想对金采取妥协的政策。可朝中还有一些主战派，他们主张抗金救国，以收复失地迎回二圣。为了稳住自己的地位，宋高宗只好把主张抗金的大将李纲请到朝中做宰相。李纲随即进行抗金部署，推荐张所为河北招抚使，招抚河北地区抗金义军；又任命大将宗泽为开封知府，整顿首都开封，以备高宗回京。李纲与高宗信任的宠臣黄潜善、汪伯彦展开了激烈的斗争。在黄潜善、汪伯彦等求和派的怂恿下，执政三个月的李纲就被罢相，随后主战的将领也纷纷遭到贬谪。

南宋建炎元年（1127 年）十月。金军第一次南侵，高宗立即从南京应天府乘船南逃，月末逃至扬州，将中原地区拱手送给了金人。同年十二月，金军又大举南侵，兵分两路，一路由娄室攻打陕西，次年攻占了陕西中部的许多州县。主力军为东路军，由左副元帅完颜宗翰、右副元帅完颜宗辅率领，突袭扬州。第二年，金军攻占扬州，高宗仓皇渡江逃到镇江，还未喘息片刻又逃到杭州。逃到杭州后，立足未稳，又发生了“苗刘兵变”，将领苗傅、刘正彦迫使高宗让位给 3 岁的儿子赵旉，让孟太后垂帘听政。韩世忠率军平息了兵变，高宗才得以复位，苗傅、刘正彦也被处死。

之后，高宗决定向金称臣求和，可是先后派出的两批求和使臣还在途中，金军的第二次大规模南侵便已经开始了，金军依然分东西两路，西路再次攻打陕西，企图从陕西进入蜀地，东路则准备南越长江追击高宗。宋高宗此时正在建康，于是他先让孟太后及六宫赶往洪州（今江西南昌）避难，自己接着又急忙从建康逃向杭州。这时，完颜宗弼已经从京东南下渡过淮河，分两路南侵，一路从滁州与和州渡江进攻江东，另一路从今属湖北的蕲州和黄州渡江攻打江西。高宗不等金兵到来，随即在风声鹤唳中从临安渡过浙江南逃至越州。当金军完颜宗弼渡江进攻建康的消息传来，高宗又逃到明州（今浙江宁波），并决定下海以逃避金军追击。完颜宗弼随后占领临安。高宗则从明州乘船逃到了定海（今浙江镇海），金军大将阿里率军渡过浙江追击，攻占了越州。

建炎四年，金军攻占明州，高宗又从昌国南逃至台州（今浙江临海）海边。随后，高宗又辗转到了温州。完颜宗弼率军渡江后，高宗再次出逃，在海上漂泊四个月后，才躲过一劫。

蒙古国的建立

就在宋孝宗赵昚即位的同一年，在北方的大漠中，诞生了一个男婴，这个男婴被他的父亲也速该取名为铁木真，也就是蒙古语中“精钢”的意思。

蒙古族起初居住在黑龙江额尔古纳河一带，是一个有着悠久历史的民族。后来，随着时代的变迁，他们也慢慢地西迁到了鄂嫩河上游的肯特山东部草原一带，并在那里定居下来，之后便形成了蒙古各部。

随着时间的推移，蒙古各部也逐渐强盛起来。而乞颜部则成为各部落的核心，统治各个部落的首领便是乞颜部落的孛儿只斤氏，这一氏族也被称为“黄金家族”。

到12世纪，蒙古高原除了蒙古部落之外，还有强大的塔塔尔部、克烈部、乃蛮部、蔑儿乞部、汪古部、翁古剌部等数以百计的部落，在很长的时间里，这些部落之间互相争斗、残杀，结下了不解深仇。

因为蒙古部和塔塔尔部常年互相征战，铁木真的童年与青年时代便是在战争中度过的。 9 岁时候的铁木真，父亲也速该为他定下了一门亲事，女方是弘吉剌部贵族特薛禅的女儿，名叫孛儿帖。 蒙古有个风俗，若是订下了亲事，男方就要在女方家里住上一段日子。 于是，也速该便把铁木真留在了特薛禅家里，独自返回部落，谁知在途中遇到仇敌塔塔尔人，塔塔尔人设下埋伏，也速该误饮毒酒，回到驻地不久便毒发身亡。

也速该死后，他的部属和武士们看到乞颜部的势力逐渐衰落，便纷纷离开。 几年之后，原来的部属泰赤乌部奴隶主担心铁木真长大后来寻仇，便采取突然袭击的办法将铁木真抓来，给他戴上枷锁示众。有一天，铁木真利用泰赤乌部举行宴会的机会，用枷锁打倒了守卫，在奴隶锁儿罕夫剌父子的帮助下，逃回家中。 为了防止再次遭到袭击，铁木真把家迁到了肯特山居住。 到了成婚的年龄，铁木真从弘吉剌部娶回了孛儿帖，却被蔑儿乞人盯上。 当年铁木真的父亲也速该就是从他们那里抢走了铁木真的母亲。 现在，为了复仇，蔑儿乞人袭击了铁木真驻地，抢走了孛儿帖。 铁木真只好去克烈部求援，合本部兵共数万人马，突然袭击蔑儿乞部，斩杀了许多仇敌，夺回了妻子。 而妻子孛儿帖这个时候已经怀有身孕，为铁木真生下一个儿子叫术赤，就是铁木真的长子。

在赢得这场胜利之后，铁木真重新建立了部族，以富有秩序的组织形式获得大量的食物。 铁木真常常给予一些穷困部落以援助，使他赢得了慷慨慈悲的名声，以前离开乞颜氏的贵族和部众又都纷纷回来，选铁木真为大汗。 他把自己的护卫组织和管理组织分给弟弟和亲信侍卫那可儿，把自己的部众打造成为一支骁勇善战的队伍。

1195 年，塔塔尔部进犯金朝边境。 金朝出兵攻打，塔塔尔部败逃。 得到这个消息后，铁木真感到为父亲报仇的机会来了，他与脱斡邻联络，联合出兵截击，大败塔塔尔部。这一次铁木真不但为父报了仇，缴获了大量物资，还得到了金朝的封赏，被封为“札兀惕忽里”，意思就是“统领诸部落”。虽然这只是对铁木真已有地位的承认，但毕竟是得到了金朝的正式认同，铁木真因此进一步巩固了地位。脱斡邻也被封为王，从此以后人们就称他为“王罕”。铁木真把抢劫来的东西全部送给了王罕，继续和他保持着友好的关系。

1202 年，铁木真全歼残余的塔塔尔人，这样，铁木真逐步统一了东部蒙古。但是，在西边还有很多的部落，其中最近的也最强大的便是克烈部。王罕脱斡邻面对铁木真咄咄逼人的锋芒，感到自己受到了极大的威胁，因此双方关系开始恶化。这时候，铁木真为他的长子术赤向王罕的孙女求婚，遭到王罕的拒绝，于是矛盾进一步恶化。1020 年春天，王罕假装同意铁木真的婚约，想骗他来赴宴，乘机将他杀死。不料计划泄露，王罕立即对铁木真发动了突然袭击。铁木真措手不及，仓皇败逃，一直退到了贝加尔湖以东的地方。在这里铁木真一面向王罕求和，一面利用喘息时机集合溃军。同年秋天，铁木真的军力得以恢复。王罕却骄傲大意，在自己的驻地成天歌舞，欢庆胜利。铁木真派兵悄悄包围了王罕的驻地，突然发动进攻。经过三天三夜的激战，占领了王罕的金帐，王罕逃出鄂尔浑河畔之后，被乃蛮人杀死。

1024 年夏天，铁木真在消灭了克烈部之后，亲率大军出征乃蛮，并在激战中杀死了乃蛮部的首领塔阳汗。至此，铁木真的威名也传遍了整个蒙古高原。其他部落莫不俯首乞和，无人敢与其争锋。1206 年，全蒙古的奴隶主们在鄂嫩河畔举行大聚会，铁木真也在这次聚会上被推选为成吉思汗。此后，铁木真便统一了蒙古各个部落，并建立了蒙古国。

蒙古西征

成吉思汗在统一蒙古之后，并没有安心于这偏居一隅的生活，而是继续征战。一方面，是为了证明蒙古人的强悍；另一方面则是因为蒙古境外依然有敌人在活动，并且经常会威胁到蒙古的安全。蒙古建国以后，摩诃末派遣使臣前来拜见成吉思汗，以探听虚实。此间，成吉思汗承认了摩诃末的统治，称其是西方的统治者，并说自己是东方的统治者。相互之间也约定相互通商。

1128 年，成吉思汗派遣 400 多名商人，用骆驼满载金银、皮毛到西方去经商。当商人们来到花剌子模的讹打剌城（位于今哈萨克斯坦共和国）时，被守城将领亦纳勒赤黑误以为是间谍，400 多个商人全部被杀。这个事件被称为“讹打剌”事件。成吉思汗得知后，大为震惊，立刻派遣使臣巴合珠前去交涉，要求惩办凶手，但是遭到摩诃末的拒绝，而且还杀了使臣巴合珠。成吉思汗得知讯息后，非常震怒，祈祷了三天三夜，没有吃一口粮食，发誓要为死者报仇。

1129 年秋，成吉思汗亲自率领 20 万大军进攻花剌子模。交战之前，成吉思汗派遣三个使臣去见摩诃末，要求他交出讹打剌的守将，如果不交出，就准备开战。摩诃末仗着自己有 40 万大军，而且装备精良，根本不把蒙古军放在眼里。他下令杀了正使，又把两名副使的胡子全部剃光放了回去。成吉思汗大怒，下令发动战争，他派大儿子术赤攻打锡尔河下游各镇，命二儿子察合台、三儿子窝阔台去攻打讹打剌城，自己与小儿子拖雷率领主力进攻中亚文化名城不花剌。察合台与窝阔台很快攻下了讹打剌城，为报复商人被杀之仇，下令屠城。不花剌城很快也被成吉思汗攻下。在花剌子模人的圣地大礼拜寺，成吉思汗下令士兵将装《古兰经》的书柜当做马槽来喂马，又强迫那些德高望重的伊斯兰教长首、学者、医生们，统统来给蒙古军队喂马、做杂活。他还将城堡里继续抵抗的士兵和穆斯林（伊斯兰教教徒）全部屠杀。之后，他又把居民全部赶出城外，让蒙古军队在城里大肆抢掠，然后一把火将不花剌城烧得只剩下了灰烬。

接着，成吉思汗率军进攻花剌子模的都城撒马耳干，摩诃末以10万大军守城，并加固城池。成吉思汗发现城池不好攻打，便派军去占领周围的城镇，对撒马耳干形成一个巨大的包围圈。然后，他利用妙计，将以前俘获的战俘全部集中起来，每10人为一队，每队一面战旗，给他们穿上蒙古军队的衣服，来挫伤敌人的士气。花剌子模兵从城墙上望去，到处都是蒙古兵，果然不敢出战。这时候，有一些勇敢的居民主动出城作战，结果都被杀死，城里人人自危，士气低落。不久之后，3万康里兵带着家属、武器向成吉思汗投降。随后，整个城的居民也跟着全部投降了。成吉思汗下令将城里的金银财富洗劫一空，杀死了3万康里兵和大部分撒马耳干居民，然后将剩下的工匠等赏赐给他的儿子、妻子和将领们，以供他们奴役。

撒马耳干陷落以后，摩诃末逃到里海的一个小岛上病死，勇敢的长子札兰丁继承了王位。札兰丁重整旗鼓，进行抵抗，但终究不是成吉思汗的对手，又被打败，走投无路。后来，他骑马从高崖上跃进了汹涌澎湃的申河。

在成吉思汗大败札兰丁的同时，蒙古大将哲别和速不台也攻占了阿哲儿拜占（今阿塞拜疆）、谷儿只（今格鲁吉亚）、设里汪（今里海的西北，高加索山附近）等地，紧接着又翻过了太和岭（现在的高加索山），对阿速、钦察等部发起进攻。公元1223年，蒙古军队大败钦察和斡罗息的联军，进入了斡罗思南部，并一直打到第聂伯河。

1223年春天，成吉思汗决定班师，并将术赤留在了中亚。两年后，成吉思汗的军队与哲别和速不台的军队会合，一起返回了蒙古。

金朝灭亡

1205年，成吉思汗开始对西夏发动了大规模的进攻，并掠夺了大量的人口和牲畜。1207年，蒙古大军再次攻进了西夏，但这次却遭到了对方顽强的抵抗，只能无功而返。两年后，蒙古大军对西夏发动了第三次战争。这一次，他们动用了比前两次更多的兵力。于是，西夏的5万大军并没能支持很久，很快便就蒙古大军消灭了。接着，蒙古大军便开始攻打西夏的首都。成吉思汗下令引黄河水灌城，但却没想到出现了技术上的失误，西夏的城墙未能冲破，外堤却出现了决口，蒙古军营也遭到了河水的倒灌。无奈之下，成吉思汗只能选择与西夏谈判，协议每年收取西夏纳贡，然后撤军返回。

攻打西夏之后，成吉思汗的下一个目标便是金朝。当年的女真人推翻了辽国的统治，建立了自己的政权，而现在历史又开始重新上演，在中原生活了许久的女真人便成了蒙古人眼中的猎物，他们也要遭到了当年与契丹人同样的命运。而当时金朝的皇帝是个平庸无奇的卫王永济，金国在他的统治下，政治腐败，国力衰微。

1211年，成吉思汗亲自率领大军，以为祖先报仇为名，南下进攻金国。

与西夏20多年的战争，成吉思汗逐渐消灭了西夏军的主力，迫使西夏国王投降，削除了金国在西北的屏障，得以顺利南下攻金，从此开始了长达致4年的蒙金战争。首战乌沙堡（今河北张北西北）获捷，再战野狐岭（今河北万全西北）、会河堡（今河北怀安东南），歼灭金军大量精锐。后来又在怀来（今属河北）、缙山（今北京延庆），大败10万金军，还重创金军于东京（今辽宁辽阳）、西京（今山西大同）、居庸关等地。蒙古后来不断改变战法，分兵三路进攻中原腹地以及辽西地区。

西征胜利之后，成吉思汗把抢夺来的土地分封给了自己的儿子来统辖，由于各地之间的风俗非常不同，后来逐渐发展成了相互独立的钦察汗国、察合台汗国、窝阔台汗国与伊儿汗国。

当成吉思汗西征的时候，曾经要求已经向蒙古臣服的西夏出兵从征，但却遭到了西夏的拒绝。让成吉思汗最为愤怒的是，后来西夏看到成吉思汗出征长期没有返回，便和金朝约定共同抵抗蒙古。

1226 年，成吉思汗亲率 10 万大军进攻西夏，接连攻下黑水城、甘州、西凉府等地，西夏的兵力损耗殆尽。1227 年七月，蒙古军队就在被围困的中兴府粮草断绝，西夏将要亡国之际，八月二十五日成吉思汗在六盘山清水县（今属甘肃）病逝，卒年 66 岁。成吉思汗临终遗嘱：利用宋金之间的世仇，借道宋境，联宋灭金。

成吉思汗的儿子窝阔台与拖雷遵守遗嘱，在灭掉西夏后，于 1232 年向南宋朝廷提出联合进攻金国。双方议定灭金之后，将河南的土地归还南宋。

而此时的金朝，由于常年侵宋，消耗了大量的人力、物力，国势变得更加衰败。南宋与蒙古结盟之后，于 1033 年，派大将孟琪出兵攻打河南、唐河等地，在汉水大败金将武先，金哀宗逃到蔡州。八月，蒙古都元帅塔察儿与宋军将蔡州合围，将金哀宗围困于城中。金哀宗屡次突围均告失败，只得死守。第二年正月，蒙古与宋联合急攻蔡州，蔡州城失守的时候，金哀宗骑马逃走。1234 年二月九日，金哀宗传位给族人完颜承麟，是为金末帝。就在完颜承麟的登基仪式刚刚结束的时候，宋军攻入南城，金哀宗自缢而死。蒙古与宋联军攻占了蔡州，金末帝完颜承麟也被乱兵杀死。从此，金朝灭亡。

蒙古南侵

宋、蒙联合灭掉金国以后，蒙古统治者并没有履行盟约，只是将陈、蔡二州的东南地区给了宋。其实，早在蒙古军南下的时候，金朝降将郭宝玉就曾向成吉思汗上表，中原势大，应该先将金朝灭掉，继而进攻宋国。因此，在金国灭亡后不久，接替成吉思汗汗位的窝阔台便开始了南下攻宋的准备工作。他曾向臣子们说道：“如今西夏、金、回鹘等都已臣服，唯有宋尚存东南一隅，我欲率兵亲讨！”

但是，因为季节的原因，蒙古军不适应暑热，便暂时没有行动，而是将主力撤回到了黄河以北的地区，等待时机再进攻宋国。

此时南宋统治的地区，地盘虽然只有北宋的三分之一，但占据江南，拥抱川蜀，富庶无比。加之在长期的混乱中，北方人口大量南迁，有力地促进了江南经济、文化的发展。但是，南宋王朝却偏安一隅，极为腐败，奉行守内虚外、妥协求和的政策。王公大臣们互相倾轧，结党营私，以“恢复中原”为幌子，大肆征收赋税，搜刮民脂民膏，豪门贵族趁机大量兼并土地。朝廷为了应对庞大的财政支出，滥发钞币达6.5亿之多，造成了物价飞涨，百姓变得更为贫困，经济陷入了濒临崩溃的绝境。昏庸无能的宋理宗重用奸臣，将朝中大权全部交到了奸臣手中。在这种情况下，贾贵妃的弟弟贾似道逐渐掌控了大权。此后，贾似道开始了长达16年的执政。

宋理宗宝祐六年（1258年），蒙古大军兵分三路攻宋。拖雷的长子蒙哥大汗亲率蒙军主力进攻四川，名将兀良合台率领一路由云南经广西转攻湖南，准备成功之后，再北上鄂州。蒙哥的弟弟忽必烈则率部直驱，一直打到鄂州城下。蒙古的意图非常明显，就是想先占据长江中上游地区，然后顺江而下，消灭南宋。在这种紧急情况下，宋理宗派遣贾似道为右丞相兼枢密使，赶赴前线督战。

鄂州军民在守将高达的率领下，对蒙军的进攻展开了顽强的抵抗，两个月内伤亡高达数万人。鄂州的得失成为朝野上下注意的焦点。此时的贾似道，迫于压力只得率军在鄂州城中督战。而贾似道只是个纨绔子弟，既无军事才能也没有胆识，更没有实战经验。因此，他虽然手握重兵，但自知自己势单力薄，不是对手。为了让蒙古撤兵，贾似道竟然背着朝廷和诸将，不顾国家与民族的利益，秘密派遣心腹宋京赶到蒙古大营求和谈判，答应对蒙古称臣纳贡。但蒙古军没有答应，将宋京赶走了。

蒙哥大汗率军攻入川蜀，当地军民奋起抵抗。蒙古军队付出了惨重的代价，经过一年多的奋战，才占领了川西、川北及东部州郡。1259年二月，蒙古大军兵临合川钓鱼城。

此时，蒙古大军虽然武器精良，但由于钓鱼城地势非常险峻，攻城的器械不能发挥出应有的作用。蒙古军真正勇猛无敌又轻巧灵活的是骑兵，但骑兵在钓鱼城根本没有用武之地。

自宋、蒙在钓鱼城开战以来，蒙古军强攻了五个多月都没有成功。六月的时候，蒙古军总帅先锋汪德臣居然孤身单骑来到了钓鱼城下，企图劝降守城宋将，却不幸被乱石砸死。蒙哥大汗知道后，痛心疾首，立即发兵进攻钓鱼城。但此时已值暑天，蒙古士兵不堪忍受燥热的天气，终于没能攻下钓鱼城，甚至蒙哥大汗也在混战中不幸死去。

蒙哥大汗死后，忽必烈又因为要争夺皇位而准备挥兵北上。但此时贾似道却递来了一纸降书，答应称臣。这当然是忽必烈求之不得的事情。此间事了，忽必烈率师北上。而贾似道则向宋理宗拟了一道奏章，隐瞒了忽必烈退兵的原因，而谎称是他大败蒙军。宋理宗受到蒙蔽，便封贾似道为少师、卫国公的爵位，贾似道从此权倾天下。而延续了300年的宋王朝，此时也堪堪走到了尽头。

元朝时期

元朝建立

1259年，蒙古军大举侵宋，蒙哥大汗却在攻打川蜀的钓鱼城时不幸战死。得知此消息后，忽必烈本不急于争夺汗位，他想继续攻下鄂州后，再班师回朝。然而，就在此时传来阿里不哥要继承汗位的消息。

阿里不哥是拖雷的小儿子，因为蒙古人“幼子守产”的风俗，所以在蒙古军队打仗的时候，阿里不哥被留在了蒙古国的都城和林。另一方面，阿里不哥身边的许多蒙古贵族都强烈反对用“汉法”来统治，他们主张用蒙古的旧法来统治。因此，他们热烈拥护阿里不哥，对忽必烈极为仇视。因此，当阿里不哥听到蒙哥大汗去世的消息后，便马上将支持他的人任命到各地去担任官员，同时令脱里赤和阿兰答儿占领燕京和陕西一带，以便更好地防备忽必烈率军北上。

忽必烈随即将跟随他的诸王、大将和谋士们召来商议对策。谋士郝经说：“阿里不哥既然已经开始行动，大王虽然握有重兵，但是，如果阿里不哥宣称有大汗的遗诏，先即位了，我们就回不去了。”于是，郝经给忽必烈献上一条妙计，一方面派一支军队去接蒙哥大汗的灵车，将大汗的宝玺夺过来；一方面派遣大军夺取并守卫燕京，同时通知各王到和林去举行丧礼。就在这个时候，南宋宰相贾似道又来求和，忽必烈便立即同贾似道签订了合约，然后率领大军北上。

1259年，忽必烈率军抵达燕京，将脱里赤招买的人马全部遣散。

1260 年三月，忽必烈到达开平。 大将廉希宪和商挺私下里向忽必烈建议道：“我们必须先下手为强，机会丢了，便再也没有了。”忽必烈接受了他们的建议，在开平召开忽里勒台大会，在塔察儿、也先哥、合丹、米哥等诸王的拥戴下，忽必烈匆匆登上了大汗的宝座。

阿里不哥没有想到忽必烈的动作如此之快，便匆忙于同年四月也召开了忽里勒台大会，宣布自己继承大汗之位。 这样一来，蒙古国便出现了两位大汗。 当时，东部的诸位汗王都支持忽必烈，西边的诸位汗王中，有的支持阿里不哥，有的支持忽必烈。 而且忽必烈还统治着中原，因此忽必烈的力量比阿里不哥强大许多，而阿里不哥的势力主要集中在西边。 于是，忽必烈便派廉希宪率军进伐陕西。 镇守陕西的大将浑都海发兵抵抗，被廉希宪大败而逃。 此时，廉希宪接到一个消息，驻守在成都的密里霍者，与驻扎在青州的乞台不花要联合起兵反叛忽必烈。 情况万分危急，廉希宪来不及报告忽必烈，便假传圣旨，派遣手下大将刘黑马到成都诛杀了密里霍者，同时派另一个大将汪惟正到青州诛杀了乞台不花。 不久之后，支持忽必烈的诸王率军与廉希宪会合，打败并杀死了浑都海和阿兰答儿。 从此，阿里不哥在西边的力量被彻底打垮。

同时，忽必烈亲率大军，直扑阿里不哥的老巢和林。 阿里不哥毫无抵抗之力，率部逃到了谦州，他怕忽必烈追来，便使了一个缓兵之计，派人向忽必烈请罪，说自己愿意投降，等他将战马养肥的时候，便会同其他诸王一起前来拜见。 忽必烈认为阿里不哥的所作所为都是他的谋士在背后指使。 因此，忽必烈便原谅了阿里不哥，派也孙哥驻守和林，自己率军回到了开平。

1261 年秋，阿里不哥将战马养肥了，又召集了一批人马，决定发兵南下。 他派人到也孙哥那儿假意投降，也孙哥信以为真，没有做好打仗的准备。 阿里不哥突然发动袭击，夺回了和林。 忽必烈得知消息后，马上挥师北上，两军在昔木土脑儿相遇，结果阿里不哥又遭到痛击，惨败逃回和林。此时，本来支持阿里不哥的阿鲁忽王反叛，阿里不哥只得率领残兵逃向新疆。

后来，阿里不哥又被多次打败，加上蒙古高原发生了饥荒，原来支持阿里不哥的诸王纷纷投降忽必烈。1264 年，阿里不哥只得再次向忽必烈投降，忽必烈下诏，阿里不哥以及诸王都不问罪，只将阿里不哥的谋臣全部杀死了。

忽必烈平定阿里不哥后，将政治中心由和林迁移到了中原，继续推行“汉法”来改造蒙古国。

1271 年十二月十八日，忽必烈公布《建国号诏》，并接受了大臣刘秉忠的建议，取《易经》中“大哉乾元”之意，将国号改为“大元”。元朝正式成立，忽必烈即元世祖。1272 年，忽必烈又将燕京改名为大都，作为全国的首都。

元朝建立后，农业得到了恢复和发展。随之而来的官营手工业也得到了很好的发展，生产技术也得到了巨大的改进。其中棉纺织的发展尤为突出。城市商业和对外贸易也相当繁荣，甚至产生了大规模的海运。

临安沦陷

1264 年十月，宋理宗病故，其侄儿赵禥继承皇位，即宋度宗。

其实，宋理宗早年曾有两个儿子，即永王赵缉与昭王赵绎，但却都不幸夭折了。后来后宫便一直未能为宋理宗生子。但是立储之事却拖延不得，宋理宗只好亲自物色皇子人选。最终，他选定了亲弟弟赵与芮的儿子赵禥。

赵禥即位后，称宋度宗。宋度宗荒淫无度，整天在后宫宴客，与妃嫔们饮酒作乐。贾似道也被拜为太师，深得宋度宗宠信，掌控了朝政。贾似道看宋度宗比理宗还要昏庸，便变得更加飞扬跋扈，目无天子，稍有不如意的地方，就以辞官相要挟。宋度宗唯恐他不辞而别，总是卑躬屈膝地跪拜，流着眼泪挽留他，特授贾似道军国平章事，许他三日一朝，后来又放宽到十日一朝，而且每次退朝，宋度宗总要离座目送他走出大殿，才敢坐下。不仅如此，宋度宗还在西湖葛岭为贾似道修建了精美的住宅。贾似道大肆淫乱，致使用朝政更加腐败黑暗。

宋度宗咸淳三年（1267年），忽必烈在平定内乱之后，派遣大将阿术率军进攻襄阳。襄阳保卫战由此拉开了序幕，身为军国平章事的贾似道依然无动于衷，继续过着醉生梦死的生活。由于朝中大小事务若是没有得到他的应允便不能进行，其他官员形同虚设，整日无所事事。蒙古大军借此机会，用了两年时间包围了襄阳城外的樊城。

由于襄阳战事一再告急，贾似道方才任命李庭芝为京湖制置大使，率军前往襄阳救援。李庭芝是一位正直的爱国将领，但贾似道却极为不放心他，处处加以阻挠，弄得李庭芝根本无法正常行动。1271年，蒙古大军包围襄阳，就在这一年，忽必烈在北京建立了大元政权。为了进一步孤立襄阳，忽必烈下令各路元军开始全面出击。这样一来，南宋各个战场都频频告急，不能互相支援。1273年，襄阳城终于被蒙古军攻陷。

襄阳军民血战之日，贾似道没有派一兵一卒前去增援。襄阳失守后，贾似道也不总结失败的教训，部署战守，反而借此打击排斥正义之士。第二年正月，贾似道的母亲病死了，贾似道竟然下令以安葬皇帝的规格来下葬母亲，并修建了巨大的陵墓。下葬之日，大雨倾盆，奉命守灵的文武官员在雨中站立了一整天，任凭风吹雨淋，不敢离开。

同年七月，宋度宗病故，年仅4岁的赵显即位，是为宋恭帝。宋度宗的母亲谢氏以太皇太后的身份垂帘听政。此时的大宋王朝已是风雨飘摇，大厦将倾。就在这一年，元军开始发动了对南宋的总攻。

元军拜大将伯颜为统帅，率领蒙古军直逼鄂州，在青山矶大败宋将夏贵，汉阳、鄂州相继失守。伯颜留下了部分士兵拱卫鄂州，自己则率领主力部队，以宋朝降将吕文焕为前锋，继续东下。沿江城池的守将大多是吕文焕的旧部，元军所到之处，这些人纷纷投降，元军顺利的突破长江防线。1275 年春，伯颜率军攻克军事重镇安庆和池州，兵临建康城下。

眼看南宋就要亡国，朝中的大小官员全都乱作一团。而此时怨声载道，臣民纷纷要求惩处祸国殃民的贾似道。于是，太皇太后谢氏便下令将贾似道贬为高州团练副使，并派使者将贾似道押解到高州，同时将其家产全部没收。在贾似道被押解到漳州的时候，监押官郑虎臣将其杀死，结束了他祸国殃民的一生。

与此同时，临安也已经陷落，南宋王朝已经到了灭亡的边缘。

南宋灭亡

蒙古大军在占领临安以后，并没能完全控制两淮、江南、闽广等地。而此时，身在广东的陆秀夫和张世杰便拥立赵昺做了皇帝，继续开展抗元斗争。

赵昺便是宋末帝。即位之后的他，任命陆秀夫为左宰相，任命张世杰为枢密副使，负责掌管军事。没多久，元军便对广东发起了进攻。张世杰和陆秀夫认为应该寻找更适宜发展抗元大业的地方，便护卫着赵昺来到了新会的崖山。并在那里征集粮食，招兵买马，准备以崖山为根据地，同元朝进行长期的斗争，以达到收复中原、兴复大宋的目的。

此时，福建、广东的军民依然在坚持抗击元军的进攻。当元军打到兴化（今福建莆田）的时候，宋将陈文龙两次杀掉了元军派来招降的人。部下有人劝陈文龙投降，他说道："你们只不过是怕死罢了，却不知道人这一生难免会一死。”后来，陈文龙被俘，不肯投降，在福州绝食而死。

虽然南宋军民拼死抵抗，但还是抵挡不住元军的铁蹄，元将张弘范率大军一直打到了崖山附近。崖山是一个背山面海的小岛，地势险要，张世杰下令将岛上之物全部焚烧，人马全部登船，然后依山面海，将1000多艘战船排成长蛇阵，用绳索连接在一起。战船四周筑起城楼，船上涂上一层厚厚的湿泥，绑着一根根长木。赵昺的御船则被安置在中间，诏示将士与舰船共存亡。可是，1000多艘战船用绳索连起来，虽然集中起来形成了一个水寨，但却丧失了机动性，相当于把宋军彻底暴露在了元军的面前，任其攻打。而且，岛上的一切还需要靠从大陆和海南岛运送，非常不方便。

张弘范到达崖山后，派兵封锁海口，切断了粮草供应的道路。宋军没有水喝，只能吃干粮，实在没有办法，就只有饮海水解渴。

有一日清晨，元军大将李恒指挥水军利用清晨退潮、海水南流的时机，渡过平时战船难以渡过的浅水，从北面向宋军发动突然攻击，北面的宋军猝不及防，很快被元军击溃。

南面的元军在张弘范的率领下，利用中午涨潮、海水北流的时机，向南面宋军发动了猛烈攻击。宋军腹背受敌，伤亡惨重，全线溃败。宋军的很多战船都被焚毁，张世杰只得下令把连贯战船的绳索砍断突围。可是，赵昺的御船非常庞大，被外围的舰船阻隔在中间，无法突围，张世杰便派船去接应。

左丞相陆秀夫此时护卫着赵昺，然而天色渐晚，海上狂风暴雨，离得很近也难看见人影。陆秀夫以为小船是元军假冒的，拒绝来人接走赵昺。宋军大势已去，陆秀夫知道君臣都难以脱身了，便连忙跨上自己的舰船，挥剑迫使自己的妻子投海自尽，然后换上朝服回到大船礼拜赵昺，哭着说道：“陛下，国事至今一败涂地，陛下理应为国殉身。德祐皇帝（宋恭帝）当年被掳北上，已经使国家遭受了莫大之耻，今日陛下万万不能再重蹈覆辙了！”

赵昺吓得哭成一团。陆秀夫刚刚说完，便将黄金国玺系在腰间，背着9岁的赵昺皇帝奋身跃入大海，以身殉国，顷刻之间君臣二人便无影无踪。其他船上的大臣、将士听到这个噩耗，顿时哭声震天，数万人纷纷投海殉国。张世杰则率领水军余部突围到海陵山脚下。

新会崖山海域发生的这场空前惨烈的宋元大海战，是元军消灭南宋的最后一仗，数十万南宋军民战死。战斗结束后，海上漂满了战死的尸体。

数日之后，陆秀夫背负皇帝投海的噩耗传到了张世杰的耳中。张世杰悲痛万分，险些昏厥过去。而此时，飓风已经将要袭来，他的部下纷纷劝他上岸暂避。但张世杰却拒绝了，他俯视着在风浪中摇摇欲坠的宋军残船，绝望地说道：“于事无补了，还是与诸君共甘苦吧。我为赵氏也算竭力了，一君身亡，复立一君，如今又亡，我在崖山没有殉身，是希望元军退后，再立新君，然而，国事发展到如此地步，难道这是天意！”说完之后，便纵身跳入了大海。

至此，南宋王朝画上了一个悲壮的句号，历经320年的大宋王朝彻底灭亡。

元世祖统一中国

元世祖忽必烈在平定蒙古贵族发动的叛乱之后，又消灭南宋王朝，逐步实现了中国的统一，结束了自安史之乱以来520多年的分裂局面，使元朝成为我国历史上疆域最大的朝代。而忽必烈之所以能够做到这点，与他从小便深受汉文化的影响有着很深刻的关系。

忽必烈的母亲唆鲁禾帖尼便是一个深受汉文化影响的女人，在她丈夫死后，她便统领部众，教养诸子。而在她所有儿子中，忽必烈则是最为受宠的。忽必烈在家排行老二，母子之间几乎形影不离。在母亲的影响下，忽必烈从小便酷爱汉文化，并对儒家经典著作进行了刻苦的研习。在忽必烈青年的时候，他便招揽了姚枢、张文谦、郝经、许衡等汉学文士名人，请他们前来讲治国安邦的道理。毫不夸张地说，此时忽必烈的内心已经确立了治理汉地就必须使用汉语的基本思想。因此，他对后来的刘秉忠、张德辉、张弘范等汉人都非常看重。后来，忽必烈更是打破惯例，授汉人将领张弘范为蒙古汉军元帅之职，并赐其一柄宝剑，说道："剑在如我在，蒙军中如有不从命者，以此剑处之。"张弘范接过宝剑，非常感动。

忽必烈文武双全，11 岁的时候，便已经成为一个马背上的小少年了。在一次围猎中，小小年纪的忽必烈竟然也射到了一只野兔，这使成吉思汗非常高兴。成吉思汗死后不久，仅仅做了不到一年监国的父亲拖雷也死去。从此汗位传到了窝阔台的手中。1251 年，忽必烈的哥哥蒙哥继承汗位。蒙哥当蒙古大汗的时候，忽必烈势力非常大，但蒙哥非常信任他，让他负责管理汉族人民居住的中原一带。

蒙哥亲自率领蒙古军队攻打南宋的时候，命忽必烈也率领一路人马，向南进攻。忽必烈的军队已经打到了长江北岸，突然后方来人传报，向他报告蒙哥大汗死在军中的噩耗，让他赶紧回去。忽必烈强忍着难过说道："眼下和宋军打仗，还没有分出胜负，我不能回去。"于是，他镇静地指挥军队渡过长江，打败了宋军。这个时候，他的妻子派来一个密使，对忽必烈说道："你的弟弟阿里不哥留守在和林，准备做可汗了，他还派兵包围了开平，您赶快拿个主意吧。"这一次，忽必烈感到非常着急，因为开平是他的大本营，他马上把手下的将领和谋士宣来商议对策。1260 年春，在汉人谋士郝经的建议下，忽必烈回到开平，宣布继承汗位。从前选定可汗，都是在蒙古人居住的地方举行，忽必烈这次在汉族人的地方自称可汗，已是违反了祖制。其实，喜欢革新的忽必烈目的便是要改掉蒙古人的老习惯。不久之后，他干脆按照汉族人的习惯，自称为皇帝，学习汉人管理国家的方式。

不久之后，和林传来一个消息，他的弟弟阿里不哥宣布自己才是正统的可汗。这样一来，他们兄弟之间便反目成仇。1264 年七月，经过长达 4 年的较量，阿里不哥带领残兵败将来到开平向忽必烈投降，忽必烈从此成为蒙古各部公认的大汗。汗位争夺战结束之后，中原与漠北连成一片，从而为忽必烈可以集中力量南下攻宋打下了坚实的基础。

忽必烈继承汗位之后，蒙古族内部的斗争依然非常激烈，在“守旧”的藩王中势力最大、叛乱的时间最长的便是窝阔台的孙子海都。

海都对自己的父亲没能继承汗位早就已经心怀不满，自己更是无时无刻不在寻找时机承袭汗位。他想把蒙古汗国大权从拖雷的手中夺回，但苦于兵力不足，只好等待机会。1260 年，阿里不哥与忽必烈争夺汗位的时候，他极力支持阿里不哥。1264 年，阿里不哥败亡，他也逃回了自己的封地，招兵买马，意图东山再起。经过几年的策划后，海都兵强马壮，便勾结各路藩属诸王，自立为蒙古大汗，公开与中央政府对抗。1275 年，忽必烈为了防止海都叛乱势力的东进，赶忙调兵遣将，命令伯颜率军前往讨伐。伯颜采用断绝粮道的办法，先后打了两次胜仗，平定了海都叛乱。

一波未平，一波又起，早就与海都相互勾结的乃颜也率部反叛了。这时候，忽必烈正在生病，听到这个消息后，便决定御驾亲征。双方大战数次，忽必烈却没有取胜。忽必烈问起众将原因，将领们便告诉他：“在咱们将士中，很多人过去都是乃颜的部下，还有的是他亲戚。所以一见面，都不忍心打。好多人骑在马上便相互交谈起来，将武器都扔掉了。”忽必烈听后非常生气，便下定决心说道：“这样，那我改用汉军迎敌，用汉军兵法作战，不管怎样，这一次一定要取胜！”这一天，双方人马遭遇了。忽必烈看见乃颜的 10 万大军，用战车围成整齐的阵势，准备与自己的军队决战。他不动声色地看清了敌人的阵势，便骑马回营。这时候，忽必烈已经想好了破敌之策。第二天的时候，忽必烈坐着由四头大象拉着的战车，大象身上都披着铠甲。然后，他指挥着步兵和骑兵，向乃颜的营垒发动进攻。这一仗，打了整整半日，乃颜的车阵终于被攻破。乃颜被包围起来，想借机逃跑，不料一声大喝从后面传来："乃颜往哪里跑！"元军大将玉昔帖木儿一把将乃颜拉下马来。忽必烈处死了乃颜，平定了叛乱，稳定了全国的局势。

这时，忽必烈虽然占据了半壁江山，但是并不满足于自己的成就。他要扩张领土，当时在政治上已经腐败的南宋王朝便成为他开拓疆域领土的首要对象。

对于南宋，忽必烈采用了政治配合军事的方法。在伯颜率军出发之前，忽必烈曾经多次告诫他在征战中不要滥杀无辜百姓，以收服民心。1275 年二月，忽必烈对一些归附的南宋官吏说："种田的要继续荷锄下地，经商的要开门做买卖，其余三教九流、五行八作的人都要各安已业。如果官吏有任何骚扰百姓的不法行为，任何人可以向中书省控告。"这些重要的姿态都表明了忽必烈一旦在南宋王朝灭亡之后，一定会保存原来的风貌，并保证归降官民的既得利益。这对于加速南宋王朝的覆灭造成了积极影响。

1276 年，元军兵分三路进攻临安，南宋官员纷纷溃逃。至此，忽必烈灭亡南宋的计划已经逐渐实现。1279 年二月，陆秀夫背负小皇帝赵昺跃入广东崖山下的大海，张世杰在得知噩耗后也因悲痛而跃入大海。至此，南宋王朝最后一线希望已消失得无影无踪，忽必烈真正完成了中国的统一大业。

此后，忽必烈更是突破了民族界限，大力提拔汉人，对那些思想保守的蒙古贵族弃而不用，建立起了一个疆域空前辽阔的国家。

守成之君铁穆耳

在忽必烈建立元朝之前，蒙古国并没有明确的立储规定，只有在大汗临终时才会用遗训的方式确立接班人。 到忽必烈在位时期，他率先确定了嫡传世袭制度，并将皇子真金立为皇太子。 后来，真金由于体弱多病，不幸夭折。 忽必烈便改立真金的儿子铁穆耳为皇太孙。忽必烈死后，铁穆耳便继承了皇位，即元成宗。

铁穆耳即位后，在内听命于皇后，在外则依靠完泽、哈喇哈孙等大臣的扶持。 同时，他还有一个极为显著的特点，那就是对于忽必烈定下的典制，他如同萧规曹随一般，没有对其做出丝毫的改变。 也正是因为这样，他统治下的王朝社会安定，没有动乱，历史上也因此将其称为“守成之君”。

“守成”便是“墨守成规”的意思，他最大的特点便是“以安静为治”。 因此成宗即位后，起用的军国重臣，基本上维持了忽必烈后期的大臣，这便从人事方面保证了按照世祖遗规“持盈守成”的国策。 并且，成宗给前朝功臣都加封了各种荣誉头衔，不仅表示了尊重，还表示了酬谢。 其次，成宗“一遵祖法”，按照世祖时期的定制，坚持蒙汉合璧的政治制度。 为了维持政权的稳定，各种制度、机构除了有很小的变动外，一概都是遵照过去的定制。 另外，成宗在位的时候，行“宽大”之政，他宣布了许多减免赋税、救灾济荒、减轻百姓负担、与民休息的好政策。 对一些遭受兵灾、水灾、旱灾和地震的地区，时常下诏减免赋税。

1296 年，成宗要求权贵豪绅交出他们隐藏的江南田租，以减轻农民的负担。 1298 年，水旱成灾，成宗下诏减免受灾郡县当年田租的 3/10，受灾严重的地区则全部减免，老弱残疾以及人丁稀少的民户免除 3 年的赋税。 同时，停止了很多当年的大型土木工程。 第二年，成宗又派使节巡视各地，了解民间疾苦。在减轻民众负担的同时，成宗三令五申，要求地方官员鼓励农桑，发展生产。这些措施的实施，对于维持政治、经济上的相对稳定都起到了积极的作用。但是，成宗本人却没有祖父忽必烈的才干与威信。扶持他的大臣完泽也不是足以替代前代领导的人物。因此，在成宗、完泽宽容和无效的管理下，朝政失去了行政活力和财政平衡。官员队伍也迅速膨胀，朝廷和京城的官员核计的定额为 2600 人，而御史台在公元 1294 年上报的京城官员就超过了 1 万人。由于各行省官府冗员大量增加，行政效率便变得非常低下。

最为严重的是，官员贪污腐败之风越演越烈。据《成宗本纪》一书记载，1302 年，元朝廷贪污的官员多达近两万人，贪污的赃银合计 5 万锭。这一年元朝廷还查处了一起案件，海盗朱清与私盐贩子张碹，利用为元廷运送粮食的机会，私自从事海外贸易，积聚了大量的财物，被指控后，他们的家人被全部囚禁，财产也被全部没收。这就说明，当时官吏贪污腐败问题已经非常严重了。

当然，常年大兴佛事也是造成财政困难的另一个重要原因。成宗奢侈成性，常常给予皇室成员巨额的奖赏，单赐给三个驸马的银子就高达 12 万两之多。此外，成宗给皇室成员的岁赐也要比忽必烈时期多上许多。在成宗即位之后的两个月，中书省便上书说："朝会赐予之外，余钞尚有 27 锭。"可以说，忽必烈时期的财政储蓄，几乎全部都用在了支付皇室成员和功勋大臣的赏赐上。也正是因为这个原因，才造成了财政匮乏。换而言之，元廷从成宗铁穆耳的守成时代便已经开始走向衰落了。

1307 年，铁穆耳去世，年仅 41 岁。同年，忽必烈的曾孙、铁穆耳的侄子海山即位，是为元武宗。

“汉法治国”的元仁宗

1311 年三月十八日，元武宗驾崩，他的弟弟爱育黎拔力八达继承皇位，是为元仁宗。他的即位，创造了元朝历史上无人争夺皇位便顺利登基的先例。

元仁宗即位之后，首先将元武宗建立的尚书省撤销。而后，又采取了很多重要的措施，进一步推动了元朝的汉化和儒化改革。原来，元仁宗从小就深受中原文化的熏陶，在藩府中聘养了很多当时的名家。因此，仁宗在位的时候，以尊孔重儒、勉励学校培养人才为先导，一步步地推行科举。

1313 年，元仁宗颁布诏令，实行新的考试制度，考试的科目以经学为主、文学为辅。他指定朱熹集注的《四书》为考生们参考的标准用书，并以朱熹和其他宋朝儒学家注释的《五经》作为汉人参试者增试科目的标准用书。

元仁宗所拟定的实施细则与科举制度，可以说是非常的具体、详细、周全，方方面面都做到了认真的考虑。这一科举制度以及实施细则不仅是元代举行科举应试的指南，而且对明清两朝实行科举取士的办法也产生了巨大的影响。

1315 年三月，元朝实行科举制度的首场廷试在京城大都举行。元仁宗亲自会试天下进士，并且任命李孟伟为廷试的监试官，另一位元朝儒学家明善，也首次担任考试官。这次廷试，一共有 56 人及进士第。在政治上多少满足了汉人开仕的要求，同时也适应了元朝统治者以儒治国的需要。

在开设科举考试的同时，元仁宗也大力兴修法典，普及文化。然而，仁宗大兴“汉法”却遭到他母亲答己太后的强烈干扰。因为答己太后深信佛法，与儒家思想相冲突。仁宗无法仿照中原的传统方式来改革元朝政府。因此，不能彻底地削弱蒙古诸王的行政权、司法权和经济特权来加强中央集权，使仁宗的“汉法治国”成了一场虎头蛇尾的行动。

答己太后十分宠信权臣铁木迭儿。铁木迭儿在武宗时期便是元廷的一品大员，他曾在云南做过地方官，因玩忽职守而受到处分，却受到了答己太后的保全。武宗死后，答己太后为了扩充自己的势力，乘仁宗尚未执政的时候，下诏将铁木迭儿封为中书省右丞。

虽然铁木迭儿曾被内外监察御史等 40 多人弹劾，但在答己太后的支持下，铁木迭儿始终掌握着重权。仁宗在位的最后两年，围绕铁木迭儿的权力之争，使朝廷统治陷入了混乱。

元仁宗性格仁慈，对母亲答己太后非常孝顺，因此也显得十分软弱无能。他之所以没有除掉铁木迭儿，就是因为他不愿意触犯和反抗他的母亲。其次，仁宗的儒家统治在思想和政治上都无法为元廷的权力体制所接受。这种政策有损于蒙古诸王和官员的传统政治和经济特权。

于是，在代表仁宗意志的儒臣与铁木迭儿对抗中，得不到蒙古官员的支持。仁宗朝开启了科举取士制度的开端，被后世史学家誉为“延祐儒治”。但是，因为没能从根本上改造蒙古元朝的整体结构，元朝汉化的历程又一次遭遇到了重大的挫折。

1320 年正月，元仁宗去世，终年 35 岁。他的嫡长子硕德八剌即位，为元英宗。18 岁的元英宗即位后，以仁宗时期“汉法治国”的措施为核心，大力改革了政治。

天灾人祸

在元英宗的改革下，元朝国势大有起色，但新政却触及到了蒙古保守贵族的利益，引起了他们的不满。同时，英宗还下令清除朝中铁木迭儿的势力，随着清理的扩大化，统治阶级内部的矛盾越发尖锐起来。

至治三年八月初四（1323 年 9 月 4 日），铁木迭儿的义子铁失趁着英宗从上都避暑结束南返大都途中，在上都以南 15 公里的南坡刺杀了英宗等人，史称“南坡之变”。

“南坡之变”32 年之后，由于元朝高压的民族政策和洪、旱等灾害的双重压迫，爆发了轰动一时的红巾军大起义，元朝的统治在风雨飘摇中开始走向了末路。

元惠宗当政时期，中央政府的官僚之间为了争权夺利打得不可开交。同时，地方政府的各级官僚，则疯狂地搜刮民脂民膏。元惠宗还实施发行纸钞的政策，但遭到了很大的失败，这就促使政府印刷的钞币很快贬值，贬值最后带来的损失则直接转嫁到了广大百姓的头上。

上级官吏搜刮下级官吏的财物被称为“拜见钱”，官吏再搜刮下级官吏的钱又被称为“人情钱”，逢年过节搜刮百姓的钱财称为“追节钱”，日常办事而搜刮来的钱财名目更是五花八门，无奇不有。另外，由于上行下效，政绩的优劣来已经不能作为衡量官吏的标准，而是根据年纪的大小。史书记载：“岁者优先委任。”这些老官上任之后，自然要尽力搜刮，力求搭上敛财的末班车，以免年老无官的时候无财再敛。

而中央各部官员争权也愈演愈烈，无暇顾及到地方官吏的任命，使各地的地方官吏多有缺额，部分地区的政府职能彻底瘫痪。仅山东一省，就缺宣慰司使两名，各总官府缺总管五名，还缺各知州三名，严重地削弱了元朝的统治力量，特别是中央对地方的控制力量逐渐衰落，从而导致元末农民起义开始蔓延到了全国。

政府的腐败已经让大元帝国的行政能力大为减弱，如果不实行改革，随时都有分崩离析的危险。但是，祸不单行，长年的自然灾害更是让元朝政府顾此失彼，难以招架。

当时危害最深的自然灾害主要是水涝、旱灾和地震等。公元1335年，江西发生重大水灾，百姓饥荒，元朝政府开仓赈灾。1336年三月，陕西又大旱，刮暴风，粮食全部损失。同年五月，南阳、邓州等地又连遭大雨，湍河、白河泛滥，造成大水灾。同年，江浙各地大旱，从春季到秋天没有下一滴雨水，饥民高达40多万人。政府用于赈济饥民的粮食达10余万石、钞40万锭。1337年，北方地区，包括大都、河北、河南等多个地方，又因连绵大雨而发生严重水灾。

不久之后，大都又发生了强烈地震，一直连续6天。1363年夏秋之交，河南遭受连绵大雨，百姓受灾，政府被迫出粮10万石用以贩灾。不久，江南部分地区又刮起暴风，发生地震，海水冲上岸，造成大灾难。5年之后，也就是公元1368年，全国又多处出现大灾害。大都下暴雨，连城墙都冲垮了。广西山崩，漓江泛滥，特别是黄河、汉水等大的河流，一旦泛滥，就会给百姓带来巨大的灾难。次年，各地又发大水，黄河决堤，酿成大面积的水灾，长江、汉水、蜀江也都泛滥。元朝政府调集大批劳力，对黄河进行修整，筑堤护民。但是，自然灾害带来的损失却是无法弥补的。由于各地的自然灾害频发所带来的严重恶果，导致了农民的大量破产，被迫为“寇”为“盗”。

元惠宗虽然接连颁布诏令，减免受灾地方的田租等税收，并由政府出面发粮赈济部分重灾区的饥民。然而，这些都只是权宜之计，治标不治本，救得了一时的饥荒，却根本解决不了众多百姓的生计。因此，爆发了大规模的农民起义，而元朝各部藩王又自成一系，为保存实力，拒绝听从元廷的调遣，并相互为抢占地盘而争斗不息，致使天下终于大乱。

红巾军起义

元朝末年，元朝廷内部统治腐朽黑暗，时局动荡。元朝政府贪婪暴敛，土地高度集中，社会经济严重衰败，阶级矛盾和民族矛盾迅速激化。百姓在沉重赋税的压迫下，已经难以为继，再遇上特别大的自然灾害，只得颠沛流离、变卖妻儿，甚至还出现了“人吃人”的惨事。

1351 年，元惠宗强征 15 万农夫整修黄河。河工们担负繁重的劳役，但口粮却被克扣，还要遭到严厉的鞭笞和刑罚，因此他们都怀有怨恨的情绪。在这种情况下，北方白莲教的韩山童和刘福通决定利用这个机会发动反元起义。但是由于消息走漏，韩山童被俘遇害，刘福通逃回颍州（今安徽阜阳）。五月，刘福通率众起义，以红巾裹头，号称红巾军。

在刘福通起义的影响下，全国许多地方相继爆发了反元斗争，其中主要有徐州的李二、赵均用，濠州的郭子兴、孙德崖，湘汉流域的布王三、孟海马，湖北蕲、黄二州的彭莹玉、徐寿辉等。在各地起义军中，最强的两支便是北方的刘福通和南方的徐寿辉。这两支起义军的发展，将元统治区从中切为两段，使得南北隔绝，粮运中断，有效地打击了元朝的统治。除此之外，还有淮东的张士诚的起义军。张士诚是盐贩子出身，他在江北聚集盐丁起兵，接连攻克今江苏泰州、兴化、高邮等地，建号大周，自称诚王。

就在刘福通所率起义军取得胜利的同时，徐寿辉部兵分两路，一路逆江而上，连克武昌、江陵等地；一路则顺江而下，攻取长江中下游的一些州县，进军福建和浙西，继而攻克江南重镇杭州路。与此同时，李二所部起义军也占领了徐州及周围一些州县，将元朝的南北交通主动脉切断。风起云涌的起义军节节胜利，给予了元王朝沉重的打击，元王朝赶忙派遣丞相脱脱率领大军南下，镇压起义军。元军首先打败了李二部的起义军，然后乘势调集江南数省的元军又收复杭州路，然后，对起义军展开了全面性的反攻。在元军强大的攻势下，起义军节节败退，徐寿辉部被迫退出了长江中下游。刘福通虽然依然在河南活动，但是只限于极小的一块区域，起义斗争开始进入低潮。

1354 年，元朝廷为了消灭起义军，又派脱脱统领 40 万大军，对淮东的张士诚部发动进攻。就在张士诚危在旦夕的时候，脱脱遭到元廷中书平章哈林等人的弹劾，被免职流放。元廷另派将领统领大军，由于临阵易将，指挥失误，元军溃散而逃。元军主力受到重创，逐渐丧失了军事上的优势，而张士诚却乘机夺得了整个淮东地区，南渡长江，进占浙西大部。

第二年二月，刘福通迎立白莲教主韩山童的儿子韩林儿为帝，号小明王，国号宋，建都亳州，改元龙凤。刘福通率领起义军先后攻占今河南邓县、许昌、嵩县、洛阳以及黄河以北的河南沁阳，起义军人数也发展到 30 多万。1357 年六月，小明王开始了声势浩大的三路北伐。中路进入山西，连克辽州（今山西左权）、冀宁（今山西太原）后，北出长城，横扫山西大同、兴和（今河北张北）等塞外诸郡，攻下元上都，后又转战辽东，攻占了辽阳。西路进军关中，后转战四川、宁夏。东路则一举攻克今天的天津蓟县，直逼大都。

与此同时，刘福通也率兵转战黄河南北，于 1358 年五月，攻下汴梁（今河南开封），控制了中原及北方许多地区，在根本上动摇了元朝的统治基础。而元朝统治阶级内部集团动乱，各地的军阀势力又自成一系，为保存实力，拒绝听从元廷的调遣，且相互为抢占地盘而争斗不息，北方出现了军阀连年混战的局面。此时，南方各地起义军迅速发展，也逐渐形成了各个政权割据的局面，其中一个政权的领袖就是后来的明太祖朱元璋。

朱元璋的崛起

朱元璋是濠州钟离（今安徽凤阳）人，出身于贫农家庭，小名叫做重八。朱元璋17岁的时候，家乡发生了大旱灾，接着又是蝗灾和瘟疫。他的父母和大哥在半个月里相继死去，家里穷得办不了丧事，幸得有好心邻居帮助，朱元璋才流着泪埋葬了亲人。孑然一身的朱元璋只能靠吃树皮草根过日子。后来，他流落到皇觉寺，剃掉头发做了和尚，以满口腹之欲。可是，寺庙里的粮食也不多。朱元璋只得出外，行乞三年，历经皖北、豫东南各地，开始受到了农民起义的影响。

1352年，朱元璋回到皇觉寺，接到好友汤和的一封信，汤和在信中劝说朱元璋去投奔郭子兴的起义军。就在这年的三月，朱元璋便到濠州投奔到了郭子兴的军中，当了九夫长。第二年六月，由于作战骁勇，朱元璋深得郭子兴的宠信，升为镇抚。

当时，郭子兴与孙德崖、彭大等义军领导人互相不容。濠州城内粮草匮乏，外面还有元军侵扰。朱元璋认为如果长期困守濠州，将会很快失败，在取得郭子兴的同意后，带领徐达、费聚等24人南下定远，发展势力。一个月之内，便聚众4000人，还收编了两万多地主割据武装。朱元璋有了这支队伍，立刻重新编组，加强训练。

少年时候的伙伴吴良、周德等纷纷前来投奔于他，这些人与后来投奔的邓愈、常遇春、胡大海等，最后都成为了朱元璋手下得力大将，为明朝的建立立下了汗马功劳。朱元璋还专门招纳了许多读书人，帮他出主意。定远有两弟兄非常有名气，哥哥叫冯国用，弟弟叫冯国胜，朱元璋便向他们请教打天下的道理。冯氏兄弟告诉朱元璋，金陵是历代帝王的都城，地理位置非常重要。谁要是先能攻下这个地方，然后再派大将向四面征伐，收取民心，便能夺得天下。朱元璋欣然接受了建议，从此有了占据金陵的打算。

1355 年七月，朱元璋率军进攻滁州（今安徽滁州），名儒李善长在途中加入了起义军。他劝朱元璋学习汉高祖刘邦“知人善任，不嗜杀人”，乘元末混乱的局势，夺取天下。从此，朱元璋便决心效仿刘邦，修法度、明军政。

朱元璋率领自己亲手建立起来的队伍，迅速攻占了滁州。不久，郭子兴率领部队与朱元璋会合。朱元璋将自己麾下号令严明、军容整肃的 3 万大军，都交给了郭子兴统一指挥。

郭子兴病故后，小明王韩林儿任命郭子兴的儿子郭天叙为都元帅，部将张天祐为右副元帅，朱元璋为左副元帅。同年九月，在攻打集庆的时候，郭天叙、张天祐被元军杀害。这样一来，朱元璋便当上了都元帅，郭子兴的部队全部归他指挥。第二年，朱元璋率领大军攻打集庆，集庆 50 多万军民投降。朱元璋攻占集庆后，严令士兵不得扰民，并出榜安民，榜文中陈述了元朝的腐败和贪婪。

当日，朱元璋便把集庆改为应天府，表示他的起义是按照上天的意思而发动，即“上应天命”。接着，朱元璋设立大元帅府，分封诸将，建立军事、政治、经济等各方面的机构。

建立起江南政权后，朱元璋便以应天府作为根据地，向江南一带发展，继续发展他的宏图大业。

元朝灭亡

1356 年，朱元璋建立江南政权后，计划在此基础上统一天下。但是，此时位于朱元璋大军南北还有两个势力庞大的军事集团。东面的张士诚，在紧邻应天府的平江（今江苏苏州）建立了国都，割地称王。南面的徐寿辉则定都汉阳，建立了天完政权。北方还有刘福通、韩林儿占据潼关，建立了龙凤政权。而朱元璋的江南政权依然处于元军的包围之中，应天府危机四伏，城中之人惶惶不可终日，文武官员有的主张逃跑，有的主张开门投降，也有的主张分兵抗敌。

谋士朱升向朱元璋献上了一计，仅有九个字：高筑墙、广积粮、缓称王。“高筑墙”便是要加强军事防御建设，稳固后方；“广积粮”便是发展生产，加强经济实力，以应付长期的战争；“缓称王”便是要朱元璋讲求实效，不图虚名，不急于称王，以免树大招风，而成为众矢之的。

朱元璋积极采纳了朱升的建议，承认小明王韩林儿的宋政权，处处打着宋政权的旗号办事，因此，受到了刘福通红巾军的保护。同时，朱元璋在应天府大兴水利，恢复生产，并派遣徐达攻占了镇江等周边战略要地，将势力扩展到了苏、浙、皖、赣一带。

在消灭了位于东南部孤立的元军后，朱元璋便与各地的割据势力展开较量。朱元璋手下最有名的谋士叫刘基，他清楚地分析了当时的形势，认为张士诚只是个贪图享受的人，不可怕。而取徐寿辉而代之的陈友谅却野心惊人，令人感到非常危险。而且，如果先攻打张士诚，陈友谅必定会前来全力相救，势必就会造成两面受敌。因此，应该先消灭掉陈友谅，而后再征服张士诚。朱元璋听从了他的意见，决定先对付陈友谅。

陈友谅出生在沔阳的一个渔民家庭，小时候上过几年的私塾，在县衙里曾经做过文书，颇有心机。后来投奔了徐寿辉的起义军，在倪文俊的手下做文书，立下了汗马功劳，升为大将，并且最终杀死了倪文俊，占有了他的部队，成为天完政权中最有实力的人物。1359 年年底，陈友谅将徐寿辉从汉阳接到军中，把这个没有实权的皇帝控制在自己的手中。第二年五月，陈友谅用铁锤打死了徐寿辉，将国号改为汉，自己做了皇帝。之后，陈友谅偷袭应天府，被朱元璋打得大败，单是被俘虏的士兵就有两万多人。陈友谅非常不服气，回去之后，他下令几百艘大战船做好准备。这些战船，每艘都高达数丈，分上、中、下三层，里面有梯子相连，外面涂上红漆，非常雄伟。经过了充分的准备，陈友谅决定寻找机会，报应天之仇，消灭朱元璋。

1363 年三月，陈友谅听说朱元璋亲自率领大军到安丰去营救小明王，便立刻下令动员全军，亲自统率 60 万水陆大军沿长江而下。

陈友谅的大军首先将洪都（今江西南昌）包围，守卫洪都的是朱元璋的侄子朱文正，他按照朱元璋的嘱咐，坚守不出。陈友谅知道朱元璋将主力带到了安丰，洪都城里不会留有很多守军，因此便亲自督战，让士兵架起云梯，头戴竹帽拼死攻城。朱文正指挥着守军，用火炮、火铳、滚木、火箭、石头一次又一次打退了敌人。形势万分危急，朱文正一面派部将张子明赶到应天求援，一面派人到陈友谅军营中假装投降拖延时间。陈友谅信以为真，停止了攻城，结果到约好的时间，却没有看见朱文正的踪影，陈友谅气得咬牙切齿，下令继续攻城。

张子明赶到应天府向朱元璋报告了军情，朱元璋让他回去转告朱文正，只要坚守一个月，援兵就可以赶到。朱文正在艰苦的条件下，一直坚守了 85 天。

1363 年七月，朱元璋亲率 20 万水军到达湖口（今江西湖口），陈友谅听到这个消息，便把围攻洪都的军队撤下来，准备在鄱阳湖消灭朱元璋的主力。当时两支军队的力量差别很大，陈友谅有 60 万大军，战船几百艘。而朱元璋只有 20 万大军，战船都很小，根本没法跟陈友谅的大战船作战。朱元璋要想取胜，只能巧取，不能强攻。

朱元璋发现陈友谅的大战船都用铁链连在一起，活动起来非常不方便。他和部将研究了一番，决定利用火攻，就像赤壁之战孙刘联军火烧曹营一般。

七月二十一日，双方在鄱阳湖边的康郎山一带摆开阵势，朱元璋手下的海军大将俞通海乘风放火，烧毁了陈友谅 20 多艘大战船，给了陈友谅一个下马威。

七月二十二日，双方主力再次会战，陈友谅的士兵居高临下，打得非常顺手。而朱元璋的战船十分矮小，将士们必须要仰着头才能交锋。结果，朱元璋的军队伤亡很重，大败而归。此时，大将郭兴向朱元璋建议道："不是咱们的士兵胆小怕死，20 小船敌不过大船，必须火攻才可以取胜。"

朱元璋欣然接受了郭兴的建议，立刻命令大将常遇春、俞通海找来一批渔船，在里面装上芦苇、火药。到了中午的时候，忽然刮起了东北风，朱元璋马上下令点火。很快，这些渔船喷着火、顺着风冲向了陈友谅的战船，大战船因为被铁链连着动不了，一时间浓烟滚滚，烈火冲天。陈友谅的士兵被杀死大半，溺水者不计其数。陈友谅的弟弟陈友仁、陈友贵和许多将领也都被烧死了。

这一仗，陈友谅可谓是元气大伤，又打了两天，陈友谅损兵折将，不得不向湖口突围。而朱元璋在谋臣刘基的建议下，早在湖口一带布下了埋伏。

八月二十七日，陈友谅集中了残余的力量试图突围，立刻被朱元璋的火船团团围住。陈友谅指挥战船东冲西撞，始终冲不破包围圈。陈友谅着急了，便想看看到底发生了什么事，不料刚从船舱里露出脑袋，便被一支流箭射穿了眼睛，惨叫一声，死了。

鄱阳湖一战，陈友谅的 60 万水军被灭，一批大臣、将领投降了朱元璋，陈友谅的一个儿子也被俘虏。他手下的一个叫张定边的猛将得以逃生，用小船载着陈友谅的尸体和他的另一个儿子陈理逃回武昌。1364 年，朱元璋率军进攻武昌，彻底消灭了陈友谅势力。

消灭陈友谅后，朱元璋迅速挥兵向东，准备消灭张士诚。张士诚占据了南至绍兴（今浙江绍兴）、北至徐州、西至河南临汝、东连大海的大部郡县，都是非常富庶的地方。但是，张士诚最后投降了元廷，遭到了百姓和内部的强烈反对，根基逐渐不稳。

朱元璋根据张士诚占领地区南北狭长、中隔长江、南北兵力不便支援的弱点，命徐达、常遇春率领 20 万大军讨伐张士诚。首先攻下了湖州、嘉兴、杭州、绍兴等地，扫清了外围，对平江形成了三面包围之势。这时，张士诚的统治已经土崩瓦解，江苏昆山、崇明、嘉定、松江等地守军不战而降。张士诚独守平江孤城，还在做最后的挣扎。朱元璋的军队用弓弩、火铳和襄阳炮日夜攻击。一直围攻了 8 个月，张士诚军的很多将士投降。张士诚先后两次突围，都没有成功，最后被俘。

1367 年十月十八日，朱元璋在占据长江南北后，便召开军事会议，商议讨伐元朝的战略。常遇春主张直捣大都，他认为如今南方已经平定，兵力众多，以精锐部队消灭元军，绝对可以取胜。在攻下大都后，便可以破竹之势，长驱直入，其余的城池就可以不战而下。朱元璋认为这并不是万全之策。因为大都是元朝经营了近百年的都城，防御非常坚固。元军在北方依然军力雄厚，恐怕一时难以攻取大都。于是，朱元璋决定，先取山东，打开一条路，然后挥师河南，剪断元军的羽翼，然后占据潼关。

朱元璋命徐达为征讨大将军、常遇春为副将，率领 25 万大军，沿淮河、运河、黄河北上进取山东、河南。又命征戍将军邓愈率襄阳、江陵之兵北上南阳，分散牵制元军的兵力，策应主力西取潼关。同时，朱元璋颁布檄文，提出“驱逐匈奴，恢复中华”的口号，号召齐、鲁、河、洛、燕、秦、晋的官民迅速归附，并指出蒙古、色目人只要不抵抗，便将其与汉人一样对待。

朱元璋告诫将士，所到之处，恪守军纪，不杀人、不夺财、不扰民，还规定不能杀耕牛，不能掠夺百姓的妻女。这样一来，民心安定，北伐军在徐达、常遇春的带领下，仅用了三个月便平定了山东，接着又平定了河南、攻下潼关，最后集中兵力向大都推进。

北伐军势如破竹，直逼大都，元顺帝和皇家贵族逃往上都。北伐军迅速攻占了大都，历经 98 年的元朝灭亡了。

明朝时期

明朝的建立和巩固

1368 年，朱元璋在金陵（今江苏南京）称帝，建立明朝，年号洪武。1371 年，元顺帝在应昌（今内蒙古克什克腾旗达里诺尔西）去世，其爱酋识礼达腊即位，并率领残部退到漠北，史称北元。

北伐军在进军的同时，南征军也在汤和的带领下迅速消灭了方国珍、陈友定。之后的 10 年之间，山西、东北相继也被平定。朱元璋经过 20 年的南征北战，终于平定了各地的割据势力，除了北元割据漠北外，中国大部分地区逐渐实现了统一。

朱元璋依靠武力一统中国，开国之后，建立了一个庞大的官僚机构进行统治。他汲取元朝灭亡的经验，认为大明王朝若是要长治久安，便必须要独揽皇权。为了达到这一点，朱元璋开始对政治制度进行了一系列的改革，由此拉开了他刚猛治国的序幕。

朱元璋首先对政治体制进行了改革。1376 年，他下令废除中书省，设立承宣布政使司、提刑按察使司和都指挥使司，分别掌管行政、司法和军事。三者地位平等，共同向中央政府负责。到了 1382 年的时候，明朝全国共有浙江、江西、福建、北平、广西、四川、山东、广东、河南、陕西、湖广、山西、云南 13 个布政使司。布政使用权司的各级官员都是由中央直接委派，形成了从中央到地方的严密统治网络。

中书省被废除之后，朱元璋紧接着又大力改革监察机构。元朝中央的监察机构叫做御史台，朱元璋将其改为都察院，职能是纠察百官的错误。都察院下设置了13位监察御史，以一个布政司为一道，负责监察和检举各级官吏的不法行为。虽然监察御史只是一个七品官，但权力却非常大。朱元璋用这种以小制大、以内制外的方法来牵制各级官员。

在历史剧中，我们经常会听到“三司会审”这个词。所谓“三司”，便是“三法司”。朱元璋在中央设立了大理寺，这个机构专门负责对刑部、都察院、五军断事官审理的案件进行复审，大理寺、刑部、都察院合称为三法司。遇到大案便需要三司会审，三司的权力一分为三，互相牵制，大权不会落于任何一司之中。同时，朱元璋还废黜了丞相这一职务。不设丞相，六部直接向皇帝负责。也就是说，皇帝将皇权、相权全部掌控在了自己的手里。这样一来，皇帝便要处理更多的政务。朱元璋每天要看200多份奏章，处理400多件政事。皇权空前的高度集中，也使朱元璋成为了中国历史上最有权势的皇帝之一。即便如此，朱元璋依然对官员非常不放心，于是他又设立了锦衣卫这个特务组织。

锦衣卫是直接属于皇帝的亲军体系，长官为指挥使，下领官校。官为千户、百户，校为校尉力士，因为身着橘红色的衣服，骑着马，所以又称为“缇骑”。

从明朝初年的“缇骑”只有几百人，发展到明朝后期已经有10多万人。锦衣卫下设镇抚司，有监狱和法庭，直属于皇帝，权力很大，执掌侍卫、缉捕、刑狱等事务。这为明代后来的皇帝起了个坏头，形成了历史上著名的明代特务统治。

除此之外，朱元璋还非常重视军队的建设与官员的管理，并创立了卫所制度。明朝初年，全国的卫所、都指挥使司都由大都督府管。1380年，朱元璋在废除丞相制度的同时，还废除了大都督府，改立中、左、前、右、后五军都督府，将兵权一分为五。但朱元璋依然非常不放心，还规定五军都督只有统兵权，而没有调兵权。兵部有任免、训练权，但却没有统兵权。五军都督和兵部相互钳制，遇到战争决定权便在皇帝的手中。只有皇帝下令，兵部才能颁发调兵的命令，都督府的长官才能奉命作为将军率军出征。这项制度，使军队一直掌握在皇帝的手中，从军事上加强了皇权。

后世对朱元璋创立的一系列制度褒贬过半。但有一个事实是不能否定的，行政、监察、军事这三个方面统治机构的相互独立又相互钳制，使用权皇帝独揽了一切大权。朱元璋得天下不易，希望子孙后代能够固守。因此，他不允许任何人对他的统治和权力构成威胁，甚至那些被他认为会对其子孙的统治构成威胁的人，朱元璋也绝不手软，因此，造成了后来屡兴大狱和滥杀大臣的悲剧。

在朱元璋强权统治时期，出过非常有名的三件大案子，分别是“胡蓝案”“空印案”和“郭桓案”。这三个大案，导致很多原本跟随朱元璋夺取天下，建立明朝的开国功臣遭到了无辜的杀害。

明朝建立初期，朱元璋对丞相胡惟庸专权擅政、结党营私、骄横跋扈的行为非常不满，采取了种种措施制约他。1380 年正月，有人上书状告御史中丞涂节、商嵩和胡惟庸等勾结倭寇、北元，试图谋反。朱元璋当即命令羽林军将胡惟庸、涂节、商嵩抓捕，并以“枉法诬贤”“毒害政治”等罪名，将他们全部处死。胡惟庸等人死后，其谋反“罪状”陆续又遭到了揭发。朱元璋为了肃清“逆党”，受到株连而被错杀者多达 3 万余人。1390 年，又有人告发李善长曾和胡惟庸私通。于是，朱元璋又将李善长赐死，杀掉了他全家。而当时的李善长已经 77 岁了。李善长的死，又牵连到了吉安侯陆仲亨、延安侯唐胜宗、靖宁侯叶升等，他们也被杀害。

胡惟庸是定远人，元朝末年农民起义时候投奔了朱元璋，曾任元帅府奏差、宁国县主簿、知县。明朝建立后，被任命为中书省左丞相。他位高权重，曾经长期受到朱元璋的宠爱。胡惟庸大权在握，有些事情便不向朱元璋汇报，擅自处置，而且还随意任用和处罚官吏，有很多人奔走于他的门下。而胡惟庸勾结倭寇、北元意欲谋反，并没有充分的证据，应该属于捕风捉影，专权才是导致他丧命的真正原因。

3 年之后，太子妃的舅父、开国功臣常遇春的妻弟蓝玉又以谋反罪被杀，连坐被杀者多达 1.5 万人。

蓝玉也是定远人，在徐达、常遇春死后，蓝玉因为功勋卓著，被封为永昌侯，他的女儿被册封为蜀王妃。而蓝玉脾气狂暴，逐渐引起了朱元璋的不满，因此招来了杀身之祸。就在“蓝玉案”案发前一年，39 岁的太子朱标死了。他的死给了朱元璋非常大的打击。此时，朱标的儿子朱允炆才 15 岁，是没有能力来掌控朝廷大权的。朱元璋对此非常忧虑，于是，他决定诛杀权臣，为子孙铲除后患。

朱元璋不仅大开杀戒，屠杀有功之臣，同时还非常注意整顿吏治，因为他曾目睹吏治的腐败导致了元朝灭亡。朱元璋实行以猛治国的政策，即所谓的乱世用重典。在朱元璋大规模整治官僚腐败的过程中，发生了一起“空印案”。这桩案子与“胡惟庸案”“蓝玉案”，以及后来的“郭桓案”，合称为“洪武中四大案”。

“空印”便是空白盖印文书。按照明朝时期的规定，地方钱粮之数，县报于府，府报于布政司，布政司报户部，合数而定。每年各布政使司和府、州、县都得派官吏一同到京师，报告地方财政收支账目，会同户部官员一起来进行核计。由于政务支出、钱粮征纳、军费支付等项目繁多，难免会出现错误。钱谷数字若是有分毫不合，整个册子都要被驳回，重新填造。布政使司离京师远的有六七千里，近的也有 1000 里左右，重填册子还必须要盖上原衙门的印信，因为要这印信，来回的时间就得需要个把月甚至好几个月。为了避免户部挑剔，节省来回奔走的麻烦，地方上派到户部的官吏按照习惯都会带着事先预备好盖过印信的空白文册，遇到部驳便可以随时填用。这样的做法，户部官员也习以为常，成为众所周知的事情。

但是，偏偏朱元璋不知道这一点。 1382 年，当他发现这个公开秘密的时候，大发雷霆，严惩了他认为有干系的官员。 当时非常有名的好官方克勤也被牵连在内而死去。 方克勤的儿子便是后来因反对燕王朱棣篡位而被诛灭十族的“天下读书种子”方孝孺。

空印案牵连非常广，从尚书到守令，署空印书册的皆以欺君论死。 据统计，因此案株连杀戮、充军边地人数高达数百人，地方管理田粮的长吏几乎一杀而空。

紧接着便有人告发户部侍郎郭桓通舞弊，盗取官粮，从户部左右侍郎以下都被处死刑，追赃粮 700 万石，供词牵连到各布政使司官吏，被杀的又是高达数万人。 追赃牵连到全国各地的富豪，家破人亡者不计其数。

在整治官吏腐败的时候，朱元璋因为杀伐过重，某种意义上也整饬了吏治。 然而，凡事都具有两面性，朱元璋的刚猛治国，虽然强化了中央集权，但是朝中大臣人人自危，政治气氛非常沉重。 他死之后，给皇孙朱允炆留下了一个局势严峻的大明王朝。

建文削藩

朱元璋死后，21 岁的朱允炆继承了朱元璋开创的天下，改年号为建文，即明惠宗（亦称建文帝、明惠帝）。 这个年轻的君主刚刚即位，便面临着两个难题：一个是朱元璋时期严峻的政治氛围；二是在朱元璋时期，为巩固朱姓天下而大封的同姓王。

洪武三年（1370 年），分封第一批皇子 9 人为王。 洪武十一年（1378 年），分封第二批皇子 5 人为王。 洪武二十年（1391 年），分封第三批皇子 10 人为王。 从此，朱元璋所有的儿子都被封王。 诸王驻守在各地的军事、经济重镇。 其中有九位分别镇守西起甘肃、东至辽东的广阔地域，称为九边，具有非常雄厚的势力。尤其是驻守北京的燕王朱棣最有权势，他招兵买马，铸钱养民，手里掌控着强大的军事力量。

建文帝朱允炆决定面对并解决这两大难题。

朱元璋利用武力夺得了天下，朱允炆确定新年号为“建文”，与祖父朱元璋的“洪武”形成了鲜明的对比，由此可见建文帝治国方略的改变，他要以“文”治国。因此，建文帝一上台便将六部尚书升为正一品，大开科举考试，并下诏要求荐举优通文学之士，授予官职。因为建文帝所依赖的大臣多为文人，所以人称新朝廷为“秀才朝廷”。被委以重任的大臣几乎都是饱读诗书的才子，文人获得了比以前更高的政治地位，再也不用担心像洪武朝那样动辄以一言获罪的情况，因此他们的胆量也变得更大了，对朝政敢于表达自己的意见，对建文帝忠心耿耿。

在组建了新的朝廷后，建文帝下诏全国行宽政、平反冤狱。洪武时期的一些冤假错案得到了纠正，一批无辜的官吏得以释放，被发配远方的人也回到了家乡。据记载，建文朝监狱里的罪犯比洪武朝减少了三分之二。此外，建文帝还修正了《大明律》中量刑较重的部分律法。同时，他还进行了一系列的改革，以纠正当时的弊病。其中“宽刑省狱”和“减轻赋税”便是建文帝实施的两项重大措施。

1399 正月，建文帝下令减轻江浙地区的田赋。明朝初年以来，江浙地区的田赋明显重于其他地方，这是因为朱元璋憎恨江浙地区的豪绅当年依附张士诚而采取的惩治措施。另外，朱元璋特意规定江浙人不可以担任户部的职位，目的在于防止江浙人偏袒家乡。建文帝则认为江浙重赋只能是用在一时，不应该形成定制，既然田赋减轻了，浙东人自然也可以担任户部的官职。他还针对寺庙侵占民田的情况，下令僧道每人占田不能超过 5 亩，多余的要退给官府，最后再分给百姓。

然而，建文帝在安定的环境中成长，接受的是儒家学说的熏陶，却缺少对世俗的了解，而且他重用提拔的也是读书人，因此改革中难免带有理想主义色彩。他接受方孝孺的建议，甚至要恢复西周时期的井田制度。并且还使用一些《周礼》中的官名，依古制改革某些官职。因此，在这一方面，建文帝的改革是非常没有意义的。另一方面，各藩王拥兵自重，盘踞一方的形势成为建文帝心腹大患，使他常常难以入眠。终于，他想出了很多的办法。首先，建文帝借周王（燕王朱棣的亲弟弟）谋反的名义，削除了周王的爵位，把他贬为庶人，发配云南。其次，在审理周王谋反案时，另外一些亲王，如湘王、代王等也都被牵扯进来，建文帝对他们或废或立，不到一年的时间，就先后废除了五个藩王的爵位。

见到这种情况，燕王朱棣为了躲避灾难，装疯卖傻，但他并没有因此而幸免。不久之后，建文帝下了一道圣旨，剥夺了朱棣的爵位，并下令逮捕朱棣手下的官吏，还派遣大军向朱棣居住的北平进发。朱棣也急忙召集自己手下的将官迎战，一场宫廷内战在所难免。

靖难之变

洪武三十一年（1398 年）六月，建文帝开始实行削藩，首先废除了与燕王同母所生的弟弟周王的王位，将他贬为平民，发配到遥远的云南。在这之后的一年内，建文帝又相继废除了代王、岷王、湘王、齐王的爵位。燕王知道，自己也是早晚的事，因此他积极备战。

燕王朱棣也确实有夺取皇位和天下的野心，不但有心，而且还非常有实力。他手下兵多将广，武器精良。最为厉害的是，他还有个足智多谋的高僧兼能臣姚广孝，为他出谋划策。

在明太祖朱元璋周年祭的时候，朱棣的三个儿子朱高炽、朱高煦、朱高燧一起到南京参加典礼，尚未返回北平。考虑到儿子的安全，朱棣不敢轻举妄动。他写信给建文帝，以自己生病为由，请求放还儿子。建文帝的谋臣黄子澄认为，如果放还燕王的三个儿子，可以消除燕王的疑心，而后出其不意一举擒获。建文帝听从了黄子澄的建议。

燕王没想到儿子能如此顺利地返回北平，喜出望外，认为这是上天的庇佑。很显然，建文帝的决定是错误的，他的这一举动，并没有消除燕王的野心，反而使燕王再也没有了后顾之忧。

1398 年十一月，建文帝派遣工部侍郎赵昺任北平布政使司，谢贵、张信掌管都指挥使司，控制燕地兵权，监督燕王行动。

1399 年三月，燕王府小官倪谅告发燕王府将领于谅、周铎，两人被押解到南京正法，建文帝下旨斥责燕王不法。朱棣为了掩人耳目，假装得了疯病，在大庭广众屡屡出丑，但这一招没有取得预期的效果，由于燕王府长史葛诚告密，赵昺等人了解了全部内幕，建文帝决定抢在燕王之前动手。就是在这关键时刻，张信投向燕王，泄露了朝廷的全部计划。

同年七月，燕王借口身体康复，大宴宾客。这次宴会，可以说是明代的一场“鸿门宴”。席间燕王将赵昺、谢贵以及告密的卢振、葛诚等人全部擒杀。整整用了 3 天的时间，燕王朱棣才控制了北平城的局势。接着，他又以清除皇帝身边的奸臣齐泰、黄子澄为由，打出“靖难”（即“平定祸乱”之意）的旗号，废除建文帝的年号，续称洪武三十二年，设立完备的中央机构。从这个时候，“靖难之役”正式开始。

七月二十四日，建文帝以“伐燕”诏告天下，将军务全权托于齐泰和黄子澄。这里需要说明一点，由于明太祖朱元璋大肆杀戮功臣，中央军事力量已经大为削弱。因此，建文帝“伐燕”战争一开始便节节败退。虽然战场上硝烟弥漫，建文帝却依然醉心于和老师方孝孺探讨周代礼制，按《周礼》更改官职，搞得朝廷上下鸡犬不宁。所以，建文帝的失败似乎早已注定了。

经过 4 年的战争，燕王朱棣理所当然地取得了全面胜利。他进入南京城的皇宫后，建文帝却不知去向。如果建文帝已死，必有陵墓。朱棣也曾做祭奠建文帝的表面文章，可是后人都不知道建文帝的陵墓在哪里，连明代皇帝也搞不清楚，明朝末年崇祯皇帝曾说过这样一句话："建文无陵，从何处祭奠？"

关于建文帝失踪这件事，后世主要有"焚死说"和"逃亡说"两种，民间和野史更注重于第二种说法。在民间的传言中，在许多地方都有建文帝的踪迹与传说。有的说建文帝先是逃到了云贵地区，后来又辗转到了南洋一带，直到现在，云南大理仍然有许多人以建文帝为始祖。当然，民间的说法多少反映出百姓对建文帝的悲悯。

因此，这两种说法都不是最终答案。建文帝的失踪也成为中国历史上的一个未解之谜。

明成祖巩固统治

"靖难之役"后，燕王朱棣即位，是为明成祖，年号永乐。朱棣继续执行巩固专制主义中央集权的政策。他在恢复诸王爵禄后，暗中便开始"削藩"。他先将边塞诸王全部迁回内地，减少诸王的护卫，同时收回诸王、将帅、卫所军的节制指挥权。朱棣同时重申不许诸王擅役军民吏士的禁令，不许过问地方政事，对犯有过失的诸王，先给予教诲，然后再重罚，最后或贬为庶人或加以惩治。这一策略的实施严重削弱了各个藩王的势力，军政大权得以掌控。明成祖于永乐十九年（1421 年）正月初一正式迁都北京，这不仅巩固了北部边防，还有效地控制了东北地区。

明朝迁都北京是由于北京一直是燕王封守之地，朱棣即皇位后于永乐十四年（1416 年）十一月命群臣商议营建工程事务。永乐十八年（1420 年），北京宫殿建成。永乐十九年（1421 年）正月初一，正式迁都北京。明北京城由紫禁城、皇城、京城、外城组成，紫禁城内的宫殿有精致的木雕、石雕、彩画和金光灿烂的琉璃瓦顶，集中了当时全国最优秀的匠师设计。它是我国保存得最完整、规模最宏大的帝王宫殿群。皇城的正门名承天门，气势恢宏，门前的宫廷广场上，点缀着汉白玉石桥、华表和石狮，增添了皇城的庄严端重气氛。京城周围 20 千米，有 9 座城门。一条中轴线贯穿南北，两边街道和重要建筑左右对称。其间店铺林立，商业繁荣。后来京城南边还加筑了手工业和商业区，是最繁华的街市，称为外城。

京杭大运河，纵贯河北、山东、江苏、浙江四省。尽管历代王朝都曾疏通，但有些地段由于地势较高，水源不足，运河全线没有真正通航过。永乐九年（1411 年），明成祖采纳济宁知府潘叔正的建议，变海运为漕运，征发民工 30 万人，重新疏通会通河，于永乐十年（1412 年）竣工，到永乐十三年（1415 年）漕粮完全代替海运。这是明初的一项重大建设，极大地促进了当时的经济发展。

元顺帝北逃后不久，蒙古族分裂成为瓦剌和鞑靼两部。瓦剌和鞑靼经常南下侵扰明朝，严重威胁到明朝西部和北部的安全。于是，明成祖先后五次御驾亲征，深入漠北，攻打瓦剌和鞑靼。

永乐八年（1410 年），明成祖亲率大军北征鞑靼。在斡难河（今鄂嫩河）击败鞑靼首领木里雅失，鞑靼称臣，明军胜利还师。永乐十二年（1414 年），成祖第二次亲征，重创瓦剌军。永乐二十年（1422 年），因鞑靼首领阿鲁台扰边，成祖第三次北征。阿鲁台远逃，成祖大败阿鲁台之羽翼兀良哈部，班师而回。永乐二十一年（1423 年），阿鲁台再次扰边，成祖第四次亲征，阿鲁台部众阿失帖木儿和鞑靼王子也先土干率部众归降。永乐二十二年（1424 年），阿鲁台侵犯大同，成祖第五次亲征。阿鲁台远逃，成祖遂下令班师，班师途中病死于榆木川（今内蒙古多伦西北）。

明成祖五次亲征，有力地打击了蒙古部族对明朝的破坏和侵扰，促进了社会的稳定和发展。

郑和下西洋

永乐年间，明朝政府还组织了一次史无前例的壮举，这便是郑和下西洋。郑和，本姓马，名三保，又称“三宝太监”，回族，昆阳（今云南晋宁）人。郑和时代信奉伊斯兰教（回教），他的祖父和父亲都是虔诚的教徒，曾去过天方（指麦加）圣地。

1381 年，明太祖朱元璋在平定四川以后，派大将傅友德、蓝玉、沐英等率领 2 万大军进入云南，打败了盘踞在云南的元梁王，11 岁的马三保被掳入傅友德军中。从此，他随傅友德军到过南京、北平，并从征于塞外。1390 年，傅友德受燕王朱棣节制后，马三保因身强力壮又聪明能干，被燕王召入藩邸为宦官。燕王朱棣起兵夺取皇位的“靖难之役”，郑和一直伴随在燕王身边传达命令，多次参加过激烈战斗，战功卓著。燕王即位后，马三保因“阉从有功”升为太监，赐他姓名为郑和。郑和之所以被称为“三宝太监”，同他信佛教有关，他曾经在僧道衍（姚广孝）的影响下受菩萨戒，成为佛门弟子。

明成祖即位后，国内经济迅速发展，国力强盛。明成祖为了宣扬国威，“锐意通四夷”，并探察建文帝的下落，便任命郑和为钦差总兵太监，通使西洋。在下西洋之前，明成祖做好了充分的准备。首先是建造海船，命福建都司造海船 137 艘，南京卫造海船 50 艘，浙江都司造海船 1200 百艘。这些船只庞大，最大的长 44 丈，宽 18 丈，可乘千余人。当时，也只有中国才能建造出这么大的船只。这些大船都是郑和安全远航的可靠保证。在航海技术上，也采用当时先进的技术。航海人员除凭借经验，夜间看星斗、白天看太阳以观测方位外，阴雨天则依指南针来端正航向。而且其所使用的磁性罗盘针已经非常精确，有24个方位，它对航海起到了非常大的作用。另外还采用侧度航程的方法，就是将一昼夜顺风的行程分为十更，一更行程多少里，从一地到另一地航行了多少更，便可知总共多少里。其次，明成祖还为郑和组织起人才齐全的出使队伍，从全国各地选择了一批通晓阿拉伯语的人员如马欢、费信、巩珍、哈三、郭崇礼等人先后随从，还派都指挥、指挥、千户、百户和旗校、勇士、力士等大批将士，负责军需供应的户部郎中，懂天文的阴阳官，管医治疾病的医官和医士，以及民艄（船工）、买力（采购人员）、书手（文书）等，共计2.7万余人随行。最后，明朝政府准备了大批的粮食，大量的绸缎、丝、布匹、瓷器、书籍、金银、铜、铁器、钱财，以及其他生活用品，为郑和下西洋提供了充分的物质条件。

从1405年开始，郑和连续七次出使西洋。郑和的船队一般都是从江苏刘家港出发，先到福建五虎门，由五虎门南下占城（今越南南部），再由占城到满剌加（今马来西亚）、爪哇（今印度尼西亚）等，穿越马六甲海峡继续往西行驶。当时的船只都是帆船，需借助风力，所以郑和出使时都是在冬季或早春，以便借助于东北季风。郑和回国时都是在夏季，以便借助于西南季风。郑和前三次出使的终点都是印度半岛南端的古里（今印度卡利库特）。从第四次以后，才越过印度半岛南端，到达波斯湾沿岸，并与阿拉伯半岛诸国和非洲东岸的一些国家发生了交往。起初，郑和船队是沿海岸线航行，后来，郑和的船队便由印度半岛南端横渡印度洋，一直到达红海口和非洲东岸诸国。

郑和七次下西洋一共到过30多个国家和地区，并与这些国家建立了友好关系，吕宋（今菲律宾）、马来西亚等国的国王都曾亲自来华访问。至今印度尼西亚仍有三宝垄、泰国有三宝港等地名，这反映了东南亚各国人民和华侨对郑和的怀念和爱戴，南洋华侨至今仍尊称郑和为“三宝公”。

郑和每到达一个地方，首先是开读明成祖对各国国王和当地头目的诏谕，以宣扬中国皇帝皇恩浩荡，邀请他们到中国朝贡。接着对国王进行一番赏赐，赐物主要是金银和文绮、彩绢等物，惠及到王妃和大臣。诸国君长自然也要有一番奉献。这些官方活动结束后，再与当地进行一些货物交易，换回一些宫廷必需之物。

郑和在海外也使用过两次武力。一次是在旧港（即三佛齐，今苏门答腊岛上的巨港），当地有一个头目是华侨陈祖义，原来是广东潮州（今潮安）的一个恶霸，后来窃据为旧港酋长之一。他在当地称王称霸，还公然在海面上聚众抢劫来往船只，经常谋财害命，过往旅客和附近人民对他恨之入骨。1407 年，陈祖义得知郑和的宝船要来旧港，想到船上的珍宝一定不少，心中暗暗兴奋，企图借此发一笔横财，于是便暗中策划劫掠。另一个爱国华侨广东人施进卿，平日里非常不满陈祖义，当郑和船队到来后，他立即把陈祖义的密谋报告了郑和。郑和起初还想争取陈祖义改邪归正，向他宣读了明朝皇帝的国书，同时也做好了充分的防卫准备。陈祖义白日里表示友好，夜里便动手偷袭，结果被活捉，带回国内。后来被明成祖下令杀掉。

另一次是在锡兰（今斯里兰卡）。当时锡兰国王叫亚烈苦奈儿，据历史著作所说，他“不敬佛法，暴虐凶悖，靡恤国人”。他对郑和使团采取了非常不友好的态度，令其子纳颜图谋引诱郑和一行离开宝船，俘虏他们，借以勒取赎金，同时发兵 5 万到海边，去抢劫明朝宝船。这一毒计在富有外交和军事经验的郑和面前破产了。郑和不仅机智地避开了他们的偷袭，而且带领随行的将士包围了锡兰王宫，俘虏了亚烈苦奈儿，把他送交明朝朝廷处理，后来朝廷又派人将他送回了锡兰。此后，中、锡两国重归于好，锡兰使者经常到中国朝贡，那里再也没有发生过劫掠郑和船队的事。

明成祖还让郑和在海外排解邻国纠纷。郑和第二次出使时，明成祖特意让郑和去救助暹罗（今泰国），并嘱咐他要与占城、满刺加等邻国搞好睦邻关系，不可恃强凌弱。原来，占城的贡使回国之后，因遇大风而漂至彭亨，被暹罗扣留。明成祖赐给满剌加和苏门答腊的印诰也被暹罗强行抢去，两个国家都来向明成祖控告暹罗强横无理。郑和到暹罗开读了明成祖给国王的敕谕后，暹罗马上遣使来到中国，“贡方物，谢前罪”，遣还占城贡使，送还满剌加和苏门答腊的印诰，使这一带恢复了安宁与和平。像这种为邻国排解纠纷之事，明成祖还让郑和做过很多次，郑和还不时代表明成祖对当地国王进行册封。第一次出使的时候，封古里的酋长沙米的喜为国王，第二次出使时，郑和又把代表国王身份的诰命、银印亲手赐予国王。

郑和下西洋是世界航海史上空前的壮举，它比西方“地理大发现”时期的哥伦布、麦哲伦、达·伽马等人的航海要早半个多世纪，为中国和亚非各国的友好关系做出了巨大的贡献。

土木堡之战

明成祖从他侄儿朱允炆手里夺得了帝位，怕大臣不服他的管制，便特别信任身边的宦官。这样一来，宦官的权力便逐渐壮大起来。到了明宣宗的时候，连皇帝批阅奏章也要交给宦官代笔，宦官的权力更大了。

有一年，皇宫要招收一批太监。蔚州（今河北蔚县）人王振年轻的时候曾读过一些书，参加几次科举考试都名落孙山，便在县里当了教官。后来因为犯罪该判充军，听说皇宫招太监，就自愿进了宫，从而充了罪罚。皇宫里识字的太监不多，王振精通文字，所以大家都叫他王先生。后来，明宣宗让他去教太子朱祁镇读书。朱祁镇年幼贪玩，王振便想出各种各样的法子让他玩得高兴。

宣宗死的时候，朱祁镇只有9岁，朝臣有人欲立襄王为帝。在大学士杨士奇、杨荣等人力争下，最终使朱祁镇于正月初十即皇位，是为明英宗，第二年改正统元年（1436 年）。 二月的时候，尊皇太后为太皇太后。 太皇太后主持军政大事，下令停办所有不急之务，勉励幼小的皇帝好学上进。

这一做法使仁宣时期政治较好的状况得以延续，“海内富庶，朝野清晏”“纲纪未弛”。 同时，杨士奇、杨荣、杨溥等元老重臣依然在朝中发挥重大作用。 他们遵从宣宗遗嘱，在太皇太后的领导下尽心竭力地辅佐幼主，对稳定明王朝政局、保持良好的局面，起到了非常重要的作用。

当时，侍奉朱祁镇读书的太监就是王振，他善于迎合朱祁镇的心理，深受朱祁镇赏识。 朱祁镇即位后不久，王振便当上了司礼监太监，帮助明英宗批阅奏章。 明英宗年少贪玩，不顾政事，王振趁机掌握了朝廷军政大权。 朝廷大员谁要是敢顶撞王振，不是被撤职，就是被充军发配。 一些王公贵戚都讨王振的好，称呼他“翁父”，王振的权势如日中天。

这个时候，北方的蒙古族瓦剌部已经强大起来。1449 年，瓦剌首领也先派遣3000 多名使者到北京进贡马匹，要求赏金。 王振发现也先谎报人数，而且还将进贡的马匹减少了，于是便削减了赏金。 也先又为他的儿子向明朝求婚，也被王振拒绝。

这样一来，也先被激怒了，他率领瓦剌骑兵进攻大同。 镇守大同的明将出兵抵抗，被瓦剌军打得四处溃散。

边境的官员赶忙向朝廷告急，明英宗召集大臣商量对策。 大同离王振家乡蔚州不远，王振在蔚州拥有大批田产，他怕家产受损失，竭力主张英宗带兵亲征。 兵部尚书邝埜（埜同野）和侍郎于谦认为朝廷准备非常不充分，不能亲征。 明英宗是个没主见的人，对王振言听计从，因此不顾大臣劝谏，便冒失地决定亲征。

明英宗叫他弟弟郕王朱祁钰和于谦留守北京，自己带着王振、邝埜等官员 100 多人，率领 50 万大军从北京出发，浩浩荡荡向大同开去。

不久之后，明军的前锋在大同城边被瓦剌军打得全军覆没，各路明军也纷纷溃退下来。明军退到土木堡（今河北怀来东）的时候，太阳刚刚下山，有人劝谏英宗趁天没黑，再赶一阵，进了怀来城（今河北怀来）再休息，即使瓦剌军来了，也可以坚守。可是王振却想着落在后面装运他家财产的几千辆车子，硬要大军在土木堡停下来。土木堡名称叫作堡，其实没有什么城堡可守。不久，明军便遭到了瓦剌军的伏击。明军毫无斗志，丢盔弃甲，四散溃逃。瓦剌军紧紧追赶，被杀和被乱兵踩死的明军不计其数，邝埜在混乱中也被杀死，祸国殃民的奸贼王振也被禁军将领樊忠一铁锤砸死。明英宗做了俘虏。历史上将这次事件称作"土木之变"。

经此一战，明军死伤数十万，文武官员也死伤 50 多人。英宗被俘的消息传来，京城大乱。廷臣为应急，联合奏请皇太后立郕王朱祁钰即皇帝位。皇太后同意众议，但郕王却推辞不就。文武大臣及太皇太后正在左右为难之时，英宗秘密派遣使者到来，传口谕命郕王速即帝位。郕王于九月初六登基，是为景帝，以第二年为景泰元年（1450 年），奉英宗为太上皇。瓦剌自从俘虏了明英宗，便大举入侵中原，并以送太上皇为名，令明朝各边关开启城门，乘机攻占城池。十月，攻陷白羊口、紫荆关、居庸关，直逼北京。

保卫北京

土木堡之战，明军惨败。蒙古瓦剌军俘虏了御驾亲征的明英宗朱祁镇，将他作为人质，不断袭扰明朝边境，以送明英宗为借口，大举进犯。企图从东、北、西三面分进合击，一举攻占北京。

当土木堡之战惨败的消息传到京城后，朝廷上下哭声一片，十分惊慌，群臣商议防守之策。有些大臣主张放弃北京，迁都南逃，这个提议遭到兵部侍郎于谦的强烈反对。他认为，京师是天下的根本，一旦迁都，大势去矣，谁不知道宋朝南渡的后果，应该赶快调集勤王之师，誓死保卫北京。群臣大多数都赞成于谦的意见，但太皇太后依然犹豫不决，太监李永昌给她讲述了北宋南迁的历史教训，太皇太后这才下定决心固守北京，并任命于谦为兵部尚书，部署保卫北京事宜。于谦等人针对当时的危急局面，采取了五大措施。

1. 诛除宦党，平息众怒。造成土木堡惨败的罪魁祸首王振全家被诛杀，他的党羽郭敬、彭德清也都被满门抄斩。这个措施，打击了宦官嚣张的气焰，平息了众怒，初步稳定了内部局势。

2. 拥立景帝，稳定政局。英宗御驾亲征之前，让弟弟朱祁钰监国，但朱祁钰不敢决断。瓦剌军挟持英宗，以皇帝的名义号令各地守将开关投降，这对明军抗击瓦剌的进攻非常不利。于是，于谦等文武大臣拥立朱祁钰即位，为明景帝。这一举措，使瓦剌“挟天子以令诸侯”的诡计失败，同时也统一了朝政号令，使动乱的局面日渐稳定。

3. 举贤授能，调兵筹饷。朱祁钰下令，派兵到土木堡收集明军丢弃的头盔9000多顶、甲5000多件、火枪1.5万余杆，火铣两万余支，火箭44万枚，大炮800门，使明军的实力迅速得到了加强，京营各军同时也扩充到22万人。

4. 增戍关隘，牵制瓦剌军。明朝廷加强了大同、宣府、居庸关和紫荆关的防御，给北京保卫战的准备工作争取了足够的时间。

5. 列阵九门，严守京师。于谦升任兵部尚书以后，扩充军队，调整部署，推荐都督石亨总领京营兵马，日夜操练，以加强战备。

1149年十月十一日，瓦剌军骑兵直扑北京城下，列阵西直门外。此时，英宗朱祁镇便被关押在德胜门外的一处空宅中，家国近在咫尺，他却回不了家。就在当天，明军都督高礼、毛福寿在彰义门北袭击瓦剌军，杀敌数百人。瓦剌军首领也先看到明军阵容严整，不敢贸然进攻，便以送还英宗朱祁镇为借口，诱骗明廷派大臣来迎接英宗。并坚持要求派于谦、石亨等人来谈判，企图扣留明朝主战的将帅。于谦粉碎了也先的阴谋，使景帝下定了战斗的决心。

十三日，瓦剌军乘大风雨的天气，进攻德胜门。于谦下令石亨在城外民居内设置伏兵，派少数骑兵佯败诱敌。也先以1万骑兵紧追不舍，待瓦剌军逼近，明军神机营的火铳、火炮齐发，同时，石亨率伏兵杀出，前后夹击。明军的副总兵范广非常骁勇善战，他一马当先，冲入敌阵，部下将士都跟随他杀了出去。瓦剌军大败于城下，死伤无数。也先的弟弟，素有“铁元帅”之称的平章勃罗卯那孩也被大炮击毙。瓦剌军转攻西直门，明军都督率军迎击，瓦剌军向北败退，孙镗率军追击，瓦剌军增援反扑，孙镗军拼力血战。明军高礼、毛福寿等率兵从南面助战，石亨也率军从北面赶到，瓦剌军三面被夹击，向西南方向逃去。

十四日，瓦剌军又开始大举进攻彰义门。于谦令都督毛福寿等把京城外的西南街巷堵塞，在要道上埋伏火铳、短枪，又派副总兵武兴、都督王敬等迎战于彰义门外。明军前队用火铳轰击，后队用弓弩射击，把瓦剌军击退。此时，景帝朱祁钰派遣监军太监率领数百骑兵企图抢立军功，使明军的阵势陷入了混乱，副总兵武兴中箭而死，瓦剌军乘势反扑。危急时刻，居民纷纷登上屋顶，投掷砖石，配合明军打击瓦剌军，高礼、毛福寿等也率援军赶到，再次击退了瓦剌军的进攻。

也先率领瓦剌军进攻北京各门处处遭到失败，中路军在居庸关的进攻也遭到了失败。他获悉明朝的各路援军即将到达，唯恐归路被断绝，在十五日的时候，亲自率军挟持英宗朱祁镇，由良乡（今北京房山东北）向紫荆关方向撤退。

于谦发现也先率军撤退，立即下令石亨集中火炮轰击也先军营，击毙击伤瓦剌军数万余人。瓦剌军撤退时又四处烧抢掠夺。明军分路追击，瓦剌各路大军败逃。十月十七日，也先率军撤出紫荆关，不久之后又退往塞外。至此，明军取得了北京保卫战的胜利。

夺门之变

北京保卫战胜利以后，在于谦的整顿下，明朝加强了边疆和京师的防御力量，使也先的蒙古瓦剌军无机可乘。1450 年八月，为了恢复与明朝的贸易交往，也先将明英宗朱祁镇送回北京。英宗到了北京以后，明景帝朱祁钰举行了非常简单的迎接仪式，在一番谦让后，朱祁钰仍居帝位，尊奉朱祁镇为太上皇。举行完授受帝位的仪式后，景帝将朱祁镇送往南宫，实际上就是幽禁。

英宗被幽禁的地方，又被称为延安宫、崇质殿，因为在紫禁城东南角，所以习惯上称为南宫。景帝担心英宗复辟，便加强了对南宫的防范，派重兵日夜看守，日常饮食都是从一个小窗口送进去。同时，景帝还有另一件事要办，那便是更换太子。土木堡之变后，景帝在国家危难之时，登上了帝位，就在他即位时，太皇太后孙氏下懿旨，立英宗的长子朱见浚为皇太子。按照明代皇位继承的程序，英宗长子朱见浚是合法的第一人选，然而当时朱见浚才两周岁，国难当头，拥立朱祁钰为帝实在是特殊情况下的一种权宜之策。那么，同时册立英宗的长子而非景帝的长子为皇太子，就保证了皇位正常的继承顺序。但是，这个做法却引来了后面的一场动乱。

景帝幽禁了英宗，自然想将皇位传于自己的儿子。但是，要废掉太子朱见浚，却不是一件很容易的事情。因为年纪尚幼的朱见浚并没有什么过错，朝臣不会同意，孙太后自然也不会答应。这时，太监王诚、舒良便为景帝献计，建议他笼络朝廷大臣，让他们支持更换太子。景帝依计行事，加封大臣王文、杨善等人为太子太保，又给内阁大学士每人黄金 50 两、白银 100 两。这些大臣欣然接受了赏赐，这表明他们愿意支持景帝。就在这个时候，广西一个名叫黄弘的官员，因为谋夺知府一职而杀了广西思明府知府。案发之后，黄弘被捕。为了自救，黄弘给景帝上了一份奏章，请求易立东宫太子。景帝一见奏章，非常高兴，便下令放掉了黄弘，并将黄弘的这份奏章发给群臣看，朝中之人没有人敢反对。王文、杨善等人先后署名同意。最后，1452 年五月，景帝册立自己的儿子朱见深为皇太子，改立朱见浚为沂王。

一切看来似乎非常顺利，可是仅仅过了一年半，就在 1453 年十一月，意外发生，皇太子朱见深突然病故。而此时的景帝又没有其他的儿子可立。又过了一年半，御史钟同上书，请求复立朱见浚为太子。没过几天，礼部郎中章纶也上书支持钟同，说太子朱见浚是名正言顺的皇位继承人，同时他还指责景帝对英宗过于冷落。景帝见到这份奏章后非常愤怒，立即下诏抓捕钟同和章纶。钟、章二人被捕后，锦衣卫的校尉动用了各种酷刑，逼他们说出幕后指使者。结果，钟、章二人竟然被活活打死。

1457 年正月，景帝病重。都督石亨、副都御史徐有贞和左都御史杨善趁机发动政变，密谋拥立幽禁在南宫的英宗复辟。徐有贞原名徐理，北京保卫战之前，他曾提议南迁，遭到于谦的痛斥，因此视于谦为仇人。几年来，他多方经营，终于爬上了高位。左都御史杨善当年是迎接太上皇的专使，对朱祁镇复归北京立有大功。对他的功劳，满朝文武交口称赞，唯有景帝朱祁钰非常不满，认为杨善的行动超出了自己交给他的使命，因此对他赏赐非常少，杨善因此也非常不满。而石亨原本是因罪被削职的，由于于谦的举荐才被重用，当上了都督。为了感谢于谦，他上书举荐于谦之子于冕为千户，但遭到了于谦的严词拒绝。石亨恼羞成怒，从此对于谦怀恨在心。而于谦等人主张复立朱见浚。于是，石亨、徐有贞和杨善因为共同的仇恨，便联合起来。利用朱氏兄弟的尖锐矛盾，发动了一场扶持朱祁镇复辟的闹剧。

1457 年正月十六日夜，徐有贞、石亨等人率兵来到南宫，捣毁宫墙，破门而入，一齐跪在英宗面前，请求英宗复辟，并将英宗搀扶进入东华门。到了奉天殿的时候，已经快到凌晨了，群臣都在等着上朝。此时殿门大开，徐有贞当众宣布，太上皇复辟，群臣先是惊讶，随即入殿朝贺。

英宗重登帝位后，第二天便下诏逮捕了兵部尚书于谦、大学士王文、司礼监太监王诚、舒良等人，将他们全部关进了锦衣卫的大狱中，徐有贞则因有功被擢升为兵部尚书。

大受宠信的徐有贞趁机陷害于谦，以“谋反”罪名将于谦杀害。于谦的家属则被发配到边疆充军。此后，石亨、徐有贞等人又将曾被于谦重用的一些官员杀害或贬官。这次事件便是历史上著名“南宫复辟”。

荒淫无道的明武宗

英宗复辟重登皇位后，立儿子朱见浚为太子，朱见浚后改名朱见深。英宗死后，朱见深即位，是为明宪宗。

宪宗死后，其子朱祐樘即位，也就是明孝宗。明孝宗在位的时候，勤于政事，励精图治，驱除宫内奸臣，任用王恕、刘大夏等为人正直的贤臣，使明朝再度中兴，史称“弘治中兴”，可惜英年早逝，36 岁的时候孝宗便病死了。

明孝宗临终之前，曾召见内阁大学士刘健、李东阳、谢迁等人，让他们用心辅佐年幼的太子朱厚照。第二天，孝宗又召见太子，嘱咐他要遵守祖训，任用贤能的大臣，依靠老臣，用心治国。嘱咐完毕后，当天中午，孝宗便去世了。

1505 年正月十八日，太子朱厚照即位，是为明武宗。武宗即位后，并未遵照孝宗的遗嘱，虽然他给刘健等大臣加官晋爵，但是却没有意向重用他们来治国理政，而是宠信自己做太子时的宦官刘瑾等人。当时，刘瑾掌管着钟鼓司，这个官职是负责皇帝出朝时的钟、鼓及各样演出、各种体育活动。武宗还是太子的时候，刘瑾等人为了巴结日后的皇帝，每天都进献一些奇特的玩具。当时的东宫被人们戏称为百戏场。武宗自幼便沉溺其中，学业和以后的政事自然也就荒废了。

刘瑾与宦官马永成、高凤、罗祥、魏彬、丘聚、谷大用、张永等，都因为曾在东宫侍奉过武宗，因此深得武宗宠信，他们欺上瞒下，飞扬跋扈，时称“八虎”。

在这“八虎”之中，以刘瑾最为凶狠狡诈，为“八虎”之首。他非常欣赏英宗时期的宦官王振，认为王振善于揣摩皇上的心理。于是，刘瑾经常弄来些鹰犬、歌伎供武宗玩乐，还经常带着武宗微服出宫，或摔跤游戏，或私夺民女，让武宗玩得十分开心。因此，武宗对刘瑾等人越发宠爱，把他们加封为内宫监，总督团营；团营是明朝军队的主力。明成祖时期，京师的军队分为三大营，土木堡之变中，三大营全部覆灭。景帝时期，兵部尚书于谦在各地挑选精兵，分十营集中团练，称为团营。刘瑾掌管团营，也就控制了军权，为他专权打下了坚实的基础。

在刘瑾等人的引导下，武宗贪于玩乐，对朝政大事非常厌倦。大臣们针对朝事写成奏疏，武宗只是写上“闻知”二字，便再也没有了结果。刘瑾等人则劝说武宗让在各地镇守的宦官四处搜刮，以供挥霍，还为武宗建起了300多处私人庄园，其中仅直隶一省便有36处。皇庄内派宦官负责管理，这些宦官便倚仗皇帝的威势，剥削百姓，无恶不作，使京城百姓深受其苦，而武宗则过着肆无忌惮的淫乱生活，甚至微服出宫在妓院厮混。宣府是远离国都的军镇，武宗来到这里，变得更加放纵。一到了晚上，武宗带上一队亲兵，在空荡的街道上闲逛，看到高墙大院的富庶之家，便下令亲兵上前砸门，然后闯入室内，奸淫妇女。而对于后宫的宫女，武宗却不感兴趣。由于纵情淫乐，武宗经常精神疲倦，体力不支，早朝的时间一再拖延，朝见的官员在外久久候立，依然不见皇帝上朝。

面对这种情景，大学士刘健、李东阳、谢迁等人多次进谏。武宗却听信了刘瑾的话，将刘健、李东阳等人全部驱逐出了朝廷。从此之后，刘瑾更加猖狂，对支持刘健的官员大打出手，将反对自己的 53 个人列为奸党，或杀或贬，制造了一系列的冤案。刘瑾在迫害异己朝臣的同时，又极力扶植自己的党羽，结党营私。

刘瑾的专权使朝政混乱，他在权势的路上也越走越远，最后竟动了篡位之心，企图寻机夺位。但是，刘瑾只顾着自己作威作福，没想到其他的“七虎”正注视着他的一言一行。因为原来他们向刘瑾要权办事时，刘瑾总是不肯照顾，时间一长，他们的矛盾便逐渐激化。

1510 年四月，武宗派遣都御史杨一清和“七虎”之一的太监张永去平定安化王的叛乱。叛乱平定之后，众人在向武宗报告战况时，揭发了刘瑾的 17 条大罪。武宗不禁大吃一惊，命令将刘瑾抓捕审问。第二天，武宗亲自出马，抄了刘瑾的家，结果发现了印玺、玉带等禁止百姓和官员私自拥有的禁物，在刘瑾经常拿着的扇子中还发现了两把匕首。武宗大怒，终于相信了刘瑾谋反的事实。同年八月，刘瑾被处以凌迟之刑，即千刀万剐，共行刑了三天。

刘瑾死后，武宗依然宠信宦官。1520 年，武宗在南巡清江浦（今江苏清江）时，在河边垂钓，不慎落水受寒，次年病故，只有 31 岁，死后没有留下子嗣。

重用奸臣的嘉靖帝

1521 年三月十四日，明武宗朱厚照病逝。他死之后，没有留下子嗣，朝政大事由内阁大学士杨廷和主持。杨廷和与内阁其他大学士迎立献王朱厚熜为帝。1521 年四月，朱厚熜即位，第二年改年号为嘉靖，是为明世宗。

明世宗平生有一大嗜好，那便是崇拜仙道，祈求长生。他做了 45 年的皇帝，前 20 年还能够上朝，后 20 年干脆不上朝，整日躲在西苑里和一班道士一起炼丹，求长生之术。大臣一再劝谏，他都不听。由于明世宗一心修道，不问朝政，因此给了奸臣可趁之机。这一时期，出了一个历史上非常著名的奸臣，名叫严嵩。

严嵩是江西分宜人。明孝宗弘治十八年（1605 年）考取进士。明世宗即位之后，善于见风使舵的严嵩摸准了世宗的嗜好，曲意奉承。1528 年，严嵩奉命去湖广安陆祭祀兴献王的寝陵。严嵩完成了祭祀任务后，马上给世宗写了一份报告，大讲所谓的祥瑞之兆。说当地出现一些神秘又吉祥的现象，分明是对陛下偏爱之情的流露。经过一番煞有其事的胡言乱语，简直说到世宗心窝里去了。于是，世宗马上任命严嵩为南京吏部尚书兼翰林院学士。严嵩进入内阁以后，目的并不只是做一名普通的辅政大臣，而是要做内阁的首辅。但他却并没有什么治国的本事，世宗非常宠信他，除了他善于讨人欢心外，那便是善写青词。朝中臣僚们所写的青词，都没有他写得好。严嵩进入内阁后，便不断给世宗撰写青词，句句推敲，字字琢磨，世宗读后不由得拍案叫绝。为了继续讨好世宗，严嵩从早到晚在西苑内阁工作，没有丝毫懈怠，甚至创下几个月不回家梳头洗脸的纪录。世宗为此大为惊叹，觉得从未见过如此勤勉的大臣，就专门赏赐给严嵩一枚“忠勤敏达”的印记，并加官太傅，以示表彰。

严嵩担任首辅之后，独断专行，飞扬跋扈，一般的官员都怕得罪他，有事必须先要和他通气，经过他的允许，才敢上疏，巴结、贿赂他的人渐渐多了起来。自古权钱相连，严嵩贪钱，而且贪得无厌，不仅升官要给他交钱，犯了罪想免罪更要交钱。每当吏、兵二部选拔官员，严嵩都要亲自安排 20 多个名额，每个名额索取贿赂数百两黄金。礼部员外郎项治元贿赂严嵩万两黄金后，升任吏部主事。举人潘洪业贿赂严嵩的儿子严世蕃 2000 两黄金，被任命为山东青州知府。总兵仇鸾因罪下狱后，通过家人贿赂严世蕃 3000 两黄金，即被保释，并被举荐为边将。工部主事赵文华因为贪赃，被贬出京城任州判，也以重金贿赂严嵩，拜严嵩为干爹，结果又重新入朝为官，而且步步高升，成为严嵩的党羽。严嵩因为自己作恶多端，怕人告发，便让赵文华当了通政使。因为告状的疏章必须先经过通政使才能送到世宗手中，这样严嵩就可以事先知道，想办法对付。严嵩有多少干儿子，连他自己也说不清，总之一些重要部门都安插了他的亲信。而不逢迎他的官员，严嵩便指使其党羽加以诬陷。

严嵩大肆受贿搜刮，家财不计其数。他在北京附近就有庄田 150 多处，袁州一府四县的田，有一半多是严府的私田。严嵩京城府第前面，修建了一座大花园，园中珍禽奇树，应有尽有。在家乡他还有 5 座府第，都是雕梁画栋，其巍峨壮丽不亚于朝堂。每天到严嵩府第行贿的人络绎不绝。有些人为了见到严嵩父子，先买通他的家人。严嵩家人依仗权势索收贿赂的累积家产都达 10 万金之多。

严嵩贪污弄权，结党营私，飞扬跋扈，有正义感的大臣忍不住向世宗进谏，弹劾严嵩。昏庸的世宗不但不予追究，反而加以庇护。而严嵩对这些大臣从不手软，一律加以残酷的迫害和无情的打击。

嘉靖二十七年（1548 年），给事中厉汝进弹劾严嵩父子，被贬为典史，后又被削职为民。第二年，给事中沈炼上书，斥责严嵩误国，被廷杖后下狱。嘉靖三十二年（1553 年），兵部员外郎杨继盛上书，揭露严嵩的十大罪、五大奸，将严嵩的罪恶全部列举出来。世宗见到上书后，勃然大怒，下诏将杨继盛廷杖后押入大狱。严嵩指使他的爪牙刑部侍郎王学益对杨继盛进行严刑拷打，杨继盛在狱中关押了三年，备受酷刑，伤势不愈，最后还被枭首示众。纵观嘉靖一朝，世宗昏庸，奸佞之臣当道，宠臣严嵩专政20多年，国势日渐衰弱，明王朝陷入了严重的危机之中。

不上朝的万历帝

历史上由于各种原因不理朝政的皇帝很多，但在长达近30年时间里不上朝的皇帝，却绝无仅有，这个皇帝便是有名的万历皇帝——明神宗朱翊钧。

朱翊钧（1563—1620年），即位时年仅10岁，由文渊阁大学士高拱、张居正、高仪辅政。张居正接任首辅后，在李太后的支持下，于万历元年（1573年）开始进行政治经济改革，使得处于统治危机之中的大明王朝出现了短暂的复苏与繁荣。可惜好景不长，万历十年（1582年）张居正死后，朱翊钧便下诏撤除张居正的封号与谥号，还查抄了张家。改革被废，朝廷又一天天地走向了没落。朱翊钧是一个只顾纵情享乐的皇帝。他成年亲政后不久，就开始不理朝政，深居内宫。朱诩钧不仅在世时要享乐，还想到了死后的安乐，便早早的筹划自己的陵寝，建造定陵耗时长达6年之久。由于他常年不理朝政，大臣的奏章以及他的谕旨，全靠内侍传达。

册立太子之事久拖不决，以至于官僚集团各派相互火并，党争也愈演愈烈。东林党人与邪党的斗争水火不容，持续了近半个世纪，明王朝逐步走到了崩溃的边缘。万历四十八年（1620年），朱翊钧在风雨飘摇的内困中死去，终年58岁，葬于定陵，庙号为神宗。

从万历十七年开始，直到死去共30年的时间，万历帝从未上朝听政和处理政务，官员们也很难看到皇帝的影子，甚至连最高级的大学士也会很长时间看不到皇帝。这种事情，无论是当时人还是后人，都是看不下去的。那么，到底是什么使万历帝这么长时间不上朝呢？

1958年，定陵被挖掘，科学家对万历皇帝的尸体进行了检验，发现他的骨头中含有大量的吗啡成分，这是万历皇帝食用鸦片的铁证，也为我们揭开了他30年不上朝的谜团。

鸦片在中国原本是一种草药，从唐朝开始，四川地区就开始种植罂粟，生产鸦片，叫做阿芙蓉。当时的人已经知道服用过量的话会产生剧毒，以致上瘾。到明朝时期它仍然是作为一种贵重的药品使用的。但是到了明朝中后期，鸦片由药品逐渐变成了春药。明朝的皇帝，尤其是中后期的一些皇帝，多以淫乱出名，一旦发现鸦片具有壮阳作用，他们一定会欣喜若狂。但是国产鸦片极少，难以满足皇室的需要。因此，明朝的鸦片，多是通过进贡的关系，从当时中国的一些藩属取得的。当年郑和率领船队浩浩荡荡南下西洋，采购了大量的高级奢侈品，其中便包括这些药材。

《大明会典》曾记载了当初亚洲藩属国给明朝皇室进贡鸦片的事情。暹罗、爪哇、孟加拉，他们的国王都定期向中国派出朝贡使团，拿着镶有黄金的国书，向明朝进贡当地土产的各种宝物，以博得宗主国的欢心，贡品中便有鸦片，不过《大明会典》把它称为"乌香"。暹罗每次进贡给皇帝200斤、皇后100斤，其他两个国家进贡的数量则没有明文记载。但是这个数量却并不能满足皇室的需要，皇帝还要经常派出太监到处寻觅采购鸦片，而当时的鸦片价格几乎与同重量的黄金等价。当然，明朝皇室有的是钱，这个钱是也是舍得花的。

明朝皇帝得到了鸦片这样的春药，当然是乐不可支。万历皇帝依然沉迷于长生不老的幻想中，常年待在宫中试验，服食丹药，他的丹药中就含有大量的鸦片。他还给鸦片取了个名字，叫作福寿膏，此后便成为鸦片的代名词。万历皇帝不上朝借口是头晕、眼花，其实主要原因是情欲过度，再加上鸦片的毒瘾所致。

万历皇帝即位的前几年，还是很积极的，这一点是要肯定的。实际上，万历一朝的大事，比如万历三次征战，都是在万历皇帝的布置下进行的。每一次军事行动，万历皇帝似乎都能充分认识到军事行动的重要性，而且在战争过程中，他对前线将领都非常了解，一旦他发现将领指挥失误，就会非常坚决地将其撤换。从这些记载来看，万历皇帝是一个很有胆略、治国能力的皇帝。

在客观条件上来说，明朝的官僚机构、国家管理体系在封建社会里面相对来说，是最完善的。用另一种话来讲，这个国家就算没有皇帝这个最大的“老板”拍板，只要内阁大臣照章办事也可以维持国家的平稳发展。到了明朝中后期，内阁权力逐步达到了巅峰，和司礼太监一起把持朝政。万历皇帝 30 年没上朝，但明王朝却并未因此倾倒。

不过，万历皇帝不上朝的时间实在是太久了，最终还是产生了严重的后果。万历年后期，官员结成党派，以至于形成党争，斗争非常激烈。万历皇帝不上朝，官员们的争吵最终缺乏一个仲裁者，所以党争越来越厉害，而且越来越乱，没有秩序。另外，高级官员中空缺的现象也非常严重，当时的政府运作基本上处于一种疲软的状态。后来梁启超说，明末的党争就好像两个冬烘先生打架，一直打到明朝亡了，才算结束。其实这样的恶果未尝不是由万历皇帝的荒诞造成的。

所以，《明史》对明神宗的评价早已盖棺定论：“明之亡，实亡于万历。”我们要知道，在万历皇帝之后虽然还有三个皇帝，但这句话便是说，到万历皇帝的时候，已经奏响了明朝灭亡的序曲。

东林党争

明代后期，朝廷内外，党派林立。明神宗万历二十九年（1601年），神宗宠爱的郑贵妃想将她的儿子朱常洵立为太子，许多大臣为了维护传统的封建世袭制度，要求立长子常洛为太子。于是，朝堂内爆发了“争国本”的斗争。在这场斗争中，吏部郎中顾宪成因力争“无嫡立长”，触怒了神宗，遂被罢官回老家无锡。

无锡城东面有一座东林书院，是宋朝杨时讲学的地方。1604年，顾宪成和高攀龙、钱一本等一些志同道合的朋友便在这里讲学。当时一些对世道看不惯、和当局合不来的所谓“抱道忤时”、退处林野的士大夫，纷纷闻风而来，归附于他们。这些不得志的士大夫在讲学之余，在东林书院嘲讽时政，臧否人物，自负气节，和当权派相对抗。他们的言论得到了那些社会上对现实不满的地主、官僚、知识分子和商人的支持，朝中和他们持有相同观点的官僚士大夫也与之遥相呼应。东林书院无形中成为社会舆论的中心，反对派由于便把他们称为“东林党”。

明朝到了万历年间，各方面的矛盾变得更加激烈，社会危机逐渐加深。东林党人目睹政治的腐朽，要求改革弊政，缓和日益尖锐的阶级矛盾。他们在位时，敢于弹劾执政大臣，抨击贪婪奸诈的太监，乃至上书皇帝，直言不讳地批评朝政弊病。削籍闲居时，则通过“清议”的方式发表政治主张，议论朝政得失。著名东林党人顾宪成认为士大夫应该关心朝廷，心系天下民生。他在讲学时经常说：“在朝为官，志不在君父；在地方为官，志不在民生；闲居水边林下，志不在世道：这些都是君子所不能做的。”这些话被传诵一时，顾宪成及其同党被誉为“清节姱修”“士林标准”。

东林党在万历年间不受重用，至万历四十八年（1620年），神宗和光宗在不到两个月内相继病死后，其命运才开始有了转机。光宗临终之时，杨涟以一个小小的给事中受命。光宗死后，杨涟、左光斗等一批东林党人又合谋从乾清宫逐走李选侍，拥立熹宗朱由校即位，自此东林党人开始受到重用。天启初年，内阁、都察院、吏部、兵部、礼部等要职都由东林党人所把持。东林权势，盛极一时。

但是，当政之后的东林党人并没有什么建树，他们毕竟只是封建社会没落时期的地主阶级中的一个政治集团，他们没有提出一个救世良方。他们只是忙于“搜举遗佚，布之庶位”，起用大批前朝受贬的党人；再则是排斥异己，打击宿敌齐、楚、浙诸党。并且，这些被誉为正人君子的东林党人孤傲自拔，不能容人，凡是不合自己口味的都视之为异党，加以排斥。这一做法不但没有壮大东林党自己的势力，反而为渊驱鱼、为丛驱雀，迫使那些原本并不对立的官员投靠正在发迹的魏忠贤。

魏忠贤目不识丁，本不能当秉笔太监，因与客氏（熹宗奶妈）有暧昧关系，才获得了这一重要职位。当上秉笔太监后，就利用王体乾和李永贞两个识字的太监为他效劳。他生性猜忌、残忍、阴险、毒辣，和客氏狼狈为奸，宫中没有人敢和他作对。王体乾虽是司礼监掌印太监，位在魏忠贤之上，也得服服帖帖地听从他使唤。天启三年（1623 年），魏忠贤掌管东厂，加上有客氏作内援，地位日益显赫。

由于朝中两大派官僚争斗的激烈和客氏的不断挑唆，熹宗渐渐由信用东林党人变为宠信宦官近侍。魏忠贤这班阉人得到皇帝的信任后乘机从中弄权，勾结外廷官僚，操纵朝中一切大权，于是，宦官专权的局面再度出现。与东林党作对的各派官员便纷纷投靠到魏忠贤门下，形成一股强大的邪恶势力，人们称它为“阉党”。阉官得势，首辅、东林党人叶向高于天启四年（1624）被贬，辞官。内阁中的其他东林党人全部遭到罢黜。阉党顾秉谦升任首辅，控制着整个内阁。魏忠贤又和锦衣卫都督田尔耕勾结，利用东厂和锦衣卫这两个特务机构钳制百官，镇压异己。其党羽在内宫有王体乾、李永贞等 30 余人为左右拥护，在外廷有崔呈秀等五个出谋划策的文臣，号称“五虎”；田尔耕等五个负责捕杀、镇压异党的武臣，称为“五彪”。此外，还有所谓“十狗”“十孩儿”“四十孙”等大小爪牙。当时，从朝廷内阁六部到四方总督、巡抚，全部变成了魏阉死党。

魏忠贤经常外出炫耀威风。每次出门，他身坐装饰华丽的车子，羽盖、旌旗皆用青蓝，驾车的四匹马像风一般奔驰。那些身着锦衣玉带、脚蹬长筒皮靴、佩着利刃的卫士，夹护左右飞驰，加上随从的厨子、优伶（唱戏的）、车夫，总数高达万人。所到之处，“士大夫遮道拜伏”，一些逢迎拍马的官员甚至呼他为“九千岁”。朝中无论大小事务，必须派人到魏忠贤面前请示，经他认可后才能办理。熹宗虽然近在咫尺，却无人请裁，可谓是“朝廷上下，只知有魏阉，不知有皇帝”。

魏忠贤一人得道，鸡犬升天，其弟侄亲朋，人人平步青云，官高禄厚。他的侄子魏良卿、魏良栋，侄孙魏鹏翼都被封爵，而后又分别拜官。而此时的魏良栋、魏鹏翼还只是乳臭未干、尚在襁褓之中的婴儿。

阉党的胡作非为，引起了正直官员的极度愤慨。于是，便有东林党人为伸张正义而对他们进行揭发与斗争。天启四年，副都御史杨涟上书痛斥魏忠贤的二十四大罪，其中有：自行拟旨，擅权乱政；斥逐直臣，重用私党；亲属滥加恩荫；利用东厂，陷害忠良；生活糜烂腐化、穷奢极侈等等。极涟大胆地揭发了魏忠贤的恶状，刺痛其要害。魏忠贤这时着了慌，向熹宗哭诉，客氏从旁为他辩解，王体乾等也极力为他辩护。愚笨的熹宗竟听信不疑，不但没治魏忠贤的罪，反而下旨痛责杨涟。但是，朝中魏大中、黄尊素、袁化中、周宗建等 70 多个官员还是冒死上疏，交章弹劾。由于熹宗的昏庸和阉党权势滔天，魏忠贤竟逍遥法外，毫发无损，而为首揭发魏阉的杨涟、左光斗却于这年十月全部被罢官。

魏忠贤遭受这次弹劾后，对东林党人恨之入骨，决心要赶尽杀绝。其党羽也想借机报复，以泄旧恨。阉党崔呈秀等就在魏忠贤面前煽动说：“东林将害公。”怂恿他镇压异党官员。他们阴谋编造黑名单，有所谓《点将录》《天鉴录》《同志录》等，把不依附于魏忠贤的官员全部列入，统称之为东林党人，献给魏忠贤，对他们罗织罪名，逐一施行残酷的打击迫害。天启五年（1625 年），魏忠贤兴起大狱，首先逮捕东林党著名领袖杨涟、左光斗、袁化中、魏大中、周朝瑞、顾大章六人，诬以受贿，交给锦衣卫拷打追赃。锦衣卫都督田尔耕对这六人每五天就进行一次拷打逼供，杨涟等五人都被折磨死于狱中，顾大章自杀。

在强大的统治集团剿杀下，东林党遭到重大打击。直到崇祯皇帝即位后魏忠贤被处死才有所抬头。后来，东林党的残余势力一直与权臣斗争，一直持续到南明的灭亡，前后达40余年。

后金的建立

改革派领袖张居正死后，万历皇帝从此便摆脱了束缚与限制，渐渐懈怠于政事。他不亲自祭祀天地、宗庙，并且不上朝接见大臣，不批示大臣的奏章，也从不参加经筵讲席。每天过着腐朽糜烂的生活。

万历十一年（1583年），即张居正死后的第二年，建州左卫都指挥使努尔哈赤起兵，先是统一了建州三卫，而后夺取了长白山三部的统治权，逐渐统一了建州女真部落。

北宋时期，女真完颜等部曾建立金朝，从东北攻入黄河流域，另一些仍然留居于东北。明代初年，这些留居东北的部落分为海西、建州、东海三大部。三部中，东海部仍然处于氏族社会，以射猎为生，逐水草而居。建州和海西两部已经逐渐进入奴隶制社会，以畜牧业与农耕为主。

女真建州部，明朝时期主要居住在长白山北部、牡丹江流域一带。永乐年间，他们受到居住在长白山东北的东海部迫害，逐渐南迁，定居于今天的辽宁新宾县一带。此后，女真建州部逐渐加强了同汉、蒙、朝鲜等族的贸易往来。开始学习汉族的农业生产和炼铁技术，改进了农牧业，使社会生产力得到了显著的发展。

明王朝统一中国后，在东北设官置县，设立卫所。洪武四年（1371年），朱元璋在辽阳设立定辽都卫，四年之后改为辽东都指挥使司。永乐年间，设置了建州三卫，分别叫建州卫、建州左卫、建州右卫，采取一种民族自治的统治形式，封部落的酋长为卫所的指挥使，管理地方事务。努尔哈赤的六世祖猛哥帖木儿就是最早被封为建州左卫的指挥使。

1559 年，在建州左卫苏克素护部的赫图阿拉城，努尔哈赤降生，他的父亲塔克世当时是建州左卫指挥。

1583 年二月，因建州女真诸部中的阿台部屡次侵扰明朝边境，明辽东总兵李成梁率兵攻打阿台驻地古勒寨。阿台的妻子是努尔哈赤祖父觉昌安的孙女。听说古勒寨被围，觉昌安与努尔哈赤的父亲塔克世赶来，本想劝说阿台投降，但是明军在图伦城城主尼堪外兰的带领下，用计打开城门，冲了进来，混战中，努尔哈赤的祖父和父亲被误杀。努尔哈赤听到这个噩耗，悲痛欲绝，便去责问明朝的官吏；为了安抚努尔哈赤，明朝派遣使者向他谢罪，送回了努尔哈赤祖父和父亲的尸体，还赏赐了万两白银，任命努尔哈赤为建州左卫指挥使，并赐“龙虎将军”封号。

此时的努尔哈赤势单力薄，无法与明军抗衡，便率领了仅仅 100 人去攻打尼堪外兰的图伦城。尼堪外兰战败，弃城逃跑。努尔哈赤从此声威大震，逐渐统一了女真各部。

1619 年，海西女真各部全被努尔哈赤兼并。此后，努尔哈赤采用征讨、安抚并用的策略，以抚为主，到 1625 年，终于统一女真各部。在统一女真各部的过程中，努尔哈赤还建立和完善了政治、军事制度。

万历四十四年（1616 年），努尔哈赤于赫图阿拉称汗建国，建元天命，国号“金”（或“大金”），史称后金。1618 年，努尔哈赤以“七大恨”祭告天地，宣布不承认与明朝的藩属关系，起兵反明。此后，与明朝展开了长达 20 多年的战争。

袁崇焕与宁远大捷

明代中后期，经过神宗、光宗、熹宗几朝的更替，朝政已混乱不堪，以至于奸佞掌权、阉党乱政，魏忠贤擅乱朝纲。幸有大将熊廷弼镇守辽东，苦心经营，勉强维持了局势。不久，熊廷弼被诬陷致死，辽东防务也旋即废弛。

1621 年，后金努尔哈赤率兵攻陷沈阳，继而又攻破辽阳，一举攻克辽东 70 多座城池。1625 年，努尔哈赤迁都沈阳，并开始加强对明朝的攻势，决心入主中原。此时的大明王朝已命悬一线。就在这个危急时刻，大明王朝出现了历史上又一位英雄人物，他便是袁崇焕。

袁崇焕生于 1584 年，祖籍广东东莞，后迁居广西藤县。明万历年间，中进士第，初为福建邵武知县。他心系辽疆，关心国家安危，毅然投笔从戎。

天启二年（1622 年），袁崇焕到京城来述职，在和朋友们谈论时发表了一些对辽东军事非常中肯的意见，引起了御史侯恂的注意。侯恂便将他举荐给朝廷，袁崇焕遂升任兵部职方司主事，主管防务事宜。

袁崇焕调任兵部主事不久，便赶上了王化贞大败而归。一时之间，朝廷惊慌失措，京城流言四起，人心惶惶。袁崇焕悄悄地骑了一匹马，孤身一人出山海关考察军情。不久他回到北京，向上司详细报告了山海关外的形势，朝廷调任袁崇焕为兵备佥事。

袁崇焕到达山海关后，起初为辽东经略王在晋的下属，在关内办事，当时王在晋意在防守山海关。袁崇焕认为，若是要保住山海关，就应当将防线北移，在宁远筑城驻守。朝廷大臣大都极力反对，认为宁远城太远，难以防守。但他们鼠目寸光，若是以山海关为国界，就好像以北京的城墙为国界一样，外围失去了屏障，山海关一旦被重兵攻破，后果将不堪设想。

经过袁崇焕与孙承宗数年的苦心经营，明朝的边防力量大大增强，明军开始主动出击，陆续收复了一些失地，并将防线向北推进了数百里。面对已经取得的战果，袁崇焕的宏伟计划开始逐渐实现，内心充满了喜悦之情。袁崇焕也因此而平步青云，先升为兵备副使，再升为右参政，深得主帅孙承宗器重。

天启六年（1626 年）正月十四日，后金兵渡过辽河。努尔哈赤亲率 13 万大军，号称 20 万，进军山海关。右屯守将周守廉逃跑，松山等处守将左辅也烧毁粮仓和房舍，随后逃跑。宁远城守军还不到两万人，即便如此，袁崇焕仍坚定地率兵抵抗。他派大将满桂、左辅、朱梅、祖大寿分别镇守四门，在城上配置西洋大炮 30 门。同时做好了八大守城准备：制定兵略，凭城固守；激励士气，画地分守；修台护铳，布设大炮；坚壁清野，严防奸细；兵民联防，送食运弹；整肃军纪，以静待动；重金赏勇，鼓励士气；防止逃兵，预先布置。

正月二十三日，后金军攻到宁远城郊 5 里处，截断山海关大路，安营布阵，并在垅勃匕扎设统帅大营。在发起总攻之前，努尔哈赤将俘虏的汉人释放回宁远城，传旨劝降，但遭到袁崇焕的断然拒绝。而且袁崇焕还下令向城北后金军大营接连发射西洋大炮，一炮歼敌数百人。努尔哈赤见袁崇焕不投降，还发炮轰击，便决定次日攻城。

正月二十四日，后金大军重点攻击城西南角，步、骑兵相互协调，蜂拥进攻，万矢齐射城上。袁崇焕下命开射西洋大炮，发矢石，飞火球，投药罐，后金兵仍如饿狼一般，奋勇前进，冒死不退，以盾牌和板车掩护士兵凿挖城墙，掘开两丈见方的大洞。袁崇焕则亲自指挥担土搬石填补，后来又用铁索捆着掺满油和火药的木球砸至城下，火烧敌战车。从早晨战到傍晚，后金军攻城不破，只得鸣金收兵。

正月二十五日，努尔哈赤再次率军攻城，双方激战一天，后金军再次遭受明军炮火的重创。

正月二十六日，后金军再次强攻，在深沟高垒、矢石炮火面前，仍然伤亡惨重。精于骑射的八旗兵束手无策，被迫撤军。袁崇焕抓住战机，乘胜出城追敌30余里，杀敌万人，取得宁远大捷。

皇太极即位

宁远大捷，后金军败退而回。努尔哈赤在攻城时也受了炮伤，只得躺在车中。他对诸贝勒说："我从25岁开始起兵，战无不胜，攻无不克，已经有四十三个年头了，唯独攻不克宁远一座孤城。"抑郁中的努尔哈赤背上又生了毒疮，伤病交加，数月后死于沈阳西面20千米处的鸡堡。

晚年的努尔哈赤，在汗位继承的问题上非常烦恼，他没有指定继承人。以至于死后尸骨未寒，汗位之争就开始激烈的竞争了。

当时在各个贝勒中间，以四大贝勒的权势最大，地位也最高。这四大贝勒分别是大贝勒代善、二贝勒阿敏、三贝勒莽古尔泰和四贝勒皇太极。此外，还有年仅15岁的多尔衮、13岁的多铎、阿济格以及济尔哈朗四个小贝勒。

当时的形势非常严峻，二贝勒阿敏是皇太极的堂兄，其父舒尔哈齐因罪被圈禁至死。阿敏自己也犯有大错，自然没有资格更没有条件来争夺汗位继承权。三贝勒莽古尔泰是皇太极的五兄，有勇无谋，生性鲁莽，势力弱小。他的生母富察氏曾因过失获罪，莽古尔泰竟亲手杀死了自己的母亲。这种人名声差，可做统兵大将，但不能为一国之君，更没有条件争夺汗位。大贝勒代善有资格也有条件继承汗位。代善性格宽柔、深得人心，而且军功多、权势大。努尔哈赤曾预示日后由代善来继承汗位，他曾说："百年之后，我的幼子和大福晋交给大阿哥收养。"

努尔哈赤死后，皇太极分析了各个候选人，他对多尔衮最为防备，因为多尔衮是纳喇氏所生，而纳喇氏是努尔哈赤晚年时期最得宠的妃子。她还是多铎和阿济格的生母，当时的多尔衮虽然才 15 岁、多铎才 13 岁，但因为努尔哈赤的偏爱，他们已经掌握了正白、镶白两旗。

于是，在皇太极的授意下，四大贝勒宣称努尔哈赤留有遗言，强迫纳喇氏殉葬。这样一来，年幼的多尔衮和多铎便失去了依靠，无法与皇太极抗争。

而皇太极当时 35 岁，年富力强，还统领正黄、镶黄两旗，势力比较强大，又建有战功，有政治斗争经验，幼小的多尔衮是不能与他相比的。努尔哈赤死时，后金国家已经有稳定的政权，继他为汗者，必须有治国才能。这一点皇太极最合适。于是，代善联合阿敏和莽古尔泰等人，共同起草了一份劝进书，请求皇太极即位。

天启元年九月，皇太极登基继承汗位，次年改为天聪元年。皇太极即位后，不满足于守成，决心要开创全新的局面。他执政后，采取了一系列“安民”的措施，强调满洲、汉人“均属一体”，审罪、服役不要有差别。他还禁止诸贝勒大臣属下私自到汉官家勒索财物及进行骚扰。这使汉人得到安定，感到后金统治下的地方是一块“乐土”。

同时，皇太极加强集权统治，仿照明朝大搞专制集权，不断增强自己的威望和权力，囚禁阿敏，打击代善和莽古尔泰，取消八大和硕贝勒共坐议政的形势，改设“八大臣管理国务”，称“八固山额真”，在旗内总管一切事务。

1636 年，皇太极在沈阳称帝，改元崇德，改国号为大清。

镇守辽东

皇太极即位后，建立清朝，在对外扩张方面，他决定暂且放缓对宁远的攻击，转而攻打朝鲜。当时，明朝需要筑城、练兵，清朝则需要进攻朝鲜，掠夺财富。明清两方都需要一段休战时间。在这样的情势下，袁崇焕提出与皇太极和谈，皇太极表示赞同，但明熹宗和许多大臣表示反对，他们认为，满清从来都是附庸国，皇太极没有资格来谈判。

皇太极利用商议和谈的机会，进军打败朝鲜。同时，袁崇焕也开始加紧修筑锦州中左、大小凌河等地的防御工事，并且派出援朝军队，但因为朝鲜很快投降，明军只能退回，没有和清军发生正面冲突。

天启七年（1627 年）四月初八，锦州城已经修筑完成，大小凌河还未完工。五月十一日，皇太极率清军渡过大凌河。驻守在大凌河城的明军无城可守，便退回锦州，清军则直逼锦州。

五月十一日到六月初四，明将领赵率教率领明军与皇太极展开激战。明军利用西洋巨炮、火炮、火弹和矢石构成了强大的火力网，成为一道清军难以逾越的鸿沟。清军只能改用抬运车梯，冒死抢渡护城壕。可战壕又深又宽，拥挤在战壕边的清军士兵不断被炮火击中，尸横遍野。双方激战到傍晚时分，皇太极眼看没有任何取胜的希望，便下令停止攻击。这一战，清军损失惨重，皇太极见久攻锦州不下，便转攻宁远。袁崇焕严阵以待，胸有成竹，两军相望，激战两天两夜，双方损失都非常惨重，但皇太极依然没能攻克宁远。于是，皇太极再次转攻锦州，但锦州城池坚固，皇太极再次无功而返。而当时正值炎热的夏季，清兵中暑者很多，士气低落，皇太极不得不撤回沈阳。

袁崇焕从此威震辽东，令清兵闻名丧胆。然而，虽有“宁远大捷”和“宁锦大捷”，袁崇焕还是不得魏忠贤的欢心。这时，魏忠贤见袁崇焕威势日增，便指使同党攻击袁崇焕不去援救锦州。袁崇焕只好辞职，回老家广东去了。这年八月，喜欢捉迷藏和做木工的熹宗皇帝朱由校驾崩，因为没有子嗣，由他的亲弟弟朱由检继位，改年号崇祯。

17 岁的崇祯做了皇帝，他年纪虽小，却非常精明能干，与他哥哥大不相同，他干净巧妙地为朝廷翦除了“阉党”魏忠贤，并逼他自杀。魏忠贤死后，附和他的大臣或杀头或充军，遭到魏忠贤排挤的袁崇焕被重新起用。

明思宗崇祯元年（1628 年）七月，崇祯召见袁崇焕，询问辽东防务事宜。袁崇焕提出了诸如粮草供给保障、排除干扰等要求，崇祯都一口答应。袁崇焕又提出了一些具体镇守辽东的策略，崇祯表示了赞同，并照办，让他去总督宁远防务。

可是，袁崇焕尚未赶到宁远，宁远突发兵变，原因很简单，军队很长时间没有发粮饷。当时中央财政无力，国库空虚，拿不出钱来发军饷。袁崇焕建议朝廷用内部的钱发饷，而崇祯是一个爱财如命的人，从此之后，他对袁崇焕便有了看法，不再像以往那样信任了。

不久之后，另一件事情的发生，更加让崇祯疑忌和埋怨袁崇焕，便是袁崇焕诛杀皮岛大将毛文龙的事件。只是因为当时非常需要袁崇焕来抗清，才未加责备。

皮岛是辽东半岛附近的一个岛屿，地势十分重要，北可抗清，东可控制朝鲜，西南则可护卫胶东半岛的蓬莱、登州。皮岛守将毛文龙曾因抗清有功，但后来做了魏忠贤的干儿子，贪污横行，并曾写信给皇太极说道：“尔取山海关，我取山东。”

袁崇焕为了安定形势，消除弊患，于崇祯二年（1629 年）七月以伏兵捉住毛文龙，并宣布其十二条罪状，将他诛杀。而后，袁崇焕又请求裁减岛兵，以增加粮饷，并防止岛兵哗变。士兵减少了，粮饷反而要增加，崇祯感觉非常不妥，但最终还是答应了。但在崇祯帝内心深处，却对袁崇焕起了疑心，这一事件也为袁崇焕的死埋下了种子。

京师告急

宁锦兵败后，皇太极非常不甘心，他深知袁崇焕绝非等闲之辈，宁锦防线难以从正面突破，便决定采取声东击西之术，借道蒙古，进攻明朝都城。

崇祯二年（1629年），皇太极采纳了汉奸高鸿中的建议，亲率大军20万，避开宁远、锦州，从蒙古境内开拔，抵达老河，然后兵分三路分别进攻大安口、龙井关和洪山口，各军赶至遵化会合。

当时明朝除了袁崇焕在宁远、锦州布有重兵外，山海关以西的边务已经废弛，面对后金兵的进攻，毫无抵御之力。参将张安德等逃走，张万春投降，清军没费吹灰之力，长驱直入，于十一月初二抵达遵化。

山海关总兵赵率教见情势危急，率军飞驰三昼夜到达三屯营，却被总兵朱国彦拒之门外。赵率教不得已率军西行，与后金军相遇，双方激战在一起，赵率教身中流矢而亡，全军覆没。清兵乘胜攻打遵化，并屠城，参将、守备等战死，三屯营副总兵连夜逃跑，巡抚王元雅自杀。总兵朱国彦十分愤怒，将逃跑的将帅名单张贴于城内，又将家财散给众人，同妻子上吊自杀，山海关陷落。

十一月初一，袁崇焕督师从宁远到山海关，得知清兵已从蒙古入关，急忙赶到棒子岭调动兵马，命令保定巡抚解经率军救援。遵化城被攻克后，清军直逼京师，袁崇焕得到急报后，不经请示朝廷，当即率军于初十抵达蓟州。崇祯帝听说后极为高兴，下旨勉励他，并发万两白银犒劳将士，命他统领各路援军。

十一月十二日，清兵攻陷古门驿，袁崇焕移营城外。忽见200清军骑兵来战，听到大炮声溃散而逃。次日，袁崇焕侦察到清兵偷偷绕过蓟州向西挺进，直逼京师，便率领1万辽东铁骑日夜兼程，赶往北京。当时部将们担心，军队没有朝廷的命令而进兵京师，会遭猜忌。袁崇焕坚定地说道：“如能解难，虽死无憾。”

袁崇焕于十六日抵达左安门，此时，京师谣言四起，盛传是袁崇焕将清兵引来，一时之间，舆论漫天而起，大骂袁崇焕是“汉奸”，人心惶惶，真假不分。竟有人站立在北京城的城墙上往城下袁军士兵的头上扔石头，一边扔，一边骂“汉奸兵”，石头砸死砸伤了不少袁军士兵。崇祯帝对此也是满腹狐疑。此时，北京城内权贵非常不满，纷纷向朝廷告状，说袁崇焕名为救援京师，却听任敌兵烧杀抢掠。

此时，袁崇焕兵马疲惫，请求入城休息，却遭到了崇祯帝的拒绝。袁崇焕只得驻军于广渠门外。

清军在通州之北 10 千米处扎营，分兵向彰义门、天津、密云、居庸关、良乡、固安方向推进，情势万分危急。袁崇焕任命大同总兵满桂和宣府总兵侯世禄率部开到德胜门前，自己与祖大寿等列阵广渠门，严防以待。

十九日，皇太极率军抵达，袁崇焕身披金甲，率军在广渠门外与清军展开了厮杀。大战中，袁崇焕身先士卒，临阵督战，两肋中箭，因为身穿重甲才没有伤及身体。战士以一当十，奋勇杀敌，在明军猛烈的反击下，八旗兵主力阿巴泰贝勒大败而逃。袁崇焕率军乘胜追击，八旗兵死伤惨重，皇太极被迫撤退。

皇太极惨败之后，深感单凭武力无法取胜，便进行反间活动，密谋以借刀杀人之计，除掉袁崇焕。皇太极率军驻扎在南海子时，曾抓获两个明朝的太监，一个叫杨春，一个叫王成德，囚禁于军中。皇太极密令副将高鸿中、参将鲍承先到监押两个太监的处所外，故意谈论军机，说袁崇焕和清军早有秘密约定，我们可以不动一刀一枪占领北京。第二天，清军故意放跑了杨春和王成德。杨春二人回京后，立即报告崇祯帝，崇祯帝听后，对有关袁崇焕的传言更加深信不疑，于是决定诛杀袁崇焕。

崇祯三年（1630 年），崇祯以议粮饷为名，宣召袁崇焕进宫，在宫中将其逮捕下狱。袁崇焕的部将祖大寿等人见状，惊慌莫名，只好出城等候。

三天之后，圣旨到来，说袁崇焕以通敌谋反罪被捕。囚禁审讯半年后，袁崇焕被处以磔刑。最可悲的是，由于京城老百姓听信了官方的话，都认为袁崇焕是汉奸。于是，出现了历史上最为悲惨的一个场面。中华民族的千古英雄，不是战死在沙场，更不是死于敌人之手，而是被自己誓死保卫的人们冤死了。

李自成进京

明代中后期的半个世纪，是明朝统治最贪婪、最腐败、最黑暗的时期。豪强兼并土地，赋税日益加重，手段残酷，统治者内部争斗不休，政治腐败达到前所未有的程度，加上连年严重灾荒，以至于出现了赤地千里、易子而食的景象。统治者的压迫和剥削，到处激起民变，反矿监、反税吏的规模日渐扩大，农村饥民纷纷揭竿而起，首先由陕北爆发。

明熹宗天启七年（1627 年），从陕西白水农民王二举族造反开始，各地相继起义者不计其数，先后有高迎祥、张献忠等。但各起义军间各自为战，分合无常，在陕西和山西之间与朝廷周旋。到崇祯四至五年之间，各路义军先后拥王自用（号紫金梁）、高迎祥为盟主，各义军号称三十六营，有 20 余万人马，由陕西向山西转移，出现了联合之势。此时，李自成投入其舅父高迎祥（闯王）部，称闯将。其后，又在河南扩大了队伍，自成一派。崇祯七年，高迎祥所部误入兴安（今陕西安康）的车厢峡，处境万分险急，李自成以诈降为名，使义军通过黄河。崇祯八年，农民军面对官军合围分进的紧迫局势，高迎祥等 13 家七十二营在荥阳商议对策，在意见分歧之时，李自成以他的聪明和远见提出两项主张。“分兵定所向”，说是“一夫犹勇，况十万众乎”和“所破城邑、子女玉帛惟均”。

荥阳大会意义重大，标志着各分散的农民起义军开始聚集在一起商讨对敌策略和今后战略的大会。大会之后，农民起义军顺利地粉碎了明军围剿，同时农民军在战略上由防御开始转为进攻，战术上由被动改为主动。所以可以这样说，这次荥阳大会在中国农民起义史上是一个伟大创举，同时也彰显了李自成的政治远见和军事指挥能力。后来，高迎祥、张献忠、李自成为东路军，他们在攻克凤阳后，进行了一次商讨，因政见不和，张独自率部南下，高带领李则西进中原，两大主力又分开，因而削弱了农民军的力量。崇祯九年七月，高迎祥牺牲，李自成被众人推举为闯王。

李自成是农民起义军中最为杰出的领袖，他出生于陕北米脂县的一个穷苦农家，从小深受压迫和剥削。他曾经给地主放过羊，21 岁的时候在银川当马夫，也当过兵，深受政府和官绅的欺压。崇祯三年（1630 年），李自成率村民投奔过王左卦和不沾泥，王左卦失败、不沾泥投降官军后，又投奔高迎祥。他从小具有反抗性格，骁勇善战，颇有谋略。他的部队纪律严明，战斗力较强。他待人和蔼，谦虚谨慎，善于倾听和采纳别人的意见。他日常生活俭朴，深受大家的爱戴。他在战斗的过程中逐渐立下推翻朝廷、建立帝业的志向。他被选为闯王后，率部坚持斗争，接连攻克宁羌、剑州、昭化、梓潼，逼近成都，击杀过明总兵、知州、知县等多人，声势浩大。崇祯十一年春，进攻梓潼失利，李自成军又在潼关南原遭到明军洪承畴和孙传庭的合击。其部下也损失殆尽。他便与刘宗敏、田见秀等十八骑溃围、窜伏商洛山中，潜伏在山区，修文练武，积极做好出山的准备。

大明朝廷因清兵入关，不得已而放松了对农民军的围剿。崇祯十三年（1640 年），李自成东出河南后，失散的义军和饥民纷纷投奔，队伍很快发展为10万大军，声势浩大。随后牛金星、宋企郊、李岩、宋献策等将先后前来投奔，都得到闯王信任，也为农民起义军出过很多好主意，如“贵贱均田”“迎闯王、不纳粮”“平买平卖”等口号。李岩提出的“取天下以人心为本，请勿杀人，收天下心”和“散财物赈饥民”等好主意，都深得百姓的拥护，也对起义军的发展起到了积极的作用。崇祯十四年，闯王军攻破洛阳，杀死贪得无厌、残暴成性的福王朱常洵，将王府和官府的粮食、金银等分发给百姓，影响日益扩大。崇祯十四年九月至十五年年底，明王朝集中优势兵力，企图歼灭李自成军。但闯王在民众支持下英勇奋战，九月在项城全歼陕西总督傅宗龙10万人并擒杀傅宗龙，随后乘势南下南阳杀唐王、破禹州杀徽王。次年二月，又在襄城全歼新任总督汪乔年军并活捉汪乔年。四月开始围攻开封，明督师丁启睿率军10万来援，企图解开封之围。六月，李自成迎战丁军于朱仙镇，歼敌10余万，缴获辎重无数，丁启睿逃回汝州。十月，李自成再次围攻开封，明廷再派继任陕西总督、起义军的凶残对手孙传庭，纠结地主武装，妄图从背后偷袭，解开封之围。李自成在郏城讲武场击败孙传庭，歼敌近万人，孙逃回关中。崇祯十五年年底，李自成军主力40万人向湖北襄阳进击，明军名将左良玉拔营东遁，所过之处鸡犬不留，千里一空。义军攻入襄阳，荆州惠王朱常润逃跑，荆襄之地尽归闯王，湖广巡抚宋一鹤自杀。

崇祯十六年春，李自成改襄阳为襄京，称新顺王、奉天倡义文武大元帅，建立农民起义政权，以牛金星为丞相，命创官爵名号，拜李过、高一功护卫左右，亲信用事。置权、制、威武、果毅等将军，凡五营二十二将，置上相、左辅、右弼，置吏、户、礼、兵、刑、工六政府，要地设防御使，还设府尹、州牧、县令。开科取士，宣布五年（一说三年）不征粮，并商讨征伐大计。牛金星率军先取河北，直进京师。杨永裕则先下金陵，断京都粮道。从事顾君恩认为：直取京师，万一有失，退无所归，失于急；下金陵，虽稳妥，但迟缓，他建议先取关中，建立基业，然后经山西进京师，则进可攻，退可守。李自成认为他说得非常有道理，便接受了他的建议。十月，李自成军攻破潼关，杀死孙传庭，进逼西安。崇祯十七年正月，李自成建国号大顺，建元永昌，改西安为西京，铸“永昌”宝钱。二月，率军渡黄河下太原，沿途发檄文宣布朝廷残酷统治的罪行，重申“贵贱均田之制”和“五年（一说三年）不征粮”“平买平卖、公平交易”等政策。三月一日，在武宁关遭到守将周遇吉的顽抗，经过两天激战，周遇吉被杀。十四日居庸关守将唐通投降，接着又攻陷昌平，至此，号称天险的京师北大门就敞开了。十七日，义军兵临城下，将京城团团围住，奉命守城的襄城伯李国祯所部京兵三大营，已不听调动，不久全部投降。当时，守城军士虽然还有10余万，但已经无心恋战。义军从明军手中缴获的火炮等器械，反过来成为攻打明军的利器。

此时的崇祯帝朱由检心烦意乱，反复无常，一会儿痛斥提议迁都、退守南京的大臣，一会儿哀叹身边没有像岳武穆那样忠君报国的名将，此话一出倒引得大家想起了遭受酷刑惨死的爱国名将袁崇焕，不禁个个面面相觑，崇祯也觉得自己失言，于是就走下御座请求大臣们拿出退敌的良策。众大臣平日里只知道贪赃枉法，享乐享福，此时只能各顾各的，根本拿不出退敌的良策。朱由检做梦都没有想到，曾经能够呼风唤雨的他，现在却落到叫天天不应、叫地地不灵的地步。在万般无奈中，崇祯皇帝突然想到利用太监去御敌，于是带着哭声说：“总管，把太监集中起来，前去御‘贼’。”太监们一听，吓得胆战心惊，便怨怒道：“我们都不懂得打仗，怎么去御敌，这不等于叫我们去送死吗！”崇祯皇帝无奈，就拿出银子，分给太监让他们上阵杀敌。实际上，谁都明白，这已经没有什么用了。十八日，司礼监太监曹化淳见外城已守不住，于是挂起白旗，打开彰义（广安）门向李自成投降。

义军如潮水般涌入，外城失陷。崇祯闻报，大惊失色，知道大势已去，当晚便召见驸马巩永固，命他送太子、永王、定王去戚臣周奎、田宏遇等处，然后带护军送太子冲出城赶赴南京，以图后事。正在交代时，又闻报，内城也被攻破。此时已经可以听到震天的喊杀声，见到冲天的火光，崇祯帝只得命太子等化装后混在难民中逃亡而去。他告诉周皇后和妃子们，他决定只身突围，如果突围不成，便只有以死殉国。崇祯帝又令后妃们赶快自裁，交代完毕，他换上太监服，与心腹太监王承恩一起东突西奔，但处处碰壁，无法突围。十九日清晨，他想鸣钟召集百官，竟无一应召，崇祯已经绝望，唯有剩下自裁一条道路了，便与王承恩登上煤山（今景山）一同吊死。至此，大明王朝灭亡。

与此同时，李自成攻破了内城，各路军纷纷从阜成门、西直门、德胜门、安定门、宣武门、崇文门等涌入，李自成则由曹化淳引路从西长安门进入承天门（天安门），最后到达紫禁城皇宫。当时除崇祯帝吊死外，有的后妃自裁，其余则未能逃脱，被俘虏的皇太子等三兄弟，以及未自裁的贵妃和宫女们，李自成并未对他们加以处置，还为崇祯帝举行了隆重的葬礼。

李自成进入北京后，政权在西京政权基础上加以扩大。他仍以农民将领作为核心骨干，也录用明朝四品以下的官员，并开科取士，但废除了八股取才之法。当时政治机构设置基本上效仿明朝，以牛金星为天佑阁大学士，宋企郊等为尚书，分别掌管吏、户、礼、兵、刑、工六部，让刘宗敏掌管“粮饷镇抚司”，还在河北、山东、河南等许多省份的广泛地区建立起府、州、县各级政权，以恢复地方秩序、稳定国家局势。农民起义军能在短期内在如此广大的地区建立起权力机构，这是中国历史上前所未有的事情。大顺朝采取的财政政策是坚持农民五年（或三年）不用缴纳粮食，那么财政问题只好依托于“粮饷镇抚司”向明朝勋戚、显宦、贪官污吏和富商的追赃拷索解决。虽然规定：罪大恶极的处死，财产没收；害民的严刑追赃；民愤不大的，听其自行捐输。但在实际实行中，却出现了滥杀无辜、刑杀过重的情况。因而树敌过多，从中央到地方，不论官绅富豪，都出现了人人自危的局面。对明朝三品以上官员多半将他们刑杀，对官僚地主等不加区别便加以严刑拷打。当时得粮饷 7000 万两，其中得自勋戚和宦官的各三成，得自官僚和富商各两成。这样的财政政策和对待降臣的政策，都对李自成政权的巩固产生了巨大的危害。进京之后，李自成曾下令严禁扰民，军士若有违抗者，轻者断手砍足，重者斩杀。李自成本人依然过着粗茶淡饭的日子，保持着农民原来的本色，还不时过问民间疾苦。而牛金星、宋企郊等人则开始纳贿，结党营私，生活日渐腐化。李自成东征期间，牛金星终日来往拜客，遍请同乡。刘宗敏则以功臣自居，骄横自大，不遵守纪律，不执行命令，当李自成要他前去攻打吴三桂时，他竟然不听从命令，不服调遣，并且在旧官僚的美人计和金钱的引诱下也日渐腐化。李岩对牛金星等在政治上只依照旧制行事非常不满，也不赞成在追赃索饷中不加区别地对待地主官僚，而对于某些将领的以功臣自居、目中无人的作风也很反对。特别是在处理吴三桂问题上，原本已经决定投降的吴三桂，反而投清和起义军作对，这使李岩大为失望。李岩提出的这些问题都是大顺朝的致命伤，不但未受到重视，他本人反而遭到牛金星等谗言诬陷而被杀害。

李自成进京之后，原想借重吴三桂的兵力镇守山海关，以阻止清兵入关，即请其父吴襄作书招抚吴三桂。因老父和爱姬都在大顺军手中，吴三桂决定归降，但因传闻说陈圆圆落入李自成手中，又传闻说其父被索饷 20 万两，一怒之下，吴三桂挥师急回山海关，反而向李自成军挑战，并斩获万余人。李自成得悉后，知道问题严重，便决定亲自率军往讨。大顺永昌元年（1644 年）四月十三日发兵，吴三桂闻报，便向清军多尔衮请求派兵救援。大顺军二十一日抵山海关，立即展开与吴军的激战，吴军失利，损失惨重。

二十三日，大顺军在乱战之中，眼看将要取得最后胜利，突然遭到清军骑兵的猛烈袭击，顿时乱了阵脚，纷纷后退，损失惨重。在这次军事失利后，大顺军随即撤回北京。此时，京城内外的地主武装闻讯便蠢蠢欲动。大顺军队认为北京已守不住了，久留北京不如速回西安以图再起。

四月二十九日，李自成匆匆在武英殿即位称帝，并于三十日撤出北京，六月经山西，七月到达西安。永昌二年，在清军两路夹击下，李自成又率军由陕西沿汉水转入湖广。同年四月，这位年仅 39 岁的农民起义军杰出领袖不幸在地主武装袭击下，遗憾地被害于湖北通山县九宫山下。

不幸的崇祯帝

天启七年（1627 年），昏庸荒唐的明朝第十五位皇帝明熹宗朱由校去世。由于他没有留下子嗣，皇位由他的五弟朱由检继承。朱由检便是明朝的末代皇帝崇祯帝。

崇祯帝是中国历史上有名的勤勉帝王。史称他“闻鸡而起”“夜分不寐”，因为忧国忧民，未到中年便已经是白发丛生。与常年罢朝的前任帝王不同，崇祯帝勤于政事，事必躬亲，从不停辍朝会，召对也时时举行，未敢有过稍稍的懈怠。

崇祯帝还是明朝乃至中国古代最为节俭的帝王之一。他的吃穿用度非常简朴，宫中所用餐具一律是铜器甚至木器，宫内若是没有大事则不办宴席，也很少听到歌舞之声。为了节省国家开支，崇祯帝废止了江南织造（负责采办皇家用具的机构），并开始大规模裁撤驿站，以减免压在百姓肩头的重负。在国库紧张时期，崇祯帝还多次下诏“撤乐”“减膳”，并将宫中的贵重器物拿出来充作军饷。

崇祯帝刚刚继位，就怀着力挽狂澜的救国志向，誓做一代中兴帝王。他登基还不到一个月，就以老辣和干练的手段，迅速铲除了祸乱国家已久的“宦党”首领魏忠贤及其余党，平反了很多因宦官专权造成的冤假错案。此举令世风为之大振，百姓欢欣鼓舞，都纷纷称颂新即位的崇祯帝为“圣王”。崇祯帝在位的 17 年间，曾多次下令各地州府开仓赈济灾民，传令天下招揽贤才、广纳善言，还颁布“罪己诏”反省自己执政中的不足。

纵观明朝的皇帝，嘉靖皇帝痴迷于炼丹成仙，正德皇帝整日沉溺于声色犬马，万历皇帝近 30 年不理朝政，天启皇帝则执着于木工奇巧、纵容宦官乱政。与他们相比，崇祯帝称得上是一代贤君。勤勉有为的崇祯皇帝原本有可能缔造一个太平盛世，但天意弄人，历史留给他的却是一个濒临亡国的烂摊子。

从王朝内部来看，由于历代皇帝的无能和地方官僚的贪婪，国家的经济已经是日薄西山。国库亏空，朝廷用度捉襟见肘，一般百姓更是穷困不堪。而这一时期又正赶上地理气候的“小冰河期”，从 16 世纪开始，地球的气候趋向严寒，农作物的生长受到很大影响。各地降雨稀少，全国陷入了长达数十年的大旱灾，同时还伴随有频繁的地震和鼠疫。到了崇祯年间，全国各地都爆发了大饥荒，连邻近京城的直隶地区也未能幸免。全国各地，饥民遍布乡野。饥饿的百姓吃光了树皮，便以一种名为“观音土”的白色土块充饥。这种“观音土”吃了以后不好消化，很多人因此腹胀而死。再后来，很多地区开始出现“人相食”的悲惨场面，独自出行的人经常莫名地失踪，实际上便是被饥民捉去吃掉了。甚至明朝军队在外打仗的时候，也有因粮草不足而吃人的，由此可见当时灾荒的严重程度。

在这种情况下，无法生存的老百姓只得揭竿而起。于是在明朝末年各地农民起义风起云涌，到崇祯一朝，情况更加严重。高迎祥、李自成、张献忠等农民起义将领所率领的农民军已经大规模形成。他们攻城略地，割据称王，使得明朝政府疲于应付。

如果说王朝内部的糟糕状况已足够使明王朝岌岌可危的话，那么关外后金政权的入侵则让国势变得更加不可收拾。满洲人建立的后金政权日渐壮大，八旗铁骑纵横关外。明朝军队虽然装备优良，却仍然无力抵抗。关外的明朝土地开始大片沦丧，而明朝政府组织的多次大规模反击也都以失败告终。明朝政府只得在关外收拢防线，退守在几个大的城池内，将战局的主动权拱手送人，自己则完全处于被动挨打的境地。

此时东南沿海的形势也不乐观。明朝末年海盗猖獗，日本浪人和中国海盗相互勾结，不断侵犯东南沿海诸县，烧杀劫掠。明朝政府多次派军清剿，但海盗流动性很强，搞得明朝政府筋疲力尽。后来，明朝政府采用了招抚的方法，取得了一定的成效。但随着国势的衰落，东南边防问题也越发严重起来。

国家的外事已是万分危急，朝廷的内部更加腐败不堪。历代明朝皇帝疏于政事，造成了朝中宦官专权的局面。宦官们掌握着锦衣卫和东厂，有的甚至可以掌控明朝一些重要的军权，以此迫害异己，称霸朝堂。与他们相对的势力是明朝的文官集团，然而这些士子文人非但没有成为国家的救星，反而成了重要的掣肘力量。明朝的文官们长期以来形成了自己独特的利益群体，他们相互结党营私，共同对抗“宦权”甚至“皇权”。万历皇帝便是因为感到自己在文官集团面前无法有所作为，才一气之下 28 年不上朝。这些自诩为“清流”的文人，与朝中的一些阴暗势力相互媾和，其中还有不少人曾为权宦魏忠贤歌功颂德。

等到崇祯帝登基时，他面前的大明王朝已是一个蛀洞遍布，四下漏风的“烂摊子”，稍加外力便会如房屋般倒塌。虽然崇祯帝胸怀大志、兢兢业业，却已经是回天乏术了。

崇祯帝的不幸有历史必然造成的悲剧，也有他自身性格缺陷所造成的问题，便是多疑与自负。

崇祯帝继位存在着一些偶然因素。他的父亲明光宗朱常洛并没有将皇位传给他，而是传给了他的哥哥朱由校。按照历代“父死子继”的传统，崇祯帝原本没有当上皇帝的机会。但朱由校荒淫早卒，而且没有子嗣，于是崇祯帝幸运地登上了皇帝的宝座。崇祯帝自幼看透了皇家的政治阴谋与争夺，加之即位过程又颇为曲折，便形成了猜忌多疑的个性。而他一登基就扳倒了大宦官魏忠贤及其党羽，又让他对自己的能力和未来的期望有了过高的估量。

一心图强却时运不济。国内外诸事无一让他感到顺心，这让心高气傲的崇祯帝有了挫败感。为了扭转时局，他更加苛刻地要求和约束自己，行为近乎极端。同时，他也以同样苛刻的标准来要求臣子，幻想着他们能像自己一样恪尽职守，任劳任怨。如果臣子们工作做得稍有不妥或者懈怠，崇祯帝便会认为这是臣子的无能、不忠甚至是抱有谋反之心。这种歇斯底里的心态使得臣子们人人自危，整日战战兢兢、提心吊胆。

崇祯帝在位的17年中，由于不信任或者反感，一共任免过50多位内阁大学士，这几乎相当于宋朝一代大学士的数量总和，可谓前无古人后无来者。同时，朝廷各部臣子也被他走马灯似的更换，其中包括17位兵部尚书、16位刑部尚书、13位吏部尚书、13位工部尚书、8位户部尚书。在调配前线作战将领方面，崇祯帝更是毫无耐心可言。负责对后金作战的总指挥官接连被裁撤替换，有的是因为某一场战役的失利，还有的甚至是因为进行战略防御而被崇祯帝认为是“怯敌”，于是予以罢免。在镇压农民起义军的过程中，崇祯帝同样如此。与此相对应，崇祯帝不断地诏令天下广荐贤才，自己则认定了身边的臣子非常无能或渎职。

崇祯帝对朝臣不仅任免频繁，而且奖惩刻薄。崇祯帝一朝，先后有袁崇焕、杨嗣昌、孙传庭、卢象升、洪承畴、熊文灿、陈新甲等人被委以军事重任。然而崇祯帝却让他们几乎无一善终，不是被迁怒处死，便是被逼上阵战死沙场，其余的则是孤军被围而得不到援助，最后或被俘，或倒戈投降。其中，崇祯帝因皇太极一个简单的反间计而冤杀袁崇焕，便是最为著名的“自毁长城”行为。

崇祯帝多疑与自负的性格，使他始终无法与臣子之间建立信任。既做不到知人善任，客观评价臣子的能力；也做不到用人不疑，宽恕臣子的一时失误。在内忧外患并起的严峻形势下，崇祯帝依然沉浸在对朝臣的刻毒怨恨和对自己的怀疑自责等复杂情绪中，不但于国事无补，而且越陷越深，终于难逃“亡国之君”的命运。

崇祯十七年（1644 年）三月，李自成率领农民起义军攻陷北京外城，明朝军队溃败。崇祯帝慨叹道：“内外诸臣误我，误我啊！”此时的崇祯帝已经知道明朝将要灭亡，万念俱灰，念及自己励精图治 17 年，却落得个国破家亡的下场，心理防线彻底崩溃，情绪走向极端化。他召来周皇后与袁妃，连呼左右侍从进酒。一口气喝了几十杯后，崇祯帝挥剑砍死了袁妃。周皇后见状，急赴坤宁宫自缢而死。见长平公主在一旁哭泣不已，崇祯帝长叹道：“你怎么要生在我家呢？”崇祯帝一剑砍去，公主举臂阻挡，被砍断右臂，昏死过去。接着，他又一口气杀了幼女昭仁公主和几个嫔妃。然而，绝望却激发了崇祯帝的求生本能。他匆匆换上太监服，准备混出城门。当时城门紧闭，崇祯帝从朝阳门辗转至安定门，却无法令人开城。崇祯帝的求生之路被彻底截断了。

三月十九日拂晓时分，太监王相尧打开宣武门投降，大顺军将领刘宗敏率领部队浩浩荡荡涌入北京城。惊慌失措的崇祯帝亲自在奉天殿鸣钟召集百官，却没有一个人来。崇祯帝真的成了“孤家寡人”。由于往日的刻薄寡恩，崇祯帝赴死之时，只有一个名叫王承恩的老太监陪伴。无比凄惨的崇祯帝用鲜血在自己的御袍上写下了最后一道诏书：“朕凉德藐躬，上干天咎，然皆诸臣误朕。朕死无面目见祖宗，自去冠冕，以发覆面。任贼分裂，无伤百姓一人……”最后自缢而亡。

在人生的最后时刻，勤勉爱民的崇祯帝仍然顾念百姓安危，恳请“贼人”，哪怕分裂自己的尸体，也不要伤害百姓，此言此行，催人泪下。然而他多疑、自负的性格弱点也彰显无遗。在临死之时，他仍然认为亡国的责任在于“诸臣误朕”，把主要罪过推给了自己的臣子。崇祯帝之死，实为可悲。

崇祯帝是“亡国之君”，但他本来有成为一代明君的潜质，虽然性格上有所缺陷，但终归不干存亡大道。可怜的是他生不逢时，面对一份注定倾颓的事业，即便做得尽善尽美，也无法挽回气数将尽的大明王朝。

因此，后人对崇祯帝的评价大多不是苛责，而是叹惋。攻入紫禁城的李自成也曾中肯地评价崇祯帝说：“君非甚暗，孤立而炀灶恒多；臣尽行私，比党而公忠绝少。”并好生收殓了崇祯帝的遗体。而清政府在编修《明史》时也不得不承认：“崇祯帝慨然有为，即位之初便能机智果断地铲除奸逆之臣。可惜的是大势已去，朝廷中门户相争，战场上将骄卒惰，国家已经到了溃烂的境地。他在位 17 年，不近声色之事，勤勉不怠，忧国忧民，耗尽心力治理国家。虽然想得到非常之材，然而用非甚人，益发偾事。又复信任宦官，举措失当……由此一端。”崇祯帝的确可以说是一位不幸的皇帝。

清朝时期

摄政王多尔衮

多尔衮（1612—1650 年）是清太祖爱新觉罗·努尔哈赤与第四位福晋乌拉纳喇氏所生之子，排行十四，有同母兄阿济格排行十二，同母弟多铎排行十五。

多尔衮自幼为努尔哈赤所钟爱。努尔哈赤的所有儿子中，以第三子莽古尔泰和四子皇太极战功最大。但莽古尔泰为人粗暴残忍，而皇太极则颇有谋略。乌拉纳喇氏见此情况，深恐努尔哈赤死后她们母子难以为继，便极力怂恿努尔哈赤早日定下多尔衮为他的继位人。努尔哈赤虽说颇为喜爱多尔衮，但见他年纪太小，一直难以下定决心。后金天命十一年（明天启六年，1626 年），努尔哈赤在宁远大败，受了重伤，退回盛京休养。乌拉纳喇氏见努尔哈赤伤病危急，于是请求他宣布多尔衮为继位人。到了此时，努尔哈赤只得推心置腹地对她说："我可以宣布多尔衮为继位人，可是他现在才 15 岁，能压得住那些年长的哥哥们吗？恐怕他坐不了几天宝座，就会被赶下台，甚至还要为此断送性命，你也不想这样吧。"乌拉纳喇氏疑惑地看着努尔哈赤，说不出话来。后来努尔哈赤想了一个万全之计，他将四大贝勒召唤来，宣布遗命："当初，我因为你们的祖父和曾祖父被无辜杀死，于是穿起祖传了十三代的盔甲起兵，经过 50 年的南征北战，才艰难地创下了这个基业，我死之后，希望你们能共同守好这个基业，不要辜负我的苦心。我现在决定，我死之后，由多尔衮继位。他胆识过人，很有才干，足以担当此任光大基业，只是他现在才15岁，先由代善摄政，若是有大事发生，众王共同商议，等多尔衮成年后便归政于他。”

莽古尔泰以为自己当立，结果出乎意料，心中不满，但不敢开口。皇太极看在眼里，知道莽古尔泰的意思，开口道：“父皇的决定，自当遵从，只是十四弟虽有才干，也聪明过人，但恐怕年纪太轻，缺乏处事经验和魄力，应该选一个年长的才能压住阵，请父皇考虑。”莽古尔泰也加以附和：“请父皇再三考虑。”努尔哈赤坚持自己的意见，开导说：“我一生经历过多少事，见过多少人，一生还没有看错过人。多尔衮现在年纪小，但他的聪明、机敏、才智都超过你们，你们要相信父皇，协力扶持，不要违背我的意愿。”

由于临终遗命没有向众亲王宣布，结果努尔哈赤死后，他们四人就违背了皇父的遗言，代善被他儿子说服，拥戴皇太极继位，所以在议政殿宣布遗言时，凭着众亲王不知遗言真正的内容，就改变了努尔哈赤原话，于是大家拥立了皇太极，多尔衮继位的问题就这样被搁置了。皇太极排挤掉了多尔衮，但他知道乌拉纳喇氏是个精明厉害的人，更是个危险的人，她三个儿子各掌握一旗，她若不罢休，将来必成大患。于是便说服代善和莽古尔泰，假传先皇遗言，逼迫乌氏殉葬。乌氏闻言，大声痛骂皇太极，她知道已无法挽回，只好要皇太极、代善和莽古尔泰三人发誓会保护多尔衮他们的安全，然后自缢而死。多尔衮失去皇位继承权后，又失去了亲生母亲。

明崇祯十六年（后金崇德八年，1643年），皇太极驾崩。多尔衮又面临继位问题。若是按照努尔哈赤的遗命，皇位是多尔衮的，当时不但皇位没有继承，亲生母亲又因此遭残害。而母亲的惨死更是让他痛彻心肝，如今他兵权在握，又建有卓著的战功，与其兄弟等人形成一股很强的政治力量，归政于他是顺理成章的事。但好事多磨，此时，孝庄文皇后出面了。她是多尔衮的嫂子，有这一层关系，他们嫂叔之间就好说话多了。孝庄单刀直入地说："按照当时太祖的遗命和你现在的功劳，以及你的才干，你有资格继此皇位。但你如登位，一则太宗有子，长子肃亲王豪格头一个就会跟你争，其他诸子也不会放过这次机会。二则，如你登位，你的诸多兄弟比如代善他们也会出来相争的，到那时候你还能说得清楚吗？"多尔衮陷入了沉思，他觉得皇嫂的话不无道理，但他不甘心："若是按照太祖遗命，皇位本应归我，我称臣 17 年，如今还不该还给我吗？""按道理是可以归给你，但是你要考虑后果。"孝庄诚恳地说，"希望王爷能以大清朝为重，朝廷初创，千万不能发生意外。我有一个主意，不知王爷愿不愿意听。"

多尔衮道："皇嫂且说来听听。"孝庄说道："你皇侄福临，今年才 6 岁，我准备传先帝遗命，立他为继，王爷为摄政大臣。你虽不居位，但国政全由你做主，我将全力支持，这样众亲王既提不出反对的理由，自然也就避免一场因争夺皇位而可能发生的内乱，为巩固大清江山立下一大功。如此安排岂不是比你自己登位更好？不知道这样做你觉得行不？"多尔衮早先耳闻皇嫂不但生得倾国倾城，而且十分聪慧睿智，他只是半信半疑，今日亲见亲闻，才知道外间传闻只能得其万分之一。她的想法是如此缜密，叫人无隙可乘，不能不令人敬服。多尔衮到了此时，在皇嫂面前于情于理都只能放弃自己登位的打算，唯有赞成了。

明崇祯十六年（清崇德八年，1643 年），福临继位，多尔衮以摄政王身份并在孝庄文皇太后支持下执掌国政，时年 32 岁。崇祯十七年三月十九日北京陷落，大明王朝灭亡。四月底李自成撤出北京后，北京东北各州县纷纷向清军投降，多尔衮令先遣队进入北京，下令禁止兵士进入民宅骚扰。五月，多尔衮在吴三桂引导下进入京城，做好奉迎皇上迁都北京的准备工作。文武官员出五里外迎接，然后由朝阳门入武英殿受朝贺。为了笼络人心，于是为明崇祯帝和后妃发丧，命在京的内阁六部、都统衙门官员，皆以汉官同满官一体办事，文臣的衣冠暂时从明制，印信并铸满、汉文字，下诏天下尽除明时的苛捐杂税，不加派田赋。六月，派肃亲王豪格平定了山东、河南，直隶巡抚卫国允、沈文奎又先后削平大名、顺德、广平等处。都统叶臣等乃出固关，克太原，下大同。巡抚马国柱攻汾州、平阳，很快山西便得以平定。七月，多尔衮又派英亲王阿济格、吴三桂、尚可喜追击李自成于陕西。十月奉迎福临于盛京，多尔衮率诸王、贝勒、贝子及文武大臣迎驾入京城，即皇帝位，定都北京。多尔衮被加封为皇叔摄政王，下令手下将领携书前往劝说史可法共同讨“贼”，被史可法拒绝。多尔衮见山西、山东、河南等郡县已经相继平定，除七月已命英亲王阿济格为靖远大将军率军西征李自成外，更命豫亲王多铎为定国大将军（后加封辅政王）率军下江南。顺治二年五月定南京，六月克杭州，闰六月命内阁大学士洪承畴等招抚江南、广东、江西、福建、湖广、云贵等省。太宗驾崩时，郑亲王济尔哈朗想立肃亲王豪格为帝，豪格因未能继承皇位，心怀不满，常与顺治帝和多尔衮作对。不久，郑亲王便被革去了亲王爵，降为多罗郡王。肃亲王则因身具战功而幸免于狱。顺治五年十一月，大同总兵姜瓖起兵反叛。多尔衮因念其有功，便令其伏罪。但姜瓖却充耳不闻，概不从命。震怒之下，多尔衮决定出兵讨伐，并于顺治六年二月攻下浑源，之后便兵临大同。多尔衮念其前功，又派使者劝降。殊料姜瓖冥顽不灵，仍一意孤行，遂杀之。

多尔衮与孝庄太后随着接触的增多，两心相知。多尔衮常以与皇太后相商国事为由，进宫见孝庄。顺治五年，多尔衮又被加封为皇父摄政王，两人往来更为密切，以致民间有皇太后下嫁之说。顺治七年十月，多尔衮前往边外的喀喇城打猎，十一月到达后即病倒，于十二月初九日戌时终，年仅 39 岁。噩耗传至京郊，顺治帝哀悼，下诏臣民着素服、举丧。灵柩运到北京的时候，帝率诸王贝勒、文武百官，易缟服出东直门五里外迎接，哭奠尽哀。

四大臣辅政康熙

明末长达 40 多年的战乱，终于在清顺治皇帝时期结束了。顺治皇帝便是皇太极最年幼的儿子福临。顺治五年的时候，多尔衮被晋封为“皇父摄政王”。之后，多尔衮独揽朝政，而幼小的福临只不过是个摆设。

1650 年，即顺治七年，多尔衮在古北口外打猎时，不慎坠马受伤，后病情恶化，死在喀喇城（今河北承德市郊），年仅 39 岁。多尔衮死后，福临亲政。他对多尔衮摄政时专断擅权怀恨在心。多尔衮死后，被多尔衮长期压制的元老郑亲王济尔哈朗等人上奏，要求追查他的罪责。顺治皇帝福临借此机会，宣布多尔衮的十大罪状，下诏剥夺了多尔衮的一切封号，削其爵位，抄其家产，还毁坏其坟墓。

顺治皇帝亲政后，继续推行统一全国的征战。但他在位的时间并不长，仅仅 17 年，在他 24 岁的时候，不幸染上了天花。这个病在当时非常难治愈，曾经夺走了清朝很多皇子、公主的生命。顺治患上天花时，还很年轻，因此根本就没有考虑到立嗣的问题。然而，他的病情突然恶化，必须要立一个继承人。顺治生有 8 个儿子，他的意愿是立次子福全即位，孝庄皇太后不同意，她提出让顺治的第三子玄烨继位。

顺治十八年（1661 年）正月初四，顺治皇帝卧床不起，高烧不止，昏迷不醒，生命危在旦夕。此时，孝庄皇太后授意翰林院学士王熙起草遗诏，遗诏中写明要立玄烨为皇太子。玄烨此时年幼，需要有重臣辅政。但是，在顺治初年，宗室多尔衮辅政专权，产生了很多弊病。因此，孝庄皇太后决定，选择非宗室大臣辅政，以便于控制，于是任命资历深厚的索尼、苏克萨哈、遏必隆、鳌拜四位异姓重臣为辅政大臣，辅佐年幼的玄烨管理国家。其中，遏必隆和鳌拜都是皇太极的旧部，因为当年拥立顺治即位，而遭到过多尔衮的打击，顺治亲政后，恢复了他们官职，并委以重任。苏克萨哈原本是多尔衮的部下，多尔衮死后他首先告发了多尔衮的谋逆之罪，立下大功，得到了顺治的信任。这四个元老，在朝廷中的地位自然是无可争议的。

1661 年正月初七，顺治帝病逝，玄烨即位，他就是康熙皇帝，当时年仅 8 岁。顺治帝死后，孝庄皇太后成为清朝统治集团中德高望重、一言九鼎的人物，她对这四位辅政大臣也极为信任，放手使用。因此，辅政大臣的权力很大，加之没有监督和约束的机构，从而为个别人结党营私、擅权乱政提供了条件。由于历史的原因和某些政见的不同，辅政大臣中两黄旗的索尼（正黄旗）、遏必隆、鳌拜（镶黄旗），与正白旗的苏克萨哈的关系日渐紧张。另一方面，鳌拜居功自傲，权力欲逐步膨胀。他联合遏必隆，扩张镶黄旗的实力，擅杀朝中与自己存有积怨的大臣，专横跋扈的作风越来越明显。

四位辅政大臣在辅政期间，自然做了很多有益的事情，但在处理满汉关系的问题上，却采取保守、倒退方针。在恢复祖制、遵从满洲的旗号下，歧视汉民，使汉民的积极性受到严重挫伤。当时，反清复明的战火尚未完全熄灭，经济凋敝，百废待兴。但满族大臣既缺乏治理经验，又不能与汉人切磋合作，大大妨碍了国家机器的正常运转。这便使得一些投机分子逐步取得辅政大臣的信任，为非作歹。

康熙五年（1666 年），鳌拜在索尼、遏必隆的支持下，将清朝入关初期圈占土地时分配给镶黄旗与正白旗的土地强行互换，并再次圈占大量土地，致使广大农民流离失所，加剧了满汉矛盾。这三个辅政大臣还不顾玄烨的反对，下诏将反对此举的大学士、管理户部事务的苏纳海等大臣处死，造成了一大冤案。

康熙六年（1667 年），索尼去世，鳌拜成为首席辅政大臣，遏必隆对他言听计从。鳌拜为清除异己，独掌辅政大权，罗织苏克萨哈的“罪状”，企图将他置于死地。玄烨虽然坚决反对，但鳌拜等人不肯罢休。之后又一连七日强奏，竟将苏克萨哈及子孙、全部处死，并没收其家产。

苏克萨哈被除掉后，鳌拜的权势进一步扩大，变得更加飞扬跋扈，欺君擅权。他的种种行径，已构成对皇权的严重威胁。至此，孝庄皇太后做出决断，并指点玄烨，定下了清除鳌拜集团的全盘计划。

铲除鳌拜

顺治皇帝驾崩后，年仅8岁的玄烨即位，这便是康熙皇帝。因为年纪尚小，所以国家大事暂由索尼、苏克萨哈、遏必隆、鳌拜四位重臣辅政。

索尼死后，鳌拜成了首辅大臣，他欺君擅权，排除异己，杀害了与他作对的苏克萨哈。此时，康熙虽然亲政，但辅政大臣已经辅佐7年，形成了一股强大的势力，而鳌拜专权的问题也越来越严重，康熙忍无可忍，在祖母孝庄皇太后的密谋支持下，开始实施抓捕鳌拜的计划。

孝庄先让康熙广泛求言，以制造舆论，通过各种措施的实行，纠正辅政大臣政治上的失误和弊端。这使朝廷上下人心振奋，康熙的威望日益增强，鳌拜逐渐地被孤立起来。与此同时，康熙身边就聚集起一批年轻的满族贵族成员。他们朝气蓬勃，索额图便是其中的突出代表。索额图是索尼的儿子，孝庄选中他的侄女赫舍里氏做皇后，以加强索尼家族与清皇室的关系，也加强了正黄旗对皇室的向心力，并影响到镶黄旗。索额图对康熙十分忠诚，在清除鳌拜集团的过程中，也是康熙最为得力的助手。

依附鳌拜集团的人很多，盘根错节，基本上掌控了朝廷。为了最大限度地减少动荡和不必要的损失，孝庄帮助康熙制定了“擒贼先擒王”的策略，以迅速打击主要党羽，震慑其他成员，稳妥解决问题。根据这个策略，康熙命索额图秘密地组织起一支善于扑击的少年卫队。康熙经常故意当着鳌拜的面，和少年卫队摔跤滚打。在鳌拜看来，康熙和这些少年只知道玩，因此便逐渐放松了警惕。

时机已经成熟，行动之前，康熙还将鳌拜的部分党羽派遣往外地，以分散鳌拜集团的力量。同时，康熙还进行了其他一些周密的部署。

康熙八年（1669 年）五月十六日，鳌拜奉诏进宫，当即便被少年卫队擒拿，其主要成员党羽先后被逮捕归案。考虑到鳌拜以往为清朝所做的贡献，康熙对他予以宽大处理，免除死罪，没收家产，终身监禁。对鳌拜众多的追随者，也只处死最主要的一些人，其他一律宽免。就连遏必隆也被免罪，仅革去太师的官职，后又将公爵还给了遏必隆，恢复了对他的信任，从而团结了镶黄旗。

铲除鳌拜集团的政治较量，是康熙即位后孝庄皇太后对他的一次关键性指导和帮助。这时，康熙年仅 16 岁，还缺乏足够的智谋与经验。如果没有祖母的指教和授计，他是很难在亲政第三年就一举粉碎鳌拜集团的。

另一方面，在对鳌拜集团的斗争过程中，孝庄和康熙祖孙也相互加深了了解，感情也更为深厚。孝庄的言传身教，使康熙逐步具备了一代名君应有的宽阔心胸与气度。孝庄指导康熙宽大处理鳌拜集团，既是对当年两黄旗大臣同心合力拥立幼主福临的回报，也是为清朝的长远统治着想。

清除鳌拜集团，排除了威胁皇权的潜在危险，扫除了清朝向前发展的绊脚石，康熙真正掌握了天下大权。他在“首推满洲”的原则下，努力改善缓和汉满关系，崇儒重道，发挥汉族官员的积极性，发展生产，恢复经济。在短短几年时间内，不但政局得到了稳定，也得到汉族地主阶级更广泛的拥护，经济开始有了起色。

但是，此时天下的形势并不是一片大好。清朝虽然统一了中国的大部分地区，但四周依然危机四伏。北有罗刹国（俄国）不断侵扰，西面有噶尔丹擅自称王，南面有“三藩”意欲谋反，东面还有台湾孤岛自立。康熙亲政后，书写了一张“以三藩及河务、漕运为三大事”的条幅，悬挂于宫中的柱子上，时刻提醒自己。其中“三藩”是康熙面临的主要问题，也是治国安邦的头等大事。对于康熙来说，这是在擒杀鳌拜之后，出现的又一个政治考验。

平定三藩

康熙帝亲自执政后，大力整顿朝政，使新建立的清王朝逐渐强盛起来。但是，南方的三个藩王却成了康熙帝的一块心病。

三藩问题由来已久。早在顺治年间，平西王吴三桂、平南王尚可喜、靖南王耿继茂奉命南征，为清王朝统一天下立下了汗马功劳。因而顺治帝在统一中国后，并没有及时撤除三藩，而是命令他们留守原地。天长日久，三藩势力日盛，成为威胁中央的主要地方割据势力。三藩拥兵自重，把持地方财政，欺压百姓，甚至利用沿海交通的便利条件，置朝廷的海禁政策于不顾，大肆进行走私活动。

康熙帝即位之初，四大辅臣把持朝政。他们对三藩采取了笼络放纵的态度，企图借助他们的力量来对付南明、农民军余部，因此对三藩的所作所为不问不顾，三藩的气焰也因此而变得更加嚣张。康熙帝亲政后，敏锐地看出三藩已经成为了国家的心腹之患，将它列为自己亲政所必须解决的大事之一。

康熙帝亲政之前就采取了措施，逐步削弱三藩的势力，他收缴大将军印，裁撤兵士，严禁欺行霸市、借势扰民，解除藩王督管云贵两省事务的职务。亲政以后，康熙专心学习经史典籍，借鉴历朝历史，他清楚地认识到，三藩的性质不是同宋初的开国功臣一个类型，而是同唐末藩镇一个性质。于是他更加抓紧整顿财政，筹措军费，扩大兵力，并主动缓和满汉矛盾，以争取民心，为削藩工作做准备。

康熙帝虽有削藩之意，但鉴于“三藩俱握兵柄”，他也不敢贸然行动。正在他犹豫不决的时候，平南王尚可喜给他提供了一个机会。康熙十二年（1673 年）三月，尚可喜上奏要求回辽东养老，主动提出了削藩问题。康熙帝立即抓住机会，顺水推舟，答应了尚可喜的要求，并对他的行为加以表彰。

一石激起千层浪，康熙帝的行为引起了其他两藩的恐慌。这时，吴三桂之子吴应熊正在京师，他立即派人快马加鞭送信给吴三桂，信中写道：“朝廷久疑王，今二王皆有辞职疏，而王独无，朝廷之疑愈深。速拜疏发使来，犹可及也。”吴三桂为了消除皇帝的疑心，便接受了其子的建议，立即上书“请求撤回安插”，耿继茂之子耿精忠迫于形势，也上书一封，请求撤回安插。

两王上书到达京城，朝臣对是否削藩的事情意见不一，大多数官员惧怕吴三桂势力，主张暂时妥协，先行撤去耿精忠的藩国。康熙帝则认为与其等吴三桂蓄谋已久，养痈成患，不如痛下决心，将三藩一起削除。

康熙十二年（1673 年）八月，康熙帝派礼部侍郎折尔肯、翰林院学士傅达礼带手诏前往云南，户部尚书梁清标赶赴广东，吏部右侍郎陈一炳往福建，会同地方官员料理三藩迁移事务。

但是吴三桂申请撤藩不过是故作姿态，没想到康熙帝竟然如此迅速地批准他撤藩。吴三桂感到非常愤怒，于是便密谋党羽准备起兵。九月初，康熙帝所遣办理迁移事务的大臣到达云南后，吴三桂阳奉阴违，表面上接受诏书，暗地里却一再拖延动身日期，加紧叛乱的步伐。十一月二十一日，吴三桂杀死云南巡抚朱国治，逼使云贵总督甘文謈自杀，扣留折尔肯，自称“周王”，建元昭武，公开反叛清朝。

吴三桂反叛的消息传到北京，满朝震惊。大臣中主张向吴三桂妥协的人很多，大学士索额图竟然要求将“前议三藩当迁者，皆宜正以国法”。康熙帝也知情势严重，但他知道撤藩的决策没有错，此时向吴三桂妥协，只能助长他的气焰，而灭自已的威风，他下定决心要与吴三桂一决雌雄。吴三桂起兵前后，曾经致书平南、靖南二藩，台湾郑经以及贵州、四川、湖广、陕西等地官吏，他还发布了《反清檄文》。一时之间，滇、黔、湘、蜀纷纷响应。吴三桂主力东侵黔、湘，很快兵力便达到 14 万。接着河北总兵蔡禄也反于彰德，塞外又有察哈尔部布尔民的叛乱，可谓“东南西北，都在鼎沸”。

康熙帝没有退路可走，唯有采取措施，布置兵力。其措施有：增派八旗精锐前往咽喉要地荆州固守；停撤广东和福建二藩，孤立吴三桂；拘禁额驸、吴三桂之子吴应熊及家属，赦免散处各地的原属吴三桂的官员，削除吴三桂爵位，并悬赏捉拿吴三桂。

康熙十四年（1675 年），吴三桂与清王朝的对抗达到了顶峰。叛军在全国形成了三大战场：耿精忠控制的福建、浙江、江西为东线，湖南是正面战场，四川、陕西、山西、甘肃为西线。康熙帝分析形势，定下战略方针：以荆州为战略立足点，顶住湖南战场的吴军主力，只对峙而不主动出击；主攻从侧翼入手，先解决耿精忠、王辅臣两股主要叛军，然后再集中力量对抗吴三桂。康熙帝还并用剿灭、招抚两手，亲自致书王辅臣、耿精忠等人，表示只要他们“投诚自归”，即赦免前罪，仍像从前一样对待他们。康熙十五年（1676 年），王辅臣兵变降清。十月，耿精忠投降。十二月，尚可喜之子尚之信也公开反吴。康熙帝践约，一律优待他们。如此一来，那些参与反叛的将领和将官纷纷投降，吴军渐渐分化瓦解。

康熙十七年（1678 年）八月，吴三桂暴病身亡，其孙吴世番即大周皇位，改元洪化。他见势不妙，退居贵阳。清军在解决两翼之后，开始战略反攻，进入湖南。康熙十八年（1679 年）正月，清军攻克岳州。接着势如破竹，一路收复长沙、常德、衡州。至此，湖南、四川、贵州、广西被收复。康熙帝又下令兵分三路，进军云南。康熙二十年（1681 年）十一月，昆明城破，历时 8 年的内战以吴三桂的覆灭而告终。

郑成功收复台湾

南明隆武帝在福州建立政权后，他手下的大臣黄道周一心想帮助隆武帝北伐，抗清复明。但是掌握兵权的郑芝龙贪图富贵，抛弃了隆武帝，向清朝投降，隆武政权随之瓦解。

郑成功（1624—1662 年），原名森，字大木，隆武政权重臣郑芝龙之子。隆武帝对他十分宠信，封他为延平郡王，赐姓朱，改名成功，因此亦称为"国姓爷"。郑芝龙降清时，郑成功率师拒降，"不受诏，不剃头"，打出"背父救国"的旗号，单独跑到南澳岛，招募数千军马，誓死抗清。

郑成功是个将才，经过他的努力，队伍逐渐强大起来，在厦门建立了一支水师。他跟抗清将领张煌言联合起来，乘海船率领 17 万水军，开进长江，向南京进攻，一直打到南京城下。清军见硬拼不行，就用假投降的手段欺骗他。郑成功中了清军的计，最后打了败仗，又退回厦门。

郑成功回到厦门的时候，清军已经占领了福建大部分地方。他们采用封锁的办法，将沿海居民内迁 30 里。同时，禁止舟船出海，以切断东南人民与郑成功的联系。这给郑成功造成许多困难。为了扭转被动局面，郑成功准备收复我国被荷兰侵占的领土台湾，用作抗清斗争的最后基地。

台湾自古以来就是我国的领土。明朝末年，明王朝腐败无能，荷兰人趁机开始侵占台湾。1624 年，荷兰殖民者被大明朝逐出澎湖后，又占领了台湾南部，并建立了许多据点，如台湾城和赤嵌城，并蚕食了大量土地。1642 年，荷兰打败了西班牙独霸台湾，在台湾实行残暴的殖民统治。

少年时候的郑成功曾经跟随父亲到过台湾，亲眼目睹了台湾人民受到的苦难。这一回，他决心赶走殖民者，于是下令让他的将士修造船只，积蓄粮草，准备渡海。

这时，有一个在荷兰军队里曾经做过翻译名叫何廷斌的，赶到厦门见郑成功，说台湾人民受殖民者欺侮压迫，早就想反抗了，只要大军一到，一定能够把荷兰人赶走。何廷斌还送给郑成功一张台湾地图，把荷兰殖民者的军事部署都告诉了郑成功。郑成功有了这个可靠的情报，信心变得更足了。

1661 年三月，郑成功亲率 2.5 万名将士，乘坐几百艘战船，浩浩荡荡从金门出发。他们冒着风浪，越过台湾海峡，在澎湖休整几天，便直取台湾。

荷兰殖民者听说郑军攻打台湾，十分惊慌。他们把队伍集中在台湾城（在今台湾东平地区）和赤嵌城（在今台南地区）两座城堡里，还在港口凿沉了很多破船，想要阻挡郑成功的船队登岸。

何廷斌为郑成功领航，利用海水涨潮的机会，驶进鹿耳门，登上台湾岛。

殖民者将一艘最大的军舰“赫克托”号，气势汹汹地开了过来，阻止郑军的船只继续登岸。郑成功沉着镇定，指挥他的 60 艘战船把“赫克托”号围住，随即一声令下，60 多艘战船一齐开炮，把“赫克托”号击沉了。还有三艘荷兰船只见势不妙，吓得掉头就跑。

随后，郑成功派兵猛攻赤嵌城。赤嵌城的殖民者拼死顽抗，久攻不下。有个当地人为郑军出主意说，赤嵌城的水都是从城外高地流下来的，只要把水源切断，敌人就会不战自乱。郑成功采用这个办法，没出三天，赤嵌城的殖民者果然乖乖地投降了。

盘踞台湾城的殖民者企图顽抗，等待援兵。郑成功采取长期围困的办法逼他们投降。在围困 8 个多月之后，郑成功下令向台湾城发起猛攻。荷兰殖民者走投无路，只得扯起白旗投降。

1662 年年初，殖民者头目来到郑成功大营，在投降书上签了字，灰溜溜地离开了台湾。收复台湾后，郑成功在台湾设置行政机构，将赤嵌城改为安平城，在台湾设立承天府，下辖天兴、万年两县，将台湾城改为安平镇。建立了与大陆一致的郡县制，大力开发台湾，发展农业生产，鼓励开荒，招揽大陆移民，积极发展海外贸易，促进了台湾社会经济发展。同时，他还带来了先进的农耕技术。从此之后，高山族也同大陆一样使用牛耕和铁犁种田，生活逐渐安定。

1662 年五月初八，郑成功病逝。他的儿子郑经率领军队，继续镇守台湾，进行抗清活动。1683 年，清军进入台湾，设置台湾府。

郑成功是伟大的民族英雄，他驱逐了荷兰殖民者，收复了台湾，使台湾重新回到祖国的怀抱，捍卫了中国领土和主权的完整，结束了荷兰对台湾历时 38 年的殖民统治，保卫了中华民族的利益。同时，收复台湾还促进了当地的经济开发与社会发展，具有重大的历史意义，他的壮举必将永垂史册。

施琅平定台湾

在福建晋江的一座纪念馆中，有一副对联非常引人注目。上联是："平台千古，复台千古"，下联是："郑氏一人，施氏一人"。这副对联提到的"郑氏"，就是从荷兰人手里夺回宝岛台湾的"平台英雄"郑成功。而这里的"施氏"，指的就是为清朝立下平台伟业的大将军施琅。

施琅，字尊候，号琢公，福建晋江人，清代初年著名将领，曾历任清军副将、总兵，福建水师提督，加太子少保衔，深得康熙帝的信任。施琅擅长军事，尤其精通海战，所辖部队以作战迅速、勇猛、果断而著称，故人送他“海霹雳”的响亮绰号。施琅一生最为辉煌的事迹便是率领清军平台。因此在民间，他得到了足以与郑成功相提并论的殊荣。

清军入关以后，残存的明军势力继续进行抵抗。明朝旧将郑成功从荷兰人手中收复台湾后，便把那里作为了抗清的最后根据地。清军几次出兵攻台，都失利而归。康熙二十二年（1683 年），施琅以福建水师提督的身份上书皇帝，陈述战备已足，可以攻台，并向康熙帝表达了必胜的信心。心怀统一愿望的康熙帝欣然应允了施琅的请战令。于是，施琅率领两万精兵和 300 艘战船出海，踏上了完成统一大业的征程。

当时郑成功及儿子郑经已死，台湾的统治者是郑成功的孙子郑克爽，政权则由权臣冯锡范把持。台湾军队长期割据海岛，海军实力很强。施琅采用稳扎稳打的战术，首先攻克了花屿、猫屿、草屿等岛礁，并利用南风将战船驶入了八罩湾。施琅的对手是台湾守将刘国轩，刘国轩将自己的部队撤到澎湖，并沿着海岸筑起矮墙，安装了火炮，设环岛 20 里的范围为堡垒抵抗清军。施琅机智地派遣快船游击敌人，敌军见状包围上来。施琅果断地率领大船出击，突入敌阵，与敌军展开决战。

战斗中，施琅被箭射中了眼部，鲜血浸透了包扎的手帕，但他仍奋勇督战，指挥若定。清军在他的指挥下连续攻克了虎井、桶盘两个岛屿，但战况依然胶着。见此情景，施琅命令部下将百余艘战船分东西两个方向进攻，以此分散敌人的兵力。自己则率领 56 艘战船在前，又命 80 艘战船为后援，径直冲入敌阵。在施琅重伤不退的激励下，清军将士舍生忘死，奋勇争先，历经半日的战斗，击毁敌船百余艘，取得了澎湖海战的胜利。

澎湖决战起到了决定性的意义。败退的台湾守军再无实力抵抗，绝望中的郑克爽决定投降，并派遣使者协商投降事宜。同年八月，施琅率战船登陆台湾岛。郑克爽率众出降，呈上象征统治权的延平王金印。捷报快马加鞭地传到京城时，正逢中秋佳节。康熙帝为这双重团圆的盛世时刻兴奋不已，亲自赋诗表彰施琅的功勋，授予他靖海将军之职，并封他为靖海侯，世袭罔替，还赏赐给他御用的衣物。施琅上书推辞，康熙帝不但不准，又另赐给他花翎，表示恩宠。

至此，施琅的仕途走到了巅峰，他的名字也被永远载入了史册。

从个人的能力到成就的功业，施琅丝毫不愧于世人的赞誉。他真正惹人争议的，是在明、清两军中几度反复的人生经历。

施琅出生于明朝末年，早年在郑芝龙手下。他凭借自己的努力，很快便得到了郑芝龙的重用，被任命为部队的左冲锋，也因此与郑成功结识。后来清兵南下，势如破竹，郑芝龙临阵降敌，施琅也随之投降了清军。

清军让郑芝龙劝说儿子郑成功投降。但郑成功耻于父亲的行径，与父亲决裂，率兵继续抗清。郑成功看重施琅统兵打仗的才能，不断地游说施琅，邀请他共同加入抗清义军。施琅经过几番考虑后，决定离开清军，再次回到郑成功的抗清部队中。此后，施琅协助郑成功接连攻下漳浦、云霄镇等处，搅得清朝海防不得安宁，而他也因屡立战功，名气越来越大。

施琅性格直爽，敢怒敢言，郑成功也是一个直脾气，而且性格暴躁。因此，两人之间难免出现矛盾，甚至发生冲突。此时的施琅因“大功不赏”对郑成功已心怀不满，而郑成功也因施琅的骄横跋扈而对其日渐疏远。据施琅自己撰写的《靖海纪事》记载：曾有一名叫曾德的属下因触怒施琅而逃到了郑成功的府内。好斗的郑成功不但不将曾德遣返，反而格外宠信他。施琅对此极为愤怒，派人到郑成功府上捉回了曾德，并不顾郑成功的阻拦将其斩首以泄愤。

郑成功将这一事件与施琅要谋反的猜测联想到一起，一怒之下命人包围了施琅的住宅，拘捕了施琅和他的父亲施大宣、弟弟施显。施琅被捕后，被关押在一艘船上。施琅原来的一些部下和亲信同情他，便秘密将其释放。出逃之后的施琅辗转回到大陆，投靠郑成功的叔父郑芝豹，并请求郑芝豹出面为两人调解。可不依不饶的郑成功并不买账，竟秘密排遣杀手刺杀施琅，一定要将其置于死地而后快。施琅因为有人报信而幸免于难，但计划失败的郑成功更加恼羞成怒，竟然下令将施琅的父亲和弟弟处死。施琅至此与郑成功结下血海深仇，走投无路又一心报仇的他，于顺治八年（1651年）被迫再次投降清朝。

施琅三度改易君主，两次在明朝军队效力，又两次投降清军，这样的经历难免惹来后人的非议。与同时代的史可法等人对比，在道德上受到了很大谴责。然而，就此否定施琅的功绩未免有失偏颇，因为施琅不仅有平台之功，更建立了保台护岛的千古功勋。

中秋之夜，当平台捷报送到康熙帝面前的时候，康熙帝脑海中对台湾未来的打算，并不是后来在历史中呈现的样子。在康熙帝看来，台湾不过是个弹丸之地，除了统一的名义以外，台湾的收复对于国家并没有什么实际利益。满朝文武也大都这样认为，他们甚至建议，应将台湾岛上所有的居民迁往内地，而将台湾作为空岛废弃掉。如果这一设想实施，今天的台湾恐怕早已不复存在。而在此刻力挽狂澜的，正是对台湾的地位和意义有着深刻理解的施琅。

施琅在收复台湾后不久，就上了一道《陈台湾弃留利害疏》，向康熙帝阐明了台湾的重要性。他深刻地分析了台湾在军事上的重要位置，并且建议康熙帝大力鼓励台湾的经济发展，轻徭薄赋，以此得到一个稳定繁荣的台湾岛。同时，他还力劝康熙帝废除实行多年的“迁界禁海”令，还地于民，让海峡两岸人民安居乐业，恢复遭到战事破坏的经济。后来，康熙帝采纳了施琅的建议，免除了千万百姓迁徙之苦，为日后海峡两岸的发展打下了基础。

由此说来，施琅不仅有“复”台之功，更有“护”台之功，可谓功在千秋。

驱逐沙俄

明朝以来，沙皇俄国便开始向我国东北部的黑龙江流域扩张。明朝末年，清朝忙于入关，放松了北方边境的戒备，沙皇俄国趁机进犯我国黑龙江地区。他们在那里掠夺财物，杀害居民，遭到当地各族人民的强烈反抗。

康熙即位初期，鳌拜擅权，政局十分混乱，沙皇俄国侵略军乘虚而入，潜入中国领土，占领了雅克萨。雅克萨在今天的黑龙江呼玛西北，漠河以东的黑龙江北岸。俄军占领雅克萨后，在尼布楚（贝加尔湖以东地区）修建碉堡，向当地居民征收大量的赋税，建立了殖民据点。沙皇俄国采用了两种手法，一面派侵略军蚕食中国领土，一面派遣使臣到北京进行恐吓和讹诈，康熙帝对此都不予理睬。

三藩之乱的时候，沙皇俄国又陆续蚕食了黑龙江的大片土地，到处建立侵略据点，掠夺了大量的当地土特产和矿产资源。同时，又于康熙十五年（1676 年）派使团来北京讹诈。俄国使团在北京耶稣教会的传教士那里窃取了大量的情报。回国之后，他们向沙皇建议，派出 2000 名正规军进驻贝加尔湖以东的黑龙江流域。沙皇接受了这个建议，立即增兵远东，以雅克萨为巢穴，派兵分路侵扰，扩大在黑龙江流域的侵略范围，建立了更多的侵略据点。

对于沙皇俄国无耻的侵略行为，在平定三藩叛乱后，康熙有条不紊地开始施行其计划。他采取先礼后兵的办法，派遣大理寺卿去东北与雅克萨的俄军交涉，但俄军方面蛮不讲理。于是，在 1682 年，康熙皇帝亲自到边境考察情况，摸清了对方的实力。回京之后，康熙又派兵侦察，侦察的结果使康熙认为，俄军是很容易打败的，但又怕他们卷土重来。因此，康熙认为，应该在边地修建城池，屯田开垦，并修通水陆交通。

康熙派出1000多官兵带着家眷去屯垦驻防，做好战前准备。边区各族人民看到朝廷抵抗沙俄侵略的决心，受到了极大的鼓舞，积极支援清军备战。

1685年春，一切准备就绪。康熙下令，对俄军的据点雅克萨发动进攻。清军直抵雅克萨城下。他们按照康熙皇帝的旨意，先警告沙俄军，沙俄军却置之不理。于是，清军把雅克萨包围起来。在观察地形后，清军在城南筑起土山，让兵士站在土山上往城里放冷箭，城里的俄军以为清兵要进攻城南，就把兵力都拉到城南。而清军却出其不意在城北隐蔽，趁城北敌人防守空虚，突然以火炮发起攻击，炮弹击中城楼，清军又在城下堆放柴草，准备放火烧城。俄军在慌乱中举起白旗投降，并带着残兵败将逃走。清军收复雅克萨后，收缴了大量的俄军武器。

但是，俄军并没有死心。就在当年，沙俄侵略军的增援部队趁清军撤回休整的时机，又带兵开进雅克萨。康熙决定，这一次要彻底消灭沙俄军。于是，清军又一次包围了雅克萨，用猛烈火炮进攻。这一次沙俄进行了顽强的抵抗。几次出城反扑，都被清军打了回去，战斗持续了三个多月，沙俄守城的头目托尔布津中弹身亡，俄军最后只剩下不到200人，清军终于攻克了雅克萨。

两次雅克萨之战都以失败告终，沙俄政府不得不派出使者到尼布楚，请求谈判。康熙二十八年（1689年）八月，双方代表在黑龙江的尼布楚城，开始了有历史意义的边界问题谈判。沙俄方面的代表戈洛文首先提出土地的问题，要求黑龙江北岸划归俄罗斯帝国，南岸属于中华帝国。而清朝方面，在康熙的旨意下，索额图表示可以以尼布楚为界。戈洛文却不领情，谈判陷入了僵局。戈洛文为了进行武力恐吓，在尼布楚哨卡增派了300名火枪手，但清朝官员根本不为所动。

第二天，清朝使团又一次做出了让步，提出以格尔必齐河为界。但是戈洛文提出，要索取雅克萨，拒绝了清朝方面的建议。这样一来，引来了尼布楚周围的布里亚特人和温科特人的不满，他们纷纷起义。清政府的坚定立场和人民的起义，让戈洛文慌了手脚。在他们查明清廷割让给沙皇俄国的那部分土地蕴藏有丰富矿产资源的时候，终于同意以额尔古纳河为界，再沿外兴安岭向东直到海边为中俄边界，河东岭南属于清朝，河西岭北属俄国。沙皇俄国还保证要拆毁雅克萨城堡，把军队撤离中国领土。

1689 年 9 月 7 日晚，索额图和戈洛文分别代表中、俄双方在条约上签了字，这就是著名的《中俄尼布楚条约》。

康熙亲征噶尔丹

《中俄尼布楚条约》签订以后，沙俄方面并不安分，就在条约签订的第二年，即 1691 年，沙俄唆使蒙古准噶尔部的首领噶尔丹进攻漠北蒙古，发动叛乱。

康熙时期，蒙古分为漠南蒙古、漠北蒙古和漠西蒙古三个部分，这三个地区都陆续归顺了清政府。噶尔丹统治准噶尔部后，野心勃勃，先是兼并了漠西的其他部落，又向东进攻漠北蒙古。漠北蒙古被攻破后，几十万漠北蒙古人逃到漠南，请求清政府给予保护。康熙派使者来到噶尔丹那里，要求噶尔丹将侵占的地方交还给漠北蒙古。噶尔丹的幕后是沙俄政府唆使策划。因此噶尔丹认为，自己有沙俄政府撑腰，因此根本不理睬康熙的劝说，不但不肯退兵，还大举侵犯漠南，气焰十分嚣张。

谈判失败后，康熙认为，噶尔丹野心很大，不可小视。于是，他决定亲自征讨噶尔丹。1690 年，康熙兵分两路，左路由抚远大将军福全率领，出古北口，右路由安北大将军常宁率领，出喜峰口。康熙则亲自带兵在后面指挥。

右路清军最先遇到噶尔丹军，打了败仗，噶尔丹变得更加得意，派使者向清军要求交出他们的仇人，噶尔丹又把几万骑兵集中在大红山下，后面有树林掩护、前面又有河流阻挡，又将上万只骆驼，绑住四条腿躺在地上，驼背上架上箱子，用湿毡毯裹住，摆成了一个长长的“驼城”，企图阻止清军进攻。康熙下令反击，福全以炮火分段击破。“驼城”被轰开一个大缺口，上万名清军骑兵冲杀过去。福全又派兵绕到山后夹击山下的骑兵，叛军猝不及防，被里外夹攻，损伤大半，剩下的纷纷逃命。噶尔丹见形势不利，急忙派人向康熙求和。实际上，这是缓兵之计，等清军奉命追击的时候，噶尔丹已经带着残兵败将逃到漠北去了。

噶尔丹回至漠北后，继续招兵买马。1694 年，康熙约噶尔丹会见，以订立盟约。噶尔丹不但不来，反而暗地派人至漠南煽动叛乱，并扬言沙俄将支援 6 万名枪兵，来对付清军。

面对噶尔丹的阴谋，康熙决定再次征讨噶尔丹。1696 年，康熙第二次亲征。分三路出击：黑龙江将军萨布素从东路进兵；大将军费扬古率陕西、甘肃大军，从西路出击，截击噶尔丹的后路；康熙亲自带领中路军，从独石口出发。三路大军约定时间组织夹攻。

康熙带领的中路军先期抵达科图，遇到了敌军前锋，但东、西两路军还没有到达。康熙当即决定继续进攻克鲁伦河，并派使者去见噶尔丹，告诉他康熙亲征的消息。噶尔丹得知后，连夜拔营撤退，在三路大军的夹攻下，噶尔丹最后只带着几十名骑兵逃脱。

经过两次大战，噶尔丹的势力已经土崩瓦解。康熙要求噶尔丹投降，但是噶尔丹继续顽抗，过了一年，康熙又带兵渡过黄河亲征。此时，噶尔丹军队已经人心涣散，很多人纷纷投降，甚至愿意做清军的向导，噶尔丹走投无路，最后服毒自杀。

从此之后，清政府重新控制了阿尔泰山以东的漠北蒙古，给当地蒙古贵族各种封号和官职。清政府又在乌里雅苏台设立将军，统辖漠北蒙古。后来，噶尔丹的侄儿策妄阿那布坦攻占西藏。1720 年，康熙又派兵远征西藏，驱逐了策妄阿那布坦，护送达赖喇嘛六世入藏。之后，清政府又在拉萨设置了驻藏代表，代表清政府同达赖、班禅活佛共同管理西藏。

康熙即位后，平三藩，收台湾，征服噶尔丹，澄清吏治，减轻赋役，招贤纳士，国家内部逐渐稳定，使天下由大乱走向大治。开创了中国历史上为数不多的“升平盛世”。

康熙在位 61 年，是中国历史上在位时间最长的帝王。他一生殚精竭虑、励精图治，于守成之中创业，使天下安泰、四海承平，为我国多民族国家的形成、巩固和发展建立了丰功伟业。康熙六十一年（1722 年），69 岁的康熙因病去世，他的皇子们又展开了激烈的皇位之争。

乾隆改弊政

自从清军入关到康熙、雍正朝，清朝的统治一直处于向上发展的时期。康熙、雍正两个皇帝励精图治，都为清统治的巩固做出了重要贡献。然而，由于具体历史条件的限制，他们在处理统治阶级内部关系上，以及一些具体的政治、经济政策上都存在着问题。这些问题的存在，影响着统治阶级内部的团结，不利于政治、经济的进一步发展。

乾隆帝即位之初，首先面临的是，父皇雍正留下的因苛政而导致的紧张政治空气。

雍正即位之后，对政敌大肆镇压，或者监禁，或者流放，或者杀戮。一时之间，皇室内部的斗争变得空前激烈。尽管雍正在政治上取得了很大成功，但由于皇室内部结怨过多，在舆论上处于极为不利的地位。乾隆即位后，为了调整皇室内部关系失调的局面，收揽人心，缓和政治集团内部的矛盾，首先将雍正帝长期的政敌释放出狱，并恢复他们的爵位。同时，乾隆还对雍正朝年羹尧、隆科多两案遗留的问题进行了妥善处理，恢复了年羹尧“滥冒军功案”中被革职的文武官员的职务。之后，又把受这两个案件牵连的文字狱人员，全部释放回原籍。

除此之外，乾隆还对雍正朝形成的中央政府和地方豪绅之间紧张的关系，进行了一系列的调整。

地方豪绅是清朝统治的社会基础，雍正朝以前，清政府曾给予他们一定的特权。但是，他们并不满足，而是横行乡里，鱼肉百姓，抗缴赋税，严重地损害了清政府的利益。雍正上台后，对违法者进行了严厉的打击。这种打击，虽然加强了朝廷对地方基层政权的控制，但却使清政府和地方豪绅的关系处于十分紧张的状态。长此下去，对清政府的统治是极为不利的。乾隆看到了问题的严重性，便放宽了雍正朝为惩治豪绅而制定的严苛制度。

雍正以“严猛治国”，严有余而宽不足，政令苛刻且复杂。而乾隆的施政思想是“执中两用，宽严互济，交相为用”。他曾对大臣们说，治天下之道，贵得其中。乾隆认为《礼记》中的“一张一弛，文武之道”，正是自己应该奉行的为政之道。为政者应该根据实际情况，恩威并施，刚柔并济。他再三鼓励大臣们要以此互相勉励，不许有丝毫懈怠，更不能矫枉过正。

乾隆一方面调整统治阶级内部的各种关系，扩大自己的统治基础，另一方面又纠正雍正时期的错案以及政策。

雍正时期，曾发生了“吕留良”案。雍正对吕氏一族的惩处非常残酷，但是却释放了主犯曾静和张熙。雍正让他们去民间肃清影响，宣扬自己的功德，结果适得其反，造成谣言四起的不利局面。乾隆即位后，立即下令逮捕曾静和张熙，并将二人斩杀，同时收缴、焚毁了《大义觉迷录》。

雍正晚年时期，迷信炼丹之术，因而被臣下和僧道蒙蔽，严重损害了他的身体健康，影响了政务。乾隆执政后，不信丹术，将宫中的僧道全部逐出宫外。

雍正执政期间，曾经推行“耗羡归公”政策，地方官员便迎合他的谕旨，多征多交“耗羡”，结果加重了人民的负担。另一方面，地方官员为隐瞒水旱灾情，谎改政绩，将负担转嫁到农民身上。朝廷为鼓励农民生产，设立了“给老农八品顶戴”的政策，可是这个政策实际上却被乡里的无赖垄断。为了解决八旗的生计问题，雍正曾下令在京师附近试行井田制，八旗子弟却盗卖官牛、出租土地，把井田制搞得不伦不类。对于这些问题，乾隆一即位，就连连颁发谕旨，分别予以纠正。停止实行“老农顶戴”，废除“旗井田制”。

乾隆以很大的勇气调整和纠正了雍正时期的某些失误政策，使乾隆时期的政治、经济在康、雍两朝的基础上继续向前发展，使清朝统治的全盛局面出现，达到了康乾盛世的顶峰。

嘉庆惩治和珅

和珅利用乾隆的宠信，结党营私，贪污受贿，导致清廷的腐败之风蔓延开来。

当然，朝中也有不依附于和珅的。据朝鲜在华官员的文献记载：“和珅专政数十年，内外诸臣，无不趋走。唯王杰、刘墉、董浩、朱珪、纪昀、铁保、玉保诸人，终不依附。”

因此，对于和珅的贪污受贿专权，以及他任户部尚书以后实行的议罪银制度，先后有两位官员上奏乾隆，对此进行揭露。

一次是在乾隆五十一年（1786 年）的时候，监察御史曹锡宝弹劾和珅家仆刘全营私舞弊，日用奢华，衣服车马居室逾制。按照大清律法，家仆敛财，是要罪及主人的。和珅知道此事以后，当即让刘全拆改居室，藏匿财物。这么一来，当乾隆令官员核查的时候，当然查无实据。和珅没事，曹锡宝反而引火上身，被处以参奏不实、革职留任的处分。并且，乾隆认为，曹锡宝弹劾和珅是受到了纪晓岚的指使，因为纪晓岚一向与和珅不合，故而借此来报复和珅。所以他斥责曹锡宝，说你本想是弹劾和珅，故以他家人为由，隐约其词，旁敲侧击。曹锡宝听后，没几年便抑郁而死了。

另一次是乾隆五十五年（1790 年）的时候，内阁学士尹壮图向乾隆参奏，诉说吏治的腐败，议罪银制度给国家人民带来的种种不利。他指出了很多的现象，例如，各省的督抚声名狼藉，吏治废弛，亏空非常严重。由此，尹壮图请求乾隆下旨派遣官员去各地查看，并永远废除议罪银制度。对于贪官必须要记过与免职，不可让其为官。尹壮图的谏议当然没有错，而乾隆是如何表态的呢？他先是对参奏行为本身给予了训斥。因为尹壮图的父亲和纪晓岚是同年考生，而尹壮图与纪晓岚的交往也非常密切。因为之前有曹锡宝一事，尹壮图弹劾和珅成了乾隆的心理禁忌。训斥完后，乾隆派官员同尹壮图一起到各地核查亏空情况。但和珅早早闻讯，又动了手脚，各地督抚在他的安排下都做足了准备工作。尹壮图等官员前往山西、直隶、山东、江苏等地核查时，根本查不到任何证据。尹壮图的下场和曹锡宝一样，受到革职留任的处分。

嘉庆四年（1799 年）正月初二，乾隆帝驾崩，嘉庆亲政。大学士刘墉等人纷纷上奏，弹劾和珅，列举和珅种种贪污恶行。以前有乾隆帝的庇护，嘉庆不能惩处和珅，如今早对和珅非常不满的他，终于等到了机会。于是仅过了 10 多天，在正月十五，嘉庆就宣布了和珅的 20 多条罪状，紧接着就是查抄和珅的财物。

这些财产名目繁多：黄金、白银、房产、地产、庄园、粮食、当铺、钱庄、古董、金银玉器、首饰、西洋进贡品等。据学者统计，价值应该在两亿两白银左右。一些史书、笔记中的记载远远高于这个数字，最高的达 11 亿两。无论哪个数字是真实的，都可以看到和珅贪污数量的巨大。以至于他倒台后，民间开始流传一条谚语：和珅跌倒，嘉庆吃饱。

然而，尽管嘉庆帝铲除了和珅巨贪集团，但是各级官员的贪污腐败已经是积重难返。

最节俭的皇帝——道光帝

纵观中国历史，皇帝坐拥天下，绝大多数都过着花天酒地、纸醉金迷的奢华生活。但历史上也有几位节俭的帝王，比如：汉文帝刘恒、宋仁宗赵祯、宋孝宗赵昚、明太祖朱元璋、清宣宗道光等。在这些皇帝中，道光帝在节俭上可以说是首屈一指。他不仅把节俭看做是人生的乐趣和目标，并以此作为衡量大臣能力与品德的标准。

道光帝的节俭，在他还是皇子的时候就已经表现出来了。嘉庆二十三年（1818 年）九月的时候，道光随父亲嘉庆帝前往盛京祭奠先祖。晚上就住在沈阳故宫里，虽说是宫廷，但实际上非常简陋局促，不要说无法与北京的紫禁城相比，就是山西晋商的王家大院，也要比沈阳故宫阔气得多。

嘉庆皇帝特意把道光带到清宁宫东暖阁，又叫人从仓库里拿来了太祖努尔哈赤、太宗皇太极用过的遗物。看到这些简陋的物品，听着父皇的讲解，回想起祖先创业的艰难，道光立志要节俭律己。

回京之后，道光与妻子立即找人搬走了房间里除了床铺桌椅以外的家具陈设。此后，每日下午 4 时前后打发太监出宫买烧饼。来回路远，太监怀里揣着烧饼，一路小跑，烧饼仍不免冰凉坚硬。夫妻二人毫无怨言，沏上一壶热茶，啃完烧饼，立即上床睡觉，这样，连灯都不用点了。

道光做了皇帝之后，立即倡导节俭之风，并推行全国。道光帝元年（1821 年），道光帝发表了一篇题为《御制声色货利谕》的节俭宣言书，表达其崇尚节俭的理想和倡导节俭的目标。宣言书中引用古人的话说："百姓不足，君孰与足？"就是说，百姓不富，我这个皇帝就不会富；如何让百姓富起来，那便要节省。

他身体力行，带头过紧日子，使用普通的笔墨纸砚，每餐不过四菜，穿的衣服一个月才换一套，并且除了龙袍，其他衣服破了便要打上补丁再穿。同时削减宫廷用度，减少开支，规定除了太后、皇帝、皇后外，非节庆不得食肉。嫔妃平时不能使用化妆品，不得穿锦绣衣服。皇后过生日的时候，请群臣吃饭，每人一碗打卤面。在其他方面，道光帝也都非常节俭，能省就省，不能省的也要省，可谓是不遗余力。

他不光用榜样来带动人，还采取手段惩治奢侈之风。他每当看到官员衣着光鲜，就露不悦之色。道光十年（1830 年），有人举报盛京将军经常在家里演戏宴乐，道光帝立刻便革了他的职务。道光十四年冬，他检阅京城御林军，看到官兵都穿着朴素的衣服，一改过去的恶习，崇实务本，不失满洲旧风，遂将几位主管官员全部提升一级。

道光帝下了如此大的力气来提倡节俭，取得了一定的成果。官员们上朝都穿着打补丁的衣服，北京城里的旧货铺子把库存的破衣烂衫都卖了个好价钱，品相稍好的旧衣服比新衣服还贵很多，有些穷京官买不起，就只好自己把新袍子弄脏弄破再打上补丁。

道光皇帝除了节俭过日子外，还节俭治军。他不但严格要求自己，还让群臣效仿，就是赏赐有功之臣，也只是吃顿饭。

大学士长龄平定新疆张格尔叛乱之后，把张格尔押送到京城。道光帝亲临午门迎接，开庆功筵宴，当时邀请的客人除掉长龄，还有 15 位老臣。这些人拥挤着凑满了两桌，桌上摆着几样菜，大臣们却不敢动筷，只怕一动筷，就会吃光。道光帝坐在首位，不吃菜也不喝酒，只和大臣们谈论前朝的一些事情。后来又谈到了作诗，君臣便开始联句，做成了一首80句的七言古诗，以记君臣之乐，在席上足足谈论了两个小时，但菜始终没动。

后来，在商量新疆防御的方案时，将军们提出了好几个都没有通过。经过很久的争执，据《清史稿》记载，最后决定“各省绿营兵额内裁2%，岁省30余万，以为回疆兵饷”，方案才得以通过。此后，在鸦片战争中，道光帝急于妥协，这与他的节俭有着很大的关系。在讨论诸如海防、边务、黄河治理等问题时，只要一有大臣提到拨款，道光皇帝立即面露不悦之色。

道光处处节省，北京城虽然受到了他的影响，但是离开北京城，官场依然酒醉声迷，这是道光不曾想到的。根据道光年间在西北述职的张集馨回忆：来往于西藏、新疆以及甘肃、四川的官员皆经过西安，西安官员都要尽力招待：“每次皆戏两班，上席五桌，中席十四桌。上席必燕窝烧烤，中席亦鱼翅海参。西安活鱼难得，每大鱼一尾，值钱四五千文，上席五桌断不能少。其他如白鳝、鹿尾，皆贵重难得之物，亦必设法购求……大宴则无月无之，小应酬则无日无之……终日送往迎来，听戏宴会。”至于吃喝玩乐的争奇斗巧，更是层出不穷。

可见，道光皇帝的“节俭”对官场的奢靡风气并没有多大影响。那么，这样的节俭对他的后代有影响吗？试看咸丰纵情于声色之中，他的儿媳妇慈禧大兴土木的生活便就可以知道，他的影响力是多么不值一提，这对道光帝的节俭是相当大的讽刺。

尽管道光皇帝为清朝节省了很多的开支，却对经济危机依然显得苍白无力，财政状况并没有得到彻底扭转，而且每况愈下。以致有的大臣不禁问道：为什么乾隆朝挥金如土而国库充盈，如今日日节俭却民生罕裕，“岂愈奢则愈丰，愈俭则愈吝耶”？这个疑问其实也常常困扰着道光帝。

其实，清朝到了嘉庆、道光年间，已经处在了衰败的局势，社会风气正在一步步地下滑，大部分官员已经离心离德，应有的责任感早已损失殆尽。在这种情况下，道光没有从根本的体制上和制度上来进行变革，使之可以跟上社会的发展，而是妄图用率先垂范的方式来扭转社会风气，澄清吏治，这必然使他变得势单力薄，孤掌难鸣。

“国家之败，由官邪也。”清朝渐渐不可阻挡地走向了衰败。道光二十年（1840 年），鸦片战争打响以后，中国的大门被西方列强敲开，中国由此走向了半殖民地半封建社会，中国人民陷入了更黑暗的苦难深渊。

林则徐虎门销烟

清朝的国势在乾隆、嘉庆年间开始走向衰落，就在这个时候，英、美、法等西方国家逐渐完成了工业革命，资本主义需要广阔的商品市场和原料产地。为此英国首先将目光投向了庞大的中华帝国。由于中国仍然属于自给自足的经济模式，英国便用鸦片贸易来扭转两国之间的贸易逆差。到了道光年间，吸食鸦片已经危及到了国家民生。吸食鸦片的人，上瘾的时候，浑身无力，涕泗横流。平时也是耸肩驼背、面黄肌瘦的病态样。满洲贵族、旗丁、太监、官吏、地主、绅士、士人、商贾、戏子、仆役、兵弁、和尚、道士、娼妓……三教九流，吸食鸦片者，不计其数。

道光皇帝颇为不解，曾经给广东的官吏写信：“听说鸦片是死尸的肉做成的，洋夷在里面施了法，否则怎么会有这么多的瘾君子？”广东方面的官吏回信说道：“没听说是死尸做的，倒是听说是用乌鸦的肉做成的。”皇上与臣下尚且如此无知，就不用问鸦片为何泛滥成灾了。面对清朝的危机局面，以林则徐为代表的严禁派官僚，大力呼吁彻底消除鸦片。林则徐在奏折中写道："若犹泄泄视之，是使中原数十年后无御敌之兵，且无可充饷之银。"说明了吸食鸦片的危害，道光帝非常震惊，决定派林则徐赶赴广东禁烟。

林则徐是福建侯官（今福建福州）人，出生于乾隆五十年（1785年）。他的父亲叫林宾日，秀才出身，以授课为业。林则徐出生的时候，就任福建巡抚的徐嗣曾，正好坐着官轿从林家门口路过，其衣冠车驾威仪给林宾日留下了非常深刻的印象。他将刚出生的儿子命名为"则徐"，就是希望儿子能够效法徐嗣曾，读书上进，光大门楣。林则徐从小就被塾师称为"神童"。有一次，塾师带领学生们去攀登鼓山屴崱峰，一时兴起，让学童们以"山""海"为题，各作一对七言联句。林则徐才思敏捷，随口吟念道："海到无边天作岸，山登绝顶我为峰。"塾师不禁鼓掌叫好。

果然，林则徐没有辜负师长对他的期望。他13岁中秀才，19岁中举人，27岁中进士。一生历任14个省的官职，有监察御史、布政使、河道总督、巡抚、总督和钦差等。而且大清皇帝每当遇到棘手的问题时，总要派林则徐前去解决，他被中外人士视为忠心不二的能干之臣。他死之时，道光皇帝给他谥号"文忠"。此外，他还深得英国侵略者的尊敬。现在英国伦敦蜡像馆，依然矗立着林则徐的蜡像。

嘉庆十六年（1811年），林则徐中进士第，便被授予翰林院庶吉士。在京城时，他与南方出身的清流派京官创立文学团体"宣南诗社"，诗社中有陶澍、黄爵滋、龚自珍等人。他们常常饮酒作诗，议论时局，讨论经世之学，结下了深厚的友谊，这为林则徐以后出任封疆大吏打下了坚实的基础。

道光十八年（1838年），鸿胪寺卿黄爵滋上书，请求明令禁止鸦片。此时的林则徐正在担任湖广总督，他厉行禁烟，颇有成效。道光皇帝非常赏识林则徐，于是在这年十二月下诏任命林则徐为钦差大臣，节制广东水师，到广州海口查办鸦片走私案件。

林则徐日夜兼程，在第二年正月抵达广州。他与两广总督邓廷桢在钦差行辕——越华书院里，突然传见十三行洋商。在道光帝时期，清朝只允许广州十三行官商与洋人贸易，而这些官商经常暗中走私鸦片，中饱私囊。林则徐严厉地审讯了他们，要他们据实交代，另外让他们捎带一封勒令外商缴烟具结的谕帖。老奸巨滑的怡和行洋商伍绍荣准备行贿林则徐，因为他知道邓廷桢也曾受过贿的，主意一定，他说："我愿以家资报效钦差大臣。"林则徐大怒道："本大臣不要钱，要你的脑袋。"

英国驻华商务监督义律一向认为中国官吏是雷声大、雨点小，准备采取拖延手段，而林则徐义正词言地说道："如果鸦片一日没有禁绝，本大臣便一日不回京，誓与此事相始终，断无中止之理。"并下令对负隅顽抗的英国鸦片商人采取了必要的制裁手段。他先是派兵包围商馆，继而撤走为商馆服务的中国劳工人员，同时再次晓谕义律："尔等售卖鸦片，贻害民生，正人君子，无不痛心疾首。"当义律指使最大的鸦片商人颠地化装逃跑，被清兵发现并抓捕时，林则徐鉴于英方持不合作态度，便加大了制裁力度，下令断绝中英贸易，并明确指出一等事件解决，仍将恢复正常的中英贸易。义律黔驴技穷，只得就范，下令英国鸦片贩子向中国政府缴烟。

林则徐先是规定以虎门外的龙穴岛为缴烟地点。但龙穴洋面，时晴时雨，为了加快缴烟进度，避免节外生枝，缴烟地点又换到了沙角。道光十九年五月十八日，缴烟工程结束，共缴鸦片 19187 箱和 2119 袋。

六月初三，林则徐、邓廷桢等人到虎门视察焚烟。下午的时候，销烟池池水沸腾，烟雾弥漫，顷刻间鸦片化为渣沫黑烟，这次销烟一共进行了 20 多天。

为了报复林则徐虎门销烟，打开中国闭关锁国的大门，英国从本土和印度派遣远征军，并任命义律为对华谈判全权大臣。1840 年 6

月英国军舰抵达珠江口，因林则徐防范严密，英军无隙可乘，后来，英军攻陷浙江定海，又直逼天津大沽口。为此，以穆彰阿为首的投降派全力攻击林则徐，将罪过全部推在他身上。林则徐被革职充军，发配到新疆伊犁。1842 年 7 月，英国封锁瓜州，攻陷镇江，兵舰直驶南京下关，清政府与英国侵略者签订了中国近代史上第一个不平等条约——《南京条约》，中国从此沦为半殖民地半封建社会。

林则徐大力禁烟，为中国的海防建设做出了巨大的贡献。而且他能在中西方遭遇的时候，敢为天下先，迈出了解、研究西方的第一步。在禁烟运动的时候，他注意网罗人才，研究外情。比如他网罗了一批外语人才，著名的有袁德辉、梁进德等，他们都通晓西班牙语、英语。1839 年，他派人与美国传教医师伯驾联系，请伯驾帮助翻译有关的国际法知识，伯驾协助翻译了《各国律例》，同时还向林则徐赠送了《各国地图册》。后来，林则徐托付伯驾将他写给英王的信件翻译成英文。此外林则徐还令人翻译外文报纸，将《广州周报》《广州纪事报》《新加坡自由报》等英文报纸中关于中国时事的评论和报道，按时间顺序编订成册，以备参考。尤其值得称道的是，他命人翻译《四洲志》，原书名《世界地理大全》，由英国人慕瑞编著。《四洲志》是根据此书摘印的，译文有 8.7 万多字，全部材料后来被魏源辑入《海国图志》中。《海国图志》后来流传到了日本，对明治维新产生了巨大的影响。这些事实足以说明林则徐在中西初次会面之时，在中国从相对封闭状态被迫纳入世界运行体系的转变时代，能以务实精神，及时调整“天朝中心”等不切实际的自大心态。就如后人所评价的一样，林则徐是“近代中国睁眼看世界第一人”。

林则徐的功绩远不止这些。他还以为官清廉而著称，曾任河道总督、巡抚、总督等显职，在赈灾、平冤、擢才、断案等方面口碑极好，民间呼之“林青天”。即使他落难充军新疆期间，也是心忧社稷，荷戈万里。他关心民瘼，推广坎儿井、纺纱车，当地人分别称为

"林公井""林公车"。

道光二十五年（1845 年）十月，林则徐获得赦免，朝廷清流派官僚奔走相告，欢喜异常。此后，他任陕甘总督，二十九年又调任云贵总督。

道光二十九年（1849 年）年底，洪秀全运动反清，道光得知后多次宣召林则徐入京，林则徐以病重不能应命。第二年，洪秀全起义爆发，道光强令林则徐以钦差身份赶赴广西，林则徐只得抱病起程。道光三十年十一月十九日，林则徐乘轿赶到广东普宁县城洪阳镇时，旧病加剧，只得暂住，请普宁县保和堂名医黄华诊治。黄医生切脉后，断定病状危急，当即写下症论和方论，并配合药物治疗。由于随从医官都是北方人，认为剂量太重，不让林则徐服药。延误到了第二日，黄医生再次诊脉，断定先前药未服，已经病入膏肓，无法救治。十一月二十四日，林则徐病死于洪阳。林则徐之死，还有一种说法是广州十三行的汉奸买办买通了厨子，在饭中下毒致死。

太平天国的建立

鸦片战争爆发之后，由于清政府的软弱无能，国外毒贩开始大肆向内陆运销鸦片，加剧了白银大量外流，加上外国廉价工业品也随之涌入，致使中国东南沿海地区的手工业者和农民纷纷破产，失去了生计，破产的农民和战争遣散后的兵勇发动起义。在 1840 年到 1850 年，两广和两湖地区农民起义战争爆发最多。在这期间，一个农民起义领袖应运而生，他便是洪秀全。

洪秀全于 1814 年出生于广东花县。他原本是个读书人，曾多次参加清朝的科举考试，但都以失败而告终。因此，洪秀全把自己对当时社会制度的不满和广大人民的苦难联系起来，开始探索救国救民之路。

1836 年，洪秀全认识了一个名叫梁发的基督教徒。梁发送给洪秀全一本名叫《劝世良言》的书，这本书对洪秀全影响很大，促使他走上了起义的道路。洪秀全仔细地阅读了这本书，并以此为基础，创立了“拜上帝会”。后来，洪秀全用两年时间写成了《原道救世歌》《原道醒世训》《原道觉世训》等书，开始对广大下层人民宣传教义。洪秀全说，人人都是上帝的儿女，应该平等相爱。上帝派我到人间解救你们的苦难，我们要团结起来，夺回自己的权利。

“拜上帝会”到处捣毁庙堂，同地主恶霸和官府做斗争，宗教活动逐渐发展成了政治运动。经过多年的传道，加入洪秀全“拜上帝会”的人越来越多。

1850 年，道光帝驾崩，20 岁的奕詝即位，是为咸丰帝。清朝秘密立储继承皇位的最后一位皇帝，他被后人认为是一个无远见、无胆识、无才能、无作为的“四无”皇帝。

就在咸丰帝即位的第二年（1851 年），在洪秀全领导下，“拜上帝会”在广西桂平县金田村举行了武装起义，他们留起头发，头戴红巾，从金田村出发，转战附近州县，连战连捷，并且一举攻占了永安州城。

在永安州城，洪秀全自称天王，晋封“拜上帝会”中的骨干杨秀清为东王、萧朝贵为西王、冯云山为南王、韦昌辉为北王、石达开为翼王。

第二年，以洪秀全为首的众王率领起义军从广西出发，转战湖南、湖北、江西、安徽等地。经过一系列的战争，给予清廷以沉重的打击。这时候，长江千里，西自武汉、东到镇江，都成了太平天国的地盘。

咸丰三年（1835 年），起义军攻克南京，改名为天京，定为都城，建立了“太平天国”政权。之后，洪秀全又派遣大军发动了西征与北伐。

西征军在翼王石达开的指挥下，大败湘军水师，江西十三府的七府一州 50 多个县全部被太平天国军占领。东王杨秀清指挥的北伐军在林凤祥、李开芳的统率下，兵锋直指北京城，吓得咸丰帝甚至准备逃往热河。

1856 年，太平天国在军事上和政治上达到了极盛时期。可是，太平天国达到鼎盛期后，却被胜利冲昏了头脑。这一场农民革命难逃一个宿命，那就是以封建君主思想为最高理想。即便他们的革命成功了，也不过是再成立一个新的王朝。当初造反是因为无法生存，那时欲望很简单，便是有吃有喝、有妻有子。造反在取得了一定的成就以后，欲望开始膨胀。他们开始贪图享乐，太平军占领武昌以后，天王洪秀全就吩咐手下，为他找来 60 名美女，供他享乐。在占领南京建立国都后，洪秀全便开始马不停蹄地修筑王宫，大兴土木。

天王洪秀全临朝的时候，除了杨秀清、韦昌辉、石达开几位外，其他文武官员都排列在大门之后，按礼仪跪拜，山呼“万岁”。实际上，这时候的洪秀全和其他诸王已经不再是结义兄弟的关系了，而是君臣关系。天王发布了一条诏令，规定他的臣下对他的子女，以及其余诸王的子女要用不同的称呼。

东王杨秀清出府，“开路要用龙灯一条，计三十六节，以钲鼓随之，其次则绿边黄心金字街牌二十对”。太平天国的官员出行都要坐轿，天王的轿夫多达 64 人，东王轿夫为 48 人，北王轿夫 32 人，翼王轿夫 16 人，级别最低的两司马为 4 名轿夫。

在这种情况下，太平天国领导集团内部出现了分裂，“天京事变”因此发生。

太平天国内讧

太平天国中期，由于洪秀全和杨秀清两位主要领导人之间矛盾激化，发生了一次重大的内讧，这便是著名的天京事变。

东王杨秀清出生于广西桂平县，自小家里很穷，早期和西王萧朝贵一起，跟着南王冯云山加入拜上帝会。

1848 年，冯云山被捕，杨秀清趁机假托“天父”下凡，出来稳定大局，得到了部分领导权。这时的萧朝贵则和洪秀全配合，假托“天兄”附体，也取得了部分领导权。自此，杨秀清和萧朝贵两人成为太平天国组织的骨干成员，洪秀全则以“天父之子”的身份，称“天王”。

在领导班子的成员中，可以说杨秀清是个出类拔萃的人物。他虽没什么文化，但却有领导才能，因他英明过人，行事雷厉风行，赏罚分明，最终独揽军权。

太平天国从一建立就以“拜上帝教”作为信仰和假托。杨秀清有“天父”附身的特殊身份；洪秀全则自称是“天父之子”，因此，当杨秀清以“天父”身份讲话时，最高领袖总指挥洪秀全就成了他的儿子，儿子听爹训话得下跪，所以洪秀全常常给杨秀清下跪。

一次，杨秀清假托“天父”下凡，要杖打洪秀全。为此，北王韦昌辉等官员跪地哭求，祈求代洪秀全受罚。可杨秀清不准，洪秀全只能说“小子遵旨小子遵旨”，随即接受杖打。

后来，杨秀清要洪秀全称他万岁。为了稳住他，洪秀全向群臣宣布：今后遵“天父”圣旨，东王称万岁，东王世子也称万岁。并预定在杨秀清生日八月十七日这天，举行东王称万岁典礼。

可杨秀清很清楚自己的处境，自己的天王形同虚设，并无实权。为此，他秘密谋划，想要等待时机干掉对手。

太平天国攻克南京建都后，北王韦昌辉主管军事，一见敌军攻城，便亲自登楼指挥，不论白天昼夜，力战清军。东王杨秀清看韦昌辉能干有功，便处处压制和羞辱他，接二连三地对他发难：

1. 剥夺兵权。为了剥夺韦昌辉的兵权，杨秀清先在北王府发号施令调兵遣将，而后又下令将韦昌辉的军权转交给石达开，并将保卫国都天京的指挥部由北王府改设在翼王府。不久后，杨秀清又将韦昌辉派到湖北任督师。可韦昌辉刚出京城又被调回，改派石达开前去。

2. 追查失职。太平天国甲寅四年二月，发生了“激辩水营”事件。因韦昌辉失职，杨秀清将韦昌辉打了数百杖，使韦昌辉卧床很多天。

3. 杀其兄长。因韦昌辉的哥哥和妻兄争夺房屋发生争执，杨秀清便借机要杀掉韦昌辉的哥哥，并要求韦昌辉亲自处治。韦昌辉在被逼无奈之下，只好将自己的哥哥定罪处死。

为此，韦昌辉对杨秀清恨之入骨。为了保全自己，他准备了两副嘴脸，一副给杨秀清，一副给天王洪秀全。在天王眼前，韦昌辉表现得十分忠诚，尤其是杨秀清假托“天父”附身要杖打洪秀全时，韦昌辉舍身要代替受罚。他的这一做法让洪秀全很感动，博得了洪秀全的信任。后来，天王除掉杨秀清的决定对韦昌辉来说是一个千载难逢的机会。为了除掉杨秀清，他和石达开秘密商议，准备诛杀杨秀清全族。

1857 年七月二十六日，韦昌辉和秦日纲等人趁着月黑风高，率兵进京。因韦昌辉和秦日纲二人有天王的诏旨，所以没人起疑，更无人阻拦。进京后，韦、秦二人很快控制了京城，并派重兵将东王府四周的街道包围。

随着韦昌辉一声令下，兵士杀进东王府，很快将东王府变成一片血海。紧接着，韦昌辉便假借天王诏令，滥杀东王亲属。为此，天王洪秀全杖责他们 400 下，并派东王部下前来监督。

东王的部下 5000 多人，眼见杖打是真，韦昌辉和秦日纲也极为顺从，便放松了警惕。不料，韦昌辉部突然进行围攻和屠杀，把东王的 5000 将士全部杀死。紧接着，韦昌辉下令，对天京城内和东王有关人员全部屠杀。这场屠杀前后持续了两个月，从天京城门推出来的两万多具尸骸，顺江而下，把长江水染成了赤红。

天京事变被视为导致太平天国失败的一个重要原因，也是太平天国由盛而衰的转折点。

太平天国的失败

洪秀全定都天京，建立太平天国后，权力分配矛盾越来越尖锐。政治上，他们各自通过家族、亲戚和部属等关系，结党营私，力图巩固和扩大自己的势力范围；生活上，他们贪图享乐，骄纵奢侈，不思进取。

天京事变后，翼王石达开回到天京，要求洪秀全立即制止韦昌辉等人的残暴行为。当时的石达开一心为国，所以没想到会遭到洪秀全的拒绝。可是当他和韦昌辉见面后，才发现自己的处境十分危险。为此，石达开连夜出逃。

然而，石达开在太平天国军民中所树立起来的威望是洪秀全没料到的。洪秀全下令悬赏捉拿石达开后，军民不但不配合捉拿，反而拿着悬赏的圣旨当草纸，并纷纷支持石达开举靖难之旗。当时，清军来攻，石达开放缓了讨伐韦昌辉。击退清军后，石达开便向天京发出通牒，再次要求洪秀全杀韦昌辉，并声称如若不然，将亲率靖难之师攻打天京，以清君侧。

十月初五，洪秀全亲自率兵讨伐韦昌辉。韦昌辉根本无还手之力，到了最后，追随他的人员不足 200 人。为了平息众怒，天王洪秀全不得不将其部下全部杀死，活捉韦昌辉。

韦昌辉被活捉后，被洪秀全五马分尸，并割下他的首级送到石达开军中，以迎接石达开回京。后来，洪秀全又下令将韦昌辉的尸体剁成肉块，每块两寸见方，悬挂在天京城内示众，并在一旁标明：“北奸肉，只准看，不准取。”

虽然太平天国内乱得到平息，但却造成了巨大损失。清廷趁机派曾国藩率领湘军发动猛烈的反扑。曾国藩出击后，很快攻占了长江中下游的很多地方，重建江南和江北两处大营，并围困天京。洪秀全为了挽救颓势，不得不提拔陈玉成和李秀成等青年将领主持军务。

1858 年 8 月，陈玉成和李秀成召集各路将领，在安徽召开会议，决定协同作战。随后，太平军一举攻破浦口，再次击溃江北大营。同年 11 月，全歼安徽三河镇的湘军精锐 6000 余人，使清军被迫撤离安庆。

1860 年 5 月，陈玉成和李秀成又攻下清军的江南大营，开辟了苏南根据地，为太平天国提供了充足的物质保障。同年 7 月，李秀成率军进攻上海。此时，盘踞在上海的外国侵略者不再保持中立，而是组成洋枪队协同清军抵抗太平军。在中外势力的联合绞杀下，李秀成只得率部离开上海。次年 9 月，曾国藩率领湘军攻打安庆，将守城的 1.6 万太平军全部消灭，使太平天国失掉了西面屏障。1862 年 5 月，陈玉成败走寿州，被俘后就义。湘军趁机东下，直逼天京。

到了 1864 年，天京城内粮草短缺。同年 6 月 1 日，洪秀全病故。7 月 19 日，清军炸毁城墙后，冲入城内，在城内和太平军展开巷战。在无数的大小巷战中，大部分太平军被消灭。至此，这场前后历经 14 年的农民战争渐渐走到了尽头，太平天国也随之覆灭。

火烧圆明园

第二次鸦片战争期间，英法联军先后攻陷了广州和天津等重要沿海城市。1860 年，英法联军攻入北京，清廷守军全线崩溃，咸丰帝慌忙逃往承德避暑山庄，留下恭亲王奕䜣处理政务。同年 8 月 29 日，英法联军对北京外城的圆明园等处进行大肆抢掠。

圆明园坐落在今北京西郊的海淀区，为清朝皇家园林的代表。圆明园建于康熙年间，后在雍正年间加以扩建。圆明园建筑连绵10公里，全园面积合计5000多亩，由圆明园、万春园和长春园组成，其中以圆明园最大，故统称圆明园（也称圆明三园）。此外，还有许多属园分布在圆明园的东、西和南三面，其中当属香山的静宜园、玉泉山的静明园和清漪园（后来的颐和园就是在此基础上建造起来的）等最为出名。园内有精美建筑200余座，宫殿、别墅、花园、宝塔、丛林、山、湖、桥和洞交相辉映，尤为壮观。在圆明园的整个设计中，它把中西建筑风格融为一体，被誉为“万园之园”。法国著名大文豪雨果曾评价道：“在这个世界的某个角落，存在着一个世界奇迹，这个奇迹就是圆明园。艺术有两个来源，一是理想，理想产生欧洲艺术；一是幻想，幻想产生东方艺术。圆明园在幻想艺术中的地位，就如同巴特农神庙在理想艺术中的地位。”

圆明园内珍藏着许多罕见的历史典籍和珍贵文物，里面收藏了历代书画、宋元瓷器、宫殿器皿等，简直就是人类文化的宝库。

英法联军进入圆明园后，大肆烧抢。护园清臣文丰无法阻止强盗的肆意抢掠，悲愤交加，毅然跳湖自杀。当时，很多金质的东西被损毁，一些价值连城的手抄本则被当作废纸烧掉。一些笨重搬不走的则想方设法敲碎、捣毁。抢走的大量宝物，有的现场拍卖，拍卖得来的钱按级别发给军官和士兵，有的则被运回本国，有的则作为礼品献给英国女王和法国皇帝。

抢夺结束后，联军为了掩盖罪行，便决定放火烧毁圆明园。当时，英国公使额尔金发表声明，说圆明园是中国皇帝酷爱的行宫，为了警告皇帝不要跟我们作对，我们有必要把圆明园烧毁！

1860年10月18日、19日，三四千名英军在园内到处纵火，大火烧了整整三天三夜，圆明园几乎成为一片废墟。事后，据清室官员查奏，圆明园仅有二三十座殿宇亭阁及庙宇、宫门和值房等建筑幸存，但门窗多有不齐，室内陈设和几案尽遭劫掠。

烧毁圆明园后，联军又抢劫和烧毁了畅春园和万寿山的大报恩寺、静明园的16景、静宜园的28景和81间铜殿。

辛酉政变

咸丰在位的10年间，可以说是内忧外患不断：先是轰动全国的太平天国起义，紧接着又是英法等国的乘机要挟；沙俄更是狼子野心，占据了东北100多万平方千米的土地。

在这种内忧外患的交迫下，咸丰帝身染重病后，一病不起。1861年7月，咸丰深知自己将要离世，便像历代君王一样开始考虑托孤一事。当时懿贵妃（慈禧）是权力欲极强的女人，而皇后钮祜禄氏（慈安皇后）则没有主见。为了防止出现女人专权的局面，咸丰把辅政的重责交给协办大学士、尚书肃顺和怡亲王载垣、郑亲王端华等8个大臣。在他看来，这8个大臣足以对付懿贵妃。

但是，咸丰留下的“御赏”和“同道堂”两颗印章，却埋下了后宫垂帘听政的祸根。原来，“御赏”是咸丰帝赐皇后钮祜禄氏的私章，“同道堂”则是咸丰帝赐给独子载淳的私章。这两枚私章合起来便成为了皇权的象征。不难看出，咸丰帝的意思是想用这两颗印章来制约八大臣，防止他们犯上作乱。

咸丰皇帝死后不久，八大臣便上了一个极有利于懿贵妃的章疏，尊皇后钮祜禄氏为慈安皇太后，尊懿贵妃叶赫那拉氏为慈禧皇太后。

当时，年仅26岁的慈禧一心想要把持朝政大权。咸丰在位时期，慈禧曾帮咸丰帝批阅奏折，从中学到了很多治理朝政的东西。按照当时的清朝家法，太后可以垂询国事，也就是“听政”。咸丰死后，慈禧利用此规矩，向东宫慈安太后提出应废除“顾命体制”，而改为垂帘听政之制。慈禧太后深知贸然提出垂帘主张，一定会招致大臣的反对和清议的不满，于是事先拉拢恭亲王奕䜣共商计策，两人一拍即合。 慈安太后为人宽厚和平，又不懂朝政，所以一切听从慈禧的安排。

1861 年 11 月 2 日，慈禧发动宫廷政变，以幼帝之命发布上谕，解除载垣、端华和肃顺等大臣的职务，并把他们处以极刑。同时，她还宣称将和另一个太后共同垂帘听政，并命奕䜣为议政王，改年号为“同治”。名义上虽有两个太后垂帘听政，可实权却只掌握在慈禧一手上。这次政变由于得到了多数文武大臣的支持，又采取了不予株连的明智政策，所以政局没有发生重大动荡。因这次政变发生于辛酉年，故被称为“辛酉政变”。

通过这次政变，慈禧完全掌握了清王朝的实权。当政后，慈禧依靠曾国藩、李鸿章，勾结外国侵略势力，先后镇压了太平天国和苗民、回民起义，暂时保住了清王朝的统治。中日战争爆发后，因慈禧一味求和，并幻想列强出面干涉、调停，最终导致了甲午战争的失败，签订了丧权辱国的《马关条约》。1898 年，为了阻止光绪帝实行变法振兴国家的决定，慈禧发动政变，扼杀新政，将光绪帝软禁在颐和园瀛台。 1900 年，八国联军攻入北京，慈禧挟光绪帝出逃西安。 次年，清廷又签订了丧权辱国的《辛丑条约》。

1908 年 11 月 14 日，光绪皇帝驾崩，慈禧拥护年仅 3 岁的溥仪为帝，年号宣统。次日，慈禧病死，结束了对清朝长达 47 年的统治。

李鸿章与洋务运动

李鸿章 1823 年出生于安徽合肥。长大从政后，曾入曾国藩幕下，并于咸丰十一年出任巡抚，同治九年（1870 年）任直隶总督兼北洋大臣，执掌清朝大权。出任北洋大臣后，李鸿章致力洋务，开办军事和民用工业，并建立了北洋水师。

19 世纪 60 年代初，曾国藩、李鸿章和左宗棠等人发起洋务运动，他们先从兴办军工业着手。同治二年至三年（1863—1864年），时任江苏巡抚的李鸿章在上海设立了三所制炮局，并将其中一所交与英国人马格里管理，让他监督生产。李鸿章的这一做法在当时让很多人不解，也招来了很多人的唾骂，但李鸿章并不以为然，因为他的目的只是借此机会来学习外国的先进技术。

炮局建立初期，规模很小，只有50人，连一台像样的机器也没有，每天也只能生产炮弹100多发。为了扩大生产，李鸿章从淮军中挪出部分军饷，并让马格里从英国买入一批制炮机器，提高了炮局的生产效益。

同治四年（1865年），清军攻占太平天国都城天京后，李鸿章在两江总督曾国藩支持下，在上海成立了江南制造局。该局除了生产枪炮之外，还制造一些军用船只，并建立了炼钢厂和栗色火药厂等。在当时，江南制造局可算国内最大的兵工厂，其经费充裕，技术力量雄厚。同年，李鸿章还把马格里主持的苏州洋炮局迁到南京，扩充后改为金陵制造局。但由于官办军事企业的产品不计成本，不管盈亏，更不考虑市场需要，再加上军医出身的马格里对技术是外行，所以该局生产的大炮和弹药大多为质量低下的劣质品。

光绪元年（1875年），大沽炮台的官兵们在试放金陵制造局造的两门68磅重的炮弹时，发生了意外，爆炸炸死了5名士兵，炸伤官兵13人。这事传到李鸿章那里后，他极为愤怒，立即把马格里招来天津问话。

马格里见到李鸿章后，李鸿章让他亲自试放。马格里见李鸿章极为严肃，只好赶鸭子上架，自己试放炮弹。结果，在马格里试放时，炮弹又一次爆炸，气愤的李鸿章当即辞去了马格里的一切职务。

不久之后，李鸿章出任直隶总督，接管崇厚开办的天津制造局。上任后，李鸿章辞去了英国商人密妥士的职务，从此决定不再任用英国人。

在当时，虽然很多工厂制造出了船只和枪炮军火等，但生产需要的机器和原料等生产资料均来自国外。对此，连李鸿章自己也说："物料匠工多自外洋购致，是以中国造船之银，倍于外洋购船之价。"

19世纪70年代初期，李鸿章开始督办海防。早在太平天国战争末期，李鸿章便已形成了一套唯武器论。70年代中期，由于日本侵台，导致中国赔款50万两白银，对此，朝廷提出了六条"紧急机宜"，希望通过此措施早日达到"自强有实而外侮潜消"的目的。

此后不久，李鸿章先后委托总税务司赫德向美国的阿姆士特龙兵工厂买下了10艘小型兵舰，即所谓蚊子船和碰快船。后来，在他提议下，山东和广东等省也纷纷购买蚊子船。可李鸿章认为仅仅这样还不够，为了能让清军得到好的装备，他说："欲求自强，定购铁甲不可。"此后不久，他便通过驻德公使李凤苞向德国的伏尔舰厂订购了两艘6000匹马力的铁甲船（定远号、镇远号）和一艘2800匹马力的钢甲船（济远号），并于光绪十一年（1885年）驶抵中国。

光绪十四年（1888年），李鸿章正式建立北洋海军。当时，北洋海军装备了20多艘军舰，并建设有旅顺口和威海卫两个主要海军基地。光绪十七年（1891年）和光绪二十年（1894年）李鸿章曾两次检阅北洋舰队，说："渤海湾已成深固不摇之势。"可在之后不久的中日甲午战争中，北洋舰队便全军覆没，败给了日本。

李鸿章在洋务运动中的活动远不止这些。除了上面说到的，他还筹办了一些民用企业，如轮船招商局、开平矿务局、电报总局和上海机器织布局等。

1871年，李鸿章提倡由容闳等人率华童去美国学习军政、船政、步算和制造等学科。这些赴美的人中，就有后来成才的詹天佑和吴仰曾等科学家。出国留学的他们给清朝带回了西方先进的科学技术，并在中华大地上传播了西方的新思想和新观念，对中国知识界和思想界影响极大。

可引进一些先进的科学技术，必须有一个良好的文化，要不就很难走上科学强国的道路。李鸿章等人从事的洋务运动正是由于缺少这样的“文化”，最终不得不以失败而告终。虽然洋务运动最终以失败告终，可当时引进的一些先进科技和先进管理知识，却培养了一批科技人员，从客观上为以后资本主义的发展打下了一定的基础。

光绪二十七年（1901 年）十一月，李鸿章因病去世。其时，清朝已风雨飘摇，大厦将倾，孙中山领导的资产阶级革命正在积极地酝酿中。

甲午海战

中日甲午黄海之战是日清战争（1894 年）中一次激烈的海战，也就是通过这次战争，日本从中国版图上割占了台湾。

其实，早在明治时期，日本就确立了“大陆政策”。但是，日本企图先攻占朝鲜和台湾，然后再进一步侵占中国乃至世界。

1876 年，日本在攻占朝鲜后，强迫朝鲜签订了《江华条约》，使朝鲜自给自足的自然经济开始解体。1885 年，日本利用朝鲜的“甲申事变”，要挟清政府订立了中日《天津条约》，并规定，要是朝鲜本土发生重大事件，中日两国或一国需要出兵朝鲜时，必须事先相互通知。这样的规定，使得朝鲜陷入了“一仆两主”的局面，为日本出兵朝鲜，爆发日清战争埋下了伏笔。

19 世纪 80 年代以后，日本开始向帝国主义过渡。90 年代后，随着经济危机的出现，日本加速了战争准备的步伐，用国家财政的百分之六十来扩充军备。此后不久，在日本不断威逼下，东北亚局势陡然紧张，战争一触即发。

1894 年 4 月，朝鲜爆发了东学党农民起义。无力镇压起义的朝鲜国王请求清政府派兵镇压。同年6月5日，李鸿章派直隶提督叶志超和太原镇总兵聂士成率兵1500人渡海赴朝，协同朝鲜镇压起义。而日本早在6月2日便开始向朝鲜派兵，并于6月8日又派兵在仁川登陆，控制了从仁川到汉城一线的战略要地。7月25日，日军向牙山一带的清军发起进攻，很快击败了叶志超和聂士成率领的支援军。与此同时，日本联合舰队在黄海海域截击了中国广乙、济远两舰和清朝租用的英国商船高升号。随着战事的推进，8月1日，中日两国正式宣战。9月15日，日军兵分四路进攻平壤。平壤失守后，主将叶志超仓皇逃回国内。

这一期间，海上的日本联合舰队气焰嚣张，一直伺机寻找机会和北洋舰队决战。9月16日，海军提督丁汝昌率北洋舰队护送援军至大东沟。9月17日11时，丁汝昌率军返航行至大东沟以南黄海海面时，与日舰相遇。发现日舰后，丁汝昌遂令定远和镇远二艘铁甲舰居中，为“人”字阵列迎战。到了中午12点50分，双方进入对峙状态。随后，北洋舰队先发制人，发出了第一排炮弹，但没有一发击中日本军舰。随后，日本吉野等四舰凭着它的快速，横越定远、镇远两舰，绕攻右翼超勇和扬威两小舰。超勇号中弹后起火沉没，扬威号上也燃起熊熊大火。与此同时，在定远舰上指挥的丁汝昌因船身猛烈震动，从飞桥上摔下，身受重伤。为了能让清军继续作战，丁汝昌命定远号管带刘步蟾代他指挥。刘步蟾受命后，率领定远号等舰猛击日舰“比叡”“赤城”和“西京丸”，击毙赤城舰长—日军少佐坂元八太郎，比叡号和赤城号因受损严重退出战列。

战斗持续到下午两点半时，北洋舰队被日本海军精锐的“吉野”“高千穗”“秋津洲”和“浪速”四舰包围，情况十分危急。当时，为保护旗舰，刘步蟾下令开足马力，疾速驰向阵中，但在吉野等四舰围攻下，旗舰船身多处受伤。随后，日军“吉野”又连续向致远号发射重磅炸弹，企图一举击沉致远舰。就在这时，邓世昌对帮带大副都司陈金撰说："倭舰全靠吉野，如果把它撞沉，足使倭奴丧气！"邓世昌话音刚落，清舰就被对方鱼雷击中，其中一发鱼雷击中机器锅炉，使得船向左倾，邓世昌和大副陈金撰等全舰将士落水。

落水后，随从刘忠将自己的救生圈让给邓世昌，但邓世昌死活也不接受。正在这时，恰好有一艘中国快艇驶来，只听艇上水手们喊道："邓大人，邓大人，快上船！"尽管水手们喊得声嘶力竭，邓世昌始终不为所动，他决心带着将士们和致远舰同生死。就这样，他身体逐渐淹没，壮烈牺牲。这一仗，清军损失惨重，致远号上的 200 多名官兵最后只剩 20 个多，其余全部壮烈殉国。当时，晚清坊间有《所闻录》说邓世昌之死："我海军定远舰管带邓壮节公，身短发秃，军中呼为邓小辫子。平素言笑不苟，爱一猎犬。黄海之战，致远沉没，公落海死。犬跳入海中，衔公辫，及尸身捞出，尚未放。"

北洋舰队右翼阵脚的"超勇"和"扬威"二舰也难逃厄运，最后都中弹沉没。这样一来，经远舰就失去了保护。虽然失去了保护，但经远号在管带林永升的指挥下，始终和敌舰激战。最后，敌舰集中火力以排炮猛攻经远舰，林永升中弹身亡。大副陈荣和二副陈京莹等也相继中炮身亡。没过多久，经远舰就在熊熊烈火中沉没，水手生还者不过 16 人。

下午 5 点多，"靖远"舰在叶祖珪的指挥下，修复好了漏洞。在他的指挥下，北洋舰队向日舰猛击，声威大震，日舰这时损失惨重，掉转船身向西南海面远遁。

在这场惨烈的黄海之战中，日本军舰受损 5 艘，北洋舰队沉舰 5 艘。事后，有人说北洋舰队损失比日本联合舰队大，也有人说胜负相当、平分秋色。但不论怎样，众口一词都是说李鸿章不该为保住自己的实力，而令北洋舰队龟缩在威海卫军港内避战不出，白白将黄海和渤海的制海权交给日本。李鸿章也因此遭到了不少人的唾骂。

戊戌变法

甲午战争的失败标志着清政府洋务运动的失败。甲午战争后，作为战胜国的日本一跃而起，成为军事强国，并走上军国主义道路。而中国半殖民地化性质则逐步加深。为此，一些爱国人士开始思考救国图强的方法。

这一期间，当属资产阶级改良派的思想最为活跃，主要代表人物有康有为、梁启超和谭嗣同等人。他们以“变法图强”的口号，组织学会，办报纸，开展救国活动。

1895 年，康有为和梁启超等数千名有识之士联名上书光绪皇帝，表示反对和不承认清政府签订的《马关条约》。后来，这一事件被称为“公车上书”。

当时，在督办军务处当差的袁世凯认为康有为的上书切中时弊，因为他也曾向光绪皇帝提出变法，康有为的思想和他的思想十分接近。康有为和梁启超组织强学会后，袁世凯也成为其中一员。为此，康有为等人认为袁世凯是志同道合的人。

“公车上书”时，清廷内部存在着光绪皇帝和慈禧太后两派势力的矛盾。康有为等人的变法虽然得到了光绪帝的支持，可光绪帝的势力和慈禧比起来小之又小。维新派的政治制度改革触动了以慈禧为首的满洲贵族和传统势力的利益，于是守旧派开始对光绪帝支持的维新派发动攻击。

1898 年 8 月 3 日，光绪皇帝派人给康有为送去一封密诏。密诏中，光绪皇帝说，自己的皇帝位置岌岌可危，自己随时都可能被慈禧谋害。读完密诏后，维新派的几位核心人物痛哭流涕，伤心至极。最后，他们决定铤而走险，实行兵变，准备包围颐和园，然后迫使慈禧太后交权退位。就在这时，他们想起了与自己志同道合的袁世凯，因为只有袁世凯才能发动兵变。就这样，袁世凯成为了变法成功与否的关键人物。

就在当天夜里，谭嗣同秘密来到袁世凯的驻地法华寺。见面后，袁世凯慷慨激昂，答应出兵包围颐和园，逼慈禧交权。

至于事后的发展，在历史上众说纷纭，其中当属两种说法较为主流：

1. 袁世凯是一个典型的墙头草、两面派，他一面答应谭嗣同的要求，骗取光绪帝信任，一面则投靠实力强大的慈禧太后。他用假话支走了谭嗣同后，便于8月5日乘火车回到天津，向荣禄告密，出卖了光绪皇帝和维新派。荣禄得到袁世凯带来的消息后，当晚便赶回北京向慈禧禀报。次日清晨，慈禧便下令囚禁了光绪帝，并派人捉拿了维新派人员，杀死了“戊戌六君子”，致使百日维新最终以失败告终。而袁世凯则以六君子的鲜血为代价，官位高升。

2. 虽然袁世凯选择告密，可他的告密并不是导致戊戌变法失败的直接原因。因为慈禧发动政变的决定早于谭嗣同等人筹划的兵变。袁世凯的告密，只是将戊戌变法失败的时间提前了，并没有直接导致变法的失败。但袁世凯虽然不是主动告密，可他将维新派的秘密全部暴露，却让慈禧提前了政变的时间，提前结果了戊戌六君子的性命。

但不论怎样，没有充分准备和筹划的政变或变法最终必将走向灭亡。由于这次变法持续的时间前后不到百天，所以在历史上又称为“百日维新”。

义和团运动的兴起

戊戌变法失败以后，民族危机日益加重。大批国外传教士来到中国，企图以传教为掩护开展间谍活动。

1899年到1900年间，齐河和长清一带水患严重，人民生活疾苦不堪。借此机会，美籍传教士韩维廉和包复祺等人在辛店屯和大刘庄等地建立教堂、发展教民。这些传教士和教徒，名为上帝之子，做的却是流氓行为，在当地村里乡间横行霸道、无恶不作。最后，当地乡民忍无可忍，自发形成组织，开展反帝国主义侵略的运动。慢慢地，民间便诞生出了一股力量——义和团运动。

义和团原名义和拳，是山东、河南一带的民间组织。这些组织仙风道骨，开设神坛，练习武术，宣称画符念咒后，就能把神灵请到自己身上，使自己成为刀枪不入、水火不侵的金刚不坏之身。

1898 年，山东冠县义和拳和直隶威县、广平等地义和拳联合行动，推举赵三多为“大师兄”。在“大师兄”的带领下，联合组织开始了轰轰烈烈的义和团运动。

在山东，义和拳首领朱红灯设立了总坛、分坛和联络信号及拳规。分坛以村为单位，拳厂大都安在各村家庙内，坛口设香囊、置符咒、神像和刀械等。平时，义和团成员腰系红带，头裹红帕。作战时，便派专人背着神像随军奔走，其余拳民则“各持刀械，向东南叩头，请神跳舞”。此外，朱红灯还规定，义和团成员必须人人自带口粮，不得私拿百姓粮食，更不准窃取百姓财物。

义和团组织来自民间，其成员多是贫苦农民、手工业者、城市贫民、小商小贩以及运输工人等。1899 年 9 月，山东平原县的地主依仗教会势力，抬高粮价，引起了当地民众抗争。于是，农民和教会间发生了械斗，地方官府不敢得罪国外教会，便派军队镇压当地民众。10 月 11 日，朱红灯率领山东义和拳再次大败清军。随后，朝廷又从四处调来军队，镇压义和拳。10 月 18 日，双方在平原县和恩县交界处的森罗殿激战，义和拳大获全胜，史称“平原大捷”。

平原大捷后，清政府对义和拳恨之入骨，一心想要消灭他们，可又怕激起百姓更大的反抗。于是，清政府让当地政府贴出告示，宣布义和拳为民间团练。此后，义和拳便改名为义和团。当时，义和团的总坛首领老师或是老祖师，各坛首领则称大师兄、二师兄。大师兄主要负责坛内各种事务，战时则负责率领部队作战。

义和团成为合法组织后，活跃的气焰更加旺盛，提出了“扶清灭洋”的口号。当时，这个口号在不同地区、不同组织中也都相继出现，可以说，“灭洋”成为了当时普通民众共同的呼声，可见，当时帝国主义和中华民族的矛盾已十分尖锐。

1900 年夏，义和团涌进北京和天津等地，纷纷张贴告示，揭露外国侵略者的罪恶，号召人民起来反抗。没过多久，北京和天津便被义和团控制。北京东交民巷使馆区一带则被义和团的支持者团团包围，很多教徒和传教士相互残杀。

此时，清政府一面派人到使馆外劝说义和团听从领导；一方面又派人到使馆里安慰外国人，并送去水和食物，表示不会与他们交战。尽管清政府不断劝说，可义和团仍对大使馆发动猛攻，使大使馆的外国侵略者惶恐万分，纷纷向自己的国家求助。

毋庸置疑，对于一直想瓜分中国的西方列强来说，这无疑是一个再好不过的机会。于是，各国联合起来，组成为了八国联军，入侵中华。因八国联军的侵华事件发生在 1900 年，也就是中国农历庚子年，所以这次事件又被人们称为“庚子国变”。

八国联军与《辛丑条约》

1900 年 4 月，英、美、法和德四国向清政府发出最后通牒，要求清政府剿灭义和团。同时，四国还将舰队开到大沽口，随时准备发动战争。

同年 5 月 25 日，慈禧太后下诏宣战，命载漪和刚毅率清军及义和团进攻北京东交民巷的各国使馆，企图逼迫洋人就范。6 月，英、美、法、德、日、俄、意和奥八国商议后决定，以“保护使馆”名义，派联军进京。随后，他们便派英国海军司令西摩尔率领2000多人进犯北京，从此拉开侵华的序幕。

为了抵抗西方列强，京津铁路沿线各村庄的义和团成员纷纷起来抵抗，他们拆毁铁轨、桥梁，锯掉沿途电线杆，使京津的铁路和电信处于瘫痪状态。为此，联军只能一边修铁路一边前进。而义和团则趁此机会攻击八国联军。义和团虽未能完全阻止联军的侵略步伐，但却拖延了它们的行动计划，致使西摩尔率领的联军经过4天才走到廊坊。联军刚到廊坊，立刻遭到了义和团的进攻。

西摩尔联军向北京进犯时，聚集在大沽口的列强舰队开始了更大规模的军事行动，他们不但占领了大沽口，而且还派兵上岸进驻联租界。7月19日，八国联军攻陷通州。慈禧太后大惊，携光绪帝仓皇离京。

八国联军进京后，直接将司令部设于紫禁城，随意烧杀抢掠。此外，八国联军还任意凌辱中国妇女，在八国联军进攻天津时，俄军把居住在海兰泡的中国军民押到黑龙江边，随意砍杀，而后又把几千居民赶入波涛汹涌的黑龙江，制造了历史上骇人听闻的海兰泡大惨案。

与此同时，八国联军还在京城大肆搜捕和屠杀义和团，并不断出兵攻占京津周围要地，没过多久便控制了南至正定、北至张家口、东至山海关、西至娘子关的大片地区。

这时，逃至西安的慈禧太后任命李鸿章为全权大臣，向各国外交部请求停战。当时，八国联军向清政府提出《议和大纲十二条》，声称这些条款“无可更改”。李鸿章禀告慈禧后，慈禧大喜，立即全部照准。

1901年3月，八国联军陆续撤离北京。同年7月25日，李鸿章和英、美、法、德、日、俄、意、奥以及荷兰、比利时、西班牙11国的代表，在北京签订了又一个丧权辱国的条约——《辛丑条约》。

条约中规定：中国将支付赔款4.5亿两白银，限期39年，年息4

厘，本息折合9．8亿两，以海关税、常关税和盐税做抵押。此外，将东交民巷划为使馆界，界内由各国驻兵管理，中国人不准居住；在大沽口的炮台必须拆除；不准中国人成立或参加“与诸国仇敌”的任何组织。要是在中国境内发生“伤害诸国人民”事件，中国方面必须立刻镇压；改清廷总理各国事务衙门为外务部，列六部之前。

这个条约，使帝国主义从政治、经济和军事等各方面都扩大和加深了对中国的控制。自此，中国成为了真正意义上的半殖民地半封建社会。

光绪驾崩

《辛丑条约》签订后，清政府成为外国侵略者统治中国的工具。而曾经风风火火的义和团在中外联合势力的绞杀下也很快瓦解殆尽。

清政府为了缓和阶级矛盾，被迫再次宣布变法。这次变法由慈禧太后主动提出。变法内容基本承袭了戊戌变法的内容。然而，还未看到变法取得成效，光绪帝便于1908年11月14日驾崩，终年38岁。次日，慈禧太后也在仪鸾殿逝世。

光绪帝和慈禧太后的相继去世，甚是诡异和巧合。由于光绪帝和慈禧之间存在政治矛盾，所以不得不让人觉得光绪帝的死亡背后很有可能深藏着一个巨大的阴谋。为此，各种猜测和议论也层出不穷：

1. 慈禧太后知道自己将不久于人世，她不甘心自己的大权落到光绪手中，所以命人毒死了光绪帝。根据当时给光绪看病的名医屈桂庭在回忆录中所说：“光绪临死前三天，不停地在床上翻滚，并且不断大喊大叫。看其脸色发暗，舌头既黄又黑，明显是中毒症状。”根据屈桂庭的这种说法，光绪帝很有可能是被毒死。假如光绪帝真是被毒死，那么最大的嫌疑犯毋庸置疑，就是有权有势的慈禧太后。

2. 袁世凯是主谋。袁世凯看慈禧很可能不久于人世，便担心慈禧死后大权落到光绪手中，到那时自己一定会遭到光绪报复。为了保全自己，袁世凯买通宦官，下毒谋害了光绪。这一说法的根据源自溥仪，溥仪说：“我亲耳听到一个侍候光绪帝的老太监讲：‘光绪帝死前一天，只是用了一剂药，才变坏的。后来才知道这剂药是袁世凯送的。’”

3. 近代专家根据光绪帝生前的病史，推断出光绪很可能是死于严重的肺结核。

4. 据说光绪帝有严重的肾亏，有长期遗精史。根据《病原述略》记载：“遗精之病将二十年，前数年每月必发十数次，近数年每月不过二三次，冬天较甚。近数年遗泄较少者，并非痊愈，乃系肾经亏损太甚，无力发泄之故。”也就是说，光绪帝的死很可能属于精尽人亡。

到目前为止，光绪帝的死还是一个“谜”。究竟哪一种说法更接近于事实，哪一种解释更加科学可取，一直是众说纷纭，所以光绪的死始终不能盖棺定论。

溥仪登基

大清帝国咸丰十一年（1861 年），咸丰皇帝在承德避暑山庄因病驾崩。临死的时候他遗命唯一的儿子载淳为嗣，年号“同治”。母以子贵，同治帝的生母叶赫那拉氏因居西宫便被称为西太后，也就是历史上有名的慈禧太后。慈禧太后权力欲望极其强烈，很快便发动政变，宣布垂帘听政，从此高踞大清帝国龙榻之上，前后长达半个世纪之久。

同治帝在位 13 年，无所作为，不到 19 岁便因病去世，是清朝皇帝中最短命的一个。同治死后，慈禧太后为了继续垂帘听政，以祖上降梦为由，选立年仅 4 岁的载湉为帝，年号“光绪”。载湉是道光皇帝第七子醇亲王奕谖的次子，母亲正是慈禧太后的妹妹。光绪皇帝在位34年，始终生活在慈禧太后的控制下，他也曾多次试图做出反抗，但终究斗不过老谋深算的慈禧。光绪病危之际，慈禧太后也正是风烛残年，又面临再次择帝之大事。在与光绪闹了几十年的别扭之后，慈禧太后本来并不想再从醇亲王府中找一个麻烦的皇帝，可是，术数和术士使她改变了初衷。

慈禧太后是一个极其迷信的人，凡有大事，必定要找人占卜算卦，以定吉凶。北京城西白云观内有一老道，姓高名云溪，术数高超，深受慈禧太后的信服。几十年来，凡有大事，慈禧必会派人去询问老道，有时甚至亲自召见。这次的大事，当然也不例外。

这天深更半夜，大太监李莲英带着随从和护卫来到了白云观。高道士在门前迎接，寒暄了几句，便遣散了随从的小道士，开门见山地说："太后问的是事关大清龙脉的大事，你进殿来听我给你详细说说！"当晚，李莲英回到宫中，将高道士的话转告给了病榻上的慈禧太后。

根据高道士的分析，在醇王府的妙高峰坟茔地中，长有两棵大白果树，而老醇亲王就葬于树下，"白"加上"王"，正是"皇"。醇王府切中龙脉，出了一个光绪皇帝，还要再出一个皇帝。

慈禧听了这话，显出一脸的不屑。她对光绪皇帝早已恨之入骨，不仅活活拆散了光绪和珍妃一对恩爱夫妻，还扑灭了他主持的戊戌变法。把光绪囚禁起来的时候，慈禧太后曾声称决不能死在光绪之前。而今又要立醇王府的后代为皇帝，可把慈禧给气坏了。她阴森森地对李莲英说道："小李子，明天就去给我把那两棵白果树砍掉，连根也给刨掉！"李莲英虽然很害怕，但更不敢违背老佛爷的命令。第二天，他就带了30多个人，把两棵白果树连根砍掉。醇亲王府对此也是敢怒不敢言。相传，在白果树被砍掉几天后，树身里曾爬出了无数的蛇，四处乱窜。光绪三十四年（1908年）10月20日，光绪的弟弟醇亲王载沣被宣入中南海，跪在了慈禧太后的帏帐前。

慈禧开口说道："载沣，今幸你得了两个儿子。光绪晏驾，我也有重病在身。现在大清有难，朝廷不可一日无君。现颁诏，立你的长子溥仪为嗣，赐你为监国摄政王！"性格懦弱的载沣听到这话，顿时如遭五雷轰顶，不知如何是好，因为溥仪此时还不满3岁。慈禧一咬牙，说道："这是上天的旨意，也是列祖列宗牌位前卜卦请准了的！溥仪就是我们大清下一个皇帝了，你回去准备一下，把他带到宫里来吧！"

醇王府内听到这个消息后，立即炸开了锅，溥仪的祖母不等念完谕旨就昏过去了。刚苏醒过来，她便一把夺过溥仪紧紧抱在怀里，一把鼻涕一把泪地哭诉道："咱家的孩子已经快被弄死了，现在咱的孙子又要被拉去当皇帝，这回咱是万万不能答应的！"对于慈禧太后的歹毒，她是领教过的，所以不忍心让年幼的孙子重蹈覆辙。可是，太后的谕旨不可违，众人不得不把她扶进屋里去。当太监们来抱溥仪的时候，小溥仪连哭带打，拼命地抵抗。乳母王焦氏不忍心看到孩子这么哭闹，连忙露出奶头给他吸，溥仪才不哭了。于是，太监们一商量，决定由载沣带着溥仪和乳母一起去中南海。

当晚，一群太监将未来的皇帝带入皇宫。光绪三十四年十月二十二日（1908年11月14日），光绪帝驾崩，终年38岁。次日，慈禧太后也一命呜呼，享年74岁。12月2日，溥仪登基，载沣任监国摄政王。

在登基典礼上，还不满3周岁的溥仪坐在皇帝的龙床宝座上，竟哇哇大哭起来。父亲载沣在一旁双手扶着儿子，叫他不要再哭闹。可是，根本还不懂事的幼儿，怎么能懂得父亲的一片苦心。文武百官齐声下跪，高呼万岁，在这种浓重的气氛下，溥仪哭得更厉害了，大声嚷道："我不要这儿，我要回家！"载沣一时不知如何是好，不由脱口而出，叫道："别哭，别哭，就快完了！就快完了！"典礼结束后，官员们窃窃私语起来：“怎么说是‘快完了’呢？”“是啊，说‘要回家’是什么意思呢？”王公大臣们议论纷纷，认为这是大清帝国的不祥之兆。

载沣这一语脱口而出，竟不幸言中。溥仪当皇帝不到 3 年，即 1911 年，辛亥革命就爆发了，推翻了风雨飘摇中的清王朝，结束了中国 2000 多年来的封建帝制。次年，中华民国成立，隆裕皇太后不得不替溥仪宣布退位，统治全国长达 200 余年的大清帝国灭亡了。

辛亥革命

1908 年，光绪皇帝临死的前一天，慈禧太后在中南海召见军机大臣，商量立储人选，最后议定，立 3 岁的溥仪为帝，并让溥仪的父亲醇亲王载沣任监国摄政王。

此时，中国的局势已是岌岌可危。全国各地的爱国志士纷纷联合起来，成立革命组织。早在 1905 年，孙中山就成立了中国同盟会，并在《民报》的发刊词中将同盟会的纲领概括为“三民主义”，即民族主义、民权主义和民生主义。所谓民族主义，就是要推翻清王朝的统治，反对列强的侵略，打倒与帝国主义相勾结的军阀，求得国内各民族的平等；民权主义是三民主义的核心，要求废除封建的君主专制制度，建立民主共和国；民主主义就是要解决社会问题，平均地权，节制资本。

正是在中国同盟会的领导下，中国的资产阶级革命有了一个新的飞跃。湖北省的革命党人成立了一个文学社，拥护孙中山的革命主张，此外还成立了一个革命组织，叫共进会。这两个组织在武昌举行会议，决定联合起来成立起义的总指挥部，计划在 1911 年（农历辛亥年）的中秋节（10 月 6 日），发动武装起义。文学社社长蒋翊武被推选为革命军临时总司令，共进会的主席孙武为参谋长，以文学社的机关为临时总司令部。

可就在准备起义工作的关键时刻，却发生了意外事故。南湖炮兵营的士兵汪锡九、梅青福等人在喝酒时与长官刘步云发生了冲突，大打出手，士兵们乘着酒劲把刘步云痛打了一顿，并且从营房中拖出大炮，扬言要炮轰军官的营地。这个事件引起了湖广总督瑞澂的警觉，他听到了军营中的风声，下令八月十五那天全城戒严，革命党人见形势危险，不得不推迟起义，把时间改为10月11日。

可是，10月9日发生的一件事，使革命党人不得不再次改变计划。当天，共进会在汉口俄国租界宝善里制造炸弹时，由于疏忽大意，竟然引爆了炸弹，革命党的参谋长孙武也被炸伤。由于听到了爆炸声，巡捕很快发现了这个革命机关，并迅速通知了总督衙门。虽然大部分的革命党人已经撤离，但还是有一些人被逮捕。更为严重的是，革命党人准备起义用的旗帜、钞票和宣传品都被清政府截获。湖广总督瑞澂感到事态严重，立刻下令全城戒严，搜查革命党机关，按名册搜捕革命党人。结果，几个被捕的革命党领导人惨遭杀害，革命党失去了统一指挥。在危急关头，革命军临时总司令蒋翊武认为，计划已经暴露，必须立即举行起义，否则将会前功尽弃。

于是，革命党人决定在10月10日晚上7时起义。武昌城内新军第八镇工程第八营的革命党人熊秉坤得到消息，感觉形势危急，当机立断，约定其他革命党人提前起义。可是，到了晚上，效忠于清廷的工程营二排长陶启胜得知了起义的消息，当他正准备去告密的时候，被起义士兵金兆龙和程正瀛发现，双方发生争执，程正瀛率先打了陶启胜一枪，就在这一声枪响中，武昌起义爆发了！

一声枪响，四方响应，全营的革命党人立即行动起来，很快就占领了楚望台军械库，熊秉坤以总代表的身份，宣布湖北革命军成立。之后，熊秉坤又把领导权交给了更有威望和指挥经验的吴兆麟。随后，2000余名革命军人开始围攻总督衙门。总督衙门是清朝统治湖南、湖北两省的中枢，防御十分严密，革命军与清军统制张彪展开了激烈的对抗。张彪占据有利地形，试图阻挡革命军的进攻。革命军兵分三路，用煤油桶引爆了衙门，然后冒着炮火冲了进去。张彪见大势已去，只好率领残部落荒而逃。总督瑞澂则从围墙的洞口逃出后，乘坐兵舰逃往了汉口。

10 月 12 日凌晨，革命军占领了武昌城。与此同时，汉口、汉阳的新军也先后起义，武汉三镇都被革命军占领，随后湖北军政府宣告成立，革命已经势不可挡。由于这一年是农历辛亥年，武昌起义又是推翻封建王朝统治的革命行动，故称辛亥革命。

清朝灭亡

宣统三年（1911 年），同盟会组织武昌起义。武昌起义成功后，起义军成立了湖北军政府，推选黎元洪为都督，废除了宣统年号。随后，各省纷纷响应，宣布独立，清政府迅速土崩瓦解。

革命党人在筹建中央政府时候产生了分歧，上海地区以宋教仁、陈其美为首的革命党人和湖北地区的黎元洪等人，在领导权的问题上发生了争执，双方各自致电独立各省的都督，让他们派代表到上海和武汉开会，商讨成立中央政府事宜。这个时候，由于武汉战事吃紧，所以上海的电报更快到达。因此，福建、河南、直隶、湖南、浙江、江苏等省的代表都到了上海，只有江西、山东、广西等少数几个省的代表到了武昌。

1911 年11 月，革命党人在上海召开了各省都督代表联合会，承认湖北军政府为“民国中央军政府”。12 月 2 日，革命党人占领南京后，革命力量的中心开始从武昌转移到南京。

武昌起义之时，孙中山正在美国北部的科罗拉多州筹集革命经费。10 月 11 日，当孙中山在美国报刊上看到武昌已经被革命党占领的消息后，他决定终止在美国的行动，立即动身回国。11 月 2 日，孙中山从纽约出发，前往伦敦、巴黎活动。11 月 24 日他从法国马赛起程，乘坐邮轮，经新加坡、香港等地，于 12 月 25 日抵达上海。

孙中山对革命的贡献有目共睹，因此一到上海便受到了革命党人和上海市民的热烈欢迎。革命党人及各团体纷纷致电南京各省代表会议，要求推举孙中山为大总统。

在选举大总统时，共有 17 个省区的代表 45 人筹组中央临时政府，每个省拥有一张有效选票，孙中山以 16 票当选为中国第一任临时大总统。

1912 年 1 月 1 日晚 10 时，临时大总统就职典礼在南京举行，孙中山庄严宣誓，同时发布了临时大总统就职宣言，宣告中华民国成立。南京临时政府随即通电各省，改用公历，以中华民国为纪元，宣布 1912 年 1 月 1 日为中华民国元年。孙中山曾要求以青天白日旗作为国旗，但临时参议院还是决定以五色旗为国旗，红、黄、蓝、白、黑五色象征汉、满、蒙、回、藏五族共和，同时将青天白日旗定为海军军旗，铁血十八星旗定为陆军军旗。

南京临时政府的成立，标志着中国历史上第一个资产阶级共和国——中华民国的诞生，它不仅结束了 200 多年的清王朝统治，还结束了统治中国长达 2000 余年的封建帝制。同年 3 月，孙中山颁布由临时政府参议院通过的《临时约法》。这部《临时约法》是具有资产阶级共和国宪法性质的根本大法，反映了资产阶级革命派的民主精神。

武昌起义后，各省纷纷独立，清政府岌岌可危，袁世凯的北洋新军成为唯一可以抵抗革命的力量。于是，清廷不得不再次起用袁世凯。袁世凯乘机提出拨军费 400 万两白银、招募军队、安排北洋旧部等六项条件，清政府都一一同意，先后任命他为湖广总督和内阁总理大臣，指挥湖北前线的所有军队。袁世凯走马上任，指挥北洋军队于 1911 年 11 月 2 日攻占汉口，汉阳和武昌也处于北洋军的炮火攻击之下。然而，袁世凯的目标并不在全力镇压革命上，而是另有野心。

袁世凯看到了临时政府内部的种种矛盾，于是想和反对派联合起来，进行和谈，然后逼孙中山辞职，自己谋取大总统的职位。这个时候，帝国主义看到有利可图，也帮助袁世凯，对南京临时政府进行军事威胁和经济封锁。在这种形势下，孙中山被迫妥协，答应袁世凯，如果推翻帝制，清帝退位，就会让位于他。在得到孙中山的保证后，袁世凯向清廷施加压力，派北洋军将领上书清廷，要求清帝退位，并亲自代表民国政府颁布了《关于大清皇帝辞位之后优待条件》。其主要内容是：承诺民国政府会优待清帝，皇帝退位后，仍然可以住在紫禁城内；皇帝的私有财产也可以受到保护，每年还拨给 400 万两银子作为生活费用；而且皇帝还可以照旧选秀、选太监等。

这一年清宣统皇帝溥仪 6 岁，宣统三年十二月二十五日（公元 1912 年 2 月 12 日），隆裕太后颁布了皇帝退位诏书，宣布宣统皇帝退位，大清帝国灭亡了。

世界卷

古文明时代的世界

人类起源

从人类诞生，就开始思考到底谁是造世主。最初，懵懂的原始人认为一定是某位神灵。

在欧洲和中东，人们普遍认为，是《圣经》中的上帝创造了人类；在中国，人们则认为是女娲娘娘用泥造出了第一个人；非洲的神话传说更是千奇百怪，除了神灵造人外，一些人还认为是动物变成了人类。

从19世纪开始，人类开始有了严密的逻辑推理思维以及科学的眼光。

1831年，一名从剑桥大学毕业的学生参加了英国海军“小猎犬号”舰环绕世界的科学考察航行。这名学生跟随船舰从英国到达南美洲的巴西、阿根廷，在考察了南美西海岸的岛屿后，他们又跨越太平洋，到达大洋洲，再穿越印度洋来到南非。最后，他们绕过好望角经大西洋又回到南美的巴西，历经5年时间回到英国。

途中，该学生收集了各种动植物标本。在后来整理标本时，他惊奇地发现，各种物种之间显示出了一种从低级到高级的排列关系。基于这样的发现，他开始意识到，人类很有可能是物种进化的一个结果。

后来，他在大量真实资料的基础上，提出了物种进化的思想。人类和其他生物一样，是经过遗传、变异和自然选择，从低级慢慢发展到高级而来的。这就是我们今天熟知的“进化论”，而这个学生，也就是著名生物学家达尔文。

达尔文提出进化论后，在伦敦乃至整个世界都引起了极大的轰动。由于这个说法推翻了上帝造人的宗教传说，遭到了教士们的极力反对。他们认为，如果人是从猴子、猩猩进化而来，那么上帝该怎么办？此外，达尔文的进化论在当时的知识界也引起了不小争论，有人表示赞同，也有人极力反对。

17 年之后，恩格斯撰写了《劳动在从猿到人转变过程中的作用》一文，论证了人类从类人猿发展而来的具体过程。时至今日，进化论仍在研究人类的起源上有着重要的价值。

恩格斯文中所指的类人猿包括黑猩猩、猩猩、大猩猩以及长臂猿等在内的猿类。因类人猿的形态结构和生理功能与人十分相似，在所有动物中和人的亲缘关系也最为接近，所以被称为类人猿。在考古过程中，科学家发现了距今 3500 万年到 3000 万年前的古猿化石。

古猿和人类虽然类似，但也存在差异，那就是人类可以直立行走，并且能使用和制造工具，而且拥有发达的大脑，可以思考问题等，而古猿却没有这些特征。

从古猿进化到现代人，经历了这样几个阶段：早期猿人、晚期猿人、早期智人、晚期智人。

从古猿到人的过渡，大约发生在距今七八百万年以前。那时，地球正处在活跃的造山运动时期，地形、气候和之前相比，发生了巨大变化，森林逐渐减少。为此，原本生活在森林中的古猿为了生存不得不下到地面，再经过漫长的演化后，才最终进化为人类。而留在森林中的古猿则进化成了类人猿。

古猿下到地面后，慢慢进化成了猿人，其最显著的变化就是直立行走。为此，他们的身体结构慢慢发生了一系列适应性变化，如身体重心下移、下肢骨增长和脊柱从弓状变为 S 形等。

学会直立行走最重要的作用是解放了人类祖先的前肢，同时为大脑的进一步发育创造了条件。鉴于两足直立行走的重要意义，人类学家把动物是否具备这一条件作为了划分人和猿的一个重要标志。为此，晚期猿人又被人类学家称为“直立人”。在直立人中，最具有代表性的是德国海德堡猿人。此外，还有中国的蓝田人和北京猿人。

在早期智人中，最具有代表性的当数尼安德特人，简称“尼人”。他们生活在距今二三十万年到5万年前，相当于考古学上的旧石器时代中期，虽然他们是和现代人更为接近的人种，但仍具有原始性质。

在以前，晚期智人原称“智慧的人”，后来简称为“智人”。相比于早期智人，他们和现代人更加接近，已经拥有了属于自己的雕刻和绘画艺术。晚期智人大约生存在距今5万年前，他们的活动年代很久，一直从旧石器时代到现在。为此，人们也通常把晚期智人叫做现代人。不过，从严格意义上来说，他们并不是真正的现代人。因为，现代人是指新石器时代以后的人类，他们即距今约1万年前至现在的人类。

截至目前，人类发现最古老的“智人”是美国科学家于2003年6月11日在埃塞俄比亚发掘的一批人类骨骼化石，他们大约距今有16万年。

美国的科学家通过测量这些化石的物理特征，推算出他们处在智人的起始阶段。

智人的出现，标志着现代人开始出现在世界的舞台上。

史前文明

猿人又称史前人类，和人类最早的祖先相比，他们有了明显的进化，其中最主要的标志就是开始制造和使用工具。在今天看来，那种

“制造”只是一个简单的过程，但在那时，这却意味着人类已经迈出了一大步，开始了目的性行为。

在漫长的进化过程中，有了思考能力的大脑，让他们以一种简单的方法跟上了四季变化的步伐。从此，四季交替的意识便慢慢形成。

那时，气候环境非常恶劣，不断有各种各样的自然灾害威胁着他们的生存。为了生存，他们开始了不断四处迁徙。

可以想象的是，在那样恶劣的环境下行走是件非常困难的事情。就是在迁徙途中，他们依然会遭遇各种不同的危险，如果没有对策，等待他们的将是灭顶之灾。

后来，人类学家和考古学家告诉我们，冰川纪时期的人们想出了对策，逐渐摆脱了生存的险境。

随着社会发展和自己本身的不断进化，在与环境长期的斗争中，他们渐渐地开始了各种各样的发明。如最早的捕猎陷阱，就是在地上挖一些大坑，然后用一些树枝和树叶掩盖起来。只要猎物掉入设下的陷阱，他们就会一起用石块将猎物砸死。然后把猎物的肉用来食用，皮毛用来做衣服御寒。后来，他们懂得动物的巢穴可以寻求温暖，又开始了穴居的生活。这说明，当时的人们已经学会了动脑筋。

虽然有了皮毛大衣和遮风挡雨的山洞，但大部分人依然无法抵挡冬日的寒冷，体质较弱的老人和小孩经常被冻死。

在困难面前，人类并没有选择低头，而是顽强地战斗着。在人类以前的印象中，火一直是凶险的存在。但在这冰天雪地里，火渐渐融入了人类的生活。当人类把枯树枝拖进山洞，并用一根着火的枝条将它们点燃时，一个寒冷的山洞就变成了温暖的巢穴。就这样，人类在与大自然的斗争中，学会了使用火。可以说，火的使用，是人类发展史上一次革命性的进步。

苏美尔文明

幼发拉底河和底格里斯河经过漫长的冲积，形成了著名的美索不达米亚平原。美索不达米亚平原虽然土壤松软肥沃，但气候干燥、降水稀少。

当时，生活在该平原上的苏美尔人为了生存，在美索不达米亚南部开掘沟渠，逐渐形成了复杂的灌溉网，成功地利用了底格里斯河和幼发拉底河的湍急河水，创建了第一个文明，即苏美尔文明。由于有了相对较好的生产和生活条件，渐渐地，两河流域的居民越来越多，许多的小型村落也相继出现。定期泛滥的两条大河给居民们“送”来了沼泽地带的丰盛水草、芦苇以及黏土，使得农业、畜牧业和手工业生产得到了巨大的发展。当生产力发展起来后，城市慢慢开始出现。在人类最早的城市里，苏美尔文化绽放出了灿烂的光芒。

苏美尔人善于制陶，他们给后人留下了许多精美的彩陶，那绚烂的色彩就是他们精湛技艺的最好证明。在当时，苏美尔人的日常用具也都是陶制品，如酒杯、油缸、炉子和灯盏等，都是出自他们之手。让人不可思议的是，就连他们死后用的棺材也都是陶制的。

那一时期，人类没有能力开采大量的石料，苏美尔人便在黏土中掺杂切碎的麦秸，然后制成土砖，用来建造房屋，甚至铺路。因此，当时两河流域的城市建筑物，也大多是黏土制砖所建造。

公元前3000年左右，苏美尔出现了很多以城市为中心的奴隶制城邦。那时的城邦很小，主要以城市结合周围若干个小村落构成。

当时，苏美尔人具有共同的宗教信仰，人与人之间并没有优劣之分，这让他们具备了统一的因素。在苏美尔的第一次世界大战中，乌尔—乌鲁克为南方同盟的霸主，基什为北方同盟的霸主，他们分别联合南北各城邦，形成对峙局面。争霸开始后，南方同盟逐渐占据上风，但是北方同盟也不甘示弱，双方一直征战不休。后来，基什王萨尔贡崛起，统一了南北各城邦。

公元前 2371 年，萨尔贡建立了西亚第一个奴隶制国家，即阿卡德王国。

古巴比伦

阿摩利人灭掉苏美尔人的乌尔第三王朝后，建立了以巴比伦城为首都的巴比伦王国。

古巴比伦王国有着光辉灿烂的文化，古巴比伦第六代国王汉谟拉比曾颁布了著名的《汉谟拉比法典》。公元前 729 年，古巴比伦被亚述帝国吞并。

公元前 1000 年，闪米特人（迦勒底人的一支）击败亚述人，后又在公元前 612 年灭掉亚述帝国，重新建立巴比伦王国。新巴比伦王国时期，以尼布甲尼撒二世统治时期最为强大。短暂的新巴比伦王国仅存在了 88 年，便被波斯人毁灭。但新巴比伦王朝留下了很多历史遗迹，难以迄今磨灭，“冒犯上帝的城市”巴比伦城便是其中之一。

在《圣经》中，巴比伦城被称为“冒犯上帝的城市”。

根据《圣经·旧约》描述，最初人类只有一种共同的语言。后来，这支人类的祖先在底格里斯河和幼发拉底河流域发现了一块肥沃的土地，他们在那里定居下来，并建造了城池。随着生活质量越来越高，他们便决定修建一座可以通向天上的高塔——“巴别通天塔”。

当时，作为全民性的工程，他们用砖和河泥修建的“巴别塔”很快便直上云霄。上帝耶和华得知此事后，非常生气，认为这是人类虚荣心的象征。耶和华觉得，正是因为人们讲同样的语言，才有沟通能力，建造起了这样的巨塔。后来，耶和华为了不让人类的力量威胁到自己，便让人世间的语言发生混乱，使人们不能沟通，从而削弱人类的团体力量。因为有了这么一个故事，人们便把巴比伦城称为“冒犯上帝的城市”。

虽然这是一个传说，但它却从另一面反映出了当时巴比伦城的繁荣和富强。

当时，巴比伦城是两河流域最为壮丽、繁华的城市。城内外有两道高大的城墙，城里的建筑物宏伟壮观，如尼布甲尼撒王宫和著名的“空中花园”，以及那座传说让上帝感到又惊又怒的巴别通天塔。

巴比伦的城墙长达 16 公里，宽处可以让一辆 4 匹马拉的战车转弯。城墙的两端起于幼发拉底河畔，河对岸是巴比伦的新城区，一座大桥横跨幼发拉底河，将新城区和主城区连接在一起。可以说，巴比伦的城墙不仅是用来抵御敌人的防御工事，还是一道保护巴比伦城不受河水泛滥之害的可靠堤防。

此外，巴比伦还有 100 座用铜做成的城门，因此又被称为“百门之都”。巴比伦古城中，最大的门叫做典礼门。典礼门高 4 米，宽 2 米，修建得非常牢固。公元前 568 年，波斯人在摧毁巴比伦古城时，也没能将这座城门损伤丝毫。

穿过城门大道，向西看去，便是尼布甲尼撒的王宫。据说，“空中花园”是新巴比伦国王尼布甲尼撒二世为了妻子塞米拉米斯公主而建造。

新巴比伦王国建立后，擅长建筑的尼布甲尼撒二世下令重建通天塔，他耗费巨大的人力物力，建成了总高 90 米的巴别通天塔。

在古代，这样一座如此巍峨雄伟的通天塔，可以说是一大奇迹。亚历山大占领巴比伦后，也打算重建通天塔。但他发现，光是清除废塔的砖瓦就需要一万人工作两个月，于是放弃了重修通天塔的计划。

赫梯王朝

在古巴比伦后期，逐渐强盛的赫梯经常向两河流域侵扰。公元前

16 世纪初，赫梯军队攻陷巴比伦城，满载而归。公元前 16 世纪后半叶，赫梯国王铁列平通过制定王位继承法，即“长子优先，无长子归次子，无子归女婿”，来巩固自己的王权。公元前 16 世纪末到公元前 13 世纪中叶这一时期，赫梯人毁灭了胡里特人建立的米坦尼王国，并在埃及埃赫那吞改革之际，夺取了埃及的领地，与之争霸。

到埃及法老拉美西斯二世时，双方进行了一次规模宏大的战争。公元前 1283 年，由于双方损失惨重，两国签订和约。在这次战争中，赫梯王国元气大伤，后来又发生内乱，这个伟大的帝国迅速走向了衰落。

公元前 13 世纪末，席卷了东部地中海地区的“海上民族”腓尼斯丁人肢解了赫梯王国。到公元前 8 世纪，赫梯帝国彻底被亚述摧毁。

根据史料记载，最早发明炼铁技术的便是赫梯人。在赫梯王国那里，冶铁技术是一项不能外传的专利。因此，当时铁的价格是黄铜的 60 倍，简直可以说是贵如黄金。

亚述帝国

两河流域的北部叫作亚述，也就是今天伊拉克北部的摩苏尔地区。

早期的亚述国，是在亚述城基础上形成和发展起来的一个城市国家。当时，亚述国实行的政治与苏美尔的城邦首领相似，权力有限，都是贵族寡头。除此之外，亚述国又另外设有名年官和乌库伦。名年官是指每年从长老会议的成员中选出一个人，并用他的名字命名该年；乌库伦是长老会议指派的一个管理司法和土地的小官员。

在公元前 19 世纪末，沙马什阿达德以暴力手段夺取了政权，成功之后，他继续不断向外扩张。玛里被吞并后，他让儿子在那里担任统治者。接着，他又将领土扩张推进到了地中海东岸，逼迫周围国家向他进贡。

沙马什阿达德死后，古巴比伦王国的汉谟拉比趁机攻打亚述。到了公元前 15 世纪，亚述被小亚细亚东南部和两河西北部的米丹尼王国控制，早期的亚述王国宣告结束。

公元前 15 世纪初，由于米丹尼受到赫梯的沉重打击，亚述王国趁机独立。从此，开始进入中亚述时期（约公元前 15 世纪—公元前 9 世纪），独立复兴后的亚述不断对外发动扩张战争。公元前 13 世纪，中亚述终于一雪前耻，消灭了米丹尼。

中亚述到了提格拉特帕拉沙尔一世（约公元前 1115 年—公元前 1077 年）统治时期最为强盛，曾经一度攻陷了南面的巴比伦城，血腥征伐了北部的安那托利亚部落。到公元前 11 世纪，大批游牧的阿拉米亚人入侵亚述，使亚述领土四分五裂。从此，中亚述开始走向衰落。

在中亚述时期，最宝贵的当数那部《中亚述法典》。当时，王权加强和君主制统治形式确立，经济得以快速发展。根据法典规定，土地可以自由买卖，这意味着土地私有制的出现。此外法律还规定，对于那些破坏田界或侵占他人土地的人，将给予严重的经济处罚和身体惩罚。这时，出现了一种普遍的社会现象，即债务奴隶制。它和汉谟拉比时期那些关于“负债人质在债权人家只服役三年”的规定不一样，中亚述时期的负债人在债权人家里服役是无期限的。由此可以看出，中亚述时期的奴隶境况比之前悲惨得多。此外，法典中还规定：如果奴隶从某个自由民的老婆手中获得任何一件东西，除了追回原物外，奴隶还要遭到割鼻耳之刑。

到了公元前 9 世纪，西亚和北非的一些强国先后衰落，亚述王国经济得到了迅速发展，铁器被广泛应用。这在一定程度上改善了亚述军队的武器装备，为亚述侵略扩张、建立帝国奠定了雄厚的基础。

古埃及文明

尼罗河是世界第一长河，位于非洲东北部，由卡盖拉河、白尼罗河、青尼罗河三条河流汇聚而成。尼罗河发源于非洲东北部的布隆迪高原，流经埃及和苏丹等许多非洲国家。尼罗河下游分成许多河流，这些河流主要分布在三角洲平原。整个三角洲面积约 2.4 万平方千米，地势平坦，河渠交织，是非常理想的农业生产地。

尼罗河定期泛滥，而且汛期较长，从每年的 7 月到 11 月都处于洪水期。其中，最高峰一般出现在 9 月。到 11 月后，洪水便会渐渐退去。那时，河流两岸就会留下一层厚厚的肥沃河泥。

洪水退去后，古埃及人首先要做的事情便是将种子散播到那些肥沃的泥土上，然后驱赶着猪或羊上去践踏。尽管每年的种植期很短，只是从 3 月到 6 月，但因尼罗河两岸的土地非常肥沃，4 个月的劳作就足以养活两岸人民。因此，古希腊历史学家希罗多德还特意说道："埃及是尼罗河的赠礼。"

随着生产力水平的提高，古埃及人在公元前 4500 年建立了许多国家。

当时，埃及人依然处于铜石并用的时代，很多生产、战斗使用的都是以青铜和石器制成的工具。考古挖掘发现，最能体现古埃及人在公元前 4500 年到公元前 3100 年历史的是埃及南部的涅伽达遗址。

这段历史被称为涅伽达文化。当时，文字已经出现，人工灌溉也比较发达。通过考察墓葬，人们发现了那时王族和国王的权力标志，这意味着当时已经有了国家。

在众多的考古发现中，最能说明涅伽达文化已经产生王权的是涅伽达地方 1610 号墓中的一个黑顶陶罐。陶罐上有以眼镜蛇作为红冠的图像，这说明当时的王权已经萌芽。

另外，考古学家还发现了一些记录其生活的绘画，如希拉康波里的画墓。内容有战争，包括水战和陆战，有头戴蝎子标志的贵族以及象征王权的白冠，还有腰系牛尾的国王形象，甚至还有捆着双手的战俘形象。这说明，当时的埃及人已经开始用文字和绘画来记录事情。

埃及第一王朝法老美尼斯

公元前3100年前，在尼罗河中游的西岸，出现了一座叫提尼斯的城市。在当时，一座城市就是一个部落。后来，那个部落的首领生下一个儿子，也就是埃及的第一任法老美尼斯。

美尼斯长大后，继承了部落政权。在他掌权期间，表现出了很高的领导能力。在他的领导下，提尼斯不断对外发动侵略战争，最后统一了整个上埃及（埃及南部地区，包括开罗南郊以南直到苏丹边境的尼罗河谷地，便于利用尼罗河水灌溉的地区被称为上埃及；开罗及其以北的尼罗河三角洲地区则被称为下埃及）地区。

统一上埃及后，美尼斯继续对外发动战争，并且很快征服了下埃及，使整个埃及第一次成为明确的统一国家。

美尼斯统一埃及后，面临着一个严峻的问题，那就是上、下埃及不同的政治、经济和宗教形态的融合。为了稳定新征服的下埃及，美尼斯并没有将提尼斯设为新王国的首都，而是把尼罗河三角洲南端的孟斐斯设为埃及的首都。

为了解决当时上、下埃及经济发展水平不同的现状，美尼斯实行“一国两制”。两个埃及不但拥有各自的国库，并且各自实行独立的财政管理。

在宗教信仰上，美尼斯让上、下埃及分别保留自己的宗教中心，并设立各自的圣城。

在公元前3000多年前，美尼斯采取一国两制的制度，在世界政治史上绝对是一大创举。

为了增强自己在上、下埃及的威信和统治力，美尼斯连加冕的仪式也做出了让步。

美尼斯统一埃及前，上埃及传统的统治者头戴白冠，以鹰为保护神，以白百合花为国家象征；而下埃及的统治者则戴红冠，以蛇为保护神，以蜜蜂为国家象征。几百年中，各行其是，互不迁就。

在这个问题上，美尼斯再次表现出了他卓越的统治才能。他分别两次接受上、下埃及的加冕，然后宣称自己是“上下埃及之王”。后来，埃及的历届法老都沿袭美尼斯的这种加冕方式，登位时经过两次加冕，并举行两种不同的典礼。

当时，人们敬称国王为法老，意为“宫殿”。后来，“法老”这个词便就成为古埃及国王专用的称呼。

美尼斯统一埃及后，在位26年，后来在一次打猎中，不幸被河马咬死。

美尼斯开创的埃及第一王朝，前后历时250年，历经8个王。开始的时候，国家由国王和贵族共同统治。等到了第五任国王时，国王开始把行政、军事和司法三大权力集于一身，最终进入专制统治时期。

图特摩斯三世

古埃及从建立到灭亡一共历经了31个王朝，在这些王朝中，当属第十八王朝延续时间最长、国力最强、版图最大。

在第十八王朝中，当属图特摩斯三世最有成就，他将埃及从一个地域性王国变成了洲际大帝国。

图特摩斯三世出生在一个中国人看来很变态的家庭。她的父亲图特摩斯二世娶了异母妹妹哈特谢普苏特为妃，哈特谢普苏特是法老图特摩斯一世和王后阿莫斯的嫡女，而图特摩斯二世则是庶子。为此，哈特谢普苏特认为自己才是真正的法老继承人。

哈特谢普苏特从小熟悉权术之道，十分善于管理国家。当时，因图特摩斯二世身体多病，权力便逐渐落在了她的手中。

佛教的起源

佛教的创始人乔达摩·悉达多大约生活在公元前 563 年到公元前 483 年之间。

根据佛教传说，悉达多 16 岁时和同龄的表妹结婚，之后就在王宫里过着奢华幸福的生活。在悉达多 29 岁时，他的妻子为他生下了一个儿子。为此，全城都在庆祝净饭王得了孙子和悉达多有了儿子。然而，就在这样一个万民同乐的时候，悉达多却做出了一个惊人的决定，他决定放弃优越的生活，去寻求人生的真谛。于是，他抛弃万贯家财和幸福的生活，告别妻子和孩子，毅然去做了一个苦行者。

他的父亲看他执意如此，只好派人跟着他。之后，悉达多和他的侍者们在恒河流域整整行脚 6 年，参访宗教界的无数名师，研习了许多理论和方法，特意过着艰苦的生活。然而，悉达多最终认识到，这种折磨自己的方法只能使自己的头脑更加模糊不清，而不会使自己更接近真知。于是，他抛弃了当时盛行的禁欲主义，开始恢复正常的饮食。

一次，悉达多独自来到尼连禅河边，并在佛陀伽耶附近的一棵菩提树下坐了下来，静思人生的问题。在苦思冥想了七天七夜之后，悉达多终于豁然开朗，战胜了种种烦恼和魔障，顿悟了人生无尽苦恼的根源和解脱轮回的方法。此后，人们便都称他为佛陀，意为“觉悟者”。

但此时已经 35 岁的他并没有停止前行，而是带着他新的人生观，游遍了整个印度北方，向所有愿意听讲的人宣讲。到公元前 483 年他去世时，门下已有数以万计的皈依者。

最初，佛陀只是以口传的方式进行说教，后来为了便于记忆，开始采取偈颂的形式，再后来，便结集为由经、律、论组成的“三藏”（《经集》《如是语经》《无问自说经》）。

佛陀死去几百年之后，他的说教才被人们用文字记录下来。但这时他的宗教思想已经被分裂成了许多不同的教派。其中，小乘派和大乘派是其中两个比较接近的教派。小乘派主要在南亚居主要地位，现在，大多数西方学者都认为它和佛陀最初创立的教说比较接近；而在中国和北亚一带居统治地位的教派则是大乘派。

“四谛”是原始佛教基本教义的核心。“谛”意为“实在”或“真理”。“四谛”也叫“四圣谛”，意为“四条真理”，即：苦、集、灭和道。整体上来讲，四谛分为两个部分：一是说明人生的本质及其形成的原因，即苦和集二谛，侧重于解释世间；二是指明人生解脱的归宿和解脱之路，即灭和道二谛，侧重于创造世间。

苦谛，就是把人生判定为“苦”。

集谛，是早期佛教的理论基础，它主要阐述人生诸苦产生的原因。

灭谛，主要宣扬若想根绝苦因、摆脱苦果，就要消灭一切“欲爱”。因为只有这样才能达到佛教理想中的最高境界——涅槃，即不生不灭、圆满寂静、永远摆脱因果轮回的境界。

道谛，主要指出如若要达到涅槃，就必须要修炼正见、正思、正语、正业、正命、正精进、正念和正定，这八正道。

在悉达多死后的很长一段时期里，佛教的传播速度一直很慢。直到公元前3世纪，阿育王改信佛教，才使得佛教的影响迅速扩大。因此，佛教传到了缅甸、锡兰，以及整个东南亚，一直传到马来西亚和今天的印度尼西亚。此外，佛教还向北传播到了今天的西藏，然后又向西北传播进入阿富汗和中亚地区。

古印度文明

古印度和古埃及、古巴比伦、中国并称为“四大文明古国”。但古印度和后三者不同，他的文明是被“腰斩”的文化。

印度的原住民叫达罗毗荼人，50 万年以前，他们就开始在古印度这片土地上过着刀耕火种的生活。到了距今 1 万年左右的新石器时代，达罗毗荼人的足迹遍布到了古印度每一个角落。

当时，达罗毗荼人主要生活在南亚次大陆印度半岛上。该岛北面是高耸的喜马拉雅山，南面是温暖的印度洋，是天然的农业沃土。现代考古学家通过发掘印度河流域的古代城市文化遗址发现，当时的哈拉巴和摩亨佐·达罗规模已经非常宏大，而且修建的城市拥有完整的下水道设备。此外，达罗毗荼人的农业技术相当成熟，他们以大麦和小麦为主要作物，并同时驯养牛、羊、猪、骆驼和象等畜类。另外，达罗毗荼人的城市建设也十分发达。

公元前 1750 年前后，这样让人惊叹的文明却突然消失了，其具体原因还有待考古学家进一步考证。

原来，在公元前 2000 年到公元前 1000 年之间，原居于今天俄罗斯南部乌拉尔山脉附近印欧语系的雅利安人，开始南下定居在印度河上游流域。雅利安人发展壮大后，便开始大举入侵印度北部，征服了那里的达罗毗荼人，最终控制了整个北印度。到公元前 1000 年前，雅利安人又相继占领了整个恒河流域和南印度。至此，雅利安人取代了古印度的达罗毗荼人，成为印度的新主人。

爱琴文明

传说，在地中海中有一座名叫克里特的小岛，该岛上的国王名叫米诺斯。 米诺斯是一位非常有意思的国王，他在岛上建造了一座有着无数宫殿的迷宫，里面通道纵横交错，只要进去就别想再走出来。 并且，迷宫的深处还有一只叫米诺牛的恶兽。 米诺牛人身牛头，为了供奉他，米诺斯规定，雅典每 9 年要送 7 对青年男女来，然后让恶兽吃掉。

有一年，雅典人民眼看又到了供奉青年男女的日子，便在一片哭泣声中把这 7 对不幸的青年男女送上船，送往克里特岛。 当时，雅典国王爱琴有位英勇好战的儿子叫忒修斯。 他为了不再让同胞遭受杀戮的命运，便决心和青年男女们一起出发，决定要杀死那头恶兽米诺牛。

离开之前，忒修斯和父亲做了一个约定，如果能够杀死米诺牛，在他们返航时便挂白帆。 意思是，老国王只要看到船上的黑帆变成白帆，就知道自己的儿子还活着。

到了克里特岛后，忒修斯的英俊潇洒引起了米诺斯国王的女儿阿里阿德涅的爱慕。 当这位公主知道忒修斯的使命后，便送给他一把魔剑和一个线球，以防自己心仪的男人受到恶兽米诺牛的伤害。

聪明英勇的忒修斯进入迷宫后，便将线球的一端系在迷宫的入口处，然后放开线团，沿着曲折复杂的通道走向迷宫深处。 最后，他终于遇到了怪物米诺牛，经过一番苦战，忒修斯用阿里阿德涅公主给的魔剑杀死了米诺牛。 随后，他带着青年男女走出迷宫。 为了预防米诺斯国王的追击，忒修斯和手下们凿穿了海边所有克里特船的船底。当时，由于阿里阿德涅公主对忒修斯热爱，便和他们一起登上了回国的船。

经过数天航行，忒修斯看到了自己的国家，大家都异常兴奋，载歌载舞。 但却因为这一时的高兴，忒修斯忘记了和父亲的约定，没有把黑帆改成白帆。

为了等待儿子归来，爱琴在海边天天守着。 当他看到归来的船挂的是黑帆时，痛不欲生，以为儿子已被怪物吃掉，于是跳海自杀了。

后来，人们便把爱琴国王跳入的那片海称为“爱琴海”，以此来纪念他。

但传说终归是传说，没有多少人相信克里特岛上真有文明存在。直到 19 世纪末，英国著名考古学家阿瑟·伊文思在克里特岛的克诺索斯发现克里特文明后，人们才开始相信克里特岛上真的曾经有文明存在过。

在那里，考古队发掘出了米诺斯王宫的遗址。王宫依山而建，占地约 2 公顷，大多为三层建筑，宫内设施齐全，有浴室、厨房、仓库和庭院等。此外，考古学家发现了许多金银、宝石以及青铜工艺品。其中，以珠宝项链、金银手镯等最为精致。

此外，王官内还设有供水和排水系统。排水系统设计十分巧妙，只要天一下雨，雨水便会冲洗下水道，使下水道保持干净。

考古学家还证实，说它是迷宫一点都不夸张。王宫有千门百户，阶梯走廊迂回曲折，陌生人一旦进入很难寻找到出口。

在这座宫殿遗址中，考古学家还发现，在 2000 多块刻泥板、印章和器皿上，有着许多线条构成的文字，即后来科学家所说的线形文字。这些文字和古希腊使用的文字非常相似，如果能破译，人们就可以推算出克里特岛文化和希腊文化之间存在着怎样的密切联系。

根据史料记载，大约公元前 1500 年，克里特岛上的宫殿突然倒塌。地质学家推测，宫殿突然倒塌，很可能是附近锡拉岛火山喷发引起的海啸或地震所造成的。但这应该不是导致该文明真正灭亡的原因。

很多学者认为，克里特王宫在后来的几十年内，又遭到了希腊迈锡尼人的破坏。从此，希腊人才成为了克里特岛的主人，并与当地居民逐渐融合。后又经过几番洗劫，克里特文明才最终走向衰落。

希腊化时代的欧洲与同时期的世界

雅典的崛起

公元前1000年，雅典成了古希腊最重要的城市国家。但在公元前6世纪，雅典却陷入了水火之中。

当时，雅典的萨拉米斯岛在战争中被邻国夺走，雅典农民的境况也空前艰苦。因为雅典盛行债务奴隶，只要农民偿还不清债务，自己便会成为债务奴隶。一年之后，要是欠债者还不清账务，那么他的妻子孩子都会沦为奴隶。为此，不少雅典人被贩卖到异邦邻国。

梭伦出生在没落的贵族家庭，年轻时一面经商一面游历，丰富的经历开阔了他的眼界。当然，雅典的现状也被他看在了眼里。

梭伦认为，要让雅典强大，就必须先唤醒雅典人的爱国热情和自豪感。而要唤起人民的爱国热情和自豪感，就必须先废除压迫民众的法令。为了避开当时不公正的法律，梭伦“佯装疯癫”，以疯子的形象在雅典的中心广场上，对人群朗读自己的诗篇。

在诗歌中，梭伦以歌唱雅典历史的方式来证明萨拉米斯原本属于雅典，并号召人们要为收复这座海岛而战，以洗雪雅典人身上的奇耻大辱。

在梭伦的激励下，人民的爱国情绪空前高涨。在这样的压力下，雅典政府被迫废除了不得提议收复萨拉米斯的法令。为此，梭伦在人民心中有了更高的声望。公元前600年，30岁的梭伦被任命为指挥官。上任后，他统率部队夺回了萨拉米斯岛，成了雅典最有影响力的人物。

公元前594年，梭伦出任首席执政官。随后，他立刻开始了一系列改革。在雅典中心广场上，他面对成千上万的农民、手工业者和新兴的工商业奴隶主，正式宣读了新法律。梭伦改革的内容主要有以下几点：

1. 废除了农民债务，禁止债务奴役。

2. 废除德拉古制定的残酷法律，只保留关于谋杀的部分。

3. 此外，他根据个人拥有的财产，将公民分为四个等级，其政治权力则按照财产来决定。

4. 恢复公民大会作为国家最高权力机关，前三等级公民享有被选举权。

5. 在贵族会议之外，另设立400人会议管理国家，议员没有财产资格限制。

6. 建立公民陪审法庭，有无财产的公民都可参加。

梭伦改革是雅典城邦历史发展中的重要里程碑，它奠定了雅典民主政治的基础，促进了工商业的发展。此外，它还调整了公民集体内不同阶层之间的利益关系，使自身从事劳动的中、小所有者公民在经济、政治和社会上的地位获得保证。因此，雅典很快成为古代希腊最繁荣的工商业城市。

梭伦改革是雅典城邦乃至整个古希腊历史上最重要的社会政治改革之一，它为雅典城邦的振兴和富强打下了坚实的基础。

斯巴达

在希腊的土地上，还有一个与雅典齐名的城邦——斯巴达。斯巴达位于伯罗奔尼撒半岛南部的拉哥尼亚平原，埃夫罗塔斯河的西岸，面积达8500多平方千米。斯巴达的战略地位非常重要，自然地理环境也十分优越。它三面环山，扼守着塔伊耶托斯山脉，山脉上的隘口是进入拉哥尼亚和伯罗奔尼撒半岛的必经之路。斯巴达并不靠海，但中部有肥沃的平原，并有欧洛河自北向南纵贯全境，非常适宜农业耕作。大约在公元前 9 世纪，多利亚人开始建立斯巴达城，当时没有城墙和街道，只有四个村庄。因此，多利亚人也是最早的斯巴达人。

斯巴达以其严酷纪律、独裁统治和军国主义而闻名。斯巴达的政体是寡头政治，和当时雅典的民主制度形成了鲜明对比。斯巴达人非常好战，国家规定所有男人都必须从军，他们的国家就是在不断对外征服的过程中形成的。据说，斯巴达人在攻陷了拉哥尼亚南部的希洛城后，俘虏全城人作为奴隶，因此希洛人成了奴隶的代称。在征服了拉哥尼亚以后，斯巴达又向西侵略美塞尼亚。从公元前 8 世纪至公元前 464 年，斯巴达先后发动了三次美塞尼亚战争。几经周折，终于征服了美塞尼亚，把美塞尼亚人也变成了希洛人。斯巴达人对希洛人进行残酷的统治。他们迫使希洛人穿上象征卑贱的衣服，每年对希洛人进行定期鞭打，不允许他们有任何独立人格。为了防止希洛人反抗，斯巴达人还经常在夜晚残害希洛人中的青壮男子。每年新的监察官上任，第一件事就是要举行向希洛人“宣战”的仪式，因为在“宣战”之后，他们便可以对这些毫无反抗力量的“敌人”进行肆意的屠杀。

哪里有压迫，哪里就有反抗。在斯巴达惨无人道的统治下，希洛人奋起反抗。为了维持对希洛人的剥削与压迫，斯巴达需要组建一支强大的军队。军队在斯巴达人的生活中占据着极其重要的地位，远远超过农业生产和文化发展。除了参与公民大会和相关的政治活动外，斯巴达人的绝大多数时间都被军事训练和对外战争所占据，整个国家就像一个超级军营。也正因为此，斯巴达军队在当时的希腊城邦中所向无敌。斯巴达人非常重视军队纪律，冲锋时也不会破坏队列，所有人都在优美的笛声中投入殊死的搏斗。在全民皆兵的斯巴达，女性对于勇敢的男性也有着特殊的崇拜。男子出征前，斯巴达的女人都会指着他们的盾牌，对自己的儿子或丈夫说出这样的临别嘱托：要么带着它回来，要么躺在上面。

斯巴达人的战争思想甚至深入到他们对于婴儿的态度上。斯巴达的少女虽然住在家中，但从不娇生惯养。斯巴达人相信，只有健壮的母亲才能生养出优秀的战士，所以女孩从小就必须进行格斗、竞走、掷铁饼、投标枪等艰苦的训练。而对斯巴达的男孩来说，他们一出生则会面临着更大的考验：首先，母亲会用烈酒给刚出生的男孩洗澡，如果男孩抽风或失去知觉，则说明他们的体格不够结实，进而也就会被遗弃；体格过关的男孩会被抱到部落长老那里接受检验，如果长老认为这个男孩不健康，男孩也会被弃之荒谷。在男孩很小的时候，母亲就注意培养他们一些基本的品质，比如不怕黑暗、不怕孤独、不哭闹等。斯巴达的男孩 7 岁就开始过集体生活，12 岁起开始不穿内衣，无论冬夏都只能穿一件外衣，且赤手裸足，晚上只能睡在自己编制的草垫上。斯巴达少年从小就要学会忍受各种肉体痛苦、饥饿、寒冷、黑暗和孤独的折磨，这一切都是为了以后的战争做准备。斯巴达人对于孩子的文化要求不高，甚至不用认字，只要记住姓名、会传军令即可。男子到 20 岁便正式成为军人，从 20 岁到 60 岁，他们都必须住在军队中，每天参加军事训练，不能回家住和吃饭。斯巴达军队由步兵方阵组成，40 人组成一小队，500 人组成一中队，平时训练的主要内容也是使用各种武器和操练步兵方阵。

斯巴达人的婚姻非常特别，男子必须 20 岁订婚，30 岁结婚。婚姻的目的很简单，就是为了生育健康的后代，健康的男孩将会成为勇敢的士兵，健康的女孩将会成为优秀的母亲，将来再生育健康的后代。男子在结婚后也必须生活在军营中，只能在夜晚偷偷地溜回家中与妻子相见，但天亮前就得返回。当妻子怀孕后，丈夫才可以多陪陪妻子。有意思的是，斯巴达的女人在婚姻上拥有很大的自由，当她们认为自己的丈夫不够强壮、不够英俊时，完全可以与自己中意的优秀男子生育后代，而丈夫还不能有丝毫的嫉妒。从某种程度上，这也是对勇敢、强壮的男性的肯定。

斯巴达人给奴隶套上枷锁的同时，也给自己套上了唯恐奴隶起义的枷锁。在这种恐惧心理下，斯巴达人对于改革一律持反对意见，也拒绝和其他城邦交往。在这种政策下，斯巴达文化逐渐走向没落。

凭借强大的军事力量，斯巴达成了伯罗奔尼撒半岛上的霸主。但另一方面，斯巴达在文化上却是个小国。曾经，斯巴达也有自己的诗人、工艺品和陶瓷，但美塞尼亚战争之后，斯巴达彻底成了一片文化荒漠。所以，希腊最大的城邦实际上就像是一个大村庄。斯巴达人对于城市建设也没有兴趣，在他们看来勇敢才是最好的城墙。

斯巴达在军事上积极扩张，到公元前6世纪下半叶，斯巴达在半岛上组建了伯罗奔尼撒同盟。这个同盟只是军事性质上的，在军事和外交上各城邦都听从斯巴达的协调和指挥，但在其他方面仍保持独立。通过这个同盟，斯巴达镇压了境内的众多希洛人起义，也积极干涉其他城邦的内政，以此来维护和发展自己的统治。

古罗马的传说

古罗马的开国同样充满了传奇色彩，相传特洛伊被希腊联军攻陷的时候，王子伊尼亚带领一部分人逃走，他们在大海上漂泊，而后沿着北非西行，穿过迦太基，最终来到了意大利半岛，并在岸边建立了国家，这些人便是最早的罗马人。而根据现代的研究，古罗马是在漫长的移民中形成的，在公元前10世纪到公元前7世纪这段时间，意大利半岛上已经有了多个民族，包括萨宾人、翁布里亚人、拉丁人等，这些民族经过长期的融合，最终形成了意大利人的祖先。

相传公元前754年至前753年，英雄罗穆卢斯和他的孪生兄弟瑞摩斯建立了罗马城，他们的故事至今仍广为流传。

在罗马东南部的阿尔班山区曾经有一个阿尔巴国，国王努米托被他的兄弟阿穆利乌斯驱逐出境。为了把持王位，阿穆利乌斯要断绝国王的后代，便准备让国王唯一的女儿雷娅·西尔维娅做祭祀，但是雷娅·西尔维娅与战神马耳斯相爱，并生下了一对双胞胎。阿穆利乌斯得知后非常愤怒，杀死了雷娅·西尔维娅，并让女仆把双胞胎扔进河里。结果，在台伯河畔，一只丧子的母狼发现了双胞胎。在母狼的喂养下，双胞胎逐渐长大。后来一位牧羊人发现了双胞胎，就把他们带回家抚养。牧羊人听说了女祭司事件，才知道这两个孩子的身份。

双胞胎长大之后，为母报仇，杀死了阿穆利乌斯，并帮助外祖父努米托恢复了王位。然后，他们离开了外祖父，在被牧羊人发现的地方建立了自己的城市。在争夺城市命名权的时候，两兄弟起了纠纷。神谕便要两兄弟比赛，以他们看到的飞鸟来决定。结果，瑞摩斯站在阿文廷山上看到了6只秃鹫，罗穆卢斯站在巴拉丁山上看到了12只秃鹫。虽然罗穆卢斯看到的飞鸟更多而且数字更幸运，但瑞摩斯却更早看到飞鸟。两兄弟为此再次争吵，最终酿成决斗，在决斗中罗穆卢斯杀死了瑞摩斯，并以自己的名字命名城市为罗马，自己也成为新城的国王。这一天是公元前753年4月21日，也就是罗马的建城日。

此时的罗马还只是一个部落。初期的罗马缺少妇女，为了繁衍后代，国王罗穆卢斯想到了一个办法。他假装邀请附近的萨宾人赴宴，当萨宾人喝醉的时候，埋伏在周围的罗马人便一拥而上，把萨宾女人抓回家当老婆。

这件事引起了萨宾人的极度不满，于是罗马人和萨宾人之间爆发了战争。一年后，当萨宾人和罗马人又一次战斗的时候，萨宾女人抱着婴儿纷纷冲到两军阵前哭泣，两军中都是她们的丈夫、父亲和兄弟。在亲情的感召之下，罗马人和萨宾人最终握手言和，共同在罗马居住。后来继任罗穆卢斯的第二任国王努马就是萨宾人。

在建立城邦的初期，罗马人仿效了附近的埃特鲁斯坎文明。在早期，国王掌握着绝对的权力，罗马处于王政时代。国王不仅是大立法官和大祭司长，还是军队的首领，只有元老院和公民大会能够遏制国王的权力。元老院即元老议会，由不同部族的首脑组成，按照宪法和传统习俗，元老院具有通过或否决国王的任命权力以及判定国王的立法和诉讼的权力；公民大会则由罗马的全体男性公民构成，根据亲缘关系分成30组，公民大会授予国王行使权力，而这一点需要得到元老院的正式批准。

在不断的发展中，罗马开始出现了贫富差异，财富逐渐集中在贵族手中。贵族不仅是整个社会中最富有的成员，还控制着大部分的贸易、行政管理和军队，只有贵族才能够进入元老院，进而成为官员。而大多数人都是平民，主要由小农场主、劳动者和手工艺者组成，平民在政府中几乎没有发表意见的机会。

在罗穆卢斯之后，罗马又经历了6位国王的统治。公元前6世纪中叶，埃特鲁斯坎人攫取了罗马的政权，罗马被埃特鲁斯坎君王统治。罗马人奋起反抗，最终又推翻了埃特鲁斯坎人的统治，并且从此彻底摒弃了君主政治，结束了王政时代，建立了共和政体。

奥尔梅克文明

在今天的墨西哥中南部，曾经有一段古老的文明，它存在和繁盛于公元前1200年到公元前400年的中美洲，是已知的最古老的美洲文明之一，这就是奥尔梅克文明。奥尔梅克文明产生于中美洲圣洛伦佐高地的热带丛林当中，以圣洛伦佐为中心，繁盛了大约300年，于公元前900年左右毁于战争。

1938年，墨西哥的考古学会曾组织了一支考古队，深入丛林中去寻找奥尔梅克文明的秘密。在拉文塔族森林里，考古队发现了拉文塔和特雷斯·萨波特斯两处遗址。20多年后，圣洛伦佐遗址也被发现。这三处遗址就是奥尔梅克人曾经居住过的地方，通过这三处遗址，人们逐渐揭开了奥尔梅克文明神秘的面纱。

奥尔梅克文明发源于墨西哥境内的一方沃土，这一带面积约 1.8 万平方千米，河流众多，水草丰美，有成片的橡胶树林。“奥尔梅克人”本身也有“橡胶之乡的人”的意思。

在发现的三个奥尔梅克文明遗址中，圣洛伦佐文化出现得最早，大约出现于公元前 1200 年到公元前 900 年间；然后拉文塔文化出现了，大约在公元前 900 年到公元前 400 年；而特雷斯·萨波特斯文化出现最晚，约为公元前 500 年到公元前 100 年。

奥尔梅克文明的影响并不仅仅在墨西哥地区，还遍及整个中部美洲地区。在中美洲文明中，有一些共同的因素，比如金字塔和宫殿建造、玉器雕琢、美洲虎和羽蛇神崇拜等。中美洲其后出现的玛雅文明、阿兹特克文明等都与奥尔梅克文明之间有着很深的渊源，它们在社会生活、建筑艺术等各个方面都有很多相似之处，体现出很强的一致性和历史继承性。有些学者认为奥尔梅克文明是玛雅、托尔特克等文明的母体，也有可能是姐妹关系。

奥尔梅克人在雕塑和建筑领域取得了很大的成就，他们可以用石头建造巨大的宫殿和金字塔，也可以在玉石上进行精美的雕刻。奥尔梅克人最著名的艺术作品莫过于“奥尔梅克巨石头像”，这些巨大的人头像是花岗岩质地，高达 103.048 米，雕刻别具一格，充分显示了奥尔梅克人高超的技术水平。此外，奥尔梅克人的智慧和创造力也表现在他们的建筑上。在奥尔梅克人生活的地方，洪涝灾害严重，所以他们不得不挖土筑墩，建房于土墩之上。在这些高大的土台上，奥尔梅克人建起了很多神庙或祭台，整个建筑看起来就像是一座座金字塔，具有强烈的美洲特色。在玛雅人和阿兹特克人的建筑中，也继承了这种风格。

除了巨型石像、金字塔等大型建筑外，奥尔梅克人还用绿玉或黑玉雕刻了很多小型物件，包括人像、动物形象等，十分玲珑可爱。这些玉石人像以裸体直立的站像和五官俱全的面具居多，最引人注意的是一种石手斧，这种手斧颜色往往为灰白、墨绿或碧绿色，带有人身豹头的神像，是奥尔梅克人进行宗教礼仪的用具。美洲豹是奥尔梅克人崇拜的主要天神，这个神像又兼具了人和豹的特点，可见奥尔梅克人的想象力有多么丰富。此外，考古发现的一些翡翠绿玉做的礼器、宗教用具和装饰品，也是奥尔梅克文明的一大特色。这些作品既反映了奥尔梅克人独特的宗教信仰，又形成了一种方正凝重、深厚圆润的独特风格，成为奥尔梅克文明和艺术的典范。

奥尔梅克人辉煌的艺术成就表明，他们已经度过了部落时代，进入了阶级社会，并产生了阶级分化。国家组织开始形成，统治者开始控制民众的剩余劳动，并且能利用剩余物资役使和供养一批专门的匠人。

奥尔梅克人靠自己耕种作物来获取食物。他们种植的作物以玉米为主，还包括马铃薯和昆诺阿黎等，奥尔梅克人也可能是世界上最早种植玉米的人。

可惜的是，奥尔梅克文明并没有延续下来，当它传播到今天的犹加敦半岛以后，便开始衰败灭亡。其中圣洛伦佐的奥尔梅克文明在公元前900年左右毁于战争；拉文塔的文明一直持续到公元前400年，也莫名其妙地消亡了。尽管如此，奥尔梅克文明还是对中美、北美的其他文明产生了深远的影响，其中就包括著名的玛雅文明。

玛雅文明

玛雅文明是拉丁美洲古代印第安人文明的杰出代表，主要分布在墨西哥东南部、危地马拉、伯利兹、洪都拉斯、萨尔瓦多以及犹加敦半岛等地，因印第安玛雅人而得名。

通常，中美洲文明被划分为三个时期，公元前1500年到公元300年称为前古典期或形成期，公元300年到900年为古典期，公元900年到1500年为后古典期。传说玛雅人在3000年前就开始建造宗教性建筑，最早的建筑是由一些简单的土坟所组成，后来才进一步演化为金字塔。早期的玛雅文明据说受到更早的奥尔梅克文明的影响，奥尔梅克文明在将他们的文化传播到今天的犹加敦半岛以后，便衰败灭亡。

玛雅文明中有着太多的未解之谜。比如，玛雅文明一直处于石器时代，玛雅人没有发明青铜器，更不用说铁器，但是他们却掌握了高超的建造技术，并创造了令人称奇的城市文明。在这种发展极不平衡的文明下，玛雅人很早就能够熟练地种植玉米，开垦畦田、梯田和沼泽水田，并创造出了独特的象形文字，掌握了数学和天文历法知识。

公元前400年左右，玛雅人建立了早期的奴隶制国家，一度相当繁荣，农业生产和文化都非常发达。但从公元7世纪中期开始，玛雅社会却没有任何征兆地衰落了。

关于玛雅文明的湮灭，至今仍无定论。科学家和考古学家对此也提出了许多假设，诸如外族入侵、人口爆炸、感染疾病、气候变化、农民起义等。现今最为人所信服的观点是，由于文明高度的发展，导致人口过度膨胀与资源消耗，加之灾难频发，使得采用游耕技术的玛雅人难以负担庞大的人口，后期玛雅人甚至为了争夺资源而自相残杀，最终导致了灭亡。

古老的玛雅人并非是热爱和平的民族，相反，在玛雅文明全盛时期，各个城邦的贵族们一直在进行着争权夺利的战争。高深的知识和文化只掌握在极少数的贵族和祭司手中，绝大多数的下层劳动者甚至是文盲。在战争中，战士们拼命地厮杀，目的是为了抓俘虏，然后把俘虏献给本方的祭司，而那些养尊处优的贵族知识分子在遭遇灾难的时候难以生存，因此导致了玛雅文明的毁灭。

玛雅人笃信宗教，他们的文化生活中充满了宗教色彩。他们崇拜太阳神、雨神、五谷神、死神、战神、风神、玉米神等，此外还奉行祖先崇拜，相信灵魂不灭。宗教也影响到国家政治，首都是宗教中心，国家兼管宗教事务，居民围绕着祭祀中心居住。

西元前后，玛雅文字就出现了，这是玛雅文明的又一个伟大之处。玛雅人使用大约 800 个象形文字，用来记录农耕、狩猎、雕刻和祭祀等事。玛雅文字不仅玛雅人自己使用，还随着商业贸易传播到了世界各地。

玛雅人的历法是一种独特的历法，他们的历法体系由三种历法构成，即神历、太阳历和长纪年历。

神历也称“卓尔金历”，类似于中国的天干地支。玛雅人将 20 个神明图像和 1 到 13 的数字，不断组合循环，得到 260 种组合图标，代表一年的 260 天。但奇怪的是，在太阳系里并没有一个适用这种历法的星球；按照这种历法，这颗行星的大致位置应该在金星和地球之间。

太阳历是根据天文测算而来的金星历法。一年分 18 个月，每个月 20 天，另加 5 天作为禁忌日，这样全年就是 365 天。这与今天科学测定的绝对年长数值相差无几。玛雅人甚至还算出了金星历年，金星历年是指金星环绕太阳一周所需要的时间。玛雅人费了 384 年的观察期，算出了 584 天的金星历年，而今天的计算结果是 583.92 天，误差率每天不到 12 秒。以如此高的精确度计算出金星历来，实在是件不可思议的事。

长纪年历适于推算悠远漫长的历史刻度，建立在极其发达的数学思维之上，玛雅人运用这套历法可以准确无误地记下几千年中的每一个日子。考古学家根据 16 世纪西班牙入侵玛雅的时间，再依照碑文上记录此事的计数单位往回推算，算出玛雅纪年的元年为公元前 3114 年 8 月 13 日。

不仅如此，玛雅人还制定了“太阴历”，算出了火星和金星公转一周的时间，并找出了纠正太阳历和太阴历积累误差的方法。

玛雅人的预言非常有名，当今令很多人惊恐的“2012 末日说”，就来自于玛雅人的传说。

每个民族一般都有一个纪元。但在玛雅的传说中，他们有 5 个纪元，每个纪元都是以地球毁灭性破坏的结束为起点的。玛雅的最后一个纪元开始于公元前 3113 年，这正是他们在中美定居下来的日子；玛雅的上一个纪元开始于公元前 11000 年，那时正好地球上冰河期结束；再往前推，他们还有四个纪元，每个纪元的时间都要以几十万年或几百万年来计算。根据这个神话传说，地球现在是第四个纪元，而依照推算这个纪元将结束于 2012 年 12 月 21 日。在第四纪元结束后，地球进行大净化重生，存活下来的人类会变成意识更为醒悟的新人类，新文明由此开始。在第五纪元结束后地球将真正彻底毁灭，消失于宇宙。“2012 末日说”的支持者认为，由于地球磁场颠倒而遭到毁灭性的破坏，人类可能因此灭亡。

在数学领域，玛雅人在公元前 4 世纪就掌握了“0”这个数字概念，这比中国人和欧洲人分别早了 800 年和 1000 年！

无论如何，玛雅文明确确实实在这个星球上存在过。在历史上，玛雅文明经历了公元 3 世纪到 9 世纪的繁盛期，在 15 世纪衰落，最终被西班牙殖民者摧毁，此后便湮没在热带丛林之中。但关于玛雅文明的种种谜团，仍等待着人们去解开。

阿育王

要了解古印度文化，就必须了解一个人，那便是阿育王。阿育王是古印度孔雀王朝最著名的帝王，他曾是一个残暴的君主，后来却成为了佛教的护法。阿育王是印度帝王中无与伦比的一位，对印度历史有着非同一般的影响。

公元前600年到公元800年之间，印度的种姓制度逐渐确立，部落社会慢慢向国家社会转变，印度社会正在发生着翻天覆地的变化。授地制开始兴起并逐渐向封建制转化，新婆罗门教兴起并向印度教转化。在此期间，释迦牟尼创立了佛教，大雄创立了耆那教。

阿育意译为无忧，故阿育王又称“无忧王”，他生于公元前304年，死于公元前232年，是印度孔雀王朝的第三代君主。阿育王的前半生是杀戮的半生，后人称之为“黑阿育王”时代。

征战和杀戮，并不是阿育王一个人的兴趣，而是孔雀王朝一贯的政策。孔雀王朝的缔造者，阿育王的祖父旃陀罗笈多击败了入侵的希腊人，才建立了孔雀王朝。继任者宾头沙罗，也就是阿育王的父亲，为了开疆拓土，先后消灭了南部的16个国家。在这样的家族中，阿育王的铁血性格可以说是与生俱来的。

当阿育王18岁的时候，他已经是阿般提省总督了。阿育王兄弟众多，为了在兄弟中脱颖而出，他非常善于表现自己的能力。当旦叉始罗城叛乱的时候，阿育王残酷地镇压了叛乱，立下大功，逐渐积累了足够的政治资本。

公元前273年，宾头沙罗病重，阿育王看准时机，马上回国争夺王位。为了顺利登上王位，阿育王心狠手辣地杀害了他的99个兄弟。在这一场血腥的内部斗争后，阿育王如愿以偿，成为了孔雀王朝的第三代君主。

登上王位后，阿育王的所作所为丝毫没有收敛，反而变本加厉，愈加残暴。对内，阿育王派遣凶恶的酷吏残害百姓，镇压他们的反抗；对外，阿育王积极扩张，发动侵略战争，在远征孟加拉沿海的羯陵伽国的战争中，他制造了10万人的大屠杀。

据说当时阿育王面对尸横遍野、血流成河的战场，心头突然一阵剧痛，感到了深深的震撼和悔恨。从此以后，阿育王放下屠刀，立地成佛，开始宣扬佛教，还与佛教高僧优波毱多次彻夜长谈。最终，在高僧的感化之下，这个有名的暴君皈依了佛门，同时也改变了统治的策略，成了一位仁君。

阿育王的后半生，不但自己信仰佛教，还成了佛教的护法，在全国努力推广佛教，这个时期也被称为“白阿育王”时代。阿育王宣布不再主动发动战争，在不得已发动战争的情况下，也会尽量减少伤亡。他宣布佛教为国教，并将自己的诏令和“正法”的精神雕刻在崖壁和石柱上。更为难能可贵的是，在佛教成为国教之后，阿育王并没有迫害其他教派，相反对婆罗门教和耆那教还给予了慷慨的帮助。这既是佛教基本精神的体现，也是阿育王统治的需要。

为了提高佛教的地位，阿育王还在全国各地兴建佛教建筑，并向僧侣们捐赠了大量的财产和土地，客观上也促进了印度建筑的发展。据说在当时的印度，全国各地总共兴建了84000座奉祀佛骨的舍利塔。

阿育王把佛教奉为经典，促进了佛教文化的广泛传播。在国内，他让高僧辩论，并整理出统一的佛教经典，然后派遣王子和公主加入使团，到边陲地区和周边国家传播佛教。佛教迅速向周边的斯里兰卡、缅甸、中国、埃及等地传播。

公元前232年，阿育王带着佛教“护法明王”的尊号去世。他前半生辛苦征战统一的印度，在他死后只延续了半个世纪；但是他后半生所宣扬的佛教，影响范围却越来越广，最终成为世界三大宗教之一，对人类文明产生了深远的影响。

波斯帝国

在公元前2000年代末，伊朗高原上就有了10个部落。后来，随着人口的日益增多，逐渐产生了国家。公元前550年，居鲁士建立了阿契美尼德王朝，定都苏萨，成立了波斯帝国。此后，居鲁士和他的儿子冈比西斯继续对外征战，波斯帝国的版图进一步扩大。在他们之后，第三任皇帝大流士一世，使波斯成了一个横跨亚非欧的大帝国。

大流士一世的上台，带有很大的偶然性。当时，大流士一世随皇帝冈比西斯远征埃及，不想国内的高墨塔发动政变，于是波斯军队立即回国。在回国的途中，冈比西斯去世，大流士一世率领军队回到波斯。

冈比西斯一直视大流士一世为心腹爱将，两次远征埃及都与他同行。回到波斯后，大流士一世立即联合其他人一起谋杀了叛乱的高墨塔，然后自己登上皇位。可以说，正是这次叛乱成就了大流士一世。时势造英雄，机遇总是留给那些有才华、有准备的人的，而大流士一世正是抓住了这个机遇。

大流士一世上台之后，国内的叛乱仍然此起彼伏，为了巩固统治，他派兵镇压各地的起义。同时，他还把自己的私人卫队扩充了几倍。然而，要彻底平定起义，必须解决其中的内在矛盾。大流士一世看到国内各地政治、经济、文化发展极不平衡，贫富差距太大，这才造成了阶级矛盾和民族矛盾的尖锐。于是，大流士一世开始改革，历史上称为“大流士改革”。

在政治方面，大流士一世大大加强了王权，他宣称自己的权力是神明阿胡拉马兹达恩赐的，强化了君主专制的统治。他独揽大权，集行政权、军权、司法权于一身。在行政区划上，他将全国划分为20个行省，派遣总督管理。他还建立了庞大的特务组织来刺探情报，从地方总督到军官到平民，都在他的监察体系之内。

在军事方面，大流士一世将全国划分为5大军区，军事长官和地方总督互不相属，这样就互相牵制了他们的权力，从而巩固了王权。在用人方面，他以波斯人为指挥官，其他各族人只能充当中下级士官。由于波斯帝国版图庞大，军队中的军种也很丰富，步兵、骑兵、战车兵、象兵、海军、工兵等，应有尽有。在所有军队中，战斗力最强的是由 1 万名波斯人组成的“不死队”。

在经济方面，大流士一世进行了成功的改革。他统一了铸币制度，规定帝国铸造金币、行省铸造银币、自治市可铸造铜币。货币政策的统一促进了波斯帝国的经济发展。为了军事和行政管理的方便，大流士一世在全国修建了驿道，这在客观上也刺激了全国各地间的经济交流。同时，大流士一世还开凿了尼罗河至红海间的运河，这条运河不仅促进了波斯本国的经济发展，还加强了波斯和其他国家之间的海上联系。

在宗教方面，大流士一世实行宽容的政策，一定程度上缓和了波斯和被征服地区之间的紧张关系，提升了腓尼基人、撒玛利亚人和犹太人的地位。不过，巴比伦人、埃及人和希腊人却一直在反抗波斯的统治。

大流士一世的改革虽然巩固了波斯帝国的统治，但是却没有从根本上解决帝国内部的阶级矛盾和民族矛盾，也没有消除国内政治、经济、文化发展的不平衡。

在改革的同时，大流士一世并没有放慢对外扩张的步伐，他积极推进对外战争。在他的武力征服下，印度次大陆北部成了波斯的行省之一。大流士一世还把目光转向了希腊，波斯与希腊之间的战争相当漫长，在大流士一世去世以后，他的儿子薛西斯一世继续进行对希腊的战争，并取得了一些战果。

最终，希波战争却以薛西斯的彻底失败而告终。希腊城邦团结一致击败了波斯，这也使得波斯帝国放缓了对外扩张的步伐。战败之后，薛西斯彻底颓废，他雄心不再，沉醉于奢靡的宫廷生活。同时，他还大兴土木，在波斯境内竟然设立了 4 个首都：苏萨、爱克巴坦那、巴比伦和帕赛波里斯。每个首都都建有豪华的王宫，薛西斯则按照四季轮流入住。

希波战争严重削弱了波斯军队的实力，也激化了波斯国内的各种矛盾。薛西斯一世被谋杀之后，宫廷政变频发，继任的君主一代不如一代。中央权力变弱，地方实力却与日俱增，行省总督往往兼任军事长官，慢慢独揽了军政大权。

公元前 334 年，亚历山大东征，攻陷了曾经不可一世的波斯帝国。皇帝大流士三世在逃亡途中被杀，波斯帝国灭亡。

希波战争

从公元前 6 世纪下半叶起，波斯开始从伊朗高原崛起，并大举对外扩张，迅速发展成了一个庞大的军事帝国。到了大流士统治时期（公元前 522 年到公元前 486 年），波斯已经发展成为历史上第一个横跨亚、非、欧三洲的大帝国。公元前 513 年，国王大流士一世进一步控制了黑海海峡和色雷斯一带，希腊半岛各城邦面临着来自波斯的巨大威胁。

事实上，在公元前 6 世纪中叶，波斯帝国就开始侵占了小亚细亚西部沿岸希腊人建立的各城邦，希腊人被迫向波斯纳税服役，饱受欺压和剥削。公元前 500 年，小亚细亚的希腊城邦米利都第一个站出来反抗波斯，包括雅典在内的其他希腊城邦也纷纷出手相助。公元前 494 年，波斯帝国派大部队镇压希腊人起义。波斯帝国早有野心西侵，于是借口雅典和埃雷特里亚曾援助米利都，于公元前 492 年，发动了对希腊的战争，这便是历史上著名的希波战争。

显然，波斯低估了对手的力量，在战争的初期便遭到了挫败，波斯陆军在色雷斯一带遭遇当地军民的联合抵抗，战败而退。此外，波斯海军也遭飓风摧毁，全军覆没。第二年，大流士一世希望通过非战争手段来降服希腊，便派使者到希腊各城邦索要“水和土”，以此作为归顺波斯帝国的象征。面对如此蛮横无理的要求，希腊最大的两个城邦——雅典和斯巴达坚决拒绝，于是，一场不可避免的大战开始了。

公元前490年，波斯大军横渡爱琴海，在雅典郊外的马拉松平原开始登陆。此时，雅典已经陷入了战争的困境，一方面在城内进行紧急动员，加紧全城戒备；另一方面赶紧向斯巴达求助。雅典和斯巴达相距200多千米，当时没有先进的通信设备，只能依靠人力。于是，雅典派出当时最擅长长跑的斐里庇第斯日夜兼程赶往斯巴达。这位长跑健将在没有马骑的情况下，竟然只用了一天多的时间就赶到了斯巴达。然而斯巴达却有个奇怪的先例，月不圆不能出兵。斯巴达人以此为由委婉地拒绝了雅典的请求。斐里庇第斯声泪俱下，苦苦哀求，但斯巴达人还是无动于衷。遗憾的斐里庇第斯只好再赶回马拉松复命。

尽管没有斯巴达的援助，但雅典人依然斗志昂扬。当时雅典统帅米太亚得在分析出敌强我弱的客观实情后，决定利用精锐的重装步兵去突袭波斯的步兵和弓箭手。在战争中，波斯人的主力骑兵还没来得及投入进攻，就遭到了雅典军两翼的猛击而全线溃败。米太亚得仅以1万兵力就打败了10倍于已的波斯军队。战争胜利后，斐里庇第斯又马上奉命奔回雅典报捷。因为身上有伤，斐里庇第斯的体力接近透支，但他仍然屏住最后一口气跑了40多千米的路程，终于到达了雅典。然而，当他喊出那句“我们胜利了”之后，便永远地倒在了地上，再也没有醒来。如今的马拉松长跑比赛就是后人为了纪念斐里庇第斯而举办的。

虽然在马拉松战役中遭遇到耻辱性的惨败，但波斯人仍不甘心。大流士一世去世后，他的儿子薛西斯继承了王位。薛西斯发誓一定要征服雅典和希腊，完成父亲生前的夙愿。为此，薛西斯卧薪尝胆了4年，全身心地筹备人力、物力等战争资源，还动员被征服地区的民族与波斯人一起组成远征军队。与此同时，希腊各城邦间也开始团结一致，积极整顿以随时备战。公元前 480 年春，波斯军队分海、陆两路，向希腊发动大规模进攻，于七八月间来到了德摩比勒隘口。这里作为希腊的“门户”，历来是兵家必争之地，依山傍海，关前有两个硫黄温泉，所以又名“温泉关”。温泉关的关口非常狭窄，只能容一辆战车通过，是贯通希腊南北的唯一通道。在这里，斯巴达王列奥尼达率 300 名战士奋勇迎战。然而因通敌者引路，温泉关还是失守了，300 名战士也全部慷慨就义。

通过温泉关以后，波斯军在希腊境内长驱直入，很快攻占了雅典城。然而，当波斯人进入雅典城时，才发现这里早已是一座空城。原来，当时雅典杰出的海军统帅提米斯托克利已经下令将所有的妇女和儿童暂时转移到萨拉米斯岛和亚哥斯的特洛辛去躲避，而剩下的男人们则乘着战船，集中到萨拉米斯海湾。公元前 480 年秋天，波斯军和希腊人在萨拉米斯海面展开了激烈的决战。波斯虽然拥有很多战舰，但船体大而笨重，在水浅港窄的萨拉米斯海湾里根本无法施展威力；而希腊人则利用了当地的这一特点，充分发挥小型战船机动灵活的优点，一举扭转了战局，薛西斯最后只能无奈地匆匆收兵返回波斯。

第二年，在普拉提亚，希腊联军再次以寡敌众，歼灭了薛西斯留在希腊的陆军，并进而收复了希腊本土的大量失地。波斯远征希腊频频以失败告终，再加之国内矛盾重重，最后被迫由攻转守。希腊以雅典为首的各城邦则逐渐逆转局势，并趁机在海上扩张势力，雅典还在爱琴海海域建立起了海上霸权。到了公元前 478 年，雅典占领赫勒斯傍海峡北岸最重要的城镇塞斯托斯，进而控制了通向黑海的要道。同年，雅典联合爱琴海诸岛及小亚细亚等希腊城邦结成“海上同盟”，因同盟金库曾设于提洛岛，故又称“提洛同盟”。同盟以雅典为首，加入的城邦越来越多，最后达到了 200 多个。同盟各邦提供资金和船只，组建海上舰队，雅典也因此掌握了同盟的金库管理权和舰队的指挥权。

公元前 449 年，在塞浦路斯岛东岸的萨拉米斯城附近，希腊海军再次重创波斯军队，最后双方同意讲和。在波斯首都苏萨，卡里阿斯代表雅典谈判并最终签订了《卡里阿斯和约》。通过这个和约，博斯普鲁斯海峡和爱琴海及赫勒斯傍从此摆脱了波斯的控制，塞浦路斯归波斯辖治，小亚细亚西岸希腊诸城邦取得了独立地位。到此，希波战争宣告结束。

通过希波战争，希腊的势力得到了极大的加强，而波斯帝国的实力则不断被削弱，这场战争的胜负形成了东地中海地区新的政治对比。

伯罗奔尼撒战争

公元前 431 年至公元前 404 年，在巴尔干半岛和爱琴海海域爆发了一场大规模的战争，史称“伯罗奔尼撒战争”。交战的双方是以斯巴达为首的伯罗奔尼撒同盟和以雅典为首的提洛同盟，交战的目的则是为了争夺希腊的霸权。这场战争给希腊带来了前所未有的破坏，导致了希腊奴隶制城邦的危机，是希腊文明由盛转衰的转折点。

在长达几十年的希波战争中，为了抵抗波斯军队，雅典联合众多希腊城邦组织了提洛同盟，在这个同盟中，雅典实际上是各城邦的首领。希波战争结束后，雅典并没有解散这个同盟，而是继续利用它进一步扩张自己的海上霸权。雅典不仅将同盟金库的资金据为己有，还向同盟中的其他城邦不断勒索贡赋，甚至派遣军队和监察官实行军事殖民。这种恶劣的行为激起了提洛同盟内部很多城邦的不满。与此同时，以斯巴达为首的伯罗奔尼撒同盟也已经逐渐成熟。斯巴达的贵族寡头政治和雅典的民主政治原本就是水火不容，它们都想把自己的政治制度扩大到其他城邦，因此各不相让、相互敌对。双方为了争夺原料、奴隶、商品以及销售市场等，产生了很多争端，雅典的海上扩张政策更是严重威胁到以斯巴达为首的伯罗奔尼撒同盟的利益。

公元前 435 年，伯罗奔尼撒同盟中的科林斯与科西拉发生了争执，科西拉无奈之下竟向雅典求援。在公元前 433 年的希伯达海战中，雅典出兵援助科西拉，科林斯被迫撤兵。科林斯为了报复雅典，便唆使提洛同盟中的其他城邦退出同盟，脱离雅典的统治。结果，提洛同盟中的波提狄亚宣布退盟，麦加拉也时常在两个同盟间摇摆不定。雅典对伯罗奔尼撒同盟的多管闲事非常不满，不久便派兵围攻波提狄亚，同时借口收容逃奴而对麦加拉实行经济制裁。公元前 432 年秋，在科林斯的积极鼓动下，伯罗奔尼撒同盟集会要求雅典让出对提洛同盟的领导权，雅典当然不会接受。公元前 431 年 3 月，伯罗奔尼撒同盟的邦底比斯袭击了雅典的盟邦普拉蒂亚。从此，双方投入战斗，开始了漫长的伯罗奔尼撒战争。

众所周知，雅典的海上势力要远强于它的陆地势力。战争之初，斯巴达军队多次进军攻入阿提卡半岛，一方面对雅典乡村恣意蹂躏，希望激怒雅典，把战场转移到陆地上；另一方面极力煽动雅典盟邦们叛变，试图拆散提洛同盟。然而，当时雅典的执政者伯里克利不仅没有上当，还充分利用了自己的优势。雅典在陆上采取守势，把农村人口撤入雅典城和城内通往海港的防御墙内；在海上采取攻势，派舰船频频侵袭伯罗奔尼撒半岛沿海地区，还鼓动希洛人暴动，逼斯巴达求和。在双方的政治活动和军事行为下，不仅彼此都受到了很大的打击，两地的人民更是遭受到了深重的灾难。尤其是公元前 430 年雅典城爆发了一场巨大的瘟疫，由于人口密集，瘟疫造成了不计其数的死亡，执政者伯里克利也于次年病死。这场战争所造成的破坏和苦难，引发了人们的强烈不满。公元前 427 年，米蒂利尼等盟邦掀起了反雅典起义。同时，雅典城邦内部也发生了党争，以尼西阿斯为首的主和派和以克里昂为首的主战派之间发生了激烈的争斗。

公元前 425 年，强大的雅典海军攻占了美塞尼亚西岸的皮洛斯以及附近的斯法克蒂里亚小岛。3 年后，雅典和斯巴达在安菲波利斯发生激战，双方的主将克里昂与伯拉西达双双战死沙场，这次战争也以雅典的战败而告终。公元前 421 年，雅典主和派首领尼西阿斯同意与斯巴达缔结停战和约，即《尼西阿斯和约》。和约做出了交战双方都要从各自占领地撤军并交换战俘的规定，希望双方在 50 年内保持和平。

但现实是残酷的，战争并没有因为这一纸和约而结束，没过几年，雅典和斯巴达再次打了起来。公元前 415 年，雅典由阿尔基比阿德斯和尼西阿斯等率领轻装步兵 1300 多人、重装步兵 5000 多人、战舰 130 多艘，出征科林斯殖民地西西里。前者到达西西里不久，国内政敌就以渎神罪为由将他召回雅典受审。阿尔基比阿德斯知道回国后必定是九死一生，于是向斯巴达投降，并向斯巴达军队告知了关于雅典的很多情报。斯巴达大胆地采用了他的计策，于公元前 414 年出兵西西里。面对斯巴达军队，尼西阿斯指挥不力、优柔寡断的弱点完全暴露了出来，最终，西西里的雅典军全军覆没，他自己也惨遭杀害。斯巴达继续加强陆上进攻，次年，斯巴达军队大举攻入阿提卡，并长期占领了雅典城北部地区德凯利亚。此时，雅典的农业生产已经完全瘫痪，还爆发了大规模的奴隶逃亡事件。

西西里之战后，雅典引以为傲的海军也逐渐失去了优势，其盟邦更是相继叛离。不仅如此，国内还发生了一场推翻民主政体的政变，旨在建立贵族寡头专政制度，虽然很快就恢复了民主政体，但政治的根基已经动摇。公元前 412 年至公元前 411 年，雅典海军在基齐库斯和阿拜多斯大败斯巴达海军，并于公元前 408 年收复了拜占庭，重新启动了黑海航道，这让不少雅典人看到了希望。然而，斯巴达在波斯的援助下开始整顿舰队，公元前 405 年，斯巴达海军在赫勒斯傍海峡全歼了不可一世的雅典海军，再次令雅典人感到绝望。随后，斯巴达主将来山德指挥大军，分海陆两路围困雅典城。次年，饥荒中的雅典不得不宣告投降，被迫接受了屈辱的和约。根据和约，雅典解散了提洛同盟，加入了伯罗奔尼撒同盟；拆毁了长墙工事，仅保留 12 艘警戒船。至此，长达 27 年的伯罗奔尼撒战争终于结束了，斯巴达击败雅典，取得了希腊的霸权。

伯罗奔尼撒战争所带来的灾难是空前的。在战争中，大奴隶主、大土地所有者、投机商人和高利贷者乘虚而入，聚敛了大量的财富、土地和奴隶，而大部分的小农经济与手工业者纷纷破产，中小奴隶制经济开始解体，以大地产、大手工业作坊主为代表的大奴隶主经济逐渐取而代之。由于大批公民的破产，造成了兵源的急剧缩减，进而动摇了城邦的统治基础。为了反抗豪强和富人的统治，广大贫民在斯巴达、科林斯等城邦先后发起起义的浪潮，沉重打击了奴隶主的统治，进一步加速了希腊城邦的衰落。斯巴达夺得希腊霸权后，所推行的统治同样引起了其他城邦的强烈不满，在城邦的不断反抗中，伯罗奔尼撒同盟也逐渐解体。公元前 3 世纪前半期，由于内战的消耗，希腊不断衰落，最终被马其顿所灭。

罗马共和国

公元前 510 年，罗马人驱逐了暴君卢修斯·塔克文·苏佩布，结束了王政时代，建立了罗马共和国。国家由元老院、执政官和部族会议三权分立，元老院掌握国家实权，由贵族组成；执政官由百人队会议从贵族中选举产生，行使最高行政权力；部族大会则由平民和贵族共同组成。

事实上，在驱逐国王之后的最初 16 年里，罗马陷入到了长期的“骚乱”之中。由于贵族们并不愿轻易给自由民权利，致使罗马爆发了一场平民反对贵族的斗争。在这次斗争中，并没有发生流血冲突，始终以和平的方式进行，最终也和平结束。这就是历史上著名的“和平撤离运动”，为后来罗马的强大打下了基础。

国王被驱逐之后，罗马平民的数量急剧上升，但是平民的财富却没有随之增多。因为绝大部分的财富都掌握在贵族手中，这也导致了罗马的贫富差距日益拉大。同时，由于当时的公职没有薪水，所以普通平民也无法参与公共事务。在这种局面下，贵族逐渐把持了罗马的政治、军事等各项权力。

尽管罗马当时已经积累了庞大的财富，但换个角度看，罗马只是一个城邦，在周围有很多部落并不友善，对罗马虎视眈眈。而平民是一种拥有自己武装的军事力量，要维护罗马的统治，必须依靠平民的力量。

果然，公元前 494 年，罗马遭到周围部落的攻击。平民虽然带上了武器，但却没有参加战斗，相反，他们离开了罗马前往圣山，这便是“第一次撤离运动”。在这种情况下，贵族需要借助平民的武装力量来保卫政权，于是不得不对平民做出让步。通过这次斗争，平民获得了推举保民官和举行“平民会议”的权利。保民官是由平民选出的，享受薪水，并有权否决行政长官的命令，来保护平民的权利。

在此之后，罗马的平民知道了怎样保护自己的权利，当他们再遇到不平的事情时，便会自发地组织“撤离运动”。罗马的政治环境和战略条件决定了贵族不可能单枪匹马，必须要依靠平民的力量。于是，罗马制定了“十二铜表法”，由贵族和平民各出 5 人组成的“十人立法委员会”来制定法案；使贵族承认“平民会议”对全体罗马公民都具有法律效力；还废除了平民与贵族不得通婚的规定，提高了平民的社会地位。后来，贵族不得不同意平民可以竞选具有执政官权力的“军政官”。再到后来，贵族又被迫同意，两名执政官中必须有一人出身平民。最后，平民又取得担任大祭司长等高级官员的权利。得到了法律的保证，罗马平民的权利得到进一步提高。

公元前326年，为了解决平民因贫穷而沦为债务奴隶的问题，罗马又通过了类似雅典“梭伦改革”的法案，废除了债务奴役制。

公元前287年，平民再次组织“撤离运动”，拿起武器前往圣山。这次撤离罗马城，斗争的目标更大，并得到了同样出身平民的独裁官霍滕西阿的支持。最终，罗马制定了法案，规定平民会议决议的权力是神圣不可侵犯的，对罗马全体公民都具有法律效力，并且不需要经过元老院的批准。这一事件标志着罗马平民争取权利的斗争取得了完全的胜利，此时的罗马共和国终于成为真正意义上的共和国了。

恺撒大帝

公元前146年，罗马共和国的统治已经充满危机，奴隶起义和平民运动风起云涌，共和制度已经奄奄一息，建立帝制成为了必然。但由于元老贵族的垄断，改制步步受挫。在苏拉和马略的党争中，共和制的支持者不断被暗杀，反对势力日益壮大。在这种背景之下，几个政治军事方面的强人相继登上了政治舞台，主要有剿灭海盗、胜利结束米特里达提战争的庞培、以镇压斯巴达克起义而闻名的克拉苏和野心勃勃的没落贵族恺撒。

在这三人之中，庞培拥有强大的罗马军团，克拉苏则拥有惊人的财力，而恺撒却只有慷慨好施之后留下的巨额债务。公元前70年，庞培和克拉苏一同当选为罗马执政官，上任后他们很快恢复了保民官的权力，并把司法权和包税权重新还给了骑士。然而，庞培和克拉苏却是各怀鬼胎，都想找准机会压倒对方，成为罗马的唯一操纵者。他们之间的矛盾给了恺撒一个可乘之机，恺撒非常善于笼络人心，经常为平民举办演出，还提供免费的饮食等。此外，恺撒还是个有胆有识的人，他勇于揭露元老贵族的贪污行为，在罗马人心中逐渐树立了威信。公元前62年，恺撒登上罗马政坛，并出任西班牙总督。但此时的恺撒却身陷经济困境，克拉苏慷慨解囊相助，替恺撒还债做了担保，使恺撒得以顺利赴任。 克拉苏这么做必然是有目的的，他是想拉拢恺撒对抗庞培，同时也借助恺撒提高自己的地位。

在西班牙的一年，恺撒专心理财，取得了很大收获。公元前 60 年，恺撒返回罗马。此时庞培正与元老院明争暗斗，原因是庞培在东方战场上消灭了本都王国和塞琉西王国，攫取了许多战利品。这使得元老院的权贵产生了妒忌之心，因此拒绝了庞培拟定的东方政策。庞培对元老院恨之入骨，对从中作梗的克拉苏也是愤恨不已，因此在恺撒回国后主动与之交好。 在恺撒的斡旋下，庞培和克拉苏也重修于好。 公元前 60 年，三人出于各自的政治图谋结成了秘密同盟，并肩与元老院共和派抗衡，史称“前三头同盟”。 公元前 59 年，在庞培和克拉苏的共同支持下，恺撒顺利当选为罗马执政官。 恺撒上任后马上批准了庞培在东方的决策，并实行了新的土地法，将土地分给庞培的老兵和多子女的公民。 为了笼络以克拉苏为代表的骑士们，恺撒还减免了亚洲的 1/3 包税金。

恺撒深知自己需要更多的业绩和实力，才能进一步实现政治野心。 于是，他把目光转向了高卢行省，并出任该地总督，决定以此地作为自己的发展基地。 古代高卢以阿尔卑斯山为界，分为山北高卢和山南高卢。 其中，山南高卢早在公元前 2 世纪就成了罗马的一个行省； 但山北高卢却不属于罗马控制。 山北高卢地域辽阔，土壤肥沃，人口众多，物产丰富，这正是恺撒多年来梦想要得到的地方。于是，恺撒就任高卢总督后，先是挑拨高卢本地各部落之间的矛盾，然后利用 4 个军团的兵力，一举征服了高卢全境。

恺撒在高卢的胜利不仅为自己积累了财富，也大大刺激了庞培和克拉苏的贪欲。 公元前 56 年，三人在伊达拉里亚北部的路卡举行会议，决定由庞培和克拉苏出任执政官，任满后庞培和克拉苏分别出任西班牙总督和叙利亚总督 5 年，而恺撒则继续留任高卢总督 5 年。 三人都在处心积虑地积蓄力量，渴望取得更大的利益。公元前53年，克拉苏在东方轻敌冒进，在帕提亚被杀。从此，斗争就成了庞培和恺撒两人之间的事情。

恺撒与元老院关系一度很僵，恺撒曾唆使保民官指控元老贵族西塞罗私自处死罗马公民，最终导致西塞罗被放逐。在克拉苏死后，恺撒继续扩张，将罗马的疆域扩大到现在的法国北部和比利时一带，他还渡过莱茵河深入日耳曼，两度侵略不列颠，这些功绩都被恺撒自己写在《高卢战记》一书中。恺撒势力的迅猛增长，引起了元老院的恐慌。元老院立刻与庞培联合，拥戴庞培当上了前所未有的“单独执政官”。公元前50年，庞培和元老院计划削弱恺撒的实力，打算在下一年总督届满时要求恺撒交出兵权并解职回国。恺撒听闻这个消息，立即率领身边仅有的一个军团跨过卢比孔河，攻入罗马。庞培和元老院被恺撒杀了个措手不及，仓皇逃往希腊。公元前48年，在法萨卢战役中，恺撒击败庞培，庞培逃到埃及后被杀。恺撒追至埃及后，借机干预托勒密王朝的权力之争，扶植克娄巴特拉为埃及女王。公元前45年，恺撒消灭了庞培在非洲和西班牙的残余势力，终于结束了内战。

公元前48年，恺撒当选为终身保民官，并兼任5年执政官。公元前45年，恺撒又被宣布为终身独裁官。恺撒是继苏拉之后，又一次在罗马建立独裁统治的人，此时罗马的共和制早已名存实亡。执政期间，恺撒改组了元老院，将元老的数目增加到900人，元老院也成了他的统治工具。为了巩固统治，恺撒还采取了很多新措施，例如扩大罗马公民权的范围、提高行省的地位、增加行政官员的数目等。此外，恺撒还兴建了移民城市，用来安置老兵和贫民。

然而，恺撒的独裁统治并没有维持多久，共和传统的残余势力又沉渣泛起。公元前44年3月15日，恺撒在元老院会议厅被亲信布鲁图斯与其同伙卡西乌斯连刺23剑，一代枭雄就这样死了。

迦太基帝国

迦太基一词源于腓尼基语，意即“新的城市”。 迦太基位于非洲北海岸今突尼斯一带，与罗马隔海相望。 这一点，似乎已经注定了迦太基的悲剧命运。

事实上，迦太基的建城时间要比罗马更早，早在公元前 814 年，以商业闻名的腓尼基移民就横渡地中海来到北非，以和平的方式向当地人购买下了一块土地，并在这块土地上建立了迦太基城。

在建城之初，迦太基只是一个贩卖奴隶和海上贸易的中转站。 在公元前 8 世纪到公元前 6 世纪的时候，迦太基开始扩张。对内，迦太基大量开发殖民地，并且成功地控制了腓尼基人在北非的大部分殖民地。 对外，迦太基向海洋进发，占领了大片的海岸和岛屿，开始称霸西地中海，也正因此，迦太基与海上霸主希腊之间的战争在所难免。

从公元前 6 世纪开始，为了争夺地中海西部的霸权，迦太基与希腊人的冲突就一直没断过。 在开始的一个多世纪里，双方你争我夺，互有胜负。 迦太基人曾经联合伊特拉斯坎人打败过希腊人的舰队，但也曾在西西里岛被希腊海军打得落荒而逃。 直到公元前 4 世纪初，伯罗奔尼撒战争爆发。 希腊从此元气大伤，迦太基逐渐占据了海上霸权。 可是，希腊虽然退出了争斗，迦太基却又迎来了一个更加可怕的对手——罗马。

迦太基有殖民地和商业两大基础，殖民地以内陆的农业为主，商业则以海上贸易为主。 在迦太基称霸西地中海的时候，作为贸易中心，迦太基取得了庞大的收入，它的钱币甚至成为了西地中海最硬通的货币。 表面上看起来迦太基十分强大，农业和商业都很发达，但事实上，迦太基的权力主要掌握在贵族寡头手上，他们因为代表的阶级不同往往会为了利益发生冲突，甚至互相牵制，这就影响了迦太基的团结。

反观当时共和制的罗马，军事力量则十分强大。迦太基和罗马之间先后发生了三次战争，史称布匿战争。

第一次布匿战争发生于公元前4世纪，当时的罗马刚刚统一了意大利，开始向地中海进军，于是向迦太基挑起了战争。罗马以保护在西西里的同盟国为由，撕毁了与迦太基签署的友好声明，突然袭击了迦太基在西西里岛的殖民地。有意思的是，当时名震地中海的迦太基海军被罗马初建的海军连番击败，而一向弱小的迦太基陆军却与罗马陆军打了个平手。第一次布匿战争前后打了23年，迦太基终于向罗马求和，赔款的同时也全面撤出了西西里岛。

第二次布匿战争是汉尼拔的战争。

第三次布匿战争发生于公元前149年，为了彻底击垮迦太基，罗马派遣大军闪电般围攻迦太基城。3年后，也就是公元前146年，罗马军统帅西庇阿占领了迦太基。罗马军队在迦太基城内烧杀抢掠，无恶不作，最后连迦太基港口都被毁掉。从此以后，迦太基帝国宣告灭亡。

汉尼拔

在军事上，罗马共和国一直是无往而不利，即便偶尔遭遇挫折，也很快能够恢复。但罗马人不会忘记一个人，那就是汉尼拔。汉尼拔不仅仅击败了罗马的军队，还率领军队在罗马境内四处征讨。

第一次布匿战争的时候，汉尼拔的父亲哈米尔卡就曾经率领弱小的迦太基陆军对抗罗马军队。汉尼拔出生于公元前247年，他很小的时候就深受父亲的影响，立志要打败罗马人。据说有一次父亲出征，汉尼拔要求随行，哈米尔卡便要儿子立誓，年幼的汉尼拔便在神殿内立下重誓，表示与罗马的仇恨不死不休。为了实现父子之间的誓言，他自小就努力学习军事知识，参加严格的军事锻炼。

哈米尔卡阵亡之后，其女婿哈斯德鲁巴继任为统帅，哈斯德鲁巴死了之后，汉尼拔在军中已经拥有了非常高的声望，士兵们都支持他继任统帅。当时，罗马公然违反第一次布匿战争后的条约，联合了西班牙城市萨贡托，还宣布此城为罗马保护地，迦太基的安全受到了严重威胁。在这种局面下，汉尼拔果断出兵包围并占领了萨贡托。这也直接引发了第二次布匿战争，迦太基政府向罗马宣战。

汉尼拔的军事才能不仅表现在临场的战斗上，还表现在战略眼光上。此时，他认为与其等待罗马打上门来，不如把战火烧向罗马本土。由于第一次布匿战争中战败的迦太基丧失了制海权，迦太基无法从海上攻击罗马，而如果坐等罗马进攻，迦太基势必会落败。因此，汉尼拔决定走一条常人难以想象的路。公元前 218 年春天，汉尼拔率领军队从新迦太基出发，从西班牙翻越比利牛斯山和阿尔卑斯山，虽然一路上牺牲了大量佣兵，但当年冬天，汉尼拔的军队终于抵达了意大利北部。

汉尼拔奇迹般地出现在罗马本土，让所有人都大吃一惊。当时，高卢人各部落刚刚臣服罗马不久，见到这种状况纷纷叛变。在得到情报后，罗马执政官西庇阿迅速率军返回意大利，双方在波河流域提契诺附近发生激战，汉尼拔的骑兵击败了罗马步兵。这一仗，让高卢人彻底叛变了罗马。

罗马元老院惊慌失措，立即传令执政官朗戈斯与西庇阿联合对付汉尼拔。汉尼拔首先截获了罗马的大量军粮，然后在特拉比亚河畔与之展开决战。汉尼拔先用骑兵骚扰罗马军营，诱使罗马军队出击，然后用骑兵突袭罗马军侧翼。在这一战中，罗马军队伤亡惨重。

公元前 217 年春季，汉尼拔继续南下。为了抵抗汉尼拔，罗马派出新任执政官弗拉米尼驻守在通往罗马城的交通要道上。汉尼拔巧妙地引诱弗拉米尼，并且刻意破坏罗马周遭的农田庄园，让罗马的盟邦看到没有保护他们的能力。最后，在特拉西梅诺湖北岸，汉尼拔设下埋伏，再一次击败了罗马军队。

虽然已经兵临罗马城下，但由于兵力只有 4 万人，又缺乏攻城的器械，所以汉尼拔并不急于进攻，而是先前往意大利中南部，寻找起义军。为了打击罗马人的士气，汉尼拔对沿途的人们宣称：“我并非来此与意大利人为敌，反之我是为了意大利人的自由而与罗马为敌。”

罗马元老院新任的独裁官马费边·克西穆斯知道汉尼拔难以战胜，于是不得不采取消耗战，一直尾随着汉尼拔的军队。当汉尼拔在一些富有的地区破坏掠夺的时候，克西穆斯也不敢贸然地上前。后来克西穆斯包围汉尼拔之后，因为害怕汉尼拔的诡计，他仍然不敢带兵围攻，任凭汉尼拔安然撤走。这种消极的策略让克西穆斯在罗马声望尽失，于是他的军权又回到了执政官手中。

公元前 216 年春天，罗马出动了共和国史上最庞大的一支联军，由两位执政官带领着 10 万人的军队，决定与汉尼拔一决胜负。面对数倍于自己的罗马军队，汉尼拔发明了举世闻名的新月形战术。在战斗初期，汉尼拔将军队部署成中锋凸起的圆月形；交锋之后，又变成凹陷的弦月状，将罗马主力包围在其中。加之迦太基人对骑兵的合理运用，汉尼拔成功地以较少的兵力彻底包围了罗马军队。最终，汉尼拔杀死、俘虏了将近 7 万罗马人，其中包括一名执政官和 80 位元老院议员，使罗马遭到了巨大的打击。

从此以后，罗马人真正见识到了汉尼拔的厉害，纷纷效仿消极的克西穆斯，再也不与汉尼拔对阵了，罗马王国之内的很多城邦都投靠了汉尼拔。此后的几年，汉尼拔又取得了一些胜利，在公元前 208 年的一场战役中又杀死了两名执政官。可惜的是，迦太基国内一直没有向汉尼拔提供人力和武器上的增援，这给了罗马喘息的机会。

就这样，汉尼拔在罗马境内孤军奋战长达 15 年，直到罗马人也学会了汉尼拔的策略，派人进攻迦太基，才使得汉尼拔被迫撤军。回到迦太基，汉尼拔与大西庇阿对阵。由于前盟友东努米底亚王的倒戈，汉尼拔失败了。罗马人信心大增，迦太基也感到大势已去，随即向罗马投降，第二次布匿战争以罗马的胜利而告终。

战争结束后，汉尼拔依然没有忘记年少时曾立的誓言。他四处流亡，先后帮助一些国家对抗罗马，但当时的国家都不敢、不愿与罗马作对，这使得汉尼拔心灰意冷。而罗马人却始终担心着这个敌人，于是要求所在国引渡汉尼拔，不愿受辱的汉尼拔最终服毒自尽。

屋大维

恺撒大帝被刺身亡后，罗马政局再次陷入到动乱之中。由于恺撒掌权时期带给民众很多好处，因此民众纷纷指责布鲁图斯和卡西乌斯为凶手，要求处死他们为恺撒报仇。于是，罗马政坛上新一轮的权力争夺开始了。在众多的政治力量中，一个年轻有为的新政治明星正在冉冉升起，他是恺撒的侄孙，曾被恺撒收为养子并指定为继承人，他的名字叫盖乌斯·屋大维。

事实上，当时的屋大维只不过是一个 18 岁的青年，他没有政治势力，也没有军队的支持。但他却胸怀大志，颇具政治头脑，依靠恺撒的声望，屋大维一步步建立起自己的地位。这时候，恺撒派以安东尼为首，元老院则以“罗马散文泰斗”西塞罗为首，安东尼对于争权斗争的筹划明显不足，而西塞罗的地位则与日俱增。西塞罗非常看好屋大维的能力，并想利用他来对抗安东尼。屋大维很明白双方之间的明争暗斗，便开始和元老院合作，并迫使元老院选举他为执政官。当屋大维的势力强大之后，他又反过来和反元老院的势力联手。公元前 43 年秋，屋大维与安东尼、雷必达结成历史上的“后三头同盟”。三人商定协议，分治天下 5 年，还划分了势力范围。屋大维控制非洲、西西里与撒丁尼亚；安东尼统治高卢；雷必达统治西班牙；而意大利和罗马则由三人共同治理。由于东方还在布鲁图斯和卡西乌斯的控制之中，所以就归屋大维和安东尼处置。

“后三头同盟”的缔结是公开的，并得到了元老院和公民大会的认可，取得了5年间处理国家事务的合法权利。后三头打着“为恺撒报仇”的旗号，在罗马宣布公敌告示，这场报复的浪潮最终造成了包括西塞罗在内的300名元老和2000名骑士丧命。公元前42年，屋大维和安东尼联手进军希腊，与共和派军队进行了战争，最终摧毁了共和派的势力，布鲁图斯和卡西乌斯也自杀了。

公元前40年，“后三头”在肃清政敌后重新划分了势力范围，由屋大维统治意大利和高卢，安东尼控制罗马东部地区，雷必达则统辖北非。这样，屋大维就稳坐罗马。在逐渐与元老、骑士等上层统治分子取得妥协后，屋大维以公民领袖自居，逐渐积累了雄厚的实力。公元前36年，屋大维兼并了庞培之子小庞培在西西里和撒丁尼亚的势力后，解除了雷必达的军权，收取了北非的统治权。从此，“三头同盟”变成了“二龙对峙”。

与此同时，安东尼坐镇东方，不仅政治上毫无建树，还与曾经迷倒恺撒的克娄巴特拉结婚，并对外宣称他统治下的领土将由克娄巴特拉的儿子继承。这样的丑闻不仅动摇了安东尼的统治基础，也为屋大维除掉安东尼提供了绝佳的机会。公元前32年，三头分治协议结束，屋大维和安东尼公开决裂。在屋大维的怂恿下，元老院和公民大会一致宣称安东尼为“祖国之敌”，并向埃及女王宣战。公元前31年9月，在希腊的阿克兴海角，屋大维与安东尼展开决战。在交战初期双方势均力敌，难分胜负，但就在战斗最激烈的时候，督战的克娄巴特拉却把埃及舰队撤退回国，安东尼也跟随而去，于是屋大维一举击溃了安东尼的军队。这场战争的胜利为屋大维主宰帝国全境奠定了基础，他也终于成了恺撒真正的继承人。公元前30年夏，屋大维举兵攻打埃及，安东尼和克娄巴特拉做了同命鸳鸯。同时，这也标志着托勒密王朝的灭亡。

公元前29年秋，屋大维率领部队返回罗马，他成了罗马内战时代的唯一胜利者。同时，罗马开始实行帝制，屋大维揭开了罗马历史崭新的一页。

屋大维建立帝制专权，也经历了相当漫长的过程。从公元前32年至公元前23年，屋大维连任10年执政官。在这10年里，屋大维一步步地集军、政大权于一身。公元前30年，屋大维被授予终身保民官的职权。公元前29年，屋大维凯旋罗马，被赋予了监察官的权力，并获得了“元帅”称号。公元前28年，屋大维荣膺首席元老。公元前27年1月，为了取得元老院的信任，屋大维发表演说，宣布放弃权力，恢复共和，获得了元老院赠予的“奥古斯都”（拉丁语，意为神圣、至尊）尊号，并在元老院的恳求下直接管辖高卢、叙利亚和西班牙三个行省。屋大维开始统率20个军团，期限为10年，后来又被延长。不久，屋大维兼任大祭司长这一最高的宗教职务，还获得“祖国之父”的最高荣誉称号。至此，屋大维已经集罗马的军事、政治、宗教等一切大权于一身，本人更是被神化，在意大利和行省甚至都建有供奉他的神庙和祭坛。虽然共和国时期的各种官职和政治机构此时依然存在，但屋大维的权威早已驾凌所有官职之上。共和制度在罗马实行500年来，早已根深蒂固，所以苏拉、恺撒建立独裁统治之后，也不敢公开称王称帝，恺撒只是露出一点儿想当皇帝的迹象，便招来了杀身之祸。而屋大维则是一个富有远见、运筹帷幄的人，他不急于称帝，而是以“元首”的称号，建立了元首制的独裁统治形式。从理论上来讲，屋大维建立的元首权力是罗马元老院和罗马人民给予的，而且不进行世袭，这就不同于帝制专权。元首制从公元前27年一直延续到了公元284年，这一段时期史称“早期帝国”。

在屋大维统治时期，他依靠和保护元老贵族、骑士及行省贵族的利益，对有产平民以保护为主，对流氓无产者采取镇压和笼络并重的方式，对奴隶则实行严厉的统治。此外，他还颁布了一系列法令，旨在复兴罗马优良淳朴的传统风尚，整治日益沦丧的社会道德。他鼓励生育，提倡节俭，构造健康的家庭关系；他大兴土木，建造神庙，恢复罗马古老的宗教崇拜；此外，他还兴建了剧场、浴池、水道等众多公共设施，把一座砖造的罗马变成了大理石造的罗马。“罗马不是一天建成的”，这话是名副其实的。

屋大维还进行了一系列改革，比如增设在他亲自监督下的中央集权制法庭；建立了新的货币制度；让一些城市和行省行使地方自治权；借地方总督的权威直接监督和控制行省官吏，对贪污受贿、横征暴敛等行为严加惩处；废除了极易导致腐败的行省包税制，任命一些有固定薪水的人做收税人；录用行政官吏的时候坚持以知识经验为依据。

公元 14 年 8 月 18 日，屋大维与世长辞。他在位的 40 年中，罗马帝国始终保持着安定局面，并持续了 200 多年，这是罗马历史上的盛世，史称“罗马和平”。

匈奴进入欧洲

在我国北方，曾生活着一支游牧民族，他们在中国历史甚至世界历史上都留下了自己的特殊印记，这便是匈奴。早在我国的战国和秦汉时期，北匈奴人就经常骚扰汉族的边境，对中原地带构成巨大的威胁。公元 1 世纪末，逐渐崛起的鲜卑人打败了北匈奴人，无处立足的北匈奴人为了继续寻找适合生存的土地，只好向西迁移。

公元 3 世纪的时候，北匈奴人在亚洲已经没有任何容身之处，他们便开始向西部进发。北匈奴人经过了黑海北岸，又继续向西前进，终于进入了俄罗斯的伏尔加河和顿河一带，开始结成了匈奴联盟。在这里他们过着传统的游牧生活，但却从来没有停止过西进的步伐。当他们闯入了东哥特王国，看到当地的富饶时，他们激动不已。北匈奴人的首领立即召集部落的全部男子，召开部落会议，决定用武力侵占这片土地。

于是，北匈奴人对东哥特人发动了战争。由于北匈奴人善于骑射，使得东哥特人对这些不速之客感到非常害怕。两军展开了厮杀，东哥特人根本不是北匈奴人的对手，他们被打得落花流水，国王也在绝望中自杀，部落的成员则向西逃走。最终，北匈奴人如愿取得了这场战争的胜利。

征服了东哥特，北匈奴人又把目光瞄向了西哥特。经过激烈的战争，西哥特人同样是一败涂地，无路可退的西哥特人只好向西罗马帝国求救。当时，西罗马帝国的皇帝认为放西哥特人进城也没什么不好，一方面可以扩充自己的军队，另一方面还可以增加税收，于是便同意了西哥特人的请求。不料，大批的西哥特人涌入城后，很快就灭亡了西罗马帝国。

欲望总是没有止境的，击溃西哥特人之后，北匈奴人开始沿着多瑙河流域，向东罗马帝国挺进。当北匈奴人的大军抵达君士坦丁堡城下时，东罗马帝国很快便屈服了。经过谈判，东罗马帝国同意每年向北匈奴人进贡950千克黄金，并割让了巴尔干半岛。公元444年，在多瑙河流域，北匈奴人终于正式建立了自己的王国。北匈奴人从此不用再流浪，它先后征服了很多欧洲的国家和地区，成了一个地跨欧、亚两洲的大帝国。

在建立了自己的帝国之后，北匈奴人依然不满足，继续进行侵略扩张。匈奴的铁蹄席卷了高卢，又征服了法兰克人、西哥特人和西罗马帝国的联军，一路打到了意大利，最终，教皇被迫与北匈奴人签订合约。从此，匈奴人的阿提拉帝国时代开始了。

西罗马帝国

屋大维开启了“罗马和平”，在他之后的300年间，罗马帝国又涌现出不少杰出的皇帝。但也有一些荒诞邪恶的帝王。公元286年，戴克里先把罗马帝国一分为二，位处西部的帝国仍然以罗马为首都，称西罗马帝国；而东部的帝国后来被称为东罗马帝国或拜占庭帝国。

戴克里先这么做也是不得已。当时，罗马正处于内忧外困的时期。戴克里先上任后，知道自己一人不可能应对内部的奴隶起义和外族的入侵，于是便把罗马帝国分为两半，与好友马克西米安分别治理。此外，他们还都设立了副职。所以，当时的罗马实际上是由4个人共同治理的，史称四帝共治制。

这种分裂也曾经历过短暂的统一。当狄奥多西一世上台后，他宣布基督教为国教，反对一切异教和异端，甚至禁止了古奥运会。在基督教的支持下，狄奥多西一世击败了西部的篡位者欧根尼乌斯，统一了长久处于分裂状态的罗马帝国。但是，次年狄奥多西一世就去世了。在他的遗嘱中，他竟然又将国家分裂了。于是，罗马帝国再次一分为二，东罗马帝国由狄奥西多一世的长子阿卡迪乌斯统治；西罗马帝国则分给了其幼子霍诺里乌斯。

在西罗马帝国成立之初，可谓内外交困。原先的内部矛盾不但没有解决，反而愈演愈烈。而住在多瑙河、莱茵河一带的日耳曼人部落，也开始向西罗马帝国席卷而来。在这种局面下，西罗马帝国难以应付，罗马的社会矛盾也加剧了。

而面对西哥特人首领阿拉里克的不断入侵，东罗马和西罗马并没有团结一致抗敌，而是眼睁睁地看着阿拉里克越来越强大。西哥特人突破了莱茵河，进而占领了高卢的大部分地区，还引得更多的日耳曼人部落进入高卢。 西罗马帝国节节败退，于公元 407 年又放弃了不列颠。 大敌当前，罗马皇帝霍诺留竟然轻信谣言，处死了自己的司令官斯底里哥，使得斯底里哥的部下纷纷叛变，西罗马帝国面临着巨大的危险。在罗马建国之后，即使面临汉尼拔的威胁，罗马城也没有被攻陷，并因此得名“永恒之城”。 但在公元 410 年 8 月 24 日晚，罗马的历史被改写了。

阿拉里克此前曾两次包围罗马城，但都是为了取得赎金。这一次情况不同，西罗马帝国已经摇摇欲坠，于是，阿拉里克率领属下第三次围攻罗马城。 半夜的时候，城里的奴隶打开城门，放西哥特人进入罗马。 西哥特人进城后，不仅对罗马大肆洗劫，还很快扶植了一个傀儡皇帝，仍然维持着西罗马帝国的名号。 同时，其他日耳曼人部落也见机涌入了西罗马，纷纷建立自己的国家。

公元 439 年，汪达尔人建立阿兰王国，从海上袭击罗马帝国，进一步摧垮了西罗马帝国的商业。 公元 455 年，汪达尔人趁乱攻进了罗马，并杀掉了罗马皇帝马克西穆斯。 为了维护统治，西罗马开始招募日耳曼人为雇佣军，希望依靠他们的力量来抵抗汪达尔人。 但皇帝此时已经没有了实力和权威，很快便被雇佣军架空，成了傀儡。 后来，匈奴帝国崩溃，西罗马帝国也彻底走向了绝路，日耳曼雇佣兵的领袖奥多亚克废黜了年仅 6 岁的西罗马皇帝罗慕洛。 至此，西罗马帝国正式灭亡。 许多蛮族王国乘虚而入，进入罗马，并建立了大大小小 10 个王国，欧洲从此踏入了中世纪。

中世纪时代的欧洲与同时期的世界

日耳曼人

日耳曼人原先居住在波罗的海和北海沿岸一带，后来经过迁徙，由法兰克人、伦巴德人、汪达尔人、西哥特人、东哥特人等部落组成。他们居住的地方南部濒临罗马帝国，多瑙河和莱茵河成为他们与罗马的分界线。

当罗马帝国日渐衰落时，一些日耳曼人迁入了罗马境内，成了雇佣兵、工人和庄园劳动者。日耳曼各部落和罗马也打过很多零星的小战争，互有输赢。公元4世纪末，由于匈奴人的入侵，日耳曼人不得不撤出自己的领地，开始涌向罗马境内，并由此形成了一场日耳曼民族的大迁徙运动。这场迁徙持续了200多年，范围覆盖大半个欧洲以及北非地区，并在西罗马帝国的土地上成立了很多日耳曼民族的国家，这对西欧历史的发展产生了很大的影响。

日耳曼人中最强大的部落当数哥特人，而哥特人又分为东、西两部分。西哥特人集中在多瑙河下游地带，而东哥特人则主要分布在顿河和德涅斯特河之间。公元4世纪下半叶，西哥特人率先开始了大迁徙，后来还得到了罗马皇帝瓦伦斯的允许，渡过多瑙河进入帝国的色雷斯避难。因为不甘忍受罗马官员的压迫和侮辱，日耳曼人奋起反抗。公元378年，西哥特人在君士坦丁堡附近的阿德里亚堡打败了镇压他们的罗马军队，皇帝瓦伦斯也被打死。公元396年，西哥特王阿拉里克攻陷了雅典，并在雅典进行了大规模的掠夺。公元401年，西哥特人又攻陷了意大利，洗劫了圣城罗马。后来，西哥特人占领了高卢南部阿基坦地区，以图卢兹为首都，建立了西哥特王国。

西哥特人渡过多瑙河后，东哥特人也冲进了帝国境内。公元 476 年，罗马雇佣军将领日耳曼人奥多亚克在帕维亚发动了兵变，废黜了西罗马皇帝罗慕洛·奥古斯都，并建立了奥多亚克王国，西罗马帝国就此灭亡。有了西罗马帝国的前车之鉴，东罗马帝国皇帝格外警惕东哥特人。于是，他唆使东哥特将领狄奥多里克对抗奥多亚克。公元 489 年，狄奥多里克率兵进攻意大利，经过 3 年的激战，几乎吞并了整个意大利。公元 493 年，狄奥多里克设计杀死了奥多亚克，建立了东哥特王国，定都拉文纳。

公元 406 年，罗马帝国在莱茵河边界撤除了守军后，汪达尔人、苏维汇人和萨尔马特部落的阿兰人等立即联合起来，趁机越过莱茵河涌入高卢地区。他们一路烧杀劫掠，于公元 409 年越过比利牛斯山，占领了伊比利亚半岛西部和南部的大部分地区。罗马人无力阻止他们，只好承认他们为“同盟者”。但不久后，来自北方的西哥特人就夺取了西班牙的大部分地区，汪达尔人只能被迫退守到半岛南端和西北地带，偏安一隅。公元 429 年，汪达尔军政首领该萨里克审时度势，率领 8 万汪达尔人和阿兰人，决定向北非转移。公元 439 年，该萨里克建立了以迦太基为首都的汪达尔王国。迦太基被占领后，西罗马在非洲的财政来源彻底被切断了。公元 442 年，罗马无奈之下只好承认汪达尔王国对北非大部分地区的统治。公元 455 年，罗马四处混乱，无暇东顾，该萨里克趁机攻陷了罗马城，在城内烧杀抢掠长达两周。这次军事行为对罗马的古文物造成了严重破坏，“汪达尔主义”也因毁灭文化而得名。公元 461 年后，汪达尔人对西西里和意大利仍不时骚扰，令罗马防不胜防。

公元 5 世纪初，西哥特人与勃艮第人占领高卢，勃艮第人以里昂为首都，建立了勃艮第王国。到了公元 534 年，勃艮第王国又被法兰克王国吞并，不过它的文化和风俗却保留了下来。

在北方，法兰克人是最强大的力量。公元3世纪中叶到6世纪，法兰克人越过莱茵河，逐步占领了卢瓦尔河以北高卢的大部分地区。公元5世纪下半叶，法兰克众多部落中最强大的有两支，分别是萨利安法兰克人和利普利安法兰克人。公元486年，萨利安法兰克人的军事首领克洛维率兵清除了罗马在高卢的残余势力，建立了法兰克王国，定都苏瓦松。公元496年，克洛维率3000亲兵在兰斯接受洗礼，皈依了天主教。公元500年，克洛维征服了勃艮第王国，公元507年接替西哥特人占领了高卢，公元508年克洛维被东罗马皇帝授予了执政官称号。在克洛维去世前，法兰克王国已经成为西欧蛮族王国中最大的国家。

盎格鲁人和撒克逊人原本居住在北海之东的日德兰半岛，由于他们的语言风格很相近，所以又合称盎格鲁－撒克逊人。公元5世纪，盎格鲁－撒克逊人渡海来到大不列颠岛。这里原本是罗马帝国的一个行省，在日耳曼人的迁徙浪潮中，罗马自顾不暇，只好于公元407年撤回了最后一批驻军。尽管没有了罗马军队的阻碍，但盎格鲁－撒克逊人征服不列颠的过程仍然十分艰难。直到公元13世纪，逃入西部或北部山区的不列颠人才被征服。盎格鲁－撒克逊人与当地的克尔特人，以及后来的丹人、诺曼人等经过长期的磨合，才最终建立了英格兰王朝。

伦巴德人原来居住在易北河左岸，公元6世纪，他们移居到潘诺尼亚，并以雇佣兵身份为东罗马帝国效力。公元568年，阿尔波音率领伦巴德人入侵北意波河流域，并在此地定居立国，定都拉文纳。公元774年，最终被法兰克的查理大帝所兼并。

日耳曼民族的大迁徙，虽然给欧洲各地带来了一定的破坏，但在建立新兴国家的同时，也吸收了罗马的先进文化，加速了西欧封建化的进程。不过，日耳曼人建立的王国大多都是昙花一现，长期保存下来的只有法兰克和英格兰，而法兰克后来还发展成了一个强大的帝国。

法兰克王国

公元 476 年，西罗马帝国灭亡，昔日繁华的罗马城成了一片废墟。在这片废墟上，日耳曼人逐渐强大起来，并建立起很多国家，法兰克就是其中最强大的一个。

从公元 3 世纪起，法兰克人就开始了频繁的掠夺活动。西罗马帝国灭亡后，法兰克人分成了“河滨法兰克人”和“海滨法兰克人”，前者主要活动在莱茵河中部，后者主要居住在莱茵河三角洲一带。公元 486 年，莱茵河三角洲年仅 21 岁的克洛维继承了王位，成了“海滨法兰克人”的新领袖。克洛维年纪轻轻，却胸怀大志，他发誓要完成统一法兰克的大业。即位之时，克洛维就与罗马军队在高卢北部发生战争，他在苏瓦松击败了罗马军队。取得胜利后，克洛维马上又进军卢瓦尔河与塞纳河流域，并抢占了两河之间的大片土地。

虽然克洛维年轻有为，但仍不能取得所有人的信任。正在此时，西哥特国王的长子贡多巴德打伤了他的三弟戈迪吉塞尔，还将他的两个女儿流放。克洛维早就听闻戈迪吉塞尔的一个女儿倾城倾国，于是就把她迎娶过来。这个女子是虔诚的基督教徒，结婚当天，她曾劝说克洛维受洗，但克洛维却对此嗤之以鼻。

此后的一件事改变了克洛维对基督教的态度。公元 496 年，克洛维与阿勒曼人发生战争，结果损兵折将，失败而归。克洛维在撤军的途中再三思忖，下定决心皈依基督教。于是，法兰克人皈依了基督教，很快便得到了罗马教会的支持。

在基督教教会的支持下，克洛维的地位逐渐提高，在民族中取得了越来越多的信任。克洛维的岳父戈迪吉塞尔更是欣喜若狂，他怂恿克洛维率军去攻打贡多巴德。克洛维答应了岳父，并于公元500年大败贡多巴德，贡多巴德最终答应了割地和纳贡的要求。

实力大大增强后，克洛维便着手统一法兰克的大业。然而，河滨法兰克国王智勇兼备，也是很难对付的一个人。克洛维决定从国王的儿子入手，于是，他派人找到了河滨法兰克国王的儿子小克洛德里克，然后对其进行威逼利诱。最终，小克洛德里克果然上了当，他杀死了自己的父亲，还将大片的国土拱手让给克洛维。当然，这个愚蠢的儿子最终也没能逃脱一死。克洛维就以这样一种简单的方式，成了河滨法兰克人的统治者，进而顺利完成了统一法兰克的大业。

查理曼帝国

在日耳曼人的大迁徙潮流中，萨利安法兰克人的军事首领克洛维统一了法兰克，建立了法兰克王国，从而开始了一段强大的墨洛温王朝（得名于克洛维的祖父墨洛温）的历史。

墨洛温王朝时期，法兰克王国占据着高卢的大片土地，是当时西欧最强大的国家。但是在建国之初，国内的贵族拥兵自重，常常掀起内战，致使国家分裂。直到公元629年到639年，也就是达戈贝尔特执政时期，国土才得以统一，政治略显清明，局势比较稳定。但在此之后的12位国王，全都懒散成性，不理政事，不思进取，王权都掌握在宫相之手，这些国王也被史学家称为“懒王”。

所谓宫相，最初只不过是王宫的管家，也就是国王的仆人。但由于其位置特殊，逐渐了掌握大权，不仅控制了内政，还进一步掌管了国家军队。公元678年，宫相赫里斯塔尔·丕平消灭了其他劲敌，成为国家里唯一的宫相。公元715年，他的儿子查理·马特继任宫相，此外还身兼奥斯特拉西亚公爵。查理·马特拥立墨洛温家族的克罗泰尔四世作为傀儡，自己则掌握着实权。查理·马特率军击溃了阿拉伯人和萨克森的入侵，进一步提高了自己的威望。后来，他又积极推行改革，实施采邑制度，改变了原有的无条件土地封授制度，规定所有领受国家爵位和封地的大小领主都必须向自己效忠并服兵役，而且所得的封地不得世袭。他们的子孙必须重新履行受封仪式，再次确认效忠关系后才能继承封地。这一改革表面上是对法兰克军事力量的增强，实际上却加速了加洛林王朝取代墨洛温王朝的进程。

公元742年，查理·马特的儿子矮子丕平继任宫相。为了发展自身力量，丕平不断扩大采邑分封制度，却取消了征用教会的土地。这样做的目的显而易见，当时的基督教已经拥有了庞大的势力，矮子丕平必须讨好教会，争取教皇的支持。公元751年，矮子丕平在苏瓦松贵族会议上得到了教皇的支持，废黜了墨洛温国王希尔德里克三世，取而代之成为新的法兰克国王（公元751年到768年在位），从此开始了加洛林王朝的统治。为了向教皇感恩，丕平曾经两度出兵攻打威胁教皇的伦巴德人，并把掠夺的土地献给教皇，史称“丕平献土”。这不仅奠定了教皇国的基础，也巩固了加洛林王朝的地位。

矮子丕平死后，查理继任为加洛林王朝的第二任君主（公元768年到814年在位）。查理大帝掌权后率领军队四处征伐，建立起一个十分庞大的法兰克帝国。

公元774年，查理在战争中击败伦巴德人，占领了意大利北部，随后翻越比利牛斯山，在厄布罗河以东地区建立起“西班牙边区”。查理接着征服了巴伐利亚，把多瑙河上游地区纳入自己王国的版图，并继续向阿瓦尔汗国进攻，在多瑙河中游（即今天的奥地利一带）建立起“东方马克”。查理大帝是一位著名的好战分子，在他一生中，所进行的历时最久、最激烈的征服战争莫过于萨克森战争了。在长达33年的时间里，查理先后发动了18次大规模进攻，最终才确立了莱茵河下游到易北河之间的广大地区的统治地位。在查理大帝的不断征伐下，法兰克成为了一个幅员辽阔的大帝国，北达北海，东到易北河、多瑙河，南至厄布罗河（南部包括意大利半岛北部与中部），其疆域甚至可与昔日的罗马帝国媲美。公元799年，罗马教皇立奥三世被罗马贵族所逐，向查理求援。为了回报教皇的圣恩，查理率大军进兵罗马，帮助教皇恢复了权位。公元800年圣诞节，教皇在罗马圣彼得大教堂为查理加冕，称其为“罗马人的皇帝”。查理从此史称“查理曼”，即查理大帝之意，而法兰克王国也被称为“查理帝国”或“加洛林帝国”。

为了统治好幅员辽阔的法兰克帝国，查理曼实施了伯爵领地和巡按使团制度：在地方，以阿亨为帝都，把全国划分为98个区，每个行政区设伯爵一人；在几个伯爵区之上设立公爵，专理军务；此外，他还向各区派遣巡按使，代表皇帝监督地方伯爵，相当于巡察御史。在中央，设立由廷臣组成的枢密会议，来辅助皇帝处理日常政务；每年召开一次由公爵、伯爵、主教、修道院长参加的贵族大会，来确定军国大计。此外，查理曼还非常器重教士，他重用了一批颇通文墨的教士，教士可以起草敕令文书，参与中枢机要；也可以担任外交使臣，出访各国；甚至可以担任监察官，巡视地方。

查理曼非常重视文化教育事业。他甚至带头刻苦读书学习，以此来改变日耳曼人文化落后的局面。查理大帝还经常邀请各国的饱学之士来宫中讲学，《伦巴德人史》一书的作者保罗，编写文法、修辞等书的盎格鲁-撒克逊人阿尔琴等都曾被邀请过。此外，查理曼还下令搜集古典文献和早期基督教文献，让人加以誊抄，而且规定书法必须追求艺术，从而形成了著名的加洛林楷书。在查理曼的积极倡导下，全国范围内建立起众多的教会和修道院。在修道院中设立了图书馆，专门收藏教父作品以及中世纪早期的史学著作，甚至一些古典时代的作品也被收藏在馆内。

为了传播基督教和培养国家人才，查理曼还兴办了许多主教学校，强令贵族子弟入学读书。查理曼还在全欧洲搜罗建筑师、雕刻家和工匠，让他们模拟拜占庭风格建造修道院和教堂，最著名的便是卢瓦雷的日尔米尼·雷·普雷教堂。查理曼的这些措施极大地促进了西欧文明的延续和发展，使得一度文化暗淡的西欧又重现辉煌。他还开创了君主求学的良好风尚，对后来的欧洲君主都产生了一定的影响。

不过，查理曼辛辛苦苦建立起来的庞大帝国，却在他死后不久就被瓜分。公元814年，查理曼去世，其子路易即位，这是一个醉心宗教而疏于政事的皇帝。公元817年，路易死后，他的长子罗退耳即位，但罗退耳的两个弟弟日耳曼路易和光头查理不同意。于是，三兄弟之间爆发了内战。

公元841年，在奥塞尔附近的丰特内，三兄弟展开大战，但最终未分胜负。公元843年，三兄弟缔结了《凡尔登条约》，条约规定：罗退耳保留皇帝的头衔，并兼意大利国主，拥有意大利半岛中、北部及东、西法兰克之间狭长的洛林地带；日耳曼路易为东法兰克王，拥有莱茵河右岸和巴伐利亚地区，相当于今天的德国西部地区；光头查理为西法兰克王，统治今天法国境内的大片地区。

公元870年，日耳曼路易和光头查理又签订了《墨尔森条约》，瓜分了他们中间的洛林地带。通过《凡尔登条约》，昔日强大的查理曼帝国，最终一分为三，这便是日后的意大利、德意志和法兰西。

拜占庭帝国

公元395年，罗马帝国一分为二。其中，因君士坦丁堡地处古希腊商业殖民城市拜占庭的旧址上，东罗马帝国又被称为“拜占庭帝国”。与此同时，西罗马帝国却正在走向灭亡，在它的废墟之上建立起很多新兴国家。

拜占庭帝国横跨亚、非、欧三大洲，包括欧洲的巴尔干半岛，亚洲的小亚细亚、叙利亚、巴勒斯坦、两河流域以及非洲的埃及等地，是一个辽阔的大帝国。拜占庭地处东西方交通要道，经济发达，社会环境也比较安定，因此保持了国家体制的完整性，逐渐过渡到封建社会。

频繁的对外战争加速了拜占庭的封建化。公元6世纪初，拜占庭不断对外扩张，在东西方都已经所向无敌。查士丁尼当政时期（公元527年到565年），拜占庭疯狂向西扩张，动辄举兵西进。公元533年，拜占庭帝国进攻汪达尔王国。公元535年，又率兵转向意大利，进攻东哥特王国。在东哥特人的顽强抵抗下，拜占庭经过了长达20年的战争才消灭了东哥特王国，但同时也付出了惨重的代价。就在东哥特的战事还没有结束时，查士丁尼又派出大军远征位于西班牙的西哥特王国，很快就占领了西班牙东南部以及撒丁岛、科西嘉岛和巴利阿里群岛。至此，查士丁尼的西征计划才告一段落。

公元610年，为了提高军队的战斗力，希拉克略王朝逐渐在帝国范围内推广了军区制。帝国把土地作为军饷，按照军种和级别分发给各级官兵，士兵定居在其部队驻守的附近，没有战事的时候就经营田产，用土地经营所得来武装自己。实行军区制，不仅使军队有了稳定的兵源，还在全国范围内逐渐建立起一整套军事化体制。

军区制的实行，对于拜占庭帝国有着深远而重要的历史意义。首先，拜占庭国家因此拥有了充足而稳定的兵源。其次，在连年战争和自然灾害频发的情况下，这种制度为小农的复兴创造了条件。军区制的成功推行，使得拜占庭以巴尔干半岛为中心的疆域得以逐渐稳定，同时也征服了那些进入巴尔干半岛的斯拉夫人，使他们归顺了拜占庭。军区制的推行为拜占庭此后数百年的强盛奠定了坚实的基础，在强大的军事实力下，拜占庭先后击败了波斯人和阿尔瓦人，并将阿拉伯人的扩张势头阻止在小亚细亚和东地中海一带。

更为重要的是，军区制的推行为拜占庭的封建化开辟了道路。由于各种原因，各军区的将军和中央政府的一些高级官职，逐渐变成世袭，这就慢慢形成了军事贵族阶层。将军们可以对农民自由地管理、征税和调动，这就对小农阶层构成了严重的威胁。到了公元 11 世纪末，小农几乎不复存在。科穆宁王朝时期（1081 年到 1185 年），监领地制取代了军区制，自由农民成为了依附农。至此，拜占庭的封建化宣告完成。

封建化的完成，大大增强了拜占庭的国力，但久而久之，地方割据势力迅速膨胀，又导致了帝国力量的削弱。12 世纪晚期，拜占庭人已无力抵抗塞尔柱突厥人入侵，最后只好向罗马教皇求救，由此引发了一场长达近 200 年的西方封建主对东方的掠夺战争。在这场暗无天日的浩劫中，拜占庭帝国元气大伤，领土逐渐萎缩，最后只能偏安于君士坦丁堡，强悍了千年的拜占庭帝国最终退出了历史舞台。

延续了千年之久的拜占庭帝国对外影响也很深远，尤其是对东正教的传播。通过侵略的方式，拜占庭将其政治模式和文化传播给了斯拉夫人，所以有观点称，拜占庭对东方的斯拉夫世界来说，犹如罗马对西方的日耳曼世界一般。

早期的英格兰王国

公元1 世纪时，英国正处于封建化的激烈进程中，一些地主趁机掠夺了农民的大量田地，农民由此沦为农奴。地主吞并了大量土地后，有了经济基础，便开始在政治上谋取席位，大规模的封建庄园在全国迅速发展起来，阶级矛盾不断加剧。

1042 年，爱德华坐上了英格兰王位的宝座，并在朝廷和教会中任命了一批诺曼人担任要职，想借此和贵族势力抗衡。1066 年，爱德华去世，但他没有留下子嗣，因此很多贵族们都出面推选哥德温家族的威塞克斯伯爵哈罗德继位。但哈罗德刚即位，就遭到了两个人的强烈反对，一个是得到了挪威国王支持的哈罗德的兄弟陶斯提格，另一个则是诺曼底的公爵威廉。

1063 年，威廉征服了缅因，后来又控制了布列塔尼。身为诺曼底公国的第七位公爵，又控制了英吉利海峡和多佛尔海峡南岸一线，威廉一心要争夺英格兰的王位。他下令伐木造船，招募了大批的水手和骑士。为了加大胜算，威廉还想方设法地取得了教皇以及法、德、丹麦王储的支持。

哈罗德深知威廉的野心，便组织了一支庞大的舰队，并招了很多农民来扩充军队。一切准备就绪了，威廉却按兵不动。哈罗德的士兵认为威廉只是说说而已，并不会真的爆发战争，于是很快军心就涣散了。殊不知，威廉一直在等待机会，等到顺风的时候，他的舰队就会渡过英吉利海峡。

1066 年 9 月，机会终于来了，在一股强烈海风的帮助下，威廉率领舰队穿过英吉利海峡，直扑英格兰。9 月 28 日，威廉的军队在伯文西顺利登陆。威廉下令在伯文西一带大肆烧杀抢掠，目的就是为了引蛇出洞。果然，哈罗德很快便闻讯而出。10 月 14 日，双方在哈斯丁激战了一天一夜，最终哈罗德战死沙场，他的军队也损失惨重，残余部队被威廉打得四散奔逃，威廉取得了战争的胜利。

威廉一鼓作气，率军一举攻下了伦敦。同年 12 月 25 日，威廉加冕为英国皇帝。从此，诺曼底王朝开始了对英格兰的统治。

诺曼底之战

威廉征服英国后，称威廉一世。于是，威廉原先占有的诺曼底地区也就顺理成章地成了英国领土，从此不再受法国的管辖。法国国王试图要回，但并不容易。

自从公元 987 年统治法兰西后，卡佩家族的日子一直不好过。因为国王所掌握的权力非常有限，王室的领地只有巴黎和奥尔良两大城市，其他都掌握在封建主手里。不过，法国国王也拥有一定的优势。国王是全国的军事首领，全国的封建主必须向国王行君臣之礼，并承认自己的土地是国王恩赐的；此外，由于即位时被主教涂饰圣油，国王也被视为超自然力量的化身。而卡佩王朝的历代君主正是利用这样的方式来扩张王室领地。

威廉的根据地诺曼底距离巴黎仅仅 10 千米，这对于法国来说无疑是一个巨大的威胁。因此，法国国王必须尽快削弱甚至吞并诺曼底，以巩固自己的统治。为了实施这样的计划，法国国王极力怂恿威廉一世的长子罗伯特向威廉提出继任诺曼底公爵的要求，结果罗伯特继位心切，竟与父亲兵戎相见。罗伯特一心只想当公爵，根本不顾父子之情，险些将威廉刺死，父子二人从此反目成仇。

1087 年，威廉在英国去世，他的另一个儿子罗浮斯继承了英国王位，称威廉二世，而长子罗伯特也如愿成为诺曼底公爵。这样的分治局面无疑是法国国王希望看到的，这为他插手诺曼底和英国之间的事务提供了绝佳的条件。

在法国国王的操纵下，英国国内经常发生贵族叛乱。1100 年，威廉二世在打猎时被人暗杀。随后威廉的弟弟亨利继承王位，称亨利一世。亨利一世十分明白动乱的根本原因在于诺曼底，于是便决定征讨罗伯特。

1105 年，亨利一世率领大军渡过英吉利海峡，一举征服了诺曼底，并将罗伯特押回英国永远囚禁起来。1109 年，为了进一步稳定局势，巩固政权，亨利一世让自己唯一的女儿与神圣罗马帝国的皇帝亨利五世订立婚约，这让法国陷入了腹背受敌的尴尬境地。在这种局面下，法国国王于当年被迫向英国宣战，挑起了一场长达两个世纪的战争。

日本幕府

日本幕府政治是日本古代的一种中央政府机构，与中国的“挟天子以令诸侯”相类似。当时的最高权力者为征夷大将军，也称为幕府将军，掌控着实际权力。日本这种制度开始于1185年，一直到1867年结束，一共延续了682年。日本的幕府一共经历了三个时代，分别是镰仓幕府、室町幕府、江户幕府。

镰仓幕府是由关东武士首领源赖朝创立。源赖朝被任命为征夷大将军，然后在镰仓开设幕府实行独裁，所以被称作镰仓幕府。

镰仓幕府以将军为核心，御家人为骨干，是一个非常地道的武士政权。而天皇的朝廷名存实亡，权力掌控在将军的手里。

1199年源赖朝死了以后，源氏外戚北条氏又掌控了幕府大权。

这段期间内，后鸟羽上皇不满幕府掌控权力，便发动了讨幕战争，但很快就被打败。战后，幕府将后鸟羽等三个上皇全部流放，并且没收了参与叛乱的皇族和贵族的庄园。幕府权力在这个时候非常强大，连天皇的废立都可以干预。

1232年，北条氏公布了第一部武士政权成文法《贞永式目》，后来此法逐渐演变成为日本全国性的法律。

镰仓幕府后期，社会贫富差距加大，社会矛盾变得非常尖锐，导致中小武士对幕府统治不满。1324年，后醍醐天皇举兵倒幕，豪族足利尊氏立刻响应号召，摇摇欲坠的镰仓幕府被推翻。

镰仓幕府灭亡以后，响应号召的足利尊氏觉得自己没有获得原来所期望的利益，因此起兵反叛，并攻占了京都，他同样立光明天皇为傀儡，然后效仿镰仓幕府在京都开设幕府。后醍醐天皇逃出京都后，也组建了自己的朝廷，形成南北两个朝廷。

后来第三代将军足利义满在京都室町建成幕府新址，并且合并南北朝，再一次架空了天皇。这便是日本的室町幕府。室町幕府是以将军为中心，但核心权力实际掌握在强大的大名手里，相对来说，将军的领地和军事力量已经不如镰仓幕府初期的将军。室町幕府发展到第八代将军足利义政的时候，国内矛盾更加突出，爆发了大规模的内乱。地方领主与武士趁机壮大了势力，室町幕府进入了战国时代。

后来织田信长力量逐渐增强，击败了其他地方领主和武士，如武田信玄等人，灭掉了室町幕府。织田信长死后，他的部将丰臣秀吉于1590 年统一了日本。

丰臣秀吉统一日本后并没有开设幕府，他病死之后，德川家康趁机掌握了权力。1603 年，德川家康被任命为征夷大将军，在江户设幕府。这就是江户幕府。

江户幕府的核心是大名，也被称为藩国。德川将军的权力要比镰仓、室町幕府时代都强大很多。但大名实际上是各藩国的实际统治者，掌握独立的行政权、司法权，因此具有很强的独立性。

日本幕府统治的终结源自于民族危机，为了抵抗外侵、处理内部矛盾，第十五代将军德川庆喜被迫将权力交还给天皇，明治天皇经过数次战争，彻底打败了幕府，结束了日本的幕府政治，进行明治维新，日本从此进入近代社会。

君士坦丁大帝

拜占庭帝国也就是东罗马帝国。历史学家之所以把东罗马帝国称为拜占庭帝国，是因为其首都君士坦丁堡的前身是古希腊的殖民地拜占庭城。但东罗马帝国人都认为自己是罗马人，而君士坦丁堡其实就是罗马的拉丁语的译音。

罗马分裂为东西两个部分之后，西罗马很快便灭亡了。但东罗马帝国却历经了 12 个朝代，一共延续了 93 位皇帝，一直到 1453 年才灭亡。

东罗马帝国与西罗马帝国不同，不只是各自存活的时间不一样。实际上，西罗马完全是专制帝国，而东罗马帝国却有很多中世纪封建国家的特色。这一切都与罗马的建国者君士坦丁一世很很大的关系。

君士坦丁出生在塞尔维亚的尼什。他的父亲君士坦乌斯是帝国皇帝马克西米连的副手，君士坦丁在对埃及和波斯的战争中表现得十分勇敢，后被擢升为高级军官。后来，君士坦乌斯成为西罗马的皇帝，君士坦丁回到父亲身边继续四处参战。君士坦乌斯死后，君士坦丁在军队拥立下继位为西罗马帝国皇帝。

因为部分将领不服，导致了大规模的内战。在 6 年的统一战争里，发生了一件对君士坦丁影响非常大的事情。那是在米尔维亚桥战役中，君士坦丁正在与挑战者马克森提对峙，一天夜里，君士坦丁站在罗马附近的米尔维亚桥边，思考着如何应对第二天的大战。突然，他看到远方的星空出现了四个硕大无比的血红色十字架。同时还有“依靠此，你将大获全胜”的字样。

这段故事不管是真是假，总之，君士坦丁变得开始对基督教非常推崇。君士坦丁颁布了《米兰敕令》，让基督教成为了合法的、自由的宗教。君士坦丁颁布《米兰敕令》在提倡基督教的同时，实际上也在打压犹太教。为了进一步支持基督教，君士坦丁还制定了不少法律，颁布了很多政策。在他统治的时候，改信基督教会在仕途上一帆风顺。同时他还给予基督教各种实惠的特权以及税收豁免权。

当基督教内部两位神学家提出了相互对立学说的时候，君士坦丁召开了尼西亚会议，这是基督教历史上的第一次会议。在会议上，他积极促使通过决议，尽快结束这场论战，形成关于正统的基督教学说的共识。

君士坦丁花了很大的力气，扩建了古老的城市拜占庭，并重新将其命名为君士坦丁堡，同时作为首都。

对于东罗马的内政，君士坦丁也做了很多影响力巨大的规定。比如，他要求一些职业世袭，还颁布法令禁止佃农离开租种的土地。这实质上就把佃农变成了农奴，终生依附在土地上，不得离开。

职业世袭促进了中世纪欧洲城市行业制度的发展。这些法令对中世纪欧洲的积极发展，起到了巨大的作用。

不过君士坦丁也有许多让人感到迷惑的地方，比如，他虽然倡导基督教，但是直到他临终的时候，才肯接受洗礼。另外，他虽然是一代伟大的皇帝，但是却非常残酷无情。公元 326 年，他的妻子诬陷长子调戏自己，他毫不犹豫地杀死了自己的儿子，后来又以通奸罪将妻子处死。

除了这些，君士坦丁还是一个大独裁者。他废除了 4 位皇帝共同治理国家的制度，把子侄分封到各地，用皇帝直接控制的宫廷亲卫队来代替近卫军，将皇权的神圣地位推向了顶峰。

君士坦丁的各种举措，直接奠定了拜占庭帝国的基础，此后拜占庭帝国再没有出现过杰出的皇帝，最多只是在领土上有所增加，而拜占庭帝国的基本结构却从来没有变化。

后来，拜占庭帝国的衰落与突厥有着非常大的联系，当时的皇帝阿历克修斯一世为了对抗突厥，愚蠢地向西方求救，直接引起了十字军东征。十字军打击了拜占庭人，让拜占庭帝国更加脆弱。

1453 年 5 月 28 日，土耳其士兵攻克了君士坦丁堡，在数百门大炮的轰击下，坚固的君士坦丁堡被攻陷，拜占庭皇帝君士坦丁十一世和近卫们全都战死。拜占庭帝国宣告灭亡。

十字军东征

1095 年，东罗马帝国皇帝阿历克修斯一世在征战中遇到了困难，这一天他突发奇想，既然是与异教徒作战，那就可以向同教的兄弟寻求帮助。于是，他给教皇乌尔班二世写了一封信寻求帮助。没想到，就是这封信，引发了欧洲持续200多年的十字军东征战争。

11世纪末的时候，西欧的手工业从农业中逐渐分离出来，意大利城邦崛起，社会各阶层都渴望向外获取土地和财富。再加上西欧长期实行长子继承制，社会上有很多非常穷困的骑士。

意大利城邦的商人，例如威尼斯、热那亚和比萨的商人，知道阿拉伯和拜占庭帝国掌控的贸易港口非常值钱，便想插上一手。

西欧因为人口迅速膨胀，农民的生活变得非常穷困，他们梦想着寻找乐土，以摆脱贫穷。因此当教皇乌尔班二世发出号召的时候，最先响应的便是农民。早在约定日期之前，有一伙农民组成的十字军就已经踏上了征程。虽然东征的队伍里人员混杂，但是他们名义上都打着天主教会解放巴勒斯坦基督教圣地（耶路撒冷）的口号。由于所有参战者的服装都装饰以红十字为标志，因此被称为“十字军”。

十字军东征之所以能够顺利进行，与罗马教皇乌尔班二世有很大关系。为了号召东征，他曾经多次发表了慷慨激昂并且极富蛊惑力的演讲。在法国克勒芒宗教大会上，乌尔班二世说：“在东方，穆斯林占领了我们基督教徒的圣城，现在我代表上帝向你们下令，恳求和号召你们，迅速行动起来，把那邪恶的种族从我们兄弟的土地上消灭干净！”

教皇深深知道，除了道义之外还要有巨大的财富诱惑，于是他继续暗示着说道：“耶路撒冷作为世界的中心，它的物产丰腴无比，就像是一座人间天堂。在上帝的引导下，伟大的战士们，勇敢地踏上征途吧！”

十字军先后进行了9次东征，但是除了第一次，其余的都以失败而告终。

第一次东征时的十字军，主要是由法国贵族组成，他们到达君士坦丁堡后，得到了阿历克修斯一世的欢迎，但皇帝强行要求十字军领袖们向他效忠。因为他知道这些欧洲的落魄子弟各怀鬼胎，不过他确实需要他们。十字军帮助阿历克修斯一世夺回了安纳托利亚西部地区。

但十字军的贪欲太大了，胜利之后，将领们不但索求不断，而且还在叙利亚和巴勒斯坦建立起了一批西欧式封建小国。

在第一次东征成功的诱惑下，法国国王、圣罗马帝国皇帝以及德意志国王全部参与进来。但在小亚细亚他们被土耳其人打败，不得不退了回去。

最让人难以接受的是，第四次十字军东征，他们并不是去攻打异教徒，而是攻打君士坦丁堡。拜占庭帝国从来也没有想到，央求兄弟们帮助却换来了这样的结果。几百年都没被攻陷的首都君士坦丁堡首先被十字军攻陷，还被抢劫了3天。战争之后，威尼斯人还夺取了拜占庭帝国大片的领土。因此，在战略角度上说，这次十字军东征失败了，但从抢劫者的愿望来说，他们满足了。

在利益的驱使下，教皇和封建主们还哄骗3万名儿童组成了一支十字军，历史上称之为“儿童十字军”。其实这是一次有计划的贩卖奴隶活动，参加的儿童们不是死在了路上，就是被贩卖，只有很少的人最后能够返回故乡。

此后，十字军还曾经多次进攻非洲，但十字军最大的问题便是补给很缺乏，因此他们经常沿途掳掠，但很多时候抢不到东西，所以十字军多次失败也就成了必然。法国国王“圣者”路易九世先后对埃及和突尼斯进行的两次远征都遭到了失败。在第七次十字军东征中，路易九世自己也做了俘虏。

十字军东征的结束也与路易九世有关，路易九世被赎回之后，又组织了第八次东征，而自己却死在了路上。第九次也是最后一次东征，实际上便是英格兰爱德华王子去救援路易九世的。最后，爱德华签订了停战协议，结束了这场200年的战争。

十字军东征是一场残酷的战争，十字军夺回了圣地耶路撒冷之后，最先干的事便是3天的屠杀和抢劫，连东罗马的君士坦丁堡也没能幸免。

十字军东征给参与各国造成了巨大的物质损失，尤其对地中海东部各国来说，损失最为惨重，但是对欧洲文明的发展却起到了积极的作用。十字军东征让欧洲各国人开阔了眼界，欧洲文化从此也开始活跃起来。

而且，抢劫回来的财富让欧洲的经济贸易也得到了巨大的发展，提升了欧洲的经济。十字军东征还间接地促进了欧洲文艺复兴的出现。让欧洲人在东方重新发现了古希腊文化，最终导致了文艺复兴的出现。

耶路撒冷争夺战

尽管十字军第一次东征受尽挫折，但毕竟还是尝到了侵略的甜头。1144年，塞尔柱帝国的总督马德·丁·赞吉攻占了埃德萨，罗马教廷决定趁机再次发动东征。1147年，德国和法国各组织了一支7万人的大军，准备发动第二次东征。由于第一次十字军东征时并没有给农民带来任何好处，所以第二次东征的人数锐减，仅仅只有1000多人参加，其中主要是骑士阶层。

德国皇帝康拉德三世亲自率领本国十字军，穿过匈牙利，由色雷斯进入君士坦丁堡。10月底，德国十字军在多里利昂附近遭遇突厥人的攻击，伤亡惨重，康拉德三世只好率领残余部队等待法国十字军的增援，不料法国十字军也损失惨重。1148年，路易和康拉德各自率领残余部队与耶路撒冷王国的军队会合，三军联手围攻大马士革，大马士革驻守的总督使用离间计，又粉碎了十字军的阴谋。路易和康拉德狼狈逃回国内，十字军全线溃败，第二次东征彻底失败。从此以后，东征的事宜也被搁浅。

除了剽悍的突厥人外，十字军东征还有一大劲敌，那便是埃及。随着埃及军事长官萨拉丁・优素福・伊本・阿优布发动政变，阿优布王朝取代了法蒂玛王朝，埃及开始侵略扩张。萨拉丁登基之后，迅速攻占了十字军久攻不下的大马士革，占领了阿勒颇纳，将北叙利亚和美索不达米亚也纳入自己的版图。从此之后，伊斯兰世界再次强大起来。

1187 年 7 月，萨拉丁开始进攻“圣城”耶路撒冷。他先是歼灭耶路撒冷的所有守军，接着又连续攻占了阿克、西顿、贝鲁特、雅法、阿斯卡伦和恺撒利亚等沿海城市，彻底切断了耶路撒冷与外界的联系，使其陷入孤立无援的境地。9 月 20 日，萨拉丁再次以重兵围攻耶路撒冷城，10 月 2 日，耶路撒冷彻底沦陷。

耶路撒冷被萨拉丁攻占的消息传来，西欧各国极度震惊。于是，一支由英、法、德三国封建主和骑士组成的十字军开始了第三次东征。德国皇帝腓特烈一世亲自率领德国十字军，原计划吞并拜占庭。不料拜占庭与萨拉丁结盟，一起对付德国十字军。1190 年 6 月，出师不利的腓特烈一世率领 3 万十字军进入小亚细亚。结果，腓特烈一世不小心落水淹死在一条小河中，德国十字军就这样尴尬地回国了。

次年，英、法两国的十字军在各自国王的率领下抵达叙利亚，很快便对阿克城发起围攻。1191 年 7 月，十字军攻占了阿克城，但也付出了惨重的代价。随后，法国十字军撤军回国，只有英国十字军还留在东方。十字军进攻耶路撒冷的计划又一次落空了。

英法百年战争

从 1337 年到 1453 年，英法这两个隔海相望的邻邦之间进行了一场长达一个多世纪的战争，史称“百年战争”。这场战争的起因错综复杂，包括领土争端、王位继承以及对佛兰德尔的争夺等诸多问题。

先说说领土争端的事。由于英国的诺曼王朝和安茹王朝都是由法国封建主所创立，所以英国王室和法国贵族历来有通婚的传统，两国关系也不错。然而，英国王室掌控了法国境内北部沿海一带的大片领地，虽然法国国王收回了一些领地，但南部的加斯科尼和阿基坦仍在英国手中。英国希望继续扩大领土，而法国希望完成领土的统一，双方就此产生冲突，最终走上了战场。

再说说王位继承的事情。1328 年，法王查理四世去世，并没有留下子嗣。于是，法国三级会议推举查理四世的堂弟——瓦罗亚家族的腓力继承王位，这便是腓力六世（1328 年到 1350 年在位）。此时，英王爱德华三世以法王外甥的资格要求继承法国王位，因为他的母亲正是查理四世的妹妹，但法国以女子无继承权为由加以拒绝。爱德华三世没有得逞，便决定伺机报复。

最后说说佛兰德尔。这是一块吸引人的“奶酪”，它地处法国北部，毛纺织业十分发达，是一块富饶之地。而当时英国羊毛最重要的销售地也正是佛兰德尔，羊毛输出更是英王的重要财源。爱德华三世为了报王位争夺战失败的一箭之仇，下令禁止羊毛出口，腓力六世则一报还一报，没收了英王在法国的领地。于是，佛兰德尔便成为了战争的导火索，它在政治上隶属于法国，但在经济上却与英国的关系更为密切。为了保持纺织原料来源，佛兰德尔宣布支持英国，这无疑进一步加深了英法两国的矛盾。

1337 年，英法两国正式宣战，战争就此爆发。1340 年，英国海军战胜法国舰队，控制了英吉利海峡，这场百年战争从此在法国的领土上打响了。

1346 年，在法国北部的克勒西小镇上，英法两国的国王亲自上阵，两军之间进行了第一次大战。英军阵容严整，主力是步兵和弓箭手，两翼则有骑兵。而法军则以骑士为主力，弓箭手也是从热那亚雇来的，兵阵杂乱无章。结果可想而知，法军损失了1500 名骑士，而英军只牺牲了3 名骑士和几十名步兵。

克勒西战役后，黑死病在英吉利海峡沿岸一带蔓延开来，大量人员因感染而死，这场可怕的传染病迫使双方休战。1356 年，随着普瓦提埃战役的打响，双方的第二次交锋开始了。新即位的法王约翰二世率领了近2 万人的大军，而英国王子爱德华只有区区7000 人。爱德华将长弓手呈“V”字形排列于两翼，而骑兵全部下马排为三个防御队。英军从左翼率先发动进攻，接着从正面发动了三波步兵冲击。正在双方交战的关键时刻，英军事先隐藏在背后树林中的精锐骑兵突然从法军背后进攻。毫无防备的法军立刻陷入绝境，最终英军以少胜多，再一次取得了胜利。同时，法王约翰二世和许多贵族都被英军俘虏，法国被迫于1360 年与英国在布勒丁尼签订和约，向英国交纳了巨额赎金换回了国王，同时割让了大片领土。约翰二世回国后不久就去世了，王子查理即位，称查理五世（1364 年到1380 年在位）。此时的法国，由于连年战争经济陷入了困顿，国家民不聊生，起义不断爆发。

为了巩固政权，查理五世励精图治，实行了一系列改革。一方面整顿税收，增强了国内的财政实力；另一方面加强军队的建设，起用杰出将领，训练陆军，组建炮兵，建立海军，重建防御工事。经过10 多年的改革和发展，军事形势逐渐好转，除了沿海的少数城市外，法军收复了大部分失地。

1380 年，查理五世去世，由未成年的查理六世即位（1380 年到1422 年在位）。查理六世患有间歇性精神病，因此朝政大权便落入封建贵族手中。这些人结党营私，在宫内分成了两派，一派以勃艮第公爵为首，另一派以奥尔良公爵为首，这两派封建贵族互相倾轧，明争暗斗。英国利用法国王室的内讧，于1415 年再次发动侵法战争。由于勃艮第派暗中与英国结盟，奥尔良派只好仓促应战，最终惨败收场，巴黎以及法国北部地区沦陷。1428 年，英军进攻法国南部的军事重镇奥尔良；如果攻下奥尔良，英军便可以长驱南下。

在这关乎法国生死存亡的关键时刻，法国人民的民族意识被唤醒了。一个东北边境的农家姑娘贞德挺身而出，拯救了危难之际的法国。她身披戎装，手执军旗，带领着军队向奥尔良进军。在成功守住奥尔良之后，贞德又率领士兵和农民收复了许多城市。贞德成了法国人民心目中的民族英雄，被人们称为“奥尔良姑娘”。但“木秀于林风必摧之”，贞德最终被勃艮第公爵出卖，被英国人活活烧死在鲁昂的广场上。贞德虽然牺牲了，但却激发出了法国国民的爱国热情。人们开始拿起武器奋勇杀敌，连战连捷。1453 年 7 月，英军最终被驱逐出法国，这场百年战争也以法国收复失地和统一国家而结束。

百年战争虽然对法国造成了极大的破坏，但也促进了法兰西国家的统一。为了过上和平稳定的生活，法国人开始主动捍卫王权，这也使得近代法兰西民族逐渐形成。

奥斯曼帝国

奥斯曼帝国是由奥斯曼一世创立的土耳其人国家，这就是今天土耳其共和国的前身。最开始的时候，国土是在中亚，以伊斯兰教为国教，后来迁徙到了小亚细亚，经过多年的不断扩张，极盛的时候曾经横跨欧、亚、非三大洲，在南欧、中东及北非拥有大片的领土，而且还灭掉了东罗马帝国。

奥斯曼帝国的交通位置非常重要，处于东西方文明交会的地方。在中世纪时期，东西方文明的陆地交流通道就掌握在奥斯曼帝国手中，因此对西方文明有着很大的影响。

奥斯曼土耳其人原本居住于中亚阿姆河，逐水草而居，过着游牧生活。13 世纪的时候，蒙古人向西扩张迫使他们大规模向西迁移。

最初他们依附于塞尔柱突厥人建立的罗姆素丹国，在和拜占庭相邻的萨卡利亚河畔得到了一块封地。

奥斯曼成为部落酋长以后，趁塞尔柱罗姆素丹国分裂之际，宣布独立，称号“加齐”，奠定了奥斯曼国家的雏形。但真正让奥斯曼帝国强大起来的则是奥斯曼的儿子乌尔汗。

乌尔汗很早的时候便被父亲指定为继承人。本来乌尔汗想将帝国分给他的兄弟阿莱丁，但阿莱丁坚持让乌尔汗为王，乌尔汗非常感动，让弟弟做了自己的丞相。在阿莱丁的帮助下，乌尔汗很快让奥斯曼建立起了帝国的基础。

奥斯曼帝国开始发行自己的货币，建立了一支正规的军队。阿莱丁的军事管理奠定了奥斯曼帝国崛起的基础。他建立了一支正规的、定期发薪的军队，其中包括纪律良好的步兵和骑兵。这个措施比法国国王查理七世所建立的15 个常驻团足足早了一个世纪。

有了强大的军事力量之后，乌尔汗便可以随时发动战争，不再像以前那样，战时必须要召唤附庸国和自愿者。

乌尔汗从统治的第一年，便开始走上了扩张的道路，并利用他弟弟为他提供的战争资源，大大加快了扩张的速度。1330 年，乌尔汗率军包围拜占庭帝国第二大城市尼斯。此后奥斯曼帝国不断攻击拜占庭帝国以及其他的土耳其国家。乌尔汗统治时期的奥斯曼帝国，军队曾一度渡过达达尼尔海峡，占领了加利波利半岛，并将这里作为进攻巴尔干半岛的桥头堡。

素丹穆拉德一世即位之后，继续率军向东南欧扩张，相继征服了西色雷斯、马其顿、索菲亚、萨洛尼卡和整个希腊北部，还迫使保加利亚和塞尔维亚统治者称臣纳贡。1389 年，素丹穆拉德一世在科索沃战役中大败塞尔维亚、保加利亚、匈牙利联军。不久之后，素丹巴耶塞特一世在尼科堡战役中，一举打败了匈牙利、法兰西、德意志等国的联军，俘虏了将近 1 万多十字军，除了被巨款赎回的 300 名贵族骑士外，其余的几乎全部遭到了屠杀。 此举震惊了欧洲，从此再也没有国家敢轻易援助拜占庭帝国了。

穆罕默德二世即位后不久，考虑到拜占庭帝国的地理位置非常优越，便亲率 8 万大军进攻君士坦丁堡，一举攻下，然后迁都到此。 还把君士坦丁堡改名为伊斯坦布尔，即“伊斯兰教的城市”。

从此，奥斯曼帝国横跨亚、欧大陆之间，完全掌控了欧洲和亚洲之间的陆上交通，奥斯曼帝国的经济也得以蓬勃发展，而这也是西欧国家不断寻找亚洲海路的主要原因。

红白玫瑰战争

15 世纪，英国国内爆发了一场内战。 这是一场贵族之间为了争夺王位而爆发的战争，交战的双方分别是以红玫瑰为标志的兰开斯特家族和以白玫瑰为标志的约克家族，因此这场战争又被称为红玫瑰和白玫瑰之战。

1422 年，年幼的亨利六世登上了王位，此时正值国内大乱，亨利六世很快便成为一个政治傀儡，大大小小的军事集团都趁机割据一方，拥兵自重，甚至公然和朝廷分庭抗礼。

在长期的斗争中，两个大贵族势力集团脱颖而出，兰开斯特家族得到西北部贵族们的支持，而约克家族则得到东南部贵族的支持。 约克家族认为亨利六世不享有充分的王位继承权，便积极地准备篡夺王位。 1455 年5 月，亨利六世要在莱斯特召开会议，约克公爵以保证人身安全为由，竟然带兵赴会。 而在王后玛格丽特和萨姆塞特公爵的支持下，亨利六世也同样带着军队赴会。 5 月 22 日清晨，亨利六世得知约克公爵的军队就在附近，便派兵抢占了阿尔朋斯镇，约克公爵赶到阿尔朋斯镇后，要求惩治萨姆塞特公爵，但是遭到亨利六世的拒绝，玫瑰战争就此爆发。

在战争中，亨利六世的军队伤亡了100多人，萨姆塞特公爵被杀死，亨利六世本人也成了俘虏。约克公爵虽然胜了，但深知夺取王位的时机还未到，于是故意放走了亨利六世，企图等待机会再夺取朝政大权。

1460年7月10日，约克公爵再次打败亨利六世的军队，随即在伦敦提出了称王的要求，但没有得到响应，最后不得不迫使亨利六世宣布他为摄政王和王位的继承人。

王后玛格丽特出生于法国没落贵族家庭，不仅貌美，而且智慧过人。在这种情况下，她迅速逃往北方并招兵买马，准备伺机而动。约克公爵派兵追剿，却遭遇惨败，自己也战死沙场。听到这个消息，兰开斯特家族士气大振，马上率领军队向伦敦进发。但是兰开斯特家族的军队纪律涣散，士兵一路烧杀抢掠，激起了英国百姓的强烈反对。伦敦市政府发表声明，如果玛格丽特的军队不加以约束，就不许进城。于是，玛格丽特被迫停止了进兵。约克公爵死后，他19岁的儿子爱德华继承爵位。趁着兰开斯特家族休整军队的机会，爱德华率军队火速向伦敦进发，并得到了沃里克伯爵和伦敦市民的支持，随后，他自立为王，史称爱德华四世，从此开始了约克王朝的统治。

爱德华四世登基后，立刻组建军队。1461年3月13日，他亲自率领军队向北进发，追击玛格丽特的队伍。28日，在约克附近的艾尔河畔，两军展开了激烈的战斗。最终，玛格丽特战败，率军逃往苏格兰。此后，这两大家族之间的争斗一直没有停歇，直到1485年才告一段落。

文艺复兴时代的世界

文艺复兴的开始

圣母百花大教堂是天主教佛罗伦萨总教区的主教堂，也是天主教宗的圣殿。 为了将这座教堂建得美轮美奂，佛罗伦萨城邦费尽了心思，工程也进行得非常缓慢。

教堂的建筑主要是由主教座堂、钟塔与洗礼堂构成，其中又以洗礼堂与教民最为亲近，因为这里是所有佛罗伦萨人洗礼的地方。1401年，佛罗伦萨人举行了一场设计竞赛，并且向所有建筑设计师们发出邀请，希望能够挑选出最为完美的洗礼堂大门设计。

当时佛罗伦萨有两位天才设计师参加了比赛。第一个便是圣母百花大教堂的总设计师布鲁内莱斯基，另一个是年轻的金匠洛伦佐·吉贝尔蒂。令人大吃一惊的是，两年之后，当两位天才各自将自己呕心沥血的作品拿出来以后，获奖的却是年轻人吉贝尔蒂。

这位年轻的设计师之所以能赢得竞赛，便在于他设计的大门是用一整块青铜板铸造出来的，以前古罗马人曾经掌握过这种技术，但自从古罗马帝国灭亡之后，这种技术便失传了。

为了掌握这种技术，吉贝尔蒂专门建造了一个大型作坊，邀请了非常多的艺术家一起探讨和研究，最后他终于重新掌握了青铜的脱蜡铸造技术，也就是古罗马人曾经使用过的技术。

吉贝尔蒂设计制造的洗礼堂大门，被米开朗基罗称为“天堂之门”。 “天堂之门”被公认为是人文主义的纪念碑。

在历史上，这次竞赛，也被称作是文艺复兴的开始。

的确，从此之后，研究古希腊罗马的文艺、技术成了当时的潮流。这场竞赛让年轻的吉贝尔蒂一夜成名，而败北的布鲁内莱斯基也并没有放弃，他寻找灵感的地方，同样也是古希腊罗马的艺术。

到了1418年的时候，圣母百花大教堂的穹顶依然没有开工。困难不在于没有钱，而是当时没有人知道该如何建造那么大的一个穹顶。以当时的技术，连搭建那么高的脚手架都无法搭建起来。

佛罗伦萨在当时是非常富有的城邦，羊毛商人行会也举办了一场竞赛来征集建筑方案。这次主要的竞争又是在吉贝尔蒂和布鲁内莱斯基展开，不过这一次布鲁内莱斯基却是有备而来的。

在1401年竞赛失败之后，其后的3年之间，布鲁内莱斯基和朋友专门跑到罗马城研究古罗马遗迹。除了实地考察，他还广泛阅读了古罗马作家的作品，从那些零星的描述里揣摩希腊罗马建筑的方法，后来维特鲁威的《建筑十书》给了他很大的启发。

皇天不负有心人，这次布鲁内莱斯基毫无争议地胜出，赢得了总建筑师的职位。1436年的时候，主教座堂顺利完工，并且举行了献堂典礼。百年之后，米开朗基罗按照这种方式在罗马圣伯多禄大殿建筑了一个大圆顶，但他却叹息着说道："我可以建一个比它更大的圆顶，却不可能比它完美。"

历史学家们把1401年开始的竞赛，当作文艺复兴开始的起点。不过文艺复兴实际上从13世纪末期就开始了，文艺复兴的开始，也有其历史上的客观原因。

中世纪的西欧是文化上的沙漠。当教皇和国王们组织十字军东征的时候，那帮被蛊惑的农民、骑士以及各个阶层的破落户们，终于看到了外面的世界。他们发现，原来在东方的异教徒竟然掌握了许多令人惊叹的东西，他们的建筑、文学、科技，都要比西欧先进很多。

当时极力促进十字军东征的意大利城邦，因为在东征中掌握了东西方贸易的主动权，从而在这场战争中大发横财。发财之后，他们便想建设自己的城邦，而他们学习的目标，便是在东罗马帝国，也就是拜占庭帝国看到的，来自于古希腊罗马的科技与艺术。圣母百花大教堂的竞赛，正是这种学习的开始，但已不是第一个，更不会是最后一个。

在此之前，佛罗伦萨人但丁，早已在文学作品中学习了古希腊罗马艺术，乔托则在绘画方面开了先河。

文艺复兴的400年间，在很多方面确实是重新学习了古希腊和罗马，但其实不只是一种重新学习，这是欧洲由野蛮的黑暗时代重新向新时代迈入的发展过程。虽然说是复兴，但实际上在很多领域都超越了古文明。

此外，文艺复兴不只是学习古希腊罗马，而且还学习了从拜占庭帝国传来的一切科学技术，比如阿拉伯人从印度学来的数字体系、小数点的观念和零的观念，都得到了继承；而能让这一切得以迅速推广，还需要依赖阿拉伯人从中国学习的造纸技术以及印刷技术。

总而言之，从雕塑到绘画，从音乐到建筑，从文学到诗歌，文艺复兴在生活的各个层面，逐渐改变了西欧人中世纪的蒙昧状况。

文艺复兴开始只是在意大利，到了15世纪末期，逐渐扩展到了西欧各个国家。16世纪的时候，达到了鼎盛阶段。各个阶层的人，甚至连最为傲慢的国王，都沉浸在这种文化的幸福感里面。这时的文艺复兴，也带动了新兴资产阶级的文化思想解放运动以及宗教改革等各个方面，人性也慢慢在封建制度的压迫下得以复苏。

诗人但丁

如果提到中世纪早期最伟大的诗人，那一定非但丁莫属。他笔下的长诗无情地鞭笞了中世纪封建社会的黑暗，表达了人类对智慧和理想的追求，是中世纪思想文化黑夜中的一缕曙光。

1265 年，但丁出生于意大利佛罗伦萨的一个没落贵族家庭中。少年时期，但丁一直在故乡学习拉丁文、诗学和修辞学，并且饱览了大量的古典文学作品。到了青年时期，但丁更是博览群书，广泛地接触了各门学科并进行了深入的研究。在众多大家中，但丁尤其推崇古罗马诗人维吉尔，把他奉为自己的精神导师。

在佛罗伦萨的一个晚宴上，年轻的但丁对美丽的姑娘贝亚德丽奇一见钟情，坠入了爱河。但天妒红颜，贝亚德丽奇早早地告别了这个世界。爱情的力量使但丁为她写下了一篇篇优美的抒情诗和悼念诗。后来但丁用散文把这些诗歌串联在一起，取名为《新生》。

除了创作诗歌之外，但丁还积极参加佛罗伦萨的政治活动。1300 年，但丁当选为佛罗伦萨六大执政官之一。当时的意大利正处于分裂状态，而佛罗伦萨又是政治斗争的焦点地带，因此当但丁所在的白党在斗争中失败后，他被流放了。

长期的流放生涯使但丁更广泛地接触到意大利社会的各阶层人士，这些经历使但丁开阔了视野、丰富了阅历，也让他对国家的政治问题有了更为深刻的认识。但丁逐渐打消了返乡的念头，并于 1304 年开始著书立说。但丁晚年的时候拒绝了佛罗伦萨统治者的特赦，定居在古城拉文纳。拉文纳的统治者基独·诺勿罗帮助但丁与妻儿团聚。此后，但丁绝大部分的时间都花在了创作《神曲》上。

“神曲”在意大利文中的原意是“神圣的喜剧”，但丁原本给自己的作品取名为《喜剧》，后人为了表明对他的尊重而冠以“神圣”一词。《神曲》是用托斯坎那地区的方言写成的，全诗长 14000 多行，分为《地狱篇》《炼狱篇》和《天堂篇》三篇，每篇 33 首歌，包括序曲在内一共 100 首歌。全诗的开篇是中古文学特有的梦幻形式，以但丁在“人生的中途”所做的一个迷梦开始，最后在群星的指引下，由地狱升入天堂。

在刚刚完成《神曲》后，但丁前往威尼斯谈判，因身染疟疾，于1321年9月14日在拉文纳逝世。拉文纳人民为这位伟大的诗人举行了最隆重的葬礼，几百年之后，佛罗伦萨打算将但丁的遗骨迁回，但遭到了拉文纳人民的强烈反对。直到今天，但丁仍然在拉文纳安眠。

布鲁诺

1600年，在罗马的鲜花广场上，一位坚持追求真理的思想家被活活烧死，他的死点燃了新世纪的曙光，短暂却如此耀眼，他就是布鲁诺。

1548年，布鲁诺出生在意大利诺拉小镇上的一个没落贵族家庭里。他的家境非常贫寒，在他15岁的时候，开始在那不勒斯的一家修道院里做了一名小教士。在修道院里，布鲁诺刻苦学习神学论著和教会的教义，而且经常去图书馆借书。因此没过多长时间，布鲁诺便与图书管理员成了好朋友。就这样，布鲁诺每天都刻苦地学习着。之后，随着知识面的扩展，布鲁诺越发感到痛苦，原因是他觉得自己善于独立思考的思想越来越受到束缚。

一天，管理员见布鲁诺愁眉苦脸，便拿来波兰科学家哥白尼的著作《天体运行论》让他看。从此，布鲁诺就像发疯一样痴迷着《天体运行论》。他就像抓住了真理一样，孜孜不倦地阅读着这本书，一发不可收拾。在此之后，布鲁诺又以要深造拉丁语和研究神学为由，翻阅了大量的“禁书”。经过一番刻苦研究，最后他坚定地认为：“宇宙是无穷无尽的，太阳系只是无限宇宙中的一个天体系统，太阳也在时刻不停地运转着，它并没有改变与其他恒星之间的位置。”

1576年，布鲁诺成了修道院的高级讲师，而此时他的人生信念早已坚若磐石。于是，他决定为宣传真理不惜牺牲一切。然而，他的目的却没能实现。在一次辩论会中，他的思想被一个名叫蒙塔尔金诺的阴险僧侣发现,并且告到了罗马宗教裁判所。布鲁诺也因此受到传讯，而从他家里搜查出来的大量禁书则成了无法辩驳的“罪证”。后来，在图书管理员的帮助下，布鲁诺得以逃出罗马。从此，布鲁诺开始了漫长的流亡生涯。

起初，布鲁诺逃到了日内瓦，但他这个异教徒却不能被当地的教派所容忍。加尔文教统甚至还建议宗教法庭开除他的教籍，并且给他带上铁项圈，游街示众。就在这个时候，他迎来了一个转机——法国图卢兹大学发来邀请，请他去图卢兹大学和巴黎大学教授天文学和哲学。然而，在大学里，布鲁诺又遭到了神学家们的憎恶，原因就是每次论战布鲁诺总是以犀利的言辞击溃神学家们的质问。无奈之下，布鲁诺只能选择离开。

就在布鲁诺走投无路的时候，曾经被他演讲所感染的一位开明德国贵族布伦瑞克公爵找到了他。为了让他免受教会的迫害，布伦瑞克公爵还特地把他接到了自己的领地上。布鲁诺便趁此机会大力宣扬自己的学说。然而，这种生活并没有维持很久。公爵死后，神职人员便利用威尼斯一个名叫乔门尼的贵族，把布鲁诺诱骗到意大利。就在布鲁诺刚踏上意大利土地的那一刻，他就被宗教裁判所送进了监狱。

1600 年 2 月 8 日，被囚禁 8 年的布鲁诺被罗马宗教裁判所捆绑到鲜花广场并执行了火刑。但布鲁诺却坦然面对，在火海中依然发出了他无比坚定的声音：“我绝不放弃自己的思想！”

航海家哥伦布

奥斯曼帝国所处的位置，正好就在亚欧大陆的交通要道上。因此，奥斯曼帝国越是强大，欧洲各国的商路命脉就越被掌握在别人手里。

随着文艺复兴，人们对天文地理有了全新的认识。公元前 6 世纪，古希腊数学家毕达哥拉斯提出了地球概念，引起了广泛关注，人们开始接受地球是圆的这个概念，并且推出了新论断，如果地球是圆的，那么一直往西走，也可以到达东方。

哥伦布便是这样的一个人。

哥伦布是意大利著名的航海家，1451 年出生于意大利的热那亚城邦。从东方的皇帝忽必烈手里赚到大笔财富的马可·波罗原本在威尼斯做起了富翁，但威尼斯和热那亚的战争把他卷入了其中，而且不幸的是，他被热那亚人俘虏了。马可·波罗在热那亚监狱里无所事事，便把自己的故事告诉了同样蹲监狱的一位作家，于是《马可·波罗游记》便出炉了。这个故事激励了哥伦布，让他梦想着有朝一日自己也能到达传说中的中国。当时地圆学说已经开始非常盛行，哥伦布对此深信不疑。因此哥伦布笃信，从大海向西航行，是到达东方的另一条路。于是，哥伦布开始寻找当时的“风险投资家”。

哥伦布首先去了葡萄牙，向葡萄牙国王宣扬他的主意，希望葡萄牙国王可以资助他。当时葡萄牙掌握着与东方贸易的垄断权，葡萄牙人经过了一番“科学论证”，结果发现用当时的地理学知识，判断哥伦布的思想是错误的。本来就不依赖新航路的葡萄牙便拒绝了哥伦布的要求。

哥伦布没有气馁，他想到西班牙迫切需要打开通往东方的航路，于是就离开葡萄牙来到了西班牙。西班牙当时对新航路非常向往，因此哥伦布获得了很好的待遇，不过当他提出寻找新航路，并且提出地圆学说的时候，西班牙人也开始怀疑他。

在西班牙人成立的一个专门的审查委员会上，一位委员执着地问哥伦布：“假如你说地球是圆的，向西航行可以到达东方，那这么一来，有一段航行必然是从地球下面向上爬行，敢问哥伦布先生，帆船如何才可以爬上来。”

这样的问题，在万有引力发现之前，非常难以解释，哥伦布只得哑口无言。就这样，西班牙人也断定哥伦布其实就是一个江湖骗子。

后来哥伦布拿着同样的计划去过英格兰和法国，但同样因为解释不了理论上的问题，哥伦布跑了十几年，依然没有人信任他。

一直到了1492年，西班牙王后才终于相信了哥伦布的话。在西班牙王后的支持下，西班牙国王动用了自己的私房钱资助哥伦布，因为用国家的钱，无法经过审查委员会的核查。也许西班牙国王纯粹只是为了博得王后高兴，但无论如何，哥伦布的航海计划终于实现了。

1492年8月3日，哥伦布带着西班牙国王给印度君主和中国皇帝的国书，率领王室赞助的3艘百吨帆船，从西班牙扬帆出大西洋，正直向西航行而去。经过70多个日夜艰苦航行之后，哥伦布终于发现了陆地，他以为到达了印度。

实际上哥伦布到达的只是现在中美洲加勒比海中的巴哈马群岛，他将这个地方命名为圣萨尔瓦多，然后返回了西班牙。

哥伦布一共进行了四次远航，在美洲许多海岸登陆，每到一个地方，便为西班牙占据一片土地。直到1506年逝世，哥伦布都认为自己到达的是印度。

后来意大利学者亚美利哥多年经过考察，确定哥伦布到达的地方并不是印度，而是一个原来不为人知的新大陆。这块大陆也就用证实它的学者的名字亚美利哥命名为亚美利加洲。

至于地球是否是圆的，因为没有到达印度，哥伦布也没有证实，后来麦哲伦完成第一次环球航行，终于证明了地圆学说。

哥白尼与《天体运行论》

1473 年 2 月 19 日，哥白尼出生于波兰维斯杜拉河畔的托伦市的一个富裕家庭。18 岁时就读于克莱考大学，学习医学期间对天文学产生了兴趣。1496 年，23 岁的哥白尼来到文艺复兴的发源地意大利，在博洛尼亚大学和帕多瓦大学攻读法律、医学和神学，博洛尼亚大学的天文学家德·诺瓦拉对哥白尼影响极大。在他那里，哥白尼学到了天文观测技术以及希腊的天文学理论。哥白尼后来在费拉拉大学获宗教法博士学位。他作为一名医生，由于医术高明而被人们誉为“神医”。哥白尼成年后的大部分时间是在费劳恩译格大教堂任职教士。哥白尼并不是一位职业天文学家，他的成名巨著也是在业余时间完成的。

在意大利期间，哥白尼就深信希腊哲学家阿里斯塔克斯的学说，认为地球和其他行星都围绕太阳运转的日心说是正确的。他在给朋友写的一份简短的手稿中，曾初步阐述了他自己有关日心说的看法。哥白尼经过长年的观察和计算，终于完成了他的伟大著作《天体运行论》。他在《天球运行论》中观测计算所得数值的精确度非常惊人。例如，他得到恒星年的时间为 365 天 6 小时 9 分 40 秒，比现在的精确值约多 30 秒，误差只有百万分之一；他得到月亮到地球的平均距离是地球半径的 60.30 倍，和现在的 60.27 倍相比，误差只有万分之五。

1533 年，60 岁的哥白尼在罗马做了一系列的讲演，提出了他学说的要点，但并未遭到教皇的反对。因为当时环境的黑暗，甚至在他的书完稿后，还是迟迟不敢发表，直到在他临近古稀之年才终于决定将它出版。

在书中他正确地论述了地球绕其轴心运转、月亮绕地球运转、地球和其他所有行星都绕太阳运转的事实。但是他也和前人一样严重低估了太阳系的规模，他认为星体运行的轨道是一系列的同心圆，这当然是错误的。他学说里的数学运算很复杂也很不准确。但是他的书立即引起了极大的关注，驱使一些天文学家对行星运动做了更为准确的观察，其中最著名的是丹麦伟大的天文学家第谷·布拉赫，开普勒就是根据第谷积累的观察资料，最终推导出了星体运行的正确规律。

虽然阿里斯塔克斯比哥白尼提出日心学说早1700多年，但阿里斯塔克斯只是凭借灵感做了一个猜想，并没有加以详细的讨论，因而他的学说在科学上毫无用处。哥白尼逐个解决了猜想中的数学问题后，就把它变成了有用的科学学说，一种可以用来做预测的学说。通过对天体观察结果的检验并与地球是宇宙中心的旧学说相比较，你就会发现它的重大意义。

显然哥白尼的学说是人类对宇宙认识的革命，它使人们的世界观发生了重大变化。但是在估价哥白尼的影响时，我们还应该注意到，天文学的应用范围不如物理学、化学和生物学那样广泛。从理论上来讲，人们即使对哥白尼学说的知识和应用一窍不通，也会造出电视机、汽车等现代化产品之类的东西。但是不应用法拉第、麦克斯韦、拉瓦锡和牛顿的学说则是不可想象的。

仅仅考虑哥白尼学说对技术的影响就会完全忽略它的真正意义。哥白尼的书对伽利略和开普勒产生了巨大的影响，他俩又成了牛顿的主要前辈，是这两者的发现才使牛顿有能力确定运动定律和万有引力定律。

从历史的角度来看，《天球运行论》是当代天文学的起点，当然也是现代科学的起点。

殖民掠夺

16 到 18 世纪的时候，地理大发现大大刺激了欧洲人，尤其是西欧国家对东方的贸易不再被陆地垄断。最为重要的是，西欧国家发现，美洲、非洲以及亚洲地区是一个可以进行领土扩张和殖民掠夺的好地方。那时候资本主义尚处于萌芽状态，若是想要取得发展，那便离不开资本，而到海外殖民，则可以迅速掠夺大量的金银。因此，一场汹涌的海外殖民风潮宣布开始。

最先开始的是葡萄牙和西班牙，这与他们的地理位置息息相关，另外也是他们最早为麦哲伦和哥伦布出资探索新航线。

葡萄牙建立殖民霸权的时间最早，其殖民历程和地理探索同步进行。1498 年，达·伽马在葡萄牙的支持下成功绕道非洲南端的好望角，远航到达印度，与此同时，葡萄牙也开始了一连串的殖民活动。

首先，达·伽马再次远征印度的时候，便占领了好望角这个交通要道，接连又攻占了东非的莫桑比克、桑给巴尔、肯尼亚和索马里等地。这样一来，葡萄牙就将非洲东海岸全部掌握在了自己手里。

葡萄牙也没有忘记在亚洲殖民。

到达印度之后，达·伽马利用武力征服了印度的卡利卡特等城市，建立要塞，占领印度西海岸。然后葡萄牙政府开始委派印度总督，来加强对印度的控制，从而垄断同东方的贸易。

1510 年，葡萄牙接连占领了太平洋群岛的锡兰、马六甲、苏门答腊、爪哇、苏拉威西、婆罗洲和以“香料之国”著称的摩鹿加群岛。1557 年，葡萄牙人还占据了中国的澳门。

16 世纪中期，葡萄牙殖民统治进入了巅峰状态。那时候他们占据了半个巴西，是当时最强大的殖民帝国。在这些殖民地，葡萄牙人抢掠黄金、象牙，同时还贩运奴隶。在为自己带来极大财富的同时，也给当地人造成了巨大的痛苦。

但是葡萄牙只是一个小国，国内工商业基础非常薄弱，资本家掠夺来大量财富以后，不能用于投资，大部分都被挥霍了。这种情况造成了葡萄牙始终无法成为一个大国。而在1581年的时候，葡萄牙甚至被别人殖民，被西班牙人吞并。西班牙国王菲利浦二世成了葡萄牙国王，于是，葡萄牙的殖民势力被西班牙取代了。

西班牙的殖民掠夺一点都不比葡萄牙晚，不过因为当年哥伦布发现的是中、南美洲，因此西班牙进行扩张和掠夺的重点也在这里。

西班牙殖民很少发展贸易，主要是占领土地、开发矿产，同时也建立大型的种植园和畜牧场，剥削印第安人奴隶。因此西班牙的殖民强横一时，国内基础也相对雄厚。但西班牙国内是传统的封建统治，封建领主们拿到财富，很少会去投资，反而因为金银增加，引起物价飞涨。此外，西班牙的海外殖民，碰到了资本主义比较发达的英国和荷兰，这三个国家为了争夺海外霸权，爆发了一场战争。

西班牙为了维护其海上霸权，组建了一支庞大的舰队，拥有100多艘战舰、3000余门大炮、数以万计的士兵，号称“无敌舰队”。反过来看英国，无论船只大小还是舰队规模，都要小很多。英国女王不得不授权给海盗，拉拢海盗来打击西班牙。1588年8月，西班牙和英国在英吉利海峡进行了一场激烈壮观的大海战，西班牙的“无敌舰队”被弱小的英国击败，“无敌舰队”基本被全歼。从此之后，海上霸权转移到了荷兰人和英国人手里。

在英国强大起来之前，荷兰取代了葡萄牙和西班牙。17世纪时期的荷兰，资本主义工商业已经非常发达。荷兰人的造船工业在欧洲首屈一指，号称“海上马车夫”，这也加速了他们的殖民统治。在17世纪初期，荷兰人先后占领了爪哇、印度尼西亚，后来又到达了印度。 他们将葡萄牙的殖民势力驱逐出去，稳定了自己的统治。 到了17 世纪 40 年代，荷兰的触角就已经延伸到了日本和中国台湾。 在美洲，荷兰也从西班牙人手中夺取了西印度群岛和中、南美的殖民地，甚至还发展到了北美洲。

荷兰的海外殖民随着对英国、法国的几次作战失败而宣告衰退。而英国、法国凭借海战的胜利，逐渐建立起了自己的海上霸权，并且最终取代了荷兰。 后来英法之间为了海上霸权也爆发了战争，1757年爆发的“七年战争”便是一个典型的例子，最后英国人取得了胜利，并且从法国手中夺得了加拿大、小安的列斯群岛和非洲塞内加尔的一部分土地，又将法国人驱逐出去。 从此，英国成为最强大的殖民帝国。 到 1800 年的时候，英国拥有的殖民地已经超过本国领土的 50 倍。

工业革命时代

英国圈地运动

自从海外殖民兴起之后，西欧的贵族们在海外建立了很多殖民农场，发展海外贸易，从而带动了国外的资本主义发展。很多地主和领主发现把土地租出去的租金远远不如用来发展养殖业。因此，从18世纪末开始一直到19世纪中叶，英、德、法、荷、丹等国的资产阶级和新封贵族把农民从土地上赶走，从而引发了一场悲惨的“圈地运动”。其中，又以英国的圈地运动最为著名。

英国的圈地运动之所以著名，主要是因为英国本来便是养殖业大户，新航路发现之前，英国就是欧洲毛纺织业的原料提供者。随着国际之间贸易的不断扩大，毛纺织业也变得更加繁荣，羊毛等原料供不应求，而且市场的需求量还在逐渐增大，羊毛价格更是一路飙升。

养羊既然是一个如此有利可图的产业，必然会引来更多的投资。一些贵族开始只是利用森林、草地、沼泽和荒地这些无主的公共用地，后来觉得土地不够用，便把主意打到领主们出租的土地上。因为西欧中世纪以来盛行农奴制，租赁土地的农民早已经习惯了世代务农，但现在为了取得更高的利润，贵族们纷纷把租户们赶走，然后将土地圈起来养羊。失去土地又被赶出家园的农民，只能到处流浪。

封建领主们不再履行领主义务，被赶出家园的农民纷纷到法庭告状，有的甚至直接找到国王。曾经有一个叫约翰·波米尔的领主就遭到了租户们起诉，农民们对国王哭诉，为了把农民们赶走，这个约翰

·波米尔带领打手把农民的家烧毁，将一些反抗的人投入监狱、毒打、致残，甚至杀害。

让我们来看下英国国王是如何处理这个问题的。

英国在这个问题上态度比较暧昧。因为农业是社会之本，圈占土地引起的社会问题会非常严重。1536 年和1537 年，因为反圈地，英国的林肯郡和约克郡先后爆发了农民起义。农民起义虽然遭到了镇压，但农民一直都是英国军队最大的兵源。因此无论是都铎王朝还是早期的斯图亚特王朝在综合考虑之后，都采取了反圈地政策。比如亨利七世曾经下令禁止圈占土地规模在 20 英亩以上的农庄，希望将圈地运动控制在一定的规模之内。亨利八世甚至还限令让一年之内圈占的牧场复原为耕地。

但这些法令大多只是流于形式，很快便被大领主们钻了空子。英国政府一直在圈地运动问题上执行不力，但在限制流浪农民的问题上，态度却非常坚决。英国政府颁布了“血腥立法”，禁止农民流浪，为了强迫农民充当雇佣劳动者，甚至不惜动用死刑。

到了 1593 年的时候，英国彻底撕下反圈地的幌子，废除了反圈地法令。这样一来，在全国马上便引起了圈地狂潮。尤其是在16 世纪末到 17 世纪初叶，英国城市化发展到了一定程度，城市人口日益增多，工厂手工业迅速发展，市场对谷物、肉类的需求量大大增加。圈地运动在全国开始疯狂地发展起来。

后来这种政策因为反圈地起义风起云涌而时有反复，但资产阶级革命爆发之后，便再也没有人提反对圈地这个问题了。从此，英国圈地运动宣告完成。圈地运动之后，彻底瓦解了英国的农奴制。最为重要的是，资本主义获得了大踏步的发展，英国也成为十七八世纪欧洲商业的领头羊。

正如英国的一位作家所说，圈地运动是一场明显的“羊吃人”运动。无数农民在这场运动中颠沛流离，虽然圈地运动牺牲了农民，但是英国获得了资本的原始积累，为资本主义提供了廉价的劳动力和国内市场，这为英国的发展，尤其是海上霸权的确立，打下了最坚实的物质基础。

被公开处死的国王查理一世

1649 年 1 月，在英国威斯敏斯特大厅里，高级法庭正在进行审判，受审者是一个瘦弱的、和蔼可亲的人，他便是当时的英国国王查理一世。

查理一世态度傲慢，从头到尾，他都没有为自己辩护一句。因为在他眼里，这个法庭本身就是不合法的。在这样的法庭配合辩护，那便是对法律的亵渎。最后，这个特别法庭的 135 个成员，有 59 人签署了死刑的命令，罪名是国王背叛了他的国家和子民。

1649 年 1 月 30 日凌晨，在白金汉宫宴会厅前搭起了断头台。面对死亡的查理一世依然面带微笑，看不出一点惊慌。受刑之前，他冷静地说道："死亡对我来说，并不可怕，感谢上苍，我已准备好了。"然后他朗诵了一首自己写的诗，又说自己是人民的殉道者。然后，主动走到断头台前。就这样，这位 49 岁和蔼的国王，结束了生命。

实际上查理一世在欧洲的名声并不坏，尽管总是一本正经，显得缺乏幽默感，但他非常随和。另外他还是一个忠诚的丈夫，是一个虔诚的基督徒，他也很重视思想家和艺术家，他经常邀请优秀的艺术家、文学家到宫廷做客，并且赞助他们。

但是英国人为什么要如此义无反顾地，公开处死自己的国王？

实际上，这便是英国资产阶级革命的实质。这是制度的斗争，并非是针对查理一世个人。实际上，查理一世是一个非常为国事操心的人。刚刚上台之前，他便开始了对西班牙和法国的作战，但因为得不到议会的认可，没有军费。结果，查理一世为此将王后的嫁妆都变卖了，但即使这样，查理一世还是遭到了议会的谴责，责怪他贸然与西班牙开战。而查理一世也在抱怨自己为国家付出这么多，却得不到支持和理解。

一心为国的查理一世犯下的最大错误便是忽视了国内的宗教问题。之前欧洲三十年战争爆发的起因，便是新教徒和天主教之间的对抗。英国主要是新教徒，但也有天主教。而国王偏偏任用了两位天主教的大主教，这便在英国引起了巨大的纠纷。

因为议会不满查理一世频繁性的征税，查理一世把议会关闭了多年，两者之间矛盾重重。1641 年夏天，查理一世希望加税，不得已重新召开了议会，没想到议会更想限制国王的权力。恼怒之余，查理一世准备向议会动手，但力量悬殊，被打败。

1642 年查理一世逃出伦敦，带领支持自己的军队与议会军作战。尽管在战争前期查理一世打了很多的胜仗，但后来议会军在克伦威尔领导之后，战斗力剧增。最后，查理一世在 1647 年被克伦威尔等人俘虏。

被捕之后，议会曾想与国王言和，并且让国王承认宪法。因为议会中和平派人士颇多，另外很多英格兰人也不愿承担囚禁国王的罪名。但一直相信君权神授的查理一世却拒绝了言和，甚至一面假装和谈，一面又与苏格兰勤王军勾结。这就直接导致了英国内战的爆发。

1648 年，克伦威尔打败了苏格兰勤王军，费尔法克斯又打败了王党派。查理一世的王后逃亡到了法国，而查理一世也因为一而再再而三地撒谎，而难以获得议会的谅解。

于是，查理一世就被自己的人民审判并且推上了断头台。

克伦威尔

处死查理一世的命令是由克伦威尔签发的，查理一世被处死之后，克伦威尔凭借自己在战争中建立的威望，宣布成立共和国。1653年，克伦威尔建立军事独裁统治，自任“护国主”。实际上，克伦威尔之所以可以出头，还多亏了查理一世。如果不是查理一世倒行逆施，一个中等绅士地位的人，很难做到护国主的位置。

1599年，克伦威尔出生于英国亨廷顿的一个中等家庭，是典型的清教徒。克伦威尔曾经进入剑桥大学学习，但因为父亲病逝，只好中断学业回到家乡料理农庄。慢慢地，克伦威尔将农庄经营得越来越大。

1636年的时候，克伦威尔已经是家乡最大的乡绅之一，并且成为剑桥以及邻郡最受欢迎的人。尤其在反抗国王专制统治这一点上，克伦威尔深得人心。后来，查理一世再次召集议会，克伦威尔便被选为议员进入下院。

1642年英国内战爆发之后，克伦威尔肃清了剑桥的王党，成为议会中的坚强派领袖。为了与王党斗争，他统率了一支只有60名志愿者成立的骑兵团，以这些人为班底，克伦威尔打造起一支赫赫有名的“铁骑”。

不到两年的时间里，克伦威尔便从上尉升任到骑兵团首脑。战争开始前期，议会军一败涂地，议会中的主和派不得不重用克伦威尔。在议会的支持下，克伦威尔在马斯顿荒原战役中大败王军，树立了自己的军威。不久之后，克伦威尔成立了“新模范军”，自己担任统帅。1645年6月14日，克伦威尔率“新模范军”再一次打败王军，结束了英国第一次内战。

因为议会军内部也是矛盾重重，查理一世又勾结苏格兰勤王军打回英格兰。这时克伦威尔再一次被选上高位，担任了北方军首脑，并一举击溃了苏格兰军队，结束了英国第二次内战，并且力主处死了查理一世。

查理一世被推上断头台以后，封建君主制度被推翻了，共和国宣布成立。为了稳定共和国统治，克伦威尔先是远征爱尔兰，然后又出兵苏格兰，并且顺利征服苏格兰，大大提高了自己的威信。

1653 年，克伦威尔从议会手里得到了很大的权力，制定了新的宪法，牢牢掌控了民政权和军事权。1654 年，他正式成为英格兰、苏格兰、爱尔兰的护国主。

克伦威尔一共做了 4 年的护国主。在这 4 年之中，他表现出了杰出的治国才干。对外，他寻求合适的伙伴，于 1654 年同荷兰签订了《航海条例》，此后同瑞典、丹麦又缔结了有利的商约，维护了英国的利益。对内，他宽赦王党分子，缓和了内部矛盾，因此得到了各方面的支持。

1657 年，议会做出很大让步后，决定加冕克伦威尔为国王。1657 年 6 月 26 日，克伦威尔正式登基，时年 58 岁。

克伦威尔在做了国王以后，身体每况愈下，一年多之后便去世了。克伦威尔虽然死了，但是民主制在英国却得到了巩固。

俄罗斯帝国的成立

11 世纪，莫斯科被苏兹达尔王公尤利占领，这只北部巨熊的历史从此拉开了序幕。

虽然当时莫斯科的国土只是涅格林纳河与莫斯科河之间的一个高地，却掩盖不了这只巨熊的光芒。

13 世纪中叶，莫斯科公国已经在北部开始崛起。到 14 世纪初的时候，其领土已经扩张到原来的一倍。但不幸的是，在以后很长的一段时间，莫斯科都一直沦为蒙古人的属地。直到 1325 年，伊凡·达尼洛维奇继承了莫斯科公国的王位，这一切才宣布结束。伊凡·达尼洛维奇善于利用各种外交手段，他将大汗的权力窃取到手后，又制服其他竞争者，扩张了莫斯科大公国的领土。到他去世的时候，莫斯科的领土面积已经是原来的数倍。到底米特里·伊凡诺维奇统治之后，俄罗斯东北部也趋于统一。此时的莫斯科公国已经完全具备了独立建国的能力。

1380 年，底米特里·伊凡诺维奇打败了蒙古人，保住了莫斯科大公国的名号，并且利用这次战争稳定了他的统治地位。底米特里·伊凡诺维奇去世后，其子瓦西里一世掌控莫斯科公国的政权。到 15 世纪中叶，也就是瓦西里二世统治时期，莫斯科公国已经在政治上控制了很多大大小小的公国。同时，莫斯科公国还击败了鞑靼人的进犯和分裂。

当然，莫斯科公国的统一之路也是非常艰难的，其中诺夫哥罗德的波雅尔就是一个最为困难的阻挠力量。但莫斯科公国是幸运的，由于对方的内部阶级矛盾日益尖锐，才使得莫斯科公国在战争中取得优势。到 1478 年，在内部战争与莫斯科公国的双重压力之下，诺夫哥罗德终于同莫斯科公国讲和，接受莫斯科公国要求取消诺夫哥罗德的独立、并将政权移交给莫斯科公国的大公等条件。至此，俄罗斯国家的大一统局面已经出现雏形，再加上此时的蒙古已经开始分裂，俄罗斯公国摆脱蒙古的统治也指日可待。

在莫斯科公国脱离蒙古统治后，便开始了大步扩张的步伐。仅仅不到半个世纪，莫斯科公国的领土就扩张了数倍，由之前的 43 万平方千米猛然增加到 280 万平方千米。一个幅员辽阔的大国自此形成。

莫斯科实现大一统之后，随之开始实行中央集权的政治制度。到 16 世纪初期，一些新的国家机构开始出现。此外，由于实现了政权和行政组织的统一，大公掌握国家政权，军队的体制、税收、铸币和邮政也都随之趋向统一。

1497 年，俄罗斯颁布了全国统一的法典，确立了国家大事由国家杜马和大公商讨决定的制度。自此，俄罗斯正式成为一个统一的中央集权国家。这不仅为俄罗斯抵御外来侵略做好了安全保证，也为俄罗斯争取民族独立提供了足够的资本。此外，这种局面的形成还为国内经济和文化发展创造了有利的条件。

彼得大帝改革

1698 年，俄罗斯沙皇彼得大帝突然下发了一道命令，规定全国城乡的男人都不能留胡子。这个命令震惊了俄罗斯人，要知道俄罗斯人的观念，虽然没有中国“身体发肤受之父母”的教诲，但长期以来，胡子被认为是仪表威严、品德端庄的象征。但在彼得大帝的眼里，留胡子却成了陋习。

这道命令激怒了俄罗斯人，各地开始反抗。不过彼得大帝也不肯退让，最后双方各自妥协，想留胡子的人，必须出钱购买留须权。每年需要支付 100 卢布，还要把“留须权钱收讫”的牌子挂在脖上，时刻准备接受检查。

整治完胡子之后，彼得大帝又开始盯上了衣服。在一次宴会的时候，客人刚刚坐定，彼得大帝便拿出一把剪刀，亲自动手将客人的大袖袍剪掉。一边剪还一边讲道理，说大袖子非常碍事，不方便，剪下来还可以节省很多布料。

此后，彼得大帝又开始在礼仪上的改革，甚至还专门出版了一本生活教科书《青春宝典》。这部书的主要内容是讲如何做客、工作和居家，以欧洲礼仪为标准，把俄罗斯人的旧习惯彻底改造了一番。

彼得大帝如此热衷这些事情，其实，这只不过是他改革中的一部分。而且这一切，都与他的人生经历以及当时俄罗斯的现实有关。

17 世纪之前，欧洲便已经开始了资本主义运动，而俄国依然停留在中世纪，直到沙皇彼得一世改革之后才有所发展。

1672 年，彼得出生在莫斯科，不到 4 岁的时候父亲便去世。他的姐姐索菲娅·阿列克谢耶夫娜做了摄政王。为了顺利继承王位，彼得一世受尽了磨难。

1689 年，彼得一世正式继位，那时候沙俄还是一个落后的国家，甚至落后于同时代的中国清政府，国内主要是农奴制。欧洲的文艺复兴和宗教改革都没有与俄罗斯发生一点关系，俄罗斯的改变都源自于彼得一世的一次旅行。

1697—1698 年间，彼得化名为彼得·米哈伊洛夫，以下士的身份带领了一个大约由 250 人组成的“庞大的使团”，到西欧做了一次长途旅行。

在这次长途旅行中，彼得大帝到处体验生活，曾在荷兰的东印度公司做过一段时间船长，在英国造船厂实习了一段时间，还跑到普鲁士学习射击。总之，他亲身体会了欧洲社会的方方面面，考察了许多工厂、学校、博物馆，甚至还参加了英国议会的一届会议。这些体验让他最大限度地学习了西方的文化、科学、工业及行政管理方法。

在这一年多的旅行中，让彼得大帝最受刺激的，并不是西方的科学技术，而是在拜访两位欧洲贵妇的时候，年轻的彼得大帝不懂欧洲生活礼仪，虽然言谈十分睿智，表现不俗，但是他吃饭的时候，嘴巴因为吧唧的声音很大，着实被贵妇嘲讽了一番。这种刺激让彼得大帝非常愤怒，同时他也知道这其实是欧洲文明的一部分，对改造观念非常有用。因此，才有了彼得大帝回国后改革的这一段故事。

1698 年，彼得大帝旅行归国的改革是一系列举措，并非只是生活习惯。值得一提的是，同时代的清朝皇帝康熙，通过传教士学习到了西方的数学、火枪等技术；但他学习之后，便将这些东西束之高阁，并且严禁他人学习。这两种不同的思维方法也让两个国家走上了不同的道路。

彼得大帝改革可以概括为西化。他用欧洲的方式建立起一支强大的海军，大力鼓励工商业，为了解决工人问题，允许企业主买进整村的农奴到工厂做工，还引进外资，在俄国开办工厂，聘请欧洲技术人员到俄国，同时还派遣俄国人到东欧去学习。

总之，彼得大帝用尽一切方法学习欧洲的先进经验，改组了俄罗斯原先的政治体制，剥夺了贵族领主杜马会议的职能，学习欧洲建立了参政院，还建立了完整的中央集权统治。

在改革的同时，彼得大帝还积极向外扩张。在他的领导之下，俄国与土耳其以及瑞典交战，全都获得了胜利，并且夺取了波罗的海上的一个出口。在这个地方，彼得一世兴建了新的城市圣彼得堡，这让他可以瞭望到欧洲。为了更靠近欧洲，1721 年，彼得一世甚至将首都从莫斯科迁到圣彼得堡。

彼得一世的改革是非常激进的，在当时也引起了很多反抗。这就加剧了统治矛盾，连续出现了数次叛乱事件，但这些叛乱都被彼得大帝无情地镇压下去了。

经过彼得大帝的改革，俄罗斯在政治、经济、军事、文化教育和宗教等各个方面都发生了翻天覆地的变化。俄罗斯拥有了正规的陆军和海军，一跃而成为欧洲的军事强国，并且出现了初步的工业。从此之后，俄罗斯开始抛开了愚昧的历史，以全新的面目走上世界的舞台。

叶卡捷琳娜二世

1762 年 6 月 28 日清晨，彼得堡军营驶来了一辆华贵的马车。马车上是一位尊贵的德国女人，在她的身后，是一名近卫军军官。马车停到军营门口，数百名士兵蜂拥而至，跪伏在地上，高喊“女皇”，并宣誓效忠。看到这个情况，女人的脸上露出了得意的笑容。她就是即将执政俄国的女沙皇叶卡捷琳娜。

叶卡捷琳娜之所以能够当上女沙皇，还要从彼得三世的错误决定说起。由于彼得三世执行亲普鲁士方针，极大地损害了俄国的利益，引起了俄国贵族的不满。于是叶卡捷琳娜便心生夺权之意。6 月 28 日，叶卡捷琳娜发动了宫廷政变，废黜了自己的丈夫彼得三世。并于 7 月 6 日将彼得三世处死。至此，叶卡捷琳娜如愿以偿地登上了沙皇的宝座。

其实，彼得三世和叶卡捷琳娜都是德国人，至于他们为何能够来到俄国，这里还有一段历史渊源。当年彼得大帝为了夺取波罗的海的制海权，便将自己的大女儿嫁给德国的一个亲王。但他死后，由于继承权的问题，宫廷内发生了 5 次政变，直到他的小女儿成功做上沙皇。可他的小女儿一生未婚，最后只好将 14 岁的彼得从德国接过来，并立他为皇位继承人。而小彼得的未婚妻叶卡捷琳娜也跟着到了俄国。

叶卡捷琳娜的父亲是德国的公爵，因此叶卡捷琳娜从小就受到了很好的教育。她性格很开朗，活泼好动，更为重要的是她还懂得很多知识。自幼受到良好熏陶的她，也深深地体会到了统治阶级内部的明争暗斗。再加上嫁给彼得三世并没有得到宠幸，这让她更加坚定了自己的想法，一定要当上女皇。于是她开始废寝忘食地学习俄语和俄国的风俗习惯，并在暗地里拉拢俄国的贵族和军官，这为她以后对俄国的统治打下了良好的基础。

1761 年 12 月，叶丽萨维塔女皇病逝，彼得成功登上了皇位，称彼得三世。但彼得却始终对普鲁士有着极深的感情，一上台就实行了一系列亲近普鲁士的政策，但这些政策同时也损害到了俄国贵族阶级的利益，很快便引起了贵族们的强烈不满。叶卡捷琳娜见到这种情况，觉得时机已经成熟，便利用贵族阶级与彼得之间的矛盾，成功地发动了宫廷政变，窃取了沙皇之位。

上位后的叶卡捷琳娜深知俄国当时的状况，为了巩固自己的统治，她采取了一系列维护贵族特权和利益的措施，并加强了贵族的专政，巩固了农奴制度。

然而，叶卡捷琳娜采取的这些措施，进一步加重了农民的负担。沉重的盘剥和压迫终于激起了民众的反抗，尤其是农奴们的反抗情绪更为强烈。普加乔夫率领农奴揭竿起义，发动了俄国历史上规模最大的一次农民起义。这次战争严重震撼了沙俄的农奴制和叶卡捷琳娜的政权统治。叶卡捷琳娜气急败坏地制订了镇压计划。很快，起义就被镇压了下去，而起义的首领普加乔夫则被女皇残暴地处以绞刑。

叶卡捷琳娜在位期间，对外共发动了6次大的战争，妄图称霸整个欧洲。沙皇俄国也跨进了世界列强的行列，并因积极干预欧洲事务而被称为“欧洲宪兵”。

亚历山大改革

19世纪，随着资本主义经济的迅猛发展，自由主义思想得到广泛传播，俄国的农奴制度也开始动摇起来，一些中小贵族中的先进分子纷纷组织和参与了推翻农奴制和沙皇专制的活动。1855年，亚历山大二世即位后，面对着克里米亚战争的败局和农民运动持续高涨的双重压力，为了防止革命爆发，挽救岌岌可危的政权统治，他终于狠心进行了一系列改革。

1861年2月19日，亚历山大二世正式签署和颁布了《废除农奴制的特别宣言》。宣言声称：农奴在法律上是“自由人”，地主无权再买卖农奴和干涉他们的生活；农奴在获得“解放”时还将得到一份土地，但这份土地必须出钱赎买。赎金的1/5～1/4，由农奴以现金形式交付地主，剩余部分由政府以有息债券垫付，农民在规定的年限（49年）内逐年计息还清。

随后又颁布了《关于农民脱离农奴依附关系的法令》，这也是俄国废除农奴制改革的主要法律文件之一。但这次改革并未从根本上解决农奴们面临的问题，从此次改革的结果我们就可以看出该《法令》的实质：

1. 改革虽然让 2250 万农奴得以解放，但是地主土地占有制却未被动摇。因此，被保存下来的封建土地所有制仍然是在维护地主阶级的利益。

2. 在改革的过程中，农民的土地成了地主的财产。而农民要想拿到土地，就必须支付一定数量的赎金。虽然政府会以债务方式付给地主，但农民也必须在 49 年内偿还给政府。由此，农奴所谓的解放也只是表面上的解放。

3. 虽然改革改变了陈旧的徭役制经济，但却未能使农民真正地摆脱地主的剥削和奴役。在没有签订购买契约之前，农民对地主还负有“暂时义务”。即农民为自己使用份地而对地主负有暂时的义务，向交纳代役租或者是为地主服徭役。但农民为了赎买份地而交纳的赎金则大大超过地价，更远远超出了他们自身的支付能力。这就造成了农民经济的破产，从而使大多数农民继续遭受地主的剥削和奴役。

此外，农奴在分到土地之后，除了要交纳土地税、赎金和国家垫付赎金的利息外，还要负担国家及地方行政机关新设立的各种苛捐杂税。为此，农民只能被迫接受高利贷者的苛刻要求。一些商人则趁机低价收购粮食或者高价出租土地，以此来榨取农民的血汗钱。

然而，这种情况并没有持续太久。随着现代工业的出现，商品经济在很大程度上冲击了农村公社自然经济的基础地位，从而使俄国公社农业和手工业迅速破产。再加上农村公社土地制度对经济发展的阻碍作用，新土地制度的出现已经势在必行。

这次农奴制改革的实质是一场资产阶级性质的改革，这为俄国资本主义经济的发展提供了良好的基础，也创造了有利条件。而且其结果在一定程度上为俄国资本主义的发展开辟了道路。从此，资本主义逐渐占据了俄国经济中的统治地位。而农奴制的废除，也为俄国资本主义的发展提供了大量的劳动力、资金和市场，使俄国走上了资本主义大国的道路。

英国宪章运动

英国是现代民主制度的发源地，长期以来，英国的文化传统就注重自由权利，再加上英国的资本主义迅速发展，培养了大量的产业工人，产业工人的政治觉悟远远高过传统的农民，因此，英国在19世纪三十四年代爆发了人民宪章运动。

19世纪初，英国已经完成了工业革命，而且凭借强大的生产力成为当时的“世界工厂”，工商业也取得了很大的发展。资产阶级凭借强大起来的力量谋得了一定的政治地位。但在资产阶级革命以及议会改革中出过力的工人阶级却一无所获，政治上依然处于无权的地位。于是，英国工人便开始要求取得普选权，以参与国家管理，从而维护自己的利益。为了达到这个目的，英国爆发了三次宪章运动。

1837年，第一次宪章运动爆发，工人协会向国会提交了一份请愿书，在请愿书中明确提出凡是年满21周岁的男子都应该拥有选举权。选举投票应当秘密进行，废除议会候选人的财产资格限制，国会每年举行一次改选，平均分配选区。这份请愿书被公布后，被称为《人民宪章》，到1839年的时候，已经有125万人在请愿书上签了名。1840年7月，各地的宪章派代表召开了大会，宣告成立全国宪章派协会。

英国的宪章运动，从一开始产生就比较温和。宪章协会特别强调，在请愿过程中，必须“采取和平和合法的手段”，这种和平、合法的手段削弱了宪章运动的影响力。但好处在于，宪章协会在英国各地都设置了分会，入会者须交纳会费，这是近代第一个工人政党的萌芽。

1842 年 5 月 2 日，第二次宪章运动爆发。参加请愿的工人聚集在伦敦街头，然后组成队伍来到国会下院，由负责人向下院递交全国宪章派第二次请愿书。在请愿书中，指责现有的国会下院“既不是由人民选出来的，也不是由人民做主的。它只为少数人的利益服务，而对多数人的贫困、苦难和愿望置之不理”。宪章协会之所以会这样说，和国会下院的人员组成有关，那里面基本没有下层人民。另外，请愿书还谴责了英国社会的贫富分化过于严重，维多利亚女皇每天的收入是千百万工人收入的数万倍。

指出这些现实之后，请愿书指出解决办法便是根除垄断，包括统治阶级对选举权、货币的垄断，以及对资本和土地的垄断，另外还要开放新闻自由和宗教自由。

第二次宪章运动声势比第一次更加浩大，有 300 多万人在请愿书上签了名。

1848 年，随着欧洲大陆革命风暴的发展，英国宪章运动再度高涨。不久后，便爆发了第三次全国请愿。

第三次宪章运动，人们不再选择沉默请愿，在伦敦、曼彻斯特、伯明翰、利物浦、格拉斯哥等城市，工人们举行了声势浩大的示威游行，这些活动在社会上产生了巨大的影响，统治者感到恐惧了。

因此，当全国宪章派第三次代表大会的代表将请愿书装在四套华丽的马车上，去国会的途中，便遭到了宪兵的阻挠，国会也拒绝接受请愿书。资产阶级政府还下令解散全国宪章派协会。宪章运动失败了。

宪章运动虽然失败了，但资产阶级政府为了避免出现社会动乱，也做出了一定的让步，满足了工人部分的愿望。宪章运动的参与者，有人离开英国到了美国、澳大利亚或新西兰，他们也把宪章运动的思想带到了这些地方，为民主运动的发展做出了巨大的贡献。

美国独立战争

1775 年 4 月，英国驻马萨诸塞总督兼驻军总司令托马斯·盖奇得到消息，在波士顿的康科德镇上有反英团体的秘密军火库。盖奇立即命令 800 多英军前往摧毁，谁知道途经一个叫莱克星顿的小村子的时候，竟然碰到了一群民兵。

800 英军包围了这群民兵，在包围的过程中，有人擦枪走火，顿时便爆发了枪战，史称“莱克星顿的枪声”。先后有 18 个民兵死伤后撤离，英军并没有在意这件事，继续直奔康科德。没想到等他们到达康科德的时候，等待他们的却是漫山遍野的民兵。

这次战斗，英军虽然被波士顿来的援军救走，但是也死伤了将近 300 人，被围困的士兵也弹尽粮绝。从此，英属北美殖民地正式开始反抗英国了，美国独立战争正式爆发。

“莱克星顿的枪声”之后，大西洋沿岸的 13 个殖民地马上联合起来，召开了北美第二次大陆会议，建立了各殖民地的联合武装——大陆军，华盛顿被任命为总司令，后来又建立了海军。1776 年 7 月 4 日，大陆会议通过《独立宣言》，宣告美利坚合众国诞生。

那个时候，美国和英国的力量对比悬殊。英国是当时世界上最强大的殖民国家，拥有世界第一流的海军，驻北美的英军就多达 3 万多人，而北美殖民地人口却只有 300 万，当时还没有正规军，而且装备非常落后。但是美国敢于同英国抗衡，这与英国的暴政有非常大的关系，美国在很大程度上也可以说是被逼的。

英国北美殖民地与亚非拉殖民地不同，这里的主要居民是英国人。殖民地的统治模式也是按照英国政体建立的，每个殖民地都有自己的总督和议会，总督代表英国对殖民地进行统治，拥有行政、经济和军事大权，可以否决议会通过的法案。因此，北美的殖民地在建立之初，就拥有了基本的民主习惯。

此外，随着经济的发展，北美殖民地的资本主义也开始了高速增长，越来越需要表达自己的意愿。而且北美殖民地也吸收了欧洲的启蒙思想，涌现出一大批杰出的思想家、政治家。偏偏就在这个时候，英国加重了对殖民地的掠夺。

18 世纪中后期，英国通过七年战争，确立了世界最大殖民帝国的地位。但也正是因为这场战争，增大了经济负担，不得不在各个殖民地增加赋税。与此同时，为了限制殖民地的发展，英国还时常要通过法令来压制殖民地。比如：殖民地没有自己的金融业，被禁止发行自己的纸币，还要接受很高的税率。

为了抗议英国政府的暴政，波士顿人发动了大规模的游行示威，但是遭到了英国当局镇压，还制造了“波士顿惨案”。另外，为了保证东印度公司的暴利，英国政府通过《救济东印度公司条例》。该条例给予东印度公司到北美殖民地销售积压茶叶的专利权，还免缴高额的进口关税。

通过这项法令，东印度公司便可以垄断北美殖民地的茶叶运销，而且因为免税等原因，其茶叶的价格比“私茶”便宜一半左右，这个条例在北美殖民地引起了人民的极大愤怒。因此，当东印度公司的茶叶到达港口的时候，波士顿革命分子便偷偷摸到货船上，将东印度公司的茶叶全部扔入海中。这便是“波士顿倾茶事件”。

事件发生以后，英国政府又通过一系列“强制法案”，对殖民地进行压制，从而导致了莱克星顿的枪声，独立战争也随之爆发。

1775 年，独立战争开始。在战争的开始阶段，英军占尽了优势。大陆军因力量薄弱基本上处于守势，经常被打得四处溃散，不过萨拉托加战役的胜利成为这场战争的转折点，美国顺利与法国、西班牙、荷兰结盟，一起对英国宣战，并且得到了法国的援助。

在战争中期的时候，英军在新任统帅克林顿的率领下，多次打败了美法联军。后来美国在法国的大力援助下，凭借法国军舰的配合，成功地逼降了英军。1783 年，英、美在法国签订了《巴黎条约》，英国正式承认美利坚合众国成立，美国从此宣布独立。美国独立战争的胜利，最重要的是确立了现代民主的国家制度，对欧洲及拉丁美洲的资产阶级革命起到了推动作用，从而引起了世界政治体制的大变动。

攻陷巴士底狱

1789 年 7 月 13 日，法国巴黎教堂的钟声突然响起，这钟声号召着巴黎市民走上街头，与国王的雇佣军展开了战斗。

巴黎东部的巴士底狱广场有一座巴士底监狱，巴士底狱原本是一个防御英国人的军事城堡，后来巴黎扩建，巴士底狱成为市区内的建筑，也就失去了防御外敌的作用，到 18 世纪时成为关押重大政治犯和其他人士的监狱。因此在巴黎人眼里，巴士底狱就是法国专制王朝的象征。

7 月 13 日，经过一晚的激战，巴黎人民逐渐控制了大部分地区，只有巴士底狱没有被攻破。因此很多人高喊着“到巴士底狱去”，这句话鼓励着奋战了一晚上的人们。很快，巴士底狱前便聚集了很多起义者。

但是巴士底狱的城堡围墙非常高，里面还装有大炮，守卫的士兵可以从房顶上和窗户里开火，起义者根本无法接近巴士底狱。

开始，起义者搜寻了一些陈旧的火炮，那些百年前的古炮在巴黎市民的捣鼓下，虽然也打出了炮弹，但是射程和杀伤力对巴士底狱根本无法造成威胁，最多在巴士底狱的墙上留下一些印痕，反而造成了起义者伤亡。

后来人们终于找到了一架真正的火炮，又找来了炮手。很快，猛烈的炮火让守卫们感到胆战心惊，一部分守军动摇了，举起白旗投降。起义群众冒着另一部分拒降守军的弹雨，冲入了巴士底狱。人们在巴士底狱里发现了七个囚犯，将他们全部释放。尽管后来发现这些人都是来自贵族家庭的精神病患者，但这一切丝毫不能浇灭巴黎人革命的热情。

这个颇具喜剧色彩的故事结局，却不能掩盖攻陷巴士底狱的意义。这是一场针对封建国王的战争。攻占巴士底狱已经成为全国革命的信号，各个城市纷纷效仿巴黎人民，自发地起来夺取政权，全国各地都在建立国民自卫军。

无论城乡，法国人民一起动手，攻打领主庄园，烧毁地契。轰轰烈烈的法国大革命在全国燃烧了起来。

巴黎人民这样疯狂，和当时的局势有非常大的关系。

18 世纪后期，法国的资本主义已经获得了进一步发展，同时以法国为核心的欧洲启蒙主义运动也方兴未艾，全欧洲都弥漫着启蒙主义思潮。法国的伏尔泰、卢梭等思想家、文学家发表了大量的文章来推动启蒙运动。在这种大环境影响之下，各国的封建君主也以谈论新思想为荣。

但是在法国，封建贵族仍然掌控着特权。国王、僧侣以及贵族是法国的特权阶级，其中僧侣是第一等级，贵族是第二等级，其他人都被归入第三等级。前两个等级人数不过占全国总人口的 2% ~3%，却掌握了大量的财富。即使如此，路易十六为了拥有更奢侈的生活，依然继续增加赋税。

1789 年，路易十六召集已经停止了 175 年的“三级会议”，在全国启蒙思想高潮的时刻，重新召开三级会议，全国人民都以为国王会进行改革，对这次会议充满了期待，同时第三等级的代表们纷纷准备提案。

但是国王路易十六却提出，会议中只讨论增税的问题，同时还要限制新闻出版，加强政府刑罚的权力。而且下令，会议上不能讨论其他议题。

路易十六的言论一下子就惹怒了第三等级的代表们，他们不同意增税，认为增税非法。激进的法国第三等级代表宣布：成立国民议会，国王无权否决国民议会的决议。

但路易十六却针锋相对，宣布关闭国民议会，并说国民议会是非法的。

国王的表现彻底激怒了第三等级的代表，他们成立的国民议会宣布改称制宪议会，明确提出制定宪法，限制王权。这让原本只想征税的路易十六感到非常恼怒，他偷偷调集了军队，准备逮捕不听话的代表。这样的举动，如导火索一般，引爆了巴黎人民压抑许久的激愤。于是，法国大革命爆发。

法国大革命成功以后，人民组织了制宪会议，并颁布了“废除一切封建义务”的“八月法令”，紧接着又通过了人类历史上著名的《人权宣言》，将法国大革命推向了高潮。

雄狮拿破仑

拿破仑，一个被法国人民铭记于心的民族英雄、一个被誉为足以媲美恺撒大帝的传奇人物。是的，正如他名字内所隐藏的含义一样——荒野雄狮。他的确如雄狮一般，怒吼声震动了整个欧洲。人如其名，拿破仑在近代法国、欧洲，乃至世界的历史上都是叱咤风云的人物，写下了经久不衰的精彩传奇。

1769 年，拿破仑出生于科西嘉岛阿雅克修城中的一个小贵族世家。当时的科西嘉岛刚刚被卖给了法国。在父亲的安排下，9 岁的拿破仑就到了法国布里埃纳军校接受教育，并在 16 岁时被授予少尉头衔。

1789 年，法国大革命爆发后，拿破仑选择回到科西嘉岛，希望借此来推动科西嘉独立。但他的举动遭到了排挤，在保利集团的迫害下，拿破仑举家逃到了法国。在法国大革命进行到高潮时，他的军事才能得到了雅各宾派的赏识。可惜好景不长，在 1794 年的“热月政变”中，拿破仑被免去了旅长头衔。直到 1795 年，他因受巴黎督政府之托，成功平定了保王党武装叛乱，而在一夜之间荣升到了陆军中将兼巴黎卫戍司令。这时，拿破仑才开始在军界和政界中崭露头角。

我们不得不承认拿破仑是一位出色的军事家，因为他在军事上的造诣已经达到了常人所无法企及的高度。他善于将各种军事策略运用于实战之中，并总能取得很好的收效。1796 年 3 月，年仅 26 岁的拿破仑被任命为法国意大利方面军总司令。在意大利的时候，拿破仑的军事才能得到了充分的体现，他统率的军队多次击退由奥地利与萨丁组成的第一次反法同盟，并迫使对方签订了有利于法国的停战条约。

另一方面，因为他在军事上取得的一系列胜利，他的威望也越来越高，成为法国人心目中的英雄。但他的种种突出表现却引起了督政府的不安，不久被督政府任命为埃及军司令，以钳制英国在该地区扩张为由，把他派去了往东方，目的就是要让他远离法国，不再威胁自己的权势。拿破仑在远征途中，除携带了 2000 门大炮外，还带了 175 名不同行业的学者以及上百箱的书籍和研究设备，并下了一条著名的指令：“让驴子和学者走在队伍中间。”

但拿破仑却没有想到，这次远征埃及最后以失败告终。拿破仑的军队被英国的海军上将纳尔逊完全摧毁，而他自身也被围困在了埃及。到 1799 年，拿破仑带去的 400 艘军舰只剩下两只小舰，人员损失惨重，导致最初制定的侵略印度计划无法实现。与此同时，欧洲反法联盟再次形成，法国国内保皇派势力也逐步变强。面对这种内忧外患的情况，政局变得动荡不安，甚至连国民政府内部也矛盾重重。感觉到迎面而来的危机，拿破仑立时意识到接下来要发生的事情。于是，他在 1799 年 10 月率少数随行撇开了远征军，悄悄地离开埃及，迅速返回了巴黎。拿破仑一进入巴黎，整个巴黎就沸腾了。支持他的人奔走相告，立即一传十、十传百，整个城市都充满了激情，他们高呼着拿破仑的名字。拿破仑看到这么多人支持自己，非常激动，觉得充满了希望。他立刻把周围的人召集起来，陈述了他的想法。经过一番缜密的筹划，人们认为应该立即采取行动。于是巴黎人民夺取了督政府的执政大权，成立新的执政府，把大革命彻底地进行下去！

11 月 9 日，拿破仑开始新的行动，他先是派军队控制了督政府，进而又接管了革命政府的所有事务。这就是历史上著名的“雾月政变”。第二天，拿破仑又解散了元老院和五百人院，彻底取得了议会大权，并成立了执政府。拿破仑自任第一执政，独揽大权，从此开始了他为期 15 年的独裁统治。经过“雾月政变”，拿破仑成功地掌控了法国的军政大权。之后，他便采取了一系列军事行动，击退了欧洲封建势力的几次反扑，并于 1800 年打败奥地利军队，挥兵直指奥地利南部地区，迫使对方签订了和约。1802 年，以沙俄为首的反法联盟再次被拿破仑击溃，俄国的威胁也解除了。

此外，拿破仑还采取了一系列维护其资产阶级统治的措施。在国内，他一方面用武力征讨和分化瓦解的手段，来镇压保王党的复辟活动；另一方面又采取其他统治措施，用来巩固自身的统治基础。同年 12 月 2 日，拿破仑在巴黎圣母院大教堂加冕为王，自称皇帝，并将法兰西共和国改为“法兰西第一帝国”。

之后，拿破仑又多次进行改革，并颁布了一项至今仍发挥着重要影响的著名法典——《拿破仑法典》。这是一项足以与《汉谟拉比法典》相提并论的完美存在。因为它在一个世纪以后，依然作为法国的现行法律，并对德国、西班牙、瑞典等国的立法产生了深远的影响。政变结束后第三周，拿破仑自豪地向人民宣布：“公民们，大革命已经回到它当初借以发端的原则，大革命已经结束。”

拿破仑建立的第一帝国，给欧洲的封建势力带来了沉重的打击，促进了资本主义的发展，这使他在欧洲的威望空前提高，从此，法国进入了拿破仑的时代。但这也使他成为欧洲各国封建君主的头号公敌，反法同盟接连不断。之后，拿破仑与欧洲其他封建王朝进行了几次大战，其中“三皇之战”使拿破仑成功称霸欧洲，五次反法联盟之战更是直接将拿破仑推到了与恺撒大帝、亚历山大大帝齐名的高度。至此，拿破仑达到人生的顶点。可是，胜利的光环并没有一直笼罩着拿破仑，他将要面对更加艰难的挑战。

百日王朝

“战无不胜”的军事功绩让拿破仑进入了人生的巅峰，也标志着人生衰败的来临。1812 年 5 月，拿破仑错误地估计了大陆的形式，决定发动对俄罗斯的进攻。正是这次远征，让拿破仑的功绩止步于此。不可否认，在远征俄罗斯的过程中，拿破仑一样展现出了他无与伦比的军事才华，接连告捷。但这也同样使他付出了惨重的代价。1812 年 9 月 16 日，拿破仑大军攻占了莫斯科，但俄国人孤注一掷，一把火烧了莫斯科。无奈之下，拿破仑只能选择退兵，最后被俄国打败，只身逃回巴黎。

远征俄国的失利，使得法国元气大伤。1814 年，在反法联盟的胁迫下，拿破仑被迫签署退位诏书，不久后被流放到厄尔巴岛。路易十八成为法国国王，波旁王朝复辟。

然而，荒野终究阻挡不了雄狮征伐的怒号。即使是垂死的哀鸣，也足以惊天动地。1815 年年初，就在反法同盟的欧洲各国君主在维也纳举行会议时，一个消息传来：拿破仑这头被困的荒野雄狮从厄尔巴岛的牢笼里逃了出来，并一路杀回了巴黎。紧接着，一个又一个的信使报来了消息：“拿破仑已经占领了里昂”；“拿破仑已经赶走了国王”；“军队又都狂热地倒向了他那一边”；“他住进了杜伊勒里王宫”……

是的，就在1815年2月26日夜，拿破仑率领1000多名官兵，分别乘坐6艘小船，躲过了波旁王朝皇家军舰的监视，然后又经过3天3夜的航行，终于抵达了法国南岸的儒昂湾。刚刚上岸，拿破仑感慨万分，再也控制不住内心的激动，在岸上发表了热情洋溢的演说：“士兵们，我们并未失败！我时刻在倾听着你们的声音。为了我们的今天，我历经重重艰辛！此时此刻，我终于又回到了你们中间。来吧，让我们并肩战斗！胜利属于你们，荣誉属于你们！让我们高举起大鹰旗帜，去推翻波旁王朝，争取我们自己的自由和幸福吧！”

拿破仑以他充满激情的演说鼓舞了所有的士兵，他们群情激昂、热血沸腾。部队浩浩荡荡地进入巴黎，所到之处传来阵阵欢呼之声。此外，由于波旁王朝的阻击部队曾经都是拿破仑的旧部，他们见到拿破仑归来纷纷归附。到3月12日，拿破仑未损一枪一弹，顺利进入巴黎。此时他的队伍也由最先的1000多人扩展到了15000人。路易十八见大势已去，便携家眷和亲信逃出了巴黎。3月19日，拿破仑在万民的欢呼声中再次登上了王位，开始了他的“百日王朝”。

反法联盟的各国首脑顿时惊恐万分，赶忙放下各自的利益纠纷，将矛头指向了统一的敌人——拿破仑；同时他们迅速集结兵力，并于3月25日组成了第七次反法联盟。

6月20日左右，反法盟军约定开始行动，而拿破仑一方也做好了充足的准备。到6月上旬，拿破仑的军队已发展到18万人。而这并没有让拿破仑感到满足，他希望能在6月底之前集结50万大军，这样才能为胜利做好保障。然而，令拿破仑感到遗憾的是，那些富有作战经验的老将已经不愿再为他效力。这样的结局对法军来说，是非常不利的。

6月16日下午2时，反法盟军如暴风雨般席卷而来，拿破仑带领将士慌忙应战。经过一番苦战，法军占领了林尼村，切断了普军的防线。但拿破仑却错误地认为普军败局已定，便下令让法军休息一日。殊不知，这样正错失了歼灭普军的最好机会。逃散的普军在瓦弗方面重新集结，再次对法军构成了威胁。而另一面，英军首领威灵顿听到布吕歇耳战败后，担心孤军作战，便迅速撤退到滑铁卢方向，拿破仑的军队也尾随英军而去。

之后，被拿破仑击溃的普军也重新集结，他们兵分两路，一面增援滑铁卢附近的英军，一面直接围攻法军右翼。而英军也做好了充足的准备，在首领威灵顿率领下，6 万多战士和 156 门大炮，在滑铁卢村南摆好了阵势，等待着拿破仑的到来。

滑铁卢之战是双方的一次决战。拿破仑只率领了 7 万士兵和 270 门大炮，再加上天下大雨，这些大炮仅有一小部分进入了阵地。拿破仑正确分析出英军的弱点就在中段，于是他决定佯攻英军右翼而重点攻击中部。

6 月 18 日上午 11 时，法军向英军展开了炮轰。下午 1 时，正当拿破仑按照计划向英军中部进攻时，异端突生——布吕歇耳率一部分普军及时赶到。面对这种情况，拿破仑不得不从预备队中抽出两个骑兵师迎战布吕歇耳。而英军方面也顽强抵抗，双方的损失都很大。到了下午 6 时，被称为“勇士中的勇士”的内伊元帅接受了拿破仑“不惜一切代价攻克英军中部”的指令，突破重重包围，终于占领了圣拉埃村。此时，英军已经疲惫不堪，法军也无力再战。他们现在能做的就是等待，等待援军的到来。哪方的援军能够最先到达，哪方就能够取得最后的胜利。

到了黄昏时分，终于有一大队人马从远处飞驰过来，双方祈祷着到来的是自己人。然而，上天是注定要让这头纵横荒野的雄狮要战败于此。是的，赶来的队伍正是普鲁士大军！最终，拿破仑和他的军队全军溃败。拿破仑逃出战场，从此一蹶不振。

1815 年 6 月 21 日，拿破仑带着残兵败将回到了巴黎，紧接着百万反法联军汹涌而来。7 月 7 日，联军进入巴黎，拿破仑再次被迫退位，结束了“百日执政”。不久，他被流放到了大西洋南部的圣赫勒拿岛。1821 年 5 月，这位叱咤风云的荒野雄狮在孤独抑郁中死去。

美国南北战争

美国的南北战争可以说是战争史上的一个新篇章：首先，它是第一个以工业化为标志的战争；其次，它是蒸汽时代的一次革命；最后，它是工业革命后一切军事发展的总试验。如此，我们便不得不对美国南北战争的定义进行全新的思考。

如今，美国南北战争已经被习惯称为美国内战。其实不然，这场发生在美国北方联邦政府各州与南方种植园奴隶主之间的冲突，其根本原因是因为美国南北方之间在经济、社会、政治和地理等诸多方面的差异，以及不同阶层之间的利益矛盾所引起的。因此，这场战争是叛乱还是革命，还很难做出定论。

19 世纪中叶，北部资产阶级雇佣劳动制与南部种植园奴隶制之间发生了矛盾。随着时间的推移和社会的发展，双方之间的矛盾愈发尖锐，最终引起了政治、经济上的对立。1860 年，林肯被推选为总统。由于他在思想上反对黑人奴隶制，从而导致了南部多个蓄奴州相继脱离中央统治。1861 年 2 月 8 日，这些脱离出去的蓄奴州联合成立了“美利坚诸州同盟”（简称“南部同盟”）政府，杰弗逊·戴维斯被推选为总统。之后，南部同盟便制定了宪法。至此，国家分裂的局面已经形成。北部的联邦政府坚决反对南部种植园奴隶主的武装叛乱，并决心维护联邦统一。

4 月 12 日，南部同盟军炮击萨姆特要塞，首先挑起内战。4 月 15 日，北部联邦政府发布讨伐令。至此，美国内战全面爆发。战争开始后不久，弗吉尼亚、北卡罗来纳、田纳西、阿肯色四州又相继宣布退出联邦，加入了南部同盟。这样一来，南方的力量就进一步得到了增强。在战争初期，南方军队取得了很大的优势。7月，北部联邦军队在马纳萨斯战役中遭到了重创，损失非常严重。无奈之下，林肯政府准备重新调整军队。

之后，林肯政府又采取了一系列积极措施，以鼓舞人民的参战热情。比如1862年5月颁布《宅地法》，9月发表的《解放黑奴宣言》……这些法令的颁布，促进了工人、农民的积极性，尤其是黑人奴隶，他们参军的积极性空前高涨。北方力量逐步强大起来，战争的天平倒向了林肯。

1863年7月，联邦军先后在葛底斯堡战役、维克斯堡战役中取得了胜利，打败南部联盟军。1864年3月，格兰特被林肯任命为全军总帅。1864年5月，10万联邦军队在谢尔曼将军统率下向南部进军。到1865年4月3日，格兰特也率领队伍攻占了南部同盟首都里士满。4月9日，南部联军统帅罗伯特·李缴械投降。至此，南北战争全面结束。

从本质上说，南北战争是美国资产阶级民主革命的继续，是一场保卫国家统一的战争。这张战争维护了人民的利益，符合历史发展的趋势。尽管南方的发展在这次战争的影响下产生了极大的副作用，但是，从长远意义来看，南北战争的结果是有利的。首先，它废除了阻碍资本主义经济发展的奴隶制，使联邦政府更加强化。其次，它使国家经济一体化发展开始形成，使美国的资本主义得到进一步发展。同时，它还为美国成为下一世纪的世界强国奠定了雄厚的基础。

铁血宰相俾斯麦

1862年6月，在普鲁士的议会上，新任首相兼外交大臣俾斯麦正在发表演讲。平时普鲁士的议员们在议会上总是争吵不休，但这一次，这位新首相的演讲吸引了他们。

俾斯麦在演讲中说："德国应该掌握的不是普鲁士的自由，而是权力。为了实现这个目标，普鲁士必须积聚自己的力量，等待最好的时机，这样的时机我们已经错过了好几次。当代的重大问题不是凭借议论和多数人投票就能够解决的，很多时候不可避免要通过一场斗争来解决，一场铁与血的斗争！"

俾斯麦的演讲震惊了所有人，人们纷纷叫他"铁血宰相"。但很多人并不看好他的未来，连普鲁士国王威廉一世在听了俾斯麦的演讲后都说："我很清楚结局，他们会在歌剧广场我的窗前砍下你的头，过些时候再砍下我的头。"

俾斯麦毫不迟疑地回答道："既然难免一死，为什么不体面地死去？……必须抗争到底！"

从这些故事中就能看出俾斯麦的性格。

俾斯麦从小便是这种天不怕地不怕的性格。1815 年 4 月 1 日，俾斯麦出生于普鲁士一户大容克贵族世家，从小便受到了良好的教育。在他 8 岁的时候，父母将他送到了柏林小学读书，他的同学大多都出身于资产阶级家庭，所以纷纷排挤他这样一个容克贵族的子弟，因此他的童年以及中学时期十分痛苦。为了排解这种痛苦，他努力地学习知识，先后学会了英语、法语、俄语、波兰语、荷兰语，使他成为一个语言的天才，并为他日后成为外交官奠定了基础。

俾斯麦不到 17 岁便进入了哥廷根大学，他对大学的生活非常不满意。在读大学期间，他经常腰间佩剑，牵着一只大狼狗，到处惹是生非。因为胡闹，他与同学做过 27 次决斗。后来，俾斯麦转到柏林大学学习法律，毕业后成为了一名律师。但由于讨厌律师工作，他转而进入政府任职，当上了书记员。

担当书记员的时候，俾斯麦与一位贵族女子订下了婚约，为了筹钱结婚，他欠下一屁股赌债后被迫回到家乡。不久，俾斯麦进入政界，凭借他的才能当了外交官。他先后担任过普鲁士邦驻德意志联邦代表会代表、驻俄公使以及驻法公使。后来威廉一世上台，又将他任命为首相。

在议会发表铁血讲话之后，俾斯麦面对议会一贯的钩心斗角也没有任何办法，他也解决不了议员之间的冲突。既然解决不了这些问题，俾斯麦便决定用德国的统一大业来转移议员的视线。为了达到统一德国的目的，俾斯麦先后发动了三场战争。

第一次战争，俾斯麦首先将战火烧到了丹麦。丹麦位于德意志的北边，经常插手德意志的事务，因此俾斯麦要统一德国，首先便要解决丹麦的纠缠。在普丹边境，有两个地方分别叫作石勒苏益格和荷尔斯泰因，这里的居民大部分都是德国人。俾斯麦立即以此制造争端，与丹麦开战。

普丹战争的时候，俾斯麦又开始关注到奥地利，他故意与奥地利结盟共同攻打丹麦，这一方面可以逼使丹麦放弃这两个地方；另一方面，在战后分享战利品的时候，奥地利看似得到了荷尔斯泰因，但荷尔斯泰因的地理位置处于普鲁士的包围圈之中，凭借这个事件，俾斯麦在对付完丹麦之后，很快就将矛头指向了奥地利。

1866 年普鲁士对奥地利开战，在萨多瓦战役中，普鲁士获得了决定性的胜利，两国签订了布拉格和约，奥地利退出德意志联邦。普鲁士则顺利兼并了荷尔施泰因，以及战争中站在奥方的几个德意志联邦诸侯国，统一了德意志的北部和中部，建立起普鲁士领导下的北德意志联邦。

如此一来，普鲁士统一德意志的最后一个对手，便只有法国了。

法国当时的皇帝是骄傲而且愚蠢的拿破仑三世。1870 年 7 月 19

日，俾斯麦只用了一点小技巧，便挑拨法国向德国宣战。在战争之前，拿破仑三世还吹嘘道，这次战争只是“到柏林的军事散步”。但是他忘了，自己并不是拿破仑一世，对手也不是昔日的德国人，而是一辆崇尚铁与血的德国战车。

1870 年 9 月 2 日，德军在色当一举大败法国，俘虏了拿破仑三世。从此，统一德意志已经毫无障碍。俾斯麦派兵进入巴黎，威廉一世在法国凡尔赛宫的镜厅中登基，宣告德国的统一以及德意志帝国成立，同时还从法国获得 50 亿法郎的战争赔款和两个州的土地。俾斯麦也同时担任德意志帝国的宰相。

德国统一之后，俾斯麦依然推行他的铁血政策，甚至还帮助新成立的法国政府消灭巴黎公社。1890 年，因为与威廉二世政见不合，俾斯麦向威廉二世提出辞呈，宣布下野。下野之后的俾斯麦曾和中国来访的李鸿章交流执政经验，据说李鸿章还曾向俾斯麦倒苦水，诉说太后掌权的苦恼。1898 年，83 岁的俾斯麦在故乡逝世。

日本明治维新

19 世纪后半期，在资产阶级革命席卷整个欧洲的同时，亚洲的日本也发生了重大的变革。这次变革在政治、经济、思想文化等领域都有了全新的变动，这是适应了社会发展潮流，以推行资本主义新政为目的的革新运动。因为其开始于明治年间，因此被称为“明治维新”。

在此之前，日本曾是一个闭关自守、封建落后的国家。一度以“神国”自居，其意就是希望成为“诸神保护的国家”，而天皇则是神的化身。但由于实际权力都掌握在世袭的将军手里，天皇就成了表面上拥有至高无上权力的傀儡。“忠君报国”“效忠天皇”的思想也成了当时日本社会的最高道德准则。

1603 年，德川家康消灭了其他的割据势力，并赢得“征夷大将军”的称号。随后便在江户设置了幕府，从此德川家族一统天下。当时全国最高的土地权就控制在幕府将军手里，这样，幕府就成为当时最大的封建领主。此外，幕府还掌握了全国的商业和矿山，垄断着对外的贸易，控制着整个国家的经济命脉。另一方面，虽然德川幕府在政治上只是“大将军”，但实际上却是自称“大君”的统治者，根本没有将天皇放在眼里。后来，德川幕府为了加强自己的统治，大肆掠夺土地，扩建自己的军队。除此之外，幕府将军又对等级做出了新的划分，按照“士、农、工、商”四民的次序，把农民划在武士之下。这样一来，在等级身份制度的严格限制下，农民的生活更加悲惨，甚至还出现了30 多万被称作“非人”和“秽多”的贱民，他们被排斥在士、农、工、商阶层之外，过着水深火热的生活。

此外，幕府还拼命鼓吹儒家思想，推崇程朱理学为国学，以禁锢人民的思想，压制他们的反抗情绪，从而达到巩固自己统治的目的。这还不止，德川幕府还推行闭关自守的“锁国”政策，妄图把整个日本严密地封闭起来。

德川幕府原以为经过这样缜密的安排，就可以一劳永逸、高枕无忧。然而他万万没有想到，日本发展到 18 世纪后期，居然出现了一批新兴的地主阶级和商业资本家。他们为了摆脱幕府封建统治，在政治上争取有利的地位，便逐渐对幕府的制度产生了强烈不满。再加上广大的人民群众对苦难生活极度不满，反抗情绪也日趋高涨，农民起义和市民暴动此起彼伏，幕府统治已经岌岌可危！

正当幕府统治面对如此困境时，西方殖民主义列强的脚步也纷至沓来。1853 年，美国海军将领柏利率领舰队闯进江户湾，日本被迫开港通商。幕府在列强炮火的压力之下，连续与列强签订了一系列的不平等条约和关税协定，使国家主权和民族利益受到了侵害。在这种条件的影响下，大批农民和手工业者因为外货的倾入而纷纷破产，日本人民的处境变得更加痛苦。内外交困的日本，民族矛盾和阶级矛盾极度激化，一场推翻幕府统治、争取民族独立的战争迫在眉睫。

1865 年 12 月，“农民骑兵队”在长州藩倒幕派高杉晋作率领下击败保守派，夺取了藩政权。随后，萨摩藩倒幕派西乡隆盛、大久保利通等人也控制了部分藩权。很快，这两股力量就结成了倒幕联盟，成为全国倒幕运动的核心。为了调动农民、商人及中下级武士的积极性，他们在政治、经济方面进行了全面改革。同时，为了能够和幕府军队相抗衡，他们还在军事上对自己进行武装，向西方购置大量的先进武器。

没过多久，对倒幕派进行压制的孝明天皇去世了，年幼的睦仁（明治）继承了天皇之位。而这时的宫廷形势倒向了倒幕派一方。1867 年 10 月，萨摩、长州、安艺三藩倒幕派在京都召开了秘密会议，他们决定用年幼的明治天皇的名义进行武装倒幕。这样，他们一方面继续扩充兵力，一方面同天皇秘密取得联系，以图通过宫廷政变的方式，将德川将军赶下台去。

此时的明治天皇虽然年纪不大，却很有见地。他对幕府长期把持朝政的行为感到十分不满。当他听到倒幕派提出的请求时，当即就答应与倒幕派联手，共同推翻幕府统治。于是，明治天皇写了一份“讨幕密诏”，交到大久保利通等人的手里。

接到密诏后，大久保利通等人紧急召集了倒幕派的重要人物，并于 1867 年 10 月上旬的一天，在京都天皇宫中商讨了具体对策。

而此时的德川庆喜也听到一些风声，他发觉形势已经对自己不利，于是便决定先发制人，主动请辞，以免与改革派发生正面冲突。

1868 年 1 月 3 日，西南各诸侯率兵包围了皇宫，解除了德川幕府在后宫警卫队的武装。年少的明治天皇当即召开了御前会议，宣布“王政复古”，将国家大权全部收归到自己手中。之后，他颁布诏书，宣布建立由他领导的新中央政府，并委派西乡隆盛和大久保利通改革派主管政事。

德川庆喜则连夜逃出了京都，退居到大阪。但他并没有就此罢休，待他集齐所有兵力后，又杀气腾腾地冲向京都。以“解救天皇，清除奸臣”为旗号，兵分两路，夹击京都。明治天皇方面，大久保利通、西乡隆盛和木户孝允寿等人则以萨摩、长州、安艺诸藩的武装力量为主，在京都附近的鸟羽、优见两地迎击了德川军队。此时的政府军队早已今非昔比，他们装备精良、士气高涨，而且他们早已占据了有利地形，并且架起了巨炮，静候着幕府军的到来。

夜半时分，两军在此相遇，随即展开了激烈的厮杀。幕府军虽然人数众多，但军心涣散，士气低落，双方刚刚交战，便四散溃逃，而政府军却士气高涨，越战越勇。

再加上之前改革派提出的“减免租税”“四民平等”等口号，早已将农民和商人争取到了自己这边。因此，政府军的各种军用物资得到了充足的保证。甚至有许多市民找出土枪、土炮等武器直接参战。德川庆喜眼见幕府军败局已定，便仓皇撤退，逃到了江户。然而，政府军却不给对方任何喘息之机，迅速包围了江户。无奈之下，德川庆喜只能放下武器向天皇投降。至此，统治日本200年之久的幕府彻底垮台。

1868年4月6日，明治政府颁布了《五条誓文》，6月又颁布了《政体书》。这些条令都明确地提出推行资本主义新政的方针。从1868年至1873年，日本又进行了大刀阔斧的维新运动。然而，由于当时日本封建统治和资本主义之间的矛盾尚未被激化到不可调和的程度，再加上资本主义的发展水平不高，资产阶级的力量相对软弱，尚未形成独立的政治力量。国家的领导权便渐渐落入中下级武士手中，虽然他们已经资产阶级化了，但他们的内心依然保留着浓厚的封建意识，这就导致了日本发展为后来的军事封建的帝国主义。

“红衫军”远征和意大利统一

意大利的政途发展向来都不是那么顺利，即使是近代的意大利依然还是个分崩离析的政治实体，没有像英、法那样形成一个民族统一的国家。到 19 世纪上半期，意大利共存在 8 个邦国和地区。但这 8 个邦国和地区中，只有西北部的撒丁王国处于意大利人萨伏伊王朝的统治下。东北部的伦巴底和威尼斯是奥地利帝国的一个总督辖区。中部的帕尔马、摩地纳和托斯坎那三个小公国也在奥地利的统治之下，更是以依附性条约的形式同奥地利联系在一起。南部的两西西里王国则处于西班牙波旁王室的专制统治下。最后一个，便是一直由罗马教皇实行世俗统治的教皇国。1848 年，在欧洲革命中，罗马曾建立共和国。在共和国的牵制下，教皇庇护九世曾一度逃亡，不敢回国。然而，共和国却因为遭到法国的武装干涉而最终走向了失败，教皇也因此重新建立政权。与此同时，法军开始长久进驻罗马。

19 世纪 30 年代至 40 年代，意大利的工业资本主义取得了很大的发展，资本主义经济也迅速高涨起来。北部地区使用机器生产的工厂企业越来越多，其中纺织业的发展最为显著。在工业的带动下，意大利的农业资本主义也取得了发展。一些开明的地主阶级开始改变经营方式，使用雇工，建立起资本主义农场。

尽管如此，意大利的资本主义发展依然受到了极大的阻碍。其中最重要的原因，就是在外国统治与压迫下所造成的政治分裂局面。这种分裂的政治局面严重妨碍了统一资本主义市场的形成。因此，一场革命的爆发在所难免。此时，奥地利控制着意大利的大部分领土，所以想要实现意大利的统一，就必须摆脱奥地利的奴役和控制。只有这样才能建立一个独立、统一的意大利民族国家，才能彻底消除政治分裂的局面，才能消除阻碍资本主义发展的屏障，使资本主义得到真正意义上的发展。

在资本主义发展的带动下，意大利的民族意识开始逐渐苏醒。拿破仑的入侵更是给意大利民族带来了巨大的浩劫和灾难，这使得意大利民族意识逐渐增强。不同邦国和地区的居民都开始把自己看做是真正的意大利人。再加上拿破仑的残暴统治，意大利人的仇恨心理日益严重，他们想要驱逐外国势力，拥有自主管理国家的权利。

1852 年，加富尔出任撒丁王国首相，并进行了一系列行之有效的改革，撒丁王国的实力也随之得到了增强。因此，一场以自由派领导的、撒丁王国为核心的自上而下的王朝战争就此开始。

意大利统一过程中，首先要面对的就是欧洲强国奥地利。由于实力差距较大，加富尔想要依靠法国的帮助，把奥地利从意大利的土地上驱逐出去。1858 年 7 月 21 日，加富尔和法国皇帝拿破仑三世在法国南部小镇普隆比埃尔举行了会晤，双方约定：法国出兵帮助撒丁王国将奥地利逐出伦巴底和威尼斯后，撒丁王国要将威尼斯和萨伏伊地区作为报酬，交由法国管理。

1859 年 5 月，战争爆发。法撒联军在与奥地利的战争中，接连取得了马詹塔和索尔菲里诺战役的胜利。最初，拿破仑三世之所以肯出兵帮助撒丁王国，并不是想要帮助意大利实现统一，而是希望借助意大利来打击世仇奥地利，并将法国势力进一步渗透到意大利。但当他看到意大利革命推向了高潮，而奥地利的实力依然非常强大时，便决定不再出战。1859 年 7 月，拿破仑三世背着撒丁王国秘密同奥地利签订了《维拉弗兰卡协定》。规定奥地利将伦巴底割让给法国，然后由法国转交给撒丁王国，但奥地利仍保有对威尼斯的统治权。在法国的胁迫下，撒丁王国只能接受这项协定，并把威尼斯和萨伏伊割让给法国。就这样，意大利的利益被拿破仑三世出卖了。

虽然这次战争没能彻底将奥地利赶出去，但撒丁王国毕竟收回了伦巴底，这对撒丁王国来说这意味着意大利统一已经走出了关键性的第一步。1860 年 3 月，意大利中部各邦——托斯坎那、帕尔马和摩地纳进行了全民投票，与撒丁王国正式合并。这使得意大利统一得到了突破性的进展。

1860 年，在北方形势的影响下，两西西里人民也发动了起义，意大利的统一运动再次涌现出高潮。就在此时，富有传奇色彩的加里波第也迅速组织了一支由资产阶级民主派支持的“千人志愿军”，历史上称其为“红衫军”。这支队伍在加里波第的率领下，于同年 5 月南下远征两西西里，一路上所向披靡，很快占领了两西西里王国首都那不勒斯。11 月 7 日，撒丁王国国王维克多·埃曼努埃尔二世在加里波第的陪同下进入了那不勒斯，并于 1861 年 3 月 17 日成立了意大利王国。维克多·埃曼努埃尔二世成为意大利国王。

虽然已经顺利成立了意大利王国，但包括罗马在内的大部分教皇国依然处于意大利王国统治之外，再加上奥地利还把控着威尼斯地区，所以，意大利的统一运动尚未真正完成。

1866 年，普奥战争爆发，意大利协同普鲁士共同对奥作战，奥地利战败。不久，奥地利根据《维也纳条约》的内容，将威尼斯归还给意大利。

1870 年，普法战争爆发。在种种形式的压力下，拿破仑三世不得不调回罗马的法国驻军。9 月，意大利军队进入了教皇辖地之内。在公民投票的决议下，意大利合并了罗马，教皇的世俗权力被剥夺，并避居至梵蒂冈。至此，意大利终于实现了民族的统一。

同德国一样，意大利的统一也是以“自上而下”的道路来完成的。同时，这样的统一也留下了很多的后遗症。如世代永佃制的封建土地制度被保留下来，这对经济上的发展起到了极大的阻碍作用。在政治上，君主立宪政体的建立，国王世袭保留下来了很大的权力，而众议院的选举也要有一定的财产才能具有资格。也就是说，政权实际上是操纵在大资产阶级和大地主手中。但无论如何，意大利的统一的确推动了历史的进步，为资本主义的发展扫清了障碍。此外，统一后的意大利各邦间的关税壁垒宣布消除，并且开始实行统一的度量衡制度和货币制度，再加上之后铁路和公路建设的蓬勃开展，逐渐促使意大利形成了统一的民族市场，使意大利的资本主义经济得到长久的发展。

“解放者”玻利瓦尔

玻利瓦尔出生于一个十分富裕的白人家庭，从小就接受了良好的教育。但他却有一个很远大的梦想。他为了赶走西班牙殖民者，解放当地黑人，并建立自己的国家，曾经亲自组织军队，两次建立共和国。虽然最后都以失败而告终，但他并没放弃自己的梦想。之后，他逃到牙买加避难。不甘失败的他决定求助于海地总统，发动第三次武装斗争，决心要解放委内瑞拉、新格兰纳达、厄瓜多尔和秘鲁等地。

1816 年 1 月的一天，玻利瓦尔乘船来到了海地求见海地总统佩蒂翁。经过一番密谈，佩蒂翁答应了玻利瓦尔的请求。玻利瓦尔以他诚恳的语言和坚定的决心打动了海地总统佩蒂翁，获得了 7 艘战船和大批武器弹药。在得到这些以后，玻利瓦尔当即对佩蒂翁表示，一定会像海地解放黑奴那样解放委内瑞拉的黑人。

两个月后，一支 200 多人的队伍乘船来到了委内瑞拉北海岸，迎接他们的不是别人，正是玻利瓦尔。此时的玻利瓦尔激动万分，因为他看到了希望。之后，玻利瓦尔组织了一批爱国军。在一番周密的思考和部署之后，玻利瓦尔决定先袭击委内瑞拉的首府加拉加斯，然后再向内地进军。然而，就在他们刚刚登陆时，遭到了西班牙军队的火力封锁。最终，玻利瓦尔的第三次军事行动再次以失败结束。

半年后，经过前几次的失败，玻利瓦尔开始了全新的计划。他再次从海地渡海南下，并且宣布废除奴隶制度，准备号召黑人奴隶起来一起战斗。不仅如此，玻利瓦尔还放弃了攻打加拉加斯的计划，而是将军队带到了奥里诺科河流域的东部地区。因为这里有茂密的森林和纵横交错的河流。这样，他们不仅可以袭击敌人，而且还可以在战争不利的时候使自己的部队得到很好的隐蔽。再加上这里的一片大草原，彻底隔开了与加拉加斯之间的交通。这样，他们就不必再害怕西班牙的军队进行增援。之后，玻利瓦尔的队伍一连打了好几次胜仗，并在该地区站稳了脚跟。第二年，玻利瓦尔又颁布了“没收西班牙王室财产，分给爱国军的士兵”的政令，这一政令的颁布得到了黑人、农民、手工业者以及小资产阶级的大力支持。之后，草原上的牧民也加入了队伍，和爱国军共同战斗。

1818 年 10 月，玻利瓦尔在安哥斯德拉城召开了委内瑞拉国会，宣布成立第三共和国。1819 年 5 月，玻利瓦尔又率领 2000 名骑兵和步兵，与西班牙军队展开了一场激战。最终，爱国军打败了西班牙的军队，玻利瓦尔也乘胜占领了波哥达。此后，爱国军便频频报捷。至此，南美洲的大部分地区都得到了解放。之后，南美洲便成立了“大哥伦比亚共和国”。该共和国包括新格兰纳达、委内瑞拉和厄瓜多尔，而玻利瓦尔则因为功绩卓著被推举为最高领袖。

《共产党宣言》

1836年，居住在巴黎的一些德意志流亡者秘密组织了“正义者同盟”。该组织的成员大部分都是手工业者，他们经常进行秘密的革命活动，并且对外宣传他们的思想。这个被称为“正义者同盟”的组织，也就是“共产主义者同盟”的前身。

1847年的一天，“正义者同盟”总部发生了一场激烈的争论，他们争论的焦点是：是要全盘接受马克思和恩格斯的思想，还是全部否决。很多人都因为马克思和恩格斯不是同盟的成员，坚持要全盘否定。对此，同盟的高层人士展开了激烈的争论，纷纷将自己的想法表达出来。最终，马克思和恩格斯的思想体系得到了大多数人的拥护。之后，同盟代表约瑟夫·莫尔被派去拜见马克思和恩格斯。而他此行的目的，就是希望可以邀请马克思和恩格斯一同参加同盟会议。

在约瑟夫·莫尔找到马克思后，他诚恳地表达了自己的来意。马克思听后，态度坚决地告诉他：“我愿意接受同盟的邀请，全力配合你们的工作，但要求同盟同意我一个条件，那就是同盟将原有章程中所有助长迷信权威的东西全部摒弃，因为那些东西是和科学的世界观、无产阶级的事业相抵触的。”

约瑟夫·莫尔将马克思的意见传达给“同盟”，“同盟”表示愿意接受。之后，“同盟”诚恳地请求马克思为其编写一个宣言，之后便正式改组“同盟”。马克思接受了他们的请求，并对同盟的信任表示感谢。之后，约瑟夫·莫尔找到了恩格斯，说明了一切，而他也得到了满意的答复。

一直以来，恩格斯与马克思二人之间，都在密切地关注着“正义者同盟”的活动情况。在当时欧洲的许多工人团体和共产主义小组中，“正义者同盟”带来的影响是最大的。最为明显的就是它的思想和宗旨要比他们的组织和社团进步很多。当然，同盟中也存在着陈旧的宗派主义传统。因此，若想让其成为国际无产阶级革命斗争的领导组织，首先就要对其内部进行彻底的改组，然后让科学共产主义的理论引领世界，通过无产阶级去改造整个世界。而现在，便是一个最好的契机。马克思和恩格斯经过艰辛的工作，为同盟的全面改组做好了充分的准备。1847 年 6 月，正义者同盟首次代表大会在伦敦召开。在大会上，恩格斯根据事先同马克思商量好的计划，与威廉・沃尔佛一起指导同盟的改组工作。

后来，在马克思和恩格斯的提议下，大会正式将“正义者同盟”更名为“共产主义者同盟”。另外，此次会议还通过了恩格斯起草的同盟章程。1847 年 12 月 29 日，马克思和恩格斯又在伦敦共同出席了共产主义者同盟召开的第三次代表大会。之后两人便积极地投入到了工作中。1848 年 2 月，《共产党宣言》一书宣告完成，并且发表。这部宣言是科学社会主义的第一个纲领性文件，它对共产主义理论进行了系统全面的阐述。很快，《共产党宣言》就成为全世界无产阶级斗争的总纲领。从此，我们可以毫不夸张地说，一个声音已经回旋在了全世界的上空，那就是“全世界无产者联合起来”！

第二次工业革命

19 世纪 70 年代到 20 世纪初，科学技术得到了飞速的发展，人类历史上发生了一次新的工业革命。即“第二次工业革命”。

随着第一次工业革命的爆发和资本主义的发展，自然科学也取得了重大的突破，并与生产技术更好地结合在一起，科学原理也被转化为技术直接运用到生产中。在这一时期，世界市场和资本主义世界体系已经初步形成，商品的需求量也越来越大。因此，人们渴望有更好的机器和更强大的动力来实现这一目的。这就使第二次工业革命的发生成为可能。

第二次工业革命的主要标志就是电力的广泛应用。1866 年，德国人西门子制成了发电机。1870 年，比利时的格拉姆又发明了电动机。从此，电力就成了一种带动机器的新能源。与此同时，一些以电为能源的产品也迅速被发明出来，如：电灯、电车、电报、电话等。而这一切的基本条件则是电力的供应。于是，法国人马·德普勒发明了远距离送电的技术；美国发明家爱迪生也建成了世界上第一座火力发电站。至此，制造发电、输电和配电设备的电力工业已经迅速发展起来了。

除此之外，内燃机的发明与应用也是第二次工业革命的一个重要表现。19 世纪 70 年代到 90 年代间，德国人奥托、戴姆、狄塞尔先后发明了以煤气为燃料的四冲程内燃机、以汽油为燃料的内燃机和柴油机。交通工具所需的发动机问题也就此解决，并引起了这一领域的革命性变革。19 世纪 80 年代，世界上诞生了第一辆汽车；19 世纪 90 年代，汽车工业在世界上很多国家得到迅猛发展。此外，汽车工业的发展还带动了内燃机车、远洋轮船、拖拉机和装甲车、飞机等的制造和使用。同时，石油开采与炼制业也在内燃机的发明之后，迅速地发展起来。

与此同时，化学工业也在历史舞台上绽放了魅力。随着第二次工业革命的展开，无机化学工业、有机化学工业也相继建立和发展起来。在此基础上，人们又制造和生产出了纯碱、硫酸以及煤焦油等化学物品，并促成了一系列新发明和新产品的出现，如化肥、化学药品、人造染料、人造丝和人造纤维等。此外，作为化学工业重要部门的炸药工业也得到了迅速发展，世界名人诺贝尔便是在这一时期发明了火药和无烟火药。

从传统意义上讲，第二次工业革命可以看作是第一次工业革命的延续。但我们能够看出，无论是在规模、深度还是在影响上，第二次工业革命都远远超过了第一次工业革命，甚至还出现了一些新的特点。

第一，第二次工业革命和第一次工业革命相比，科学基础更加坚实。可以毫不夸张地说，第二次工业革命的所有成果都是在科学技术运用于生产实践后创造出来的。可想而知，如果没有热力学、电磁学、化学等的突破性成就，就不可能会出现新的工业革命。在这里，科学技术是第一生产力的原理得到了充分的体现。

第二，这次工业革命的侧重点主要是基础工业、重工业、化学工业和能源工业等，经济改造能力和社会改造能力有了极大的增强。一些主要资本主义国家更是走向了工业化的道路，城市人口开始远远超过农村人口。

第三，此次工业革命几乎是在几个大国间同时进行的，而第一次工业革命则是先发生在英国，继而才在其他国家发生的。同时，这次各国间的工业革命又相互联系，无论是哪一国的重大发明，都会很快被别国所吸收。

这次工业革命后，人类社会进入了电气时代，生产力得到了巨大的发展。同时，这次工业革命还改变了资本主义原始的工业结构，造就了一批新的工业部门。如电力工业、石油开采业、石油化工业、汽车制造业等重工业。并且，重工业在资本主义工业体系中所占的地位也日益增强，并逐渐取代了轻工业。此外，随着生产力的高度发展，生产和资本日趋集中，最终导致生产关系发生了变化，并产生了垄断组织。紧接着，垄断经济便成了整个国民经济的基础，而世界上的一些主要资本主义国家则开始进入了帝国主义阶段。伴随着这种情况的日益严重，资本主义的经济发展变得越来越不平衡。英国和法国等一些老牌的资本主义国家经济发展变得相对缓慢，而美国和德国等一些新兴的资本主义国家则发展得非常迅速，工业总产值甚至超过了英、法，成为世界前列。因此，这些逐渐强大起来的帝国主义国家为了自身的需求与发展，开始了世界霸权的争夺和对殖民地的掠夺，这就加深了各国列强之间的矛盾，并最终酿成了第一次世界大战。

英布战争

1867 年，一个小孩在南非奥兰治河畔玩耍的时候，偶然之间看到一块晶莹的石头，便捡回家去。后来一个荷兰人后裔农场主将这块“石子”带回欧洲，经过鉴定之后证实，这并不是一块“石子”，而是钻石。

消息传出之后，很快在欧洲引起了轰动，西方人纷纷前往南非。随着涌入人流的增加，不断传来发现金刚石的消息。1869 年，又发现一颗当时价值高达 62.5 万法郎的大钻石，从此，南非便成了欧洲人眼中金刚石的产地。

1884 年和 1886 年，人们又在南非的德兰斯瓦尔境内发现了世界上蕴藏量最丰富的金矿。从此，金刚石加上金矿，南非又开始掀起了“黄金潮”。

在南非这块土地上，原本都是荷兰人的后裔，但随着淘金者的增加，英国人多了起来，慢慢地超过了当地的布尔人，也就是荷兰人的后裔。而且英国人还掌握了大部分采矿权，组建了很多大公司。因此，到了 19 世纪末期的时候，英国人觉得很有必要把这块土地攥在自己手里。

而且，英国人已经筹谋了“开普—开罗”计划，要将英属的南北非洲连为一体。为此，1871 年，英国吞并金刚石产区西格利加兰，1877 年又吞并布尔人的德兰斯瓦尔共和国，1877 年到 1878 年，并吞全部卡弗拉里亚和西北部的瓦尔弗士湾。为了阻止布尔人向东部沿海地区发展，英国又于 1878 年夺取了祖鲁兰，消灭了祖鲁人的国家。1887 年，英国最终吞并了祖鲁兰。

到了 90 年代的时候，在英国人的“开普—开罗”计划面前，唯一的障碍便是布尔人的两个共和国—德兰斯瓦尔和奥仑治。

1899 年秋，英国开始在两个布尔族共和国边境集结军队。面对英国毫不掩饰的侵略面目，1899 年 10 月 11 日，布尔人对英宣战，并展开军事行动。

布尔人口不多，因此军队采用民兵制，两个布尔族共和国建立起一支人数为 45000 人左右的联军，装备有从德国购买的步枪、挺机枪和速射炮。

而英国在南非只有不到 3 万人，它采用募兵制补充兵员，武器陈旧，训练很差，纪律松弛，因此在战争初期多次被布尔军队打败。1899 年 10 月，布尔军队攻克了纽卡斯尔和格论科两个城市，包围了莱迪史密斯、马弗京和金伯利。

但是英国实力毕竟强大，可以不断抽调兵力。至 1900 年 1 月底，英军人数已经达到了 20 万。2 月，罗伯茨将军率领英军转入进攻，解除了布尔军队对几个城市的包围，并于 3 月占领奥仑治共和国首都布隆方丹，5 月 31 日又占领德兰斯瓦尔首都比勒陀利亚。

从此，这两个共和国均沦为英国的殖民地，但战争并没有就此结束。同年 10 月，包达和狄维难特率领的两万布尔军队，化成小股“突击队”，展开了顽强的游击战争。然而，由于布尔军队本身也是以殖民者的态度对待当地黑人，他们的反英斗争没有取得土著居民的同情和支持，因此在实力上大打折扣。

英军指挥部为了摧毁游击队的抵抗，将军队扩充到了 25 万人，采取了“焦土”战术，广泛建立了筑垒发射点（碉堡）配系。 1902 年 5 月 31 日，布尔人被迫签订和约，承认德兰斯瓦尔、奥仑治两个共和国并入英国。

日俄战争

明治维新后，日本的实力逐渐增强。之后，日本便有了称霸太平洋的欲望，他们将爪牙伸向了朝鲜和中国。 甲午战争就是其实现这一计划的第一步。 在这次战争中，日本不仅给中国带来了深重的灾难，同时也损害了俄、法、德在远东的利益。之后，沙俄便联合法、德两国，共同逼迫日本退还辽东半岛。因此，日俄之间的矛盾升级，大战一触即发。

1896 年，俄国通过《中俄密约》等多个不平等条约强租了旅顺、大连等地区，中国东北全境已经基本沦为俄国的势力范围。1900 年，在八国联军镇压义和团运动后，俄国独吞东北的野心显而易见，这使得日俄两国之间的矛盾更加尖锐。 1902 年，英日结成同盟，这就成为日本对俄国发动战争的坚实后盾。 1903 年 8 月，日俄两国就针对重新瓜分中国东北和朝鲜的问题进行了谈判。此时的日本已经完成了扩军备战，因为在谈判中态度相当强硬，最终导致谈判破裂。

1904 年 2 月 6 日，日本与俄国断交，并于 2 月 8 日深夜不宣而战。 日本海军舰队用鱼雷偷袭了驻扎在旅顺的俄国舰队。 等到俄国舰队退到港内后，日军便迅速封锁了旅顺港口。

日本此举彻底激怒了俄国，但俄军想要对其进行报复却也着实不易。 在这方面，俄国面临着两个问题：首先，俄军在陆上的支援和补给十分困难，需要经过西伯利亚铁路，再从莫斯科到达旅顺港，路程长达 6000 英里。另一方面，由于西伯利亚铁路被贝加尔湖所切断，运输过来的物资就需要在湖的一面卸下，然后还要通过船运到对岸后再装上列车。这样下来，把一个营的兵力运到旅顺就需要一个多月的时间，这对战争是极为不利的；其次，俄国在东北只有海参崴港和旅顺港两个港口。而海参崴港口在冬季会结上厚厚的冰，根本就不能使用。这样一来，便只有旅顺一个地方能够作为海军基地。综合这些客观原因，以及一些内部的因素，俄国陆军司令克鲁泡特金建议把俄国军主力撤出辽东半岛，集结在哈尔滨。然后等莫斯科的援兵到来之后再进行反攻，解救死守旅顺的俄军。但由于俄军指挥层意见不统一，后来将主力军的集结点改成了辽阳，之后再把兵力向旅顺推进。

与此同时，日本制作了详细的作战计划。日军认识到，此次作战的关键就在于海军。但如果不能在陆上给俄军沉重性的打击，根本无法将俄国的势力彻底赶出满洲（中国东北）。对于日本来说，朝鲜半岛既可以作为一条比较安全的补给线，又可以作为一个进退自如的跳板。此外，制海权对日本也是极为重要的。日本为了避免被俄国在旅顺的舰队驻军切断海上的交通，便主动引诱俄舰队出海大战。日本陆军在舰队的保护下从仁川登陆，之后便迅速控制了朝鲜半岛，并在此建立了稳固的基地。随后，日本用了 3 个军团的兵力从朝鲜湾的北岸登陆，向辽阳进军。这样一来，日军就可以阻止俄军南下的支援。而日本的第四军团则要以最快的速度攻克旅顺，然后北上与前 3 个军团会合，以图在俄陆军增援未到前击败俄军。

5 月初，日本在辽东半岛的大孤山登陆，并于 25 日攻入金州。第二天，日本便攻下了南山高地，并且占领了大连。至此，日本已经完全包围了旅顺港。

之后，日本便采用坑道战、地雷战、炮轰战等方式，连续发动了两次总攻，但都被顽强的俄军所抑制。11 月 26 日，日军向 203 高地发起了第三次总攻，并在数天内进行了大火力的轰炸，终于在付出 11000 人的代价后占领了 203 高地。两天后，俄舰船全部被击毁。

1905 年 1 月 4 日，俄军投降，日军占领了旅顺。之后日军便按照原计划北上与元帅大山会合，投入到对俄国主力的进攻。

2 月 23 日，日军 30 万大军与俄国 31 万大军在奉天展开了一场大规模的会战。双方都挖有堑壕、筑有野战工事，战争进行得相当激烈。3 月 10 日，日军攻克奉天，俄军被迫后撤至哈尔滨。

5 月 9 日，俄国波罗的海舰队驶进了中国海域，27 日被日舰队全部歼灭。同时，俄国这次对日战争的失败还激怒了俄国的许多民众。大多数城市都相继爆发了革命，沙皇专制制度已经岌岌可危。9 月 5 日，日俄两国在美国的调停下签订了《朴次茅斯和约》。合约规定：俄国承认日本在朝鲜的独占利益，同时俄国将辽东半岛的租借权和库页岛南部及附近岛屿让给日本等。

归根结底，日俄战争的本质就是两国为了争夺远东霸权而进行的又一次帝国主义战争。而俄国的战败，又在另一方面加速了俄国国内革命的到来。日本取胜则让其渐渐跻身于世界强国之列，并进一步膨胀了它称霸东亚的野心。以后，美国也走上了争夺亚太霸权的战场。

走进现代的世界

巴尔干火药桶

伴随着欧洲两大军事集团的形成，列强在重新瓜分世界的问题上也发生了严重的分歧。对此，各资本主义强国之间展开了一场激烈的争斗。其中，两次摩洛哥危机的发生就是其中最重要的表现。

摩洛哥位于北部地中海和大西洋沿岸，扼守直布罗陀海峡，历来都是兵家必争之地。20 世纪以后，法国对摩洛哥早已垂涎已久，便加紧了对摩洛哥的扩张。1905 年 1 月，法国向摩洛哥提出了一个方案：希望对摩洛哥的行政、军事、财政等方面进行改革。但却没有想到，德国这时也插足到了这个事件中，于是摩洛哥直接拒绝了法国提出的方案。3 月，德皇威廉二世发表讲话，指出各国在摩洛哥的地位是绝对平等的。这样就很明确地否认了法国在摩洛哥的特殊利益。也正因如此，法、德两国之间的矛盾变得更加尖锐。第一次摩洛哥危机也就在此时出现了。后来，由于德国的国力未能牵制法国，只好放下了对摩洛哥事务的干涉。至此，第一次摩洛哥危机宣告结束。

1908 年，摩洛哥发生了宫廷政变，国内形势一片混乱。法国趁机占领了摩洛哥的卡萨布兰卡，德、法关系再度紧张。随后，德、法之间就摩洛哥问题达成一个暂时协议。即德国承认法国在摩洛哥的特殊政治利益，法国就会保障德国在摩洛哥的平等商业利益。然而，这项协议并没有维持太久。就在 1911 年春天，摩洛哥首都非斯爆发了人民起义。在此情况下，法国以保护侨民和恢复秩序为由，将炮舰开进了阿加迪尔港，将所有军舰的炮口都对准了阿加迪尔，法国的这一举动导致德法关系再度紧张。 随后，第二次摩洛哥危机便爆发了。随着矛盾的升华，巴尔干也逐渐变成了欧洲的火药桶。

1912 年 3 月，保加利亚和塞尔维亚签订了军事同盟条约。 两个月后，保加利亚又和希腊签订了同盟条约。 没过多久，门的内哥罗加入此同盟。 至此，巴尔干同盟正式形成。

在 1911 年至 1912 年的意土战争中，土耳其战败，国力衰退。 见此现状，巴尔干同盟各国便趁机向土耳其宣战，第一次巴尔干战争全面爆发。

战争爆发后，土耳其军队损伤惨重，而其在巴尔干的领土也几乎丧失殆尽。 无奈之下，土耳其只能选择求和，并请求列强进行调停。1913 年 5 月，土耳其与巴尔干同盟在各国列强的调停下签订了和约。土耳其也因为战争的失利而丧失了主动权，其在欧洲的领土几乎被瓜分干净，除伊斯坦布尔及海峡以北的狭小地区之外，其余的大片领土都归巴尔干同盟四国所有。至此，第一次巴尔干战争结束，而那些饱受土耳其奴役的国家的人民也摆脱了民族压迫。

此外，虽然巴尔干同盟取得了战争的胜利，但却因为分赃不均而导致联盟内部产生了严重的矛盾。 1913 年 6 月 1 日，塞尔维亚和希腊结成同盟共同反对保加利亚。 没过多久，罗马尼亚也加入了这一行列，并准备随时向保加利亚作战。 6 月 29 日，保加利亚在奥匈帝国的纵容下，决定先发制人，向塞尔维亚和希腊宣战。 随后，罗马尼亚、门的内哥罗和土耳其也加入了对保加利亚的战争。 至此，第二次巴尔干战争全面爆发。 这次战争没有持续太久。 一个月后，保加利亚战败求和，第二次巴尔干战争也随之结束。

两次巴尔干战争，一方面使这一地区的人民，在很大程度上摆脱了土耳其的民族压迫，一方面也促进了反对奥匈帝国统治的解放战争的爆发。 就在这时，波斯尼亚和黑塞哥维那人民要求摆脱奥匈帝国统治，并希望与塞尔维亚合并以建立起一个大塞尔维亚国家。这就使得奥、塞之间的矛盾迅速加剧。奥匈帝国对此更是采取了极端的态度，不仅极力阻止塞尔维亚的扩张，更扬言要出兵消灭塞尔维亚。俄国为了对抗奥匈，竭力地支持塞尔维亚。在不同的利益的驱使下，德国也加入了战争之中。就这样，巴尔干再次成为各种矛盾的焦点和第一次世界大战前最敏感的地带。

萨拉热窝的枪声

1914 年6 月28 日，这一天是星期天，波斯尼亚首府萨拉热窝风和日丽，奥匈帝国皇储弗兰茨·斐迪南大公携妻索菲亚来这里做特别访问。这块土地是奥地利6 年之前吞并的，本地人对他充满了仇恨，并酝酿着刺杀他的阴谋。

塞尔维亚政府事前已经发觉了刺杀斐迪南的苗头，并担心这一事件可能导致可怕的后果，于是塞尔维亚政府试图阻拦“黑手会”的人出境，又通过本国驻奥匈公使提醒奥匈政府注意，如果斐迪南前往波斯尼亚将会有生命危险。但是奥匈政府对这一警告却不置一顾。

6 月28 日清晨，“青年波斯尼亚”组织便在斐迪南所要经过的大街上布置了7 名刺客。上午10 点左右，斐迪南夫妇在城郊检阅军事演习之后，乘坐敞篷汽车悠然自得进入萨拉热窝城。一列皇室汽车缓缓驶过人群拥挤的街道，只有稀疏的宪兵和警察布置在道路的两旁警戒，斐迪南便坐在第二辆车上。

当车队经过市中心米利亚茨卡河上的楚穆尔亚桥，驶入阿佩尔码头时，埋伏在这里的第一个暗杀者没能动手，因为一个警察恰好走过来站在他面前。相距不远的另一个暗杀者察布里诺维奇突然从人群中冲了出来，向斐迪南夫妇乘坐的汽车投掷了一枚炸弹，但被车篷弹到地上，在第三辆车前发生了爆炸，碎片击伤了波蒂奥克雷将军的副手和索菲亚的女侍。斐迪南故作镇静地走下车，察看了现场，对被警卫捉住的察布里诺维奇瞄了一眼，然后上车挥手说道："先生们，这个人发疯了，我们还是按原计划进行吧。"车队迅速驶进市政厅，斐迪南夫妇参加了市政厅举行的欢迎仪式，然后略作休息，驱车前往医院看望受伤的随从。

斐迪南原本是要去医院，不料司机转错了方向，正好撞上了在街口拐角处守候的普林西波。普林西波拔出手枪对着奥匈皇储夫妇就射，奥匈皇储夫妇当场死亡，而普林西波被捕。

这一次刺杀事件，迅速点燃了第一次世界大战的导火索。

早在 19 世纪末，资本主义国家在争夺欧洲霸权和分割殖民地的斗争便已经进入了白热化状态。两个互相敌对的军事侵略集团，同盟国和协约国早已经摩拳擦掌，准备为自己抢夺更多的殖民地资源。

刺杀斐迪南的"萨拉热窝事件"被奥匈帝国当做了对塞尔维亚发动战争的口实。1914 年 7 月 23 日，奥匈帝国获得德国无条件支持，向塞尔维亚发出最后通牒，包括：拘捕凶手、镇压反奥活动和罢免反奥官员等，塞尔维亚除涉及内政项目外悉数同意，奥匈帝国依然将行动升级。

1914 年 7 月 28 日，奥匈帝国向塞尔维亚宣战。

7 月 30 日，俄国动员出兵援助塞尔维亚。

8 月 1 日，德国向俄国宣战，接着在 8 月 3 日，向法国宣战。

8 月 4 日，比利时对德国宣战。

8 月 6 日，奥匈帝国向俄国宣战，塞尔维亚对德国宣战，意大利宣布中立。

8 月 12 日，英国向奥匈帝国宣战。

从此第一次世界大战全面爆发，更多的国家被卷了进来。

史里芬计划

1914 年 8 月 4 日清晨，德国第一、第二集团军在埃米蒂将军的率领下，迅速越过了比利时边境，向列日要塞进发。 而此时，比利时王国的勒芒将军正率领着 4 万兵力守候在那里，他们等待着法国的援军，然后对德国军队发起强攻。

与此同时，德国参谋总长毛奇在阿尔萨斯和洛林地区也布置了少数兵力，以图凭借坚固的战略工事诱使法国军队上当，从而消除德军在东、西两线两面受敌的局面。这就是臭名昭著的“史里芬计划”。

法国统帅霞飞将军率领军队来到列日要塞后，便对这要塞不闻不问，而是下令强攻阿尔萨斯和洛林地区。 埃米蒂将军见此情况，感到无比高兴，自以为“史里芬计划”已经收到了效果。于是，他便不再把比利时军队放在眼里，决定凭借军队上的优势迫使比利时主动投降。 他派出使者前往列日要塞，希望能够劝说勒芒将军投降。 但令他意想不到的是，勒芒对使者提出的条件丝毫不动。 之后，埃米蒂便命令士兵对列日要塞展开攻击，双方再次爆发激战。 由于比利时占有良好的地形优势，所以埃米蒂并没有占到什么便宜。恼羞成怒的德国人便动用飞机对列日炮台狂轰滥炸，但在比利时军队顽强抵抗下，德国军队依然没能扩大战果。

另一方面，在“史里芬计划”的指使下，德国军队只用了 4 天的时间就占领了比利时的首都布鲁塞尔，之后便兵分 5 路扑向法国。等到德国军队进攻法国时，霞飞将军才“大彻大悟”，便迅速地做出调整，重新调集部队配备兵力，从左翼进攻德军。

而此时，得意忘形的德军参谋总长毛奇正率领着部队向巴黎逼近。 他错误地以为“史里芬计划”就要实现了，便自作主张地抽调了两个军的力量前去东线对付俄国人。 但让他没有想到的是，军队遭到了俄法两国军队的双面夹击。 双方投入兵力共计 150 多万，在马恩河展开了一场遭遇战。 战争只持续了 5 天，最终以德国失败而告终。

9 月 14 日，德国皇帝撤免了毛奇的参谋总长职务。 “史里芬计划”也宣告失败。

凡尔登绞肉机

德国在西线形势大好的情况下，贸然出兵，结果导致马恩河会战失败，为了挽回西线形势，1916 年德意志帝国决定把进攻重点再次转向西线，试图打败法国，德军统帅部选择法国的凡尔登要塞作为进攻目标。 于是，双方在凡尔登进行了一场前所未有的大战。

凡尔登是协约国军防线的突出部，对德军深入法国、比利时有很大威胁，它又是通往巴黎的强固据点和法军阵线的枢纽。

1916 年初，德军统帅部计划在东线进行防御，集中兵力对西线法军的凡尔登突出部实施突击，以牵制和消耗法军主力，迫使法国投降。 受领进攻任务的部队是德国皇太子威廉指挥的第五集团军（辖 7 个军共 18 个师，1200 余门火炮、约 170 架飞机；后增至 50 个师，约占西线德军总兵力的 1/2）。其部署是：第七、第十八、第三军（6 个半师，879 门火炮、202 门迫击炮）在孔桑瓦至奥恩河 15 公里宽的正面上实施主要突击，第五军掩护其左翼；第十五军在奥恩河以南 6 千米处实施辅助突击，第六军在默兹河西岸采取牵制行动。 在主突方向上，德军步兵比法军步兵多两倍，炮兵多三倍多。 为达成战役突然性，德军于同年 1 月在西线实施一系列佯动。凡尔登距法德边境 50 千米左右，是法国首都巴黎的东北门户，为双方必争之地。 法军凡尔登筑垒地域横跨默兹河两岸，正面宽 112 千米，深 15 ~ 18 千米，有四道防御阵地，前三道为野战防御阵地，第四道是由要塞永备工事和两个筑垒地带构成的坚固阵地，居高临下，易守难攻。法第三集团军（辖 11 个师，630 余门火炮，由 F. 埃尔将军指挥；后增至 69 个师，约占法军总兵力的 2/3）5 个师防守凡尔登以北地区，3 个师防守凡尔登以东和东南地区，另 3 个师作为预备队分配在凡尔登以南默兹河西岸地区。

2 月 21 日 7 时 15 分，德军开始了炮火准备。为了隐蔽主要突围方向，德军炮兵在宽 40 千米的正面上同时实施炮击，航空兵首次对法军阵地实施大规模的轰炸，摧毁了一些防御阵，并杀伤大量有生力量。16 时 45 分，德军步兵发动攻击，当天占领第一道防御阵地。此后的 4 天内，又先后攻占第二、第三道防御阵地，向前推进 5 千米，占领重要据点杜奥蒙堡。

2 月 25 日，法军统帅部任命第二集团军司令贝当为凡尔登前线指挥官（5 月 1 日起由尼韦勒继任），并调动了一切可调动的部队，决心在凡尔登地区与德军决战。26 日，贝当下令夺回杜奥蒙堡。法军经过 4 天的大战，损失惨重，没有取得成功。从 2 月 27 日开始，法军利用唯一能够和后方保持联系的巴勒迪克—凡尔登公路（又称“圣路”），向凡尔登源源不断地调运部队和物资，一周之内组织 3900 辆卡车，运送人员 19 万，物资 2. 5 万吨。这是人类战争史上首次大规模汽车运输。法军大批援军及时组织了战斗，加强了防御纵深，对战役进程产生了巨大的影响。到月底的时候，德军因弹药消耗很大，而且战略预备队没有及时赶到，攻击力大步下滑，从而丧失了突破法军防线的最佳时机。

从 3 月 5 日开始，德军在正面扩大了进攻，并将主突方向转移到默兹河西岸，企图攻占 04 高地和 295 高地，解除西岸法军炮兵的威胁，并从西面包围凡尔登。同时德军继续加强东岸的攻势，由急促攻击改为稳步进攻，但是遭到了法军顽强抵抗，在付出了巨大的伤亡后，仅仅攻占了几个没用的据点。

四五月的时候，德军集中兵力兵器包括使用喷火器、窒息性毒气和轰炸机，对西岸法军实施重点打击，但步兵进抵304高地和295高地一线后，遭到了法军炮火猛烈反击，5月底停止进攻。在东岸，法军频繁轮换作战部队，不断实施反击，与德军反复争夺，阻挡了德军进攻。6月初，德军再次组织了大规模的进攻，经过7天的激战，切断了沃堡与法军其他阵地的联系，迫使沃堡守军投降。6月下旬，德军首次使用光气窒息毒气弹和催泪弹猛攻苏维耶堡，在4公里宽的正面上发射11万发毒气弹，给法军造成了巨大的伤亡，一度进抵距凡尔登不到3千米的地方，但终被法军顽强打退。

1916年夏季，俄军进攻战役和西线索姆河战役开始后，德军在凡尔登方向并没有再投入新的兵力，其后的进攻行动也只是为了牵制正面法军。经过数月的苦战，德军虽然在凡尔登以北、以东地区楔入法军防线7~10千米，但没有达成战役上的土坡。8月29日，法尔肯海恩被免职，兴登堡元帅担任德军总参谋长。9月2日，德皇批准停止进攻。10月24日，法军开始发起大规模的反攻，在1月初收复杜奥蒙堡和沃堡。12月18日，法军再次发动大规模的反攻，基本上收复了被德军攻占的阵地。战役到此宣告结束。

凡尔登战役是一场典型的阵地战、消耗战。双方参战兵力众多、伤亡惨重。法军伤亡人数高达50多万，德军也损失了40万人，所以这场战役被称为“绞肉机”“屠宰场”和“地狱”。凡尔登战役中，法军野战工事与永备工事相结合组织防御的经验，成为大战后各国修建要塞工事的依据。战役结束后，德皇威廉二世撤掉了法金汉的总参谋长职务，改任兴登堡为总参谋长，鲁登道夫为其副手。

在这场战役中，双方都大量使用了当时的先进武器。比如法国使用了大口径巨炮，德军使用了喷火器和毒气弹，对第一次世界大战有重要的影响。这次战役改变了火炮的运用，在此之前火炮经常是用来防守或是在发动进攻前进行一下轰击，而这次德军集中大量火炮运用到进攻中开创了火炮运用的新战法。此次战役中的火炮战法，应该是严格意义上的火炮支援。此后，火炮支援被其他国家竞相效仿，并得到新的发展。

日德兰海战

德国不仅在陆地进攻上大为失利，海上作战也以失败告终。

“神秘之船”在挫败德国的潜艇战术后，使得德国人损失惨重。但德国海军司令部却认为，德国与英国之间的争夺不应该仅仅局限于此，而是应该展开一场空前的海上大战，这样才能彻底击垮英国在海上的力量。

1916 年 5 月 30 日，德国以“留佐”号为首的巡洋舰队沿着日德兰海岸向北海方向航去。“留佐”号是德国公海舰队中一个舰队的旗舰。这是一艘排水量为 2600 吨的重型巡洋舰，舰上配有 12 英寸口径的火炮，并由德国海军中将希佩尔亲自指挥。同时，该舰管辖之下的其他很多舰艇也都有着强大的作战能力。也正是因为这个原因，德国公海舰队才敢如此大胆地驶向北海。在航行的过程中，这支舰队还随时向德国的军港汇报着军情。以期让军港清晰了解到航线和具体位置。让德国想不到的是，这些电报竟然被英国人全部截获了。

英国海军司令杰立克知道，德国此举的目的是为引出英国舰队，然后伺机毁灭英国舰队。在仔细的分析和权衡后，杰立克命令贝蒂中将率领一支作战能力较弱的舰队出海迎敌，然后自己再亲自率领主力舰队断后。他计划让贝蒂率领的舰队佯装不敌，然后等德国的公海舰队追击过来时，自己再率领主力战舰从旁杀出，一举将其歼灭。经过严密的筹划之后，贝蒂指挥着 4 艘战列舰和 6 艘巡洋舰迅速驶向了日德兰半岛西北部的海面，准备在那里迎战公海舰队。而杰立克则率领着由 24 艘战列舰、3 艘巡洋舰和许多其他辅助舰组成的庞大舰队从军港出发了。

就在杰立克自以为是地打着自己的如意算盘时，“留佐”号也开始了它的如意算盘。原来公海舰队司令制定的作战方案居然和杰立克所作出的方案一模一样:他命令希佩尔指挥“留佐”号先行，自己则率领公海舰队的主力尾随其后。

5 月 31 日下午 2 时，两支各怀鬼胎的舰队在日德兰西北部的海面上相遇。紧接着双方的舰队便开始了猛烈的进攻。贝蒂本想按照原定的计划与对方稍作接触后便迅速撤离，但希佩尔却死死地紧追不放，甚至还趁贝蒂的舰队转弯之际，发挥所有的力量轰击了贝蒂的旗舰“狮”号。“狮”号在遭到了重创后，炮塔被击毁，而炮塔上的人员除了指挥官哈维外全部牺牲了。更为严重的是，船上的弹药库也被爆炸引燃了。重伤的哈维在临死前下令向弹药库中放水，才使“狮”号幸免于难。

“狮”号舰被摧毁后，希佩尔又调集所有的炮火，对英国舰队进行了更加严厉的打击，并击沉了英国的“玛丽王后”和“不屈”号战舰。气急败坏的贝蒂便率领手下舰队全力追赶，等他发现公海舰队的主力后，才发现事态的严重性，下令迅速返航。“留佐”号一路追赶了过来，但却被赶来的英国舰队主力击沉。情急之下，希佩尔也只好悄悄地将旗舰换到了另一艘战舰上。

由于德国的 24 艘战列舰排成了长长的单列，英国舰队在瞬间就击沉了对方的 3 艘战舰。双方原本都想将对方全部歼灭，但却没想到会遭到对方如此猛烈的攻击，无奈之下只好下令撤退。

夜里，本想撤回本土的公海舰队再一次遭遇了英国舰队，已经将对方仇恨到骨子里的双方二话没说，便在探照灯和照明弹的照射下再次发生了激战。此战一直持续到黎明时分，双方的舰队才各自驶回本土。

此次海战，双方损失都很大。德国的公海舰队共损失了 1 艘巡洋舰、10 艘护卫舰和驱逐舰，伤亡人员也达到了 2500 余人。而英国舰队损失则更为严重，3 艘巡洋舰、11 艘护卫舰和驱逐舰被击沉，伤亡人员达到了 6000 多名士兵。也正是因为这次海战，第一次世界大战的主要战场才转移到了陆地上。

俄国十月革命

“一战”爆发的时候，俄国经济依然非常落后，战争让人们的生活变得更加贫困。俄国当时有 1000 万人被拉去当兵，伤亡者就有数百万。前线很多士兵没有鞋子，甚至几个人共同使用一支枪。国内土地大片荒芜，工厂倒闭，物价飞涨，食物极度匮乏，甚至在首都彼得格勒，连面包都买不到。俄国经济濒临破产，国内各种社会矛盾空前激化。就在这种情况下，沙皇又做出了一件失去民心的大事。

当时俄国皇后亚历山德拉·费奥多罗芙娜是德国人，战争期间曾向前线发了一封电报要求皇帝宣布停战，加上皇后派中坚人物拉斯普廷极力反对俄国同德国开战，结果俄国参与对德国的战争一一失败，使皇后派被国内指控为德国间谍，皇后也被称为淫货。这便导致罗曼诺夫皇室成为众矢之的，彻底摧毁了在俄国百姓心目中保持了几百年的沙皇“小父亲”的形象。

1916 年 12 月 29 日，拉斯普廷被暗杀，暗杀者包括尤苏波夫亲王、皇族成员德米特里·巴甫洛维奇·罗曼诺夫大公、俄罗斯杜马右翼议员普利什凯维奇、尤苏波夫的密友苏霍金大尉。这场暗杀事件使俄国国内各方矛盾顿时表面化。

1917 年初，拉斯普廷死了还不到一个月，社会民主工党首先在首都彼得格勒策划了反帝国主义战争示威运动，并要求停止战争。运动接着扩展到了莫斯科、巴库等大城市，获得了反战者的支持。3 月 8 日，彼得格勒爆发二月革命，沙皇尼古拉二世下台，罗曼诺夫王朝灭亡，沙俄帝国政权瓦解。

1917年11月6日，列宁发动了十月革命。当日，列宁秘密来到起义总指挥部斯莫尔尼宫，亲自领导武装起义。从11月6日夜间到11月7日上午，20多万革命士兵和起义工人迅速占领了彼得格勒的各个战略要地。

革命军事委员会颁布了列宁起草的《告俄国公民书》，宣布临时政府已经被推翻，苏维埃掌管了政权。但临时政府依然负隅顽抗，2000多名军官和士官生继续盘踞在冬宫。11月6日下午，两万多名革命士兵和赤卫队员、9辆军车包围了冬宫。

晚上9时45分，停泊在涅瓦河上的阿芙乐尔号巡洋舰开炮，发出了总攻的信号。赤卫队员和革命士兵在雷鸣般的“乌拉”声中穿越了街垒，迅速冲向冬宫。在冬宫的楼梯间里和楼梯上，革命士兵和工人赤卫队员同士官生展开了激烈的白刃战。到11月8日凌晨时，临时政府的成员除克伦斯基逃跑外，其他的全部被俘虏。彼得格勒武装起义取得胜利，资产阶级临时政府被推翻。

就在这个时候，全俄罗斯第二次苏维埃代表大会在斯莫尔尼宫开幕，大会首先通过了列宁起草的《告工人、士兵和农民书》，宣告各地全部政权一律转为工人、农民和士兵代表苏维埃。11月8日，大会通过列宁起草的《和平法令》《土地法令》。《和平法令》，揭露了帝国主义掠夺性战争，反映了广大劳动人民迫切希望和平的愿望，并且建议所有交战国立即进行谈判，缔结不割地、不赔款的和约。11月9日清晨，大会胜利闭幕，它宣告了世界上第一个无产阶级专权国家的成立。

苏维埃政府成立之后，摧毁了旧的国家机器，着手建立人民委员会各部、人民法院、工农检察院、工人警察，并组建新的工农红军。废除了俄国时期旧的等级制度，宣布国内各民族人民权利平等，男女平等，废除教会一切特权，苏维埃政权掌控了银行、铁路、工厂。后来，将大工业国有化，实行对外贸易的垄断，实行8小时的工作制，由工人监督生产。没收地主、皇室、寺院的土地，分配给农民耕种。1918 年年初，废除沙皇和资产阶级临时政府所欠的一切外债，这就使苏维埃人不再受外国资本的剥削。为了巩固革命政权，苏维埃政府成立了以捷尔任斯基主持的全俄肃反委员会，以坚决镇压反革命分子的破坏活动。

十月革命是人类历史上第一次胜利的社会主义革命，建立了第一个无产阶级领导的社会主义国家，开创了人类探索社会主义道路的新时代，使马克思列宁主义传遍了全世界。

巴黎和会

1918 年 11 月 11 日，第一次世界大战结束，各方签订了相关的停战条约。条约中所提出的条件非常苛刻，协约国要求德军在两个星期之内撤出在战争中占领的领土，归还给法国、比利时和卢森堡，并归还之前在普法战争中所占领的阿尔萨斯和洛林。同时，德国还必须在一个月内从莱茵河以西的领土及莱茵河以东 30 千米的领土上撤离出去，并将这些地区交由联军保管。此外，德国被要求交出 234 艘包括巡洋舰、战斗舰、驱逐舰和潜水艇在内的海战装备，以及 500 门大炮和大量枪支弹药。不仅如此，德国还被禁止留有军用飞机，并支付了高达 316.8 亿美元的战争赔款。

协约签订之后，便是战胜国之间的利益瓜分了。1919 年 1 月 18 日，一场分赃的闹剧——巴黎和会，正式召开。据史料记载，此次参加巴黎和会的有 27 个战胜国，代表人数共计 1000 人。但实际上，这次会议却是由英、美、日、法、意五国实际控制，因而此次会议还有“十巨头”一说。后来，日本由于分赃不均而提前退出，参与决策的 10 人会议就变成了由英国首相劳合·乔治、美国总统威尔逊、法国总理克里孟梭、意大利总理奥兰多组成的“四巨头”会议。紧接着，意大利也因为国力不强，不足以与英、法等国评头论足，再加上其在战争中没有出太大的力气，很快被英、法冷落一旁。至此，会议又变为了“三人会议”。之后，三人便成为整个会议的主宰者。在针对战败国赔款的问题上，英国首相劳合·乔治和法国总理克里孟梭各不相让，吵得不可开交。此时，78 岁高龄的克里孟梭虽然已经满头银发，但却保持着他外号“老虎总理”的风范，仍像野兽般强硬而凶猛。劳合·乔治也因为自身的利益而不肯做出让步。美国总统威尔逊则出于美国利益的考虑，选择了在两国之间周旋。

经过无数次的争执，谈判终于有了结果。即英国得到国际联盟所规定的“委任统治”下的拥有 1000 万人口的领土，法国得到 750 万人口的地区，日本也得到德国在太平洋地区的属地，而美国的“门户开放、机会均等、利益均沾”的政策也得到了承认。

巴黎和会的圆满结束，一方面使战胜国利益分赃得到了解决，一方面也维护了资本主义的社会秩序。针对于后者，主要表现在这次会议使得众资本主义强国扼杀了新生的异己力量——苏维埃俄国。此后，他们便决定对苏俄进行全面的经济封锁，并寄希望于组建国际联盟来对抗列宁创建的共产国际。

1919 年 6 月 28 日，全体战胜国都开心地准备在和约上正式签字。然而，中国代表顾维钧等人却没有出席这天的会议，并拒绝在合约上签字。这是因为作为战胜国的中国非但没有挽回自己的利益，反而成了资本主义国家瓜分的对象。这点，和约上也做出了明确规定：战前德国侵占的山东胶州湾的领土以及那里的铁路、矿产、海底电缆等资源，统统划归日本所有。这条规定不仅损害了中国人民的利益，而且也助长了日本的气焰，更为下一次世界大战埋下了伏笔。

《凡尔赛和约》及其所有条款规定，都是帝国主义重新瓜分世界的真实记录。同样，所谓的巴黎和会也没能真正地解决帝国主义之间存在的矛盾。此外，各个帝国主义国家对德国的苛刻勒索也让德国人萌生了复仇的心理。法国元帅福煦在事后说：“这不是和平，这是20年休战。”而历史也正如他所说的那样，就在距巴黎和会召开20年零两个月后，希特勒在欧洲掀起了第二次世界大战。

罗斯福推动新政

美国自从1929年爆发经济危机以来，胡佛总统采取了很多措施来应付，但经济却一直毫无起色，这一切，到了1932年富兰克林·罗斯福当选总统之后，才找到了解决方法。

其实罗斯福在成为总统之前，已经是美国的明星人物了。罗斯福是荷兰人的后裔，在美国是富豪家族。罗斯福在哈佛上大学的时候，便热衷于各种活动。后来他娶了当时总统西奥多·罗斯福的侄女，在举办婚礼的时候，他发现宾客几乎都是因为总统的原因而来出席，于是决心从政。

罗斯福从政之后首先担任海军助理部长，成了一颗政治新星，但一场小儿麻痹症让他变成了残疾人。不过疾病并没有打倒他，在夫人的支持下，他战胜了恶魔，并且参选纽约州长，经济危机爆发后，又竞选美国总统。

在竞选总统的时候，政敌们经常用残疾来打击他，但罗斯福说道：“一个州长不一定是一个杂技演员，我们选他并不是因为他能做前滚翻或后滚翻，他干的是脑力劳动，是想方设法为人民造福。”正是因为有了这样的精神，罗斯福以绝对优势击败了胡佛，当选美国第三十二任总统。

为了带领美国走出经济危机，罗斯福网罗了很多具有自由主义色彩的律师、专家与学者组成智囊团，讨论如何实现国家复兴。罗斯福发现，要想振兴国家经济，首先要唤起国民的信心。因此，他采用“炉边谈话”的方式，通过自己的口才，用电波与全国人民一起讨论经济问题。

当时美国最大的问题是民众对银行失去信心，因此人们宁可将钱、黄金放在家里，也不愿意放在银行，罗斯福通过“炉边谈话”，以拉家常的方式，告诉大家如何解决银行的诚信问题。

为了能有让大家放心的银行，罗斯福敦请美国国会召开特别会议，先后以惊人的速度通过了《紧急银行法》《联邦紧急救济法》《农业调整法》《全国工业复兴法》《全国劳工关系法》《田纳西河流域管理法》等，在法律上保证了银行的可靠度。

在罗斯福第一次“炉边谈话”之后，很多民众就纷纷把钱财重新存入银行，美国人的信心已经慢慢被点燃了。

罗斯福克服危机的政策措施，历史上称之为“新政”，新政可以用“三 R”来概括，也就是复兴（Recover）、救济（Relief）、改革（Re-form）。在整个内容上包括了金融、农业、工业等各个领域。

由于经济危机是由金融投机引起的，因此罗斯福新政也先从整顿金融开始入手。当时很多银行因为参与投机而丧失了信誉，因此罗斯福对银行进行了全面整顿，用严格管理和审计来治理银行。罗斯福委托各联邦储备银行，根据各银行资产发行货币，授权复兴金融，公司用购买银行优先股票的办法给它们提供流动资金。

在大力整顿之后，罗斯福支持了那些有支付能力的大银行，淘汰了不健全的小银行。为了整顿银行业，罗斯福先后制定了 15 项重要立法，14771 家符合条件的银行领到执照重新开业，与此同时，10797 家不符合条件的银行被淘汰。经过这样的整顿之后，美国的金融业开始步入正轨。

罗斯福新政的这种精神，后来成了资本主义的典范。罗斯福新政实施 6 年之后，美国经济成功地避免了大崩溃，走出了危机。而美国经济的良性发展，也为“二战”的反法西斯战争创造了有利的环境和条件。

德国法西斯上台

德国法西斯从本质上来说，是德国应对世界经济危机的一种“反应”。

1929 年 10 月，华尔街蔓延的世界性经济危机，影响到了德国，很多企业倒闭，产销萧条，失业人数直线上升，最高的时候达到 600 万人。

经济危机为希特勒提供了一个极好的机会，他在宣传中称经济危机是“政府无能”，是政府接受《凡尔赛和约》和战争赔款及奉行“社会主义”政策的结果，是共和国和历届政府毁灭了德国的一切。

因为法国曾一度严厉制裁德国，德国民众在心理上本来就很不满，希特勒的指责非常符合大众的心理。后来经济危机就发展成为一场国家危机，魏玛共和国的最后一届政府因为国库亏空而宣布垮台。

就在这种背景下，希特勒一方面为国家社会主义展开更强大的宣传，对各阶层人民不断做出符合其愿望的慷慨许诺。一方面又通过纳粹党的宣传机器，宣称该党不是一个阶级政党，而是“大众党”，并重点向中下层的中产阶级发动讨好攻势，以取得他们的支持。

这种宣传打动了身处绝望之中的德国人民，他们相信希特勒的诺言能够兑现，因而纷纷归附到纳粹党的统治之下。

经济危机爆发前，纳粹党只有 10 万多人，到了 1932 年，人数猛增到 100 万人。从 1930 年开始，纳粹党便不断在国会选举中获得胜利，1932 年 4 月 10 日举行总统第二轮选举，希特勒竟然获得了 36.8% 的选票。1932 年 7 月 31 日举行国会选举，纳粹党获得了 37.3% 的选票，获得 230 个议席，从此成为国会中最大的党派。

1932 年 8 月 13 日，总统兴登堡召见希特勒，试图说服他与佛朗茨·冯·巴本共同组建联合政府，但希特勒严词拒绝了，声言作为最大政党的领袖，要得到“包括一切方面的整个国家权力”，但兴登堡也发表声明加以拒绝。

就在这个时候，巴本和施莱歇尔为了一己私利，互相拆台，宁让第三者上台，也不让对方执政，通过政治上的交易，把希特勒推出来，搞了一个以“保守派和资产阶级民族主义者、总统、国防军和钢盔团”为一方，以希特勒的纳粹集团为另一方的联盟，组成所谓“民族团结”的联合政府。

被推翻的霍亨索伦王室的支持对希特勒的得势起到了巨大的作用。1933 年 1 月 22 日，皇太子就曾致函兴登堡，敦促他立刻授权希特勒组阁，威廉二世还给纳粹党提供了 200 万马克的援助。1933 年 1 月 30 日，希特勒终于通过“后门”交易登上了总理的宝座。从这个时候开始，魏玛共和国也就正式死亡了，第三帝国宣告诞生。

但是希特勒并不满足于成为总理，他还要求更多的权力，那便是独裁统治。

在希特勒上台的第三天，他就发布第一号文告，声称兴登堡总统宣布解散国会，定于 3 月 5 日重新举行选举。

不久之后，希特勒又颁布《保护德国人民法》，以便广泛限制反对党在竞选中的宣传活动。

紧接着，希特勒宣布解散了普鲁士邦议会，任命纳粹党的戈林接管了警察局，为纳粹党在普鲁士夺权创造了条件。随后由冲锋队、党卫队和钢盔团成员组成的所谓“辅助警察”又先后接管了各地的警察部门，并在各大区建立了集中营，关押了成千上万的共产党人、社民党人和其他的反法西斯战士。此外，希特勒又在暗中拉拢国防军头目和大资本家，以取得他们的支持和赢得选举的胜利。

为了彻底打击反对自己的力量，尤其是共产党，纳粹党徒制造了震惊世界的 2 月 27 日的国会大厦纵火案，并将之嫁祸于德国共产党人，在德国掀起了空前规模的反共浪潮。在这一事件中，被捕人员有社民党人和其他著名人士。希特勒还在该事件后颁布被人们称之为“国会纵火法”的《保护人民和国家法》，授权政府接管各邦权力。

从此，德国的法制趋于瓦解，纳粹党统治的基础得以基本建立了。

“二战”爆发

1939 年 9 月 1 日，法西斯德国出动了 58 个师、2800 辆坦克、2000 架飞机和 6000 门大炮，向波兰发动了“闪电式进攻”。英、法两国在德国入侵波兰之后，于 9 月 3 日对德宣战。至此，第二次世界大战全面爆发。

闪电战又称闪击战，其最为突出的特点就是：利用便捷的新式武器，装备快速反应部队，向敌方发动突然袭击，并在短时间内占据优势。这一军事战术最早由英国军事理论家富勒在第一次世界大战后提出，他认为借助飞机、坦克的快捷优势，可以在战争中速战速决。但在当时，很多军界将领都认为坦克只能配合步兵作战，所以这种战略思想并不被世人认可，英、法军界内更是无人重视，甚至被认为带有哗众取宠的思想。但是，战争狂人希特勒却非常欣赏这种战术，并积极采纳加以应用，在第二次世界大战初期，突袭乌克兰，一举获得了成功。

“二战”期间，德国之所以最先出击波兰，就是因为它有着非常重要的战略地位。波兰处于欧洲东部，东接苏联，西临德国，南接捷克斯洛伐克，北与波罗的海相邻。同时，波兰还是当时英、法在欧洲诸盟国中军事力量最为强大的一个国家。综合这两点，德国攻击波兰的意图就显而易见了。最为明显的就是德国在占领波兰后，可以获取大量的军事经济资源，以改善自己的战略地位。同时还可以解除进攻英、法的后顾之忧，为建立袭击苏联的前沿基地提供良好的条件。可以说，占领波兰是希特勒在称霸世界的战争计划中最为重要的组成部分。

1938 年 10 月开始，德国开始接二连三地向波兰提出领土要求，并要求波兰交出“波兰走廊”和但泽地区，甚至提出让其将位于“波兰走廊”上的建筑公路、铁路的权利也转让给德国。当德国的这些条件遭到波兰政府的拒绝后，希特勒立刻决定采用武力来迫使波兰就范。之后，德军制订了侵略波兰的战争计划，并将之命名为“白色方案”。即利用装甲兵团和优势航空兵对波兰进行突然袭击，歼灭其在维斯瓦河以西的军队主力，继而占领其西部和南部工业区，然后再向波兰腹地推进，歼灭其残余部队，力求两周内灭亡波兰。此外，为了能迅速地灭掉波兰，希特勒还在政治、军事、外交等方面采取了一系列的欺骗手法来麻痹对方，通过和平的假象掩盖其紧张的战备活动。同时，希特勒还故意对原来与波兰有边境争议的但泽地区示以妥协，不仅向波兰表示“德国方面，可延至来年或更久”，而且还向英国政府表示“但泽问题乃属地方性问题。”而且就在战争爆发的前几天，希特勒还一方面派出了一艘伪装成训练舰的战舰去访问但泽，另一方面派出“军事友好代表团”前去访问波军参谋部，并对波兰军事当局解释说：“德国准备进攻波兰全是谣传，德国确定不动员。”更为滑稽的是，就在临战之前的几个小时，德国外交部长还“十分亲热”地与波兰驻柏林大使进行了会谈。就这样，在“异常和谐”的气氛掩盖下，希特勒在波兰边境集结了大量军队和作战物资。

此外，为了给战争找到一个合理的理由，希特勒导演了一出“德国遭到波兰侵略”的闹剧。1939 年 8 月 31 日，一支德国党卫军的士兵穿上了波军的衣服，袭击了德国边境的格莱维茨电台，同时还在广播里用波兰语辱骂希特勒和德国，并且丢下了几具“身穿波兰军服”的德国囚犯的尸体。紧接着，全德国的电视台就广播了“德国遭到了波兰突然袭击”这条消息。9 月 1 日拂晓，德国大举入侵波兰。

德军根据“闪电战”的作战要求，在战争伊始就出动了2000多架轰炸机，对波兰全国主要的机场、电站、桥梁、行政中心、交通枢纽进行了狂轰滥炸。并以坦克和摩托化师为先导，利用飞机空袭的掩护迅速突破波军的防线。深入波兰腹地后，德军更是如入无人之境，以每天近60千米的速度向前推进。

当然，德国所采取的手段绝非只是利用飞机、坦克和大炮等，他们还利用潜伏在各地的奸细不失时机地制造恐慌和混乱。而波兰当局也被希特勒制造的种种假象所迷惑，错误地认为德军的主力已经被英、法所牵制，根本不会东调进攻波兰。直到发现德军大兵压境时，波兰政府才开始发动军事动员。由于时间仓促，波军只调动了40个师和22个旅仓促应战，结果在德军的“闪电式”进攻下迅速瓦解。9月16日，波兰政府被迫逃往国外，德国的两个兵团也在当日胜利会师。9月17日，德军包围了波兰的首都华沙。德波战争爆发后，与波兰订立盟约的英、法两国政府于9月3日对德宣战，以履行其保护波兰独立的诺言。但在实际上，英、法两国的政府却只是宣而不战，开始了奇怪的“静坐战争”。希特勒在占领波兰后，更是针对英、法的这种“静坐战”说道：“对于这种结局，波兰人应该感谢他们的英、法朋友。”

德国入侵波兰标志着第二次世界大战正式爆发。从此，人类再次陷入战争的深渊。

张伯伦的绥靖政策

第二次世界大战前夕，英国首相张伯伦因为主导绥靖政策而臭名昭著，这是不可争议的事实。除此之外，张伯伦也是一个颇为具有传奇色彩的领袖。

英国历史上的首相，大部分都是毕业于名牌大学，不是牛津大学就是剑桥大学。而张伯伦所上的是玛松科学学院，也就是现在伯明翰大学的前身，在当时的英国，这并不是什么名校。毕业于普通大学而可以当上首相的，只有张伯伦一个人。从这一点便可以发现张伯伦的不简单。张伯伦在内政上做得非常好，也正是因为如此，他才能在政治斗争中击败丘吉尔。

张伯伦出生于一个政治世家，6 岁的时候母亲就病故了，这使他从小性格就很内向，从来不参加任何的社交活动。张伯伦喜欢文学和音乐，在大学期间学习的是冶金专业。毕业之后，他并没有立刻从政，而是选择了在一家会计师事务所工作。1890 年，英国殖民统治达到了巅峰，张伯伦和兄长到南美去经营种植园。6 年之后，种植园倒闭，张伯伦又返回了英国。

张伯伦回国之后经营金属制造业，渐渐地取得了成功，成为小有名气的经理。这时，他开始步入政界。他先是担任伯明翰市议会议员，后来当选为伯明翰市长。在他的任期内，伯明翰发展得非常快，他一力促成了伯明翰市银行的建立。后来张伯伦参加了议会选举，在几届内阁中，先后担任邮政大臣、卫生大臣和财政大臣，而他担任时间最长的便是财政大臣。

1937 年，因为在财政大臣位置上工作出色，张伯伦正式当选为英国首相。然而张伯伦最大的失误就是对外政策，这便是他的所谓绥靖政策。

张伯伦上台之后，法西斯侵略同盟“柏林—罗马—东京”三国轴心已经宣告形成，第二次世界大战的爆发迫在眉睫。英国国内的有识之士，例如丘吉尔，对法西斯的上台非常警惕，一直主张对法西斯实行强硬政策。但张伯伦认为自己“对欧洲整个局势，甚至对整个世界了如指掌”。

实际上，张伯伦的想法是让德国法西斯来遏制苏联，从而维持欧洲的和平。而要利用德国，必然要满足德国的一些要求。因此，当德国暗杀了奥地利总统并吞并了奥地利之后，张伯伦认为既然事情已成定局，不如保持沉默，以换取德国的满意。

后来，张伯伦甚至拉拢法国总理达拉第，与德国在慕尼黑签署协定，要求德国不再发动战争。为了达到这个目的，张伯伦竟然允许德国占领苏台德区。

慕尼黑协定签订以后，张伯伦得意扬扬地宣称："这是历史上，第二次英国首相从德国带回保持尊严的和平，我相信这就是我们一个时代的和平。"

然而，1939 年 3 月，希特勒悍然发动了对捷克的战争。直到这时，张伯伦才发现上当受骗。他断然放弃了绥靖政策，并且宣称如果纳粹德国敢于进攻波兰，英国将给予波兰一切的武装支援。但是绥靖政策的恶果已经埋下，局势的发展超乎了他的预料。

张伯伦总是想不付出实际的利益，就从欧洲各国获得好处。希特勒进攻波兰之后，张伯伦政府虽然对德宣战，但实际上并没有作战，因此世人称他的宣战是"电话战争"。

后来一直等到德国进攻荷兰，张伯伦这才下令加速英国重整军备计划，并将丘吉尔拉入自己的内阁。英国开始进入战争，但是欧洲的局势显然已经乱成一团。不但德国进攻西欧，苏联也开始入侵波兰和芬兰。张伯伦这个搞内政的首相显然已经难以领导战时的英国了。

张伯伦主动向国王提出辞呈，建议由丘吉尔组建内阁，丘吉尔得以顺利上台。丘吉尔上台之后，本想让张伯伦继续领导财政部门，但当时张伯伦在媒体眼中，已经成为"二战"的罪魁。因此，丘吉尔只好让他担任了枢密院院长。

第二次世界大战中，担任枢密院院长的张伯伦与丘吉尔一直紧密合作，反对与德国议和。1940 年 11 月，张伯伦因胃癌去世。

纵观张伦伯的政治生涯，在内政上自然有其独到的一面，但他的绥靖政策纵容了战争的爆发，鼓励了法西斯侵略者。

敦刻尔克大撤退

第二次世界大战爆发后，敦刻尔克也从一个名不见经传的城市跃而闻名于世，主要因为这里发生了世界上最大的一次撤退。1940 年 5 月 27 日至 6 月 4 日，近 34 万英、法联军在短短 9 天的时间里从这里奇迹般地逃离了德军的西、南、东三面重围，回到了英国本土。这为日后盟军的反攻保存了有生力量。

1940 年 5 月 10 日，德国法西斯开始对西欧发起进攻。当时的德国已经拥有了 100 多个师、300 多万的军队，基本上相当于法国、英国、荷兰、比利时、卢森堡的总和。而当时的法国和英国却没有认清战争的发展形势，除了外交上对德国的谴责之外，便没有了其他的动作。尤其是法国，处于虎狼之侧，却盲目地认为马其诺防线固若金汤，国家的安全保证非常好，便在心态上放松下来。这就出现了历史上有名的“奇怪的战争”——“静坐战争”。

当然，选择毕竟是要付出代价的，法国这种消极应战的态度终于导致了不可挽回的后果：这个曾经雄霸欧洲大陆的超级大国，在短短不到半个月时间里就被迫宣告灭亡。作战之初，德军避开了马其诺防线，率先攻击了比利时、荷兰和卢森堡，继而又悄悄地绕过马其诺防线，直捣法国腹地。在这样的情况下，法国猝不及防，整个防线很快就被瓦解，数以百万计的法国军队都沦为德国的俘虏，只有几万人与驻法英军一起从敦刻尔克渡海逃到了英国。

5 月 20 日，德军抵达英吉利海峡，并切断了法国北部以及比利时境内的英、法、比、荷盟军和索姆河南部法军主力之间的联系。尽管英、法联军也多次实施了反突击战争，但却均因兵力不足、行动时间不一、缺乏空中支援和统一指挥等原因而未能取得效果，并最终导致了约 40 万英、法联军三面被围，而被迫撤退到敦刻尔克地区的局势。

此时，敦刻尔克这个仅有万名居民的小港成了他们唯一的生存希望。

而希特勒的一念之差也给了英法联军一次大好的撤退机会。5 月 24 日，希特勒出于保存装甲部队实力的考虑，让截断联军退路的德“A”集团军群停止前进。此时德军最近的坦克离这个港口仅仅只有 10 英里，只要稍作坚持便可拿下敦刻尔克，但还是在希特勒的命令下停止了前进。之后，围歼联军的任务便交给了空军和从正面进攻的“B”集团军群，但却因为这期间的一段空白，而致使德国失去了最好的战机，并为英、法联军的撤退提供了宝贵的时间。

为了更好地保证联军撤退，英国政府于 5 月 26 日下令执行代号为“发电机”的撤退计划，并任命多佛尔港司令拉姆齐海军上将为撤退行动的总指挥。于是，有史以来最为复杂、危险的海上撤退便从这天开始了。之后，英国政府和海军便发动了大批船员和人民营救军队。联军的撤退行动一开始，德军就马上加强了对地面的进攻，并从空中和海上两面夹击联军。经历连续 9 天的奋战，将近 33.8 万（其中法军 12.3 万人）的联军终于从死亡旋涡中挣脱了出来。

在这次大撤退中，英国、法国、比利时和荷兰共派出了 861 艘各式舰船加入了救援行列，其中包括渔船、客轮、游艇和救生艇等小型船只等。然而，就是这些装备一般、缺乏安全护航的运输船只却组成了一支所向披靡的“无敌舰队”。更让人为之慨叹的是，这些船只中大部分都是自发前去接运部队的人民，他们冒着生命危险，用自己的行动证明了大不列颠民族征服海洋的精神以及他们对世界和平的追求。

联军从敦刻尔克成功撤退后，反法西斯战争的有生力量得到了极大的补充。而希特勒的这一由空军取代地面装甲部队消灭敦刻尔克盟军的决定，也因此而被视为第二次世界大战初期“德军最大的失误”。6 月 4 日，丘吉尔向议会报告敦刻尔克撤退时说：“我们挫败了德国消灭远征军的企图，这次撤退将孕育着胜利！”英国历史学家也对此做出评论：“欧洲的光复和德国的灭亡始于敦刻尔克，这绝不是一场奇耻大辱的败退。”总而言之，这次撤退为日后的反攻保存了强有力的有生力量，可以说是“二战”史上的一个奇迹。

列宁格勒保卫战

列宁格勒，原名为圣彼得堡，始建于1703年，是俄国著名沙皇彼得大帝建立的俄国“欧洲之窗”。此外，这里还是苏联建立之前的俄罗斯帝国的首都，同时也是苏俄十月革命的发源地。1924年，苏联党中央和苏联政府为了纪念伟大的革命导师列宁而把它改名为列宁格勒，便称它为“苏联第二首都”。

“二战”期间，德军统帅部考虑到列宁格勒在政治、经济和战略意义等方面的重要作用，便将其定为侵略的主要目标。为此，希特勒特意调集了40个师、6000门大炮和1000多架飞机进攻这座城市。

1940年12月18日，希特勒为了能够更好地完成对列宁格勒的围困，实施了第21号训令，即“巴巴罗萨”计划。在这项计划中，北方集团军群的主要任务就是从东普鲁士出发，开赴波罗的海沿岸，并消灭那里的苏联红军。然后再与芬兰军队相配合，争取在1941年7月21日之前攻占列宁格勒。希特勒十分看好自己的闪电战术，他宣称，届时他会在列宁格勒的冬宫广场上，亲自对军队进行检阅，并在列宁格勒的阿斯托里亚饭店为军队摆下庆功宴会。

1941年7月1日，德军占领了拉脱维亚的首都里加。7月4日，德军又突破了苏军在拉脱维亚与俄罗斯边界设置的防线，接着又在7月9日占领了苏军弃守的普斯科夫。至此，德军已经真正地打开了通往列宁格勒的大门。而芬兰军队东南、卡累利阿两个集团军也对列宁格勒展开了猛烈的进攻，列宁格勒就此陷入德、芬两军的南北夹击中。

而对方，苏军西北方向总司令伏罗希洛夫元帅紧急动员了群众，数以百万计的列宁格勒居民围绕在列宁格勒周围，夜以继日地构筑了三道防线。就这样，在苏军的顽强抵抗以及卢加河畔的天然屏障的保护下，北方集团军群想要在7月21日前拿下列宁格勒的计划破产了。另一方面，为协助北方集团军群进攻列宁格勒，希特勒在7月19日还特意发布了第33号训令，命令中央集团军群的霍特带领第3装甲兵团北上切断列宁格勒与莫斯科之间的交通线。8月21日，南路德军占领了楚多沃，成功切断了列宁格勒通往莫斯科的十月铁路。到8月底的时候，德军一路向北推进到了斯卢茨克—科尔平诺地区，该地区距列宁格勒城南仅20千米。9月8日，南路德军到达列宁格勒城东面的拉多加湖南岸，并占领施吕瑟尔堡，至此，列宁格勒与外界联系的最后一条陆路交通线也被切断，并形成了被德国三面包围的形式。从这点看来，列宁格勒已经岌岌可危，形势对苏联一方甚是不利。

之后，德军开始对列宁格勒进行了猛烈的炮击和空中轰炸。9月9日，德军又向列宁格勒发起新的进攻。此时的德军已经突进到了城市的接近地，情况已经非常紧急。苏军方面军的指挥者正是朱可夫大将，他领导的军事委员会在对当前形式进行分析后做出了一个决定是：即使战至最后一人，也要守住列宁格勒。

就这样，在苏联军民团结一致誓死保卫列宁格勒的情况下，德军想要在9月夺取列宁格勒的目标再次破灭。德国再次改变了计划，决定在10月中旬向季赫温实施突击，意图切断列宁格勒与外界联系的最后一条铁路。而当时，被围城市所需的物资全部都需要通过这条铁路运至拉多加湖，再经水路运送到达。德军的这一举措，无疑是令苏军的情况雪上加霜。11月8日，德军一举攻下了季赫温。但在12月9日又被苏军夺了回去，甚至将德军赶到了沃尔霍夫河彼岸。1941年冬季，列宁格勒人历尽千辛万苦，在拉多加湖冰面上奇迹般地开辟了一道冰上公路，通过这条唯一能够与外界取得联系的“生命之路”运进粮食、运出伤员，从而战胜了寒冷和饥饿，彻底粉碎了德国想要困死列宁格勒人的阴谋。

1942 年 1 月至 10 月，列宁格勒方面军与沃尔霍夫方面军突击集团对德军进行了东西夹攻，再加上锡尼亚唯诺方向的顽强战斗，德军的兵力受到了极为严重的损耗。但是，由于兵力、兵器不足和军队指挥上的缺陷等原因，这两次战役都只是重创德军而未能彻底解除城市封锁。

1943 年 1 月 12 日，列宁格勒方面军所属第 67 集团军各兵团、沃尔霍夫方面军所属突击第 2 集团军各兵团和第 8 集团军部分兵团接到最高统帅部大本营命令，联合着手实施了“火星”战役。1943 年夏秋之际，列宁格勒方面军和沃尔霍夫方面军彻底打破了德军想要重新封锁列宁格勒的计划。此间，苏军肃清了德军在沃尔霍夫河岸基里希地区内的兵力，并攻占了德军枢纽部锡尼亚唯诺。至此，苏军在战役中被动形势已经彻底扭转。

之后，苏军在斯大林格勒战役、库尔斯克战役、左岸乌克兰战役、顿巴斯战役及第聂伯河战役中的相继取得了胜利，这为苏军在列宁格勒和诺夫哥罗德两市附近实施战略进攻提供了有利的条件。列宁格勒和诺夫哥罗德战役的结果，给德军的北方集团军带来了沉重打击，列宁格勒州也几乎全境解放。1944 年夏，苏德战场北翼德军战略集团被击溃，之后芬兰宣布退出战争，从而德军战略路线的北翼陷入了崩溃的边缘。

1944 年 8 月 10 日，列宁格勒结束会战。这次会战的胜利对历史的发展有着极为重要的政治和军事战略意义，这是因为这次会战牵制了德军重兵和芬军全部兵力，对苏德战场其他地段的战斗进程有着不可估量的影响。

珍珠港事件

1941 年 12 月 7 日（夏威夷时间），美国夏威夷珍珠港和往常一样，风平浪静。因为这一天是周末，驻扎在这里的太平洋舰队戒备并没有往常森严，大部分官兵还在床上。

与此同时，日军已将第一航空母舰特混舰队司令南云忠一的机动部队开到珍珠港以北约 230 海里处。他们正在酝酿一场规划空前的袭击。

早上 6 时，南云接到命令。不到 15 分钟，担任第一波攻击任务的 183 架飞机已全部飞离航母甲板，43 架战斗机、49 架水平轰炸机、40 架鱼雷机和 51 架俯冲轰炸机直扑珍珠港。

7 时 55 分，炸弹倾泻在太平洋舰队基地四周的希凯姆、惠列尔和福特岛机场上，美军很快丧失了制空权；随后，日军鱼雷机从几个方向突入，向福特岛东西两侧的美国军舰同时发射了数百枚鱼雷。8 时 05 分，水平轰炸机从正西方向进入，再次轰炸了福特岛东侧的战列舰。美军高炮火力集中的依瓦机场同样没能逃脱噩运，很快处于瘫痪状态。

8 时 40 分，日军结束第一波攻击任务，战斗机返航。这是日本方面，我们再来看看美国方面是怎样应对突如其来的袭击的。

最初几分钟里，没人知道珍珠港到底发生了什么事情。当时，战列舰“马里兰”号正在升旗，一名海军士兵看了看冲向机场的飞机，还误以为是自己人。当炸弹落到机场和战舰甲板上时，美国大兵才反应过来，这是偷袭。顿时，爆炸引起的大火已让整个珍珠港陷入烟雾弥漫之中。

8 时整，太平洋舰队司令部才把电报发往海军部：“珍珠港遭到空袭，这不是演习。”

8 时 15 分，美军哈罗瓦机场发动 29 架战机抵抗日军偷袭。但由于当时部署在珍珠港的军力薄弱和事先没有准备，所以战机不是被日军战斗机击落,就是被自己的高射炮误伤。

这一波偷袭，美国太平洋舰队损失惨重，日军的机关炮炸毁了战列舰“内华达”号，“亚利桑那”号则被鱼雷击中沉入海底。“俄克拉何马”号和“西弗吉尼亚”号也在强烈的炮火中裂开。

8 时 55 分，日军又派出 168 架飞机，开始了第二波攻击。没用多久，美军便溃不成军，日军牢牢控制了珍珠港的整个上空。此后的几个小时中，日军对美国太平洋舰队进行了狂轰滥炸，把强大的太平洋舰队玩弄于股掌之中。

10 时整，日军战斗机陆续撤离珍珠港。就这样，日军在美军惊魂未定时，迅速撤离了珍珠港。

根据事后统计，日军在珍珠港偷袭中，投掷鱼雷 40 枚和各型炸弹 556 枚，导致 40 多艘美军舰船被击沉和击伤，2403 名美国大兵阵亡，1778 人受伤。日军飞机被击落 29 架和损毁 70 架，一共死伤 55 名飞行员。

那么，日本为什么要对拥有强大海军的美国实施偷袭？这场影响巨大的袭击后面又隐藏着怎样的阴谋？

事情的起因该从 1940 年春夏之交说起，那时，战争狂人希特勒用“闪击战”横扫西欧，英军退守英伦三岛。当时，日本认为这是夺取英、法、荷在东南亚的殖民地和攫取战略资源的绝好机会。同年，9 月 27 日，日本和德、意签订了《三国同盟条约》，将矛头直接对准了美、英等国。

第二次世界大战期间，山本五十六一向认为，在征服东南亚的过程中，美国是其最大的绊脚石。一旦日、美两国开战，美军的太平洋舰队主力一定会驶出珍珠港，从侧翼对日军进行牵制。

为了打击美国珍珠港的太平洋舰队，1941 年 2 月，这个天生的赌徒制订了“Z 作战计划”，企图通过打击珍珠港来迫使美国签订互不侵犯的协定。

可以说，山本五十六的这一决定几近疯狂。因为这个计划是建立在多个假设之上：

1. 空袭珍珠港时，美国太平洋舰队正好停泊在那里。

2. 日军的机动部队横渡太平洋时，不会被美军发现。

由于山本五十六的这一疯狂的计划过于冒险，海军军令部极力反对，就连南云忠一中将也对此表示怀疑。但是山本一意孤行，他甚至表示，如果“Z 作战计划”不能付诸实施，他将辞去联合舰队司令官的职务。无奈之下，日本海军军令部只能批准这次偷袭行动。

随后，日军便立即进入备战状态。执行轰炸任务的飞行员在鹿儿岛海湾上空进行攻击训练，海军情报部门则向夏威夷派出间谍，获取太平洋舰队进出珍珠港的情况。当时，为了防止外界质疑，他们还让海军士官学校的学生穿上正式军装到东京参观，造成日本的海军没有任何作战准备的假象。同时，日本外交部还派遣来栖三郎作为“和平特使”赶赴美国，协助野村吉三郎大使进行和平会谈。

12 月 8 日 8 时 50 分，美国国务卿赫尔接到了野村大使和来栖特使递交的最后通牒。但这份文书却晚到了 50 分钟。此时，日军的第二波攻击已经飞临瓦胡岛上空。赫尔对日本这种不宣而战的态度非常愤怒，他说：“在我整整 50 年的执政生涯中，从未见过这样一份充满卑鄙谎言的文件。”

12 月 7 日 20 时 30 分（华盛顿时间），美国总统罗斯福在秘书丽海狄的搀扶下走出白宫，面对深夜里久久不愿散去的美国民众，他用颤抖的声音有力地说道：“亲爱的美国公民们，我向你们宣誓，我和我的同事将尽全力，把这份强加给美国头上的耻辱还给对方。上帝保佑美利坚！”

罗斯福的话音刚落，他的老对手、共和党领袖查斯 · 麦克纳里走上前去，紧紧握住罗斯福的手说："总统阁下，从现在起，我们的国家赶往一个政治假期。在这个政治假期里，我们在政治上的敌意消失了，我们只有一个政党，这就是美国的荣誉和尊严！"

12 月 8 日，罗斯福总统抛开轮椅，在长子的搀扶下走进国会大厦，向美国参、众两院发表了为时 6 分钟的演说。他表示："12 月 7 日（夏威夷时间）将被作为国耻日永载史册。为了保卫国家的安全，我要求国会自日军进攻时起，宣布国家和日本处于战争状态。"

罗斯福的演说赢得了热烈的掌声，宣战决议最终以参议院 82 票对 0 票、众议院 388 票对 1 票的结果通过。

很快，这个消息便传到了英国首相丘吉尔那里，使得正在欧洲和希特勒苦战的他高兴得老泪纵横。当初，为了劝说美国参战，他绞尽脑汁，最终都没能说服美国。没想到，今天日本人帮了他这个大忙。高兴的丘吉尔激动地对属下说："今晚，我一定会睡得很香很香！"随后，英国宣布同日本处于战争状态。

而希特勒呢？希特勒得知日军偷袭珍珠港后，暴跳如雷，疯狂地拍着桌子喊道："日本人真是他妈的蠢货，招惹别的不好，偏要去惹美国！"他的话吓得众人目瞪口呆。

希特勒为什么这样大动肝火呢？因为他不会忘记美国在第一次世界大战中所扮演的角色。他自始至终都认为，德国征服欧洲和摧毁苏联，最后制伏英国只是早晚的事，但前提是没有美国的介入。所以，希特勒这个战争狂从来不敢给美国制造参战的借口。就在两年前，也就是 1939 年 9 月，他向德国海军将领下达命令道："任何德国潜艇都不准在大西洋攻击美国船队。"但是，自从日本偷袭珍珠港后，这一切努力都将成为徒劳。

美国参战后，太平洋战争进入白热化，德、日和意等轴心国也渐渐从胜利走向了没落和失败。

迄今为止，珍珠港事件虽然已过去 70 多年，但导致太平洋舰队几乎全军覆没的日本国内却很少有人提及此事，更没有任何政客或媒体谈论此事。那么，珍珠港偷袭的发动者日本为什么会持这样的态度呢？

原来，很多亲历珍珠港战争的日本人认为，珍珠港事件不过是美国为了参加“二战”故意制造的一个巨大阴谋。他们指出，日军突袭珍珠港（日本始终不肯承认偷袭）表面上非常成功，但实际上一些很微妙的巧合早已使日军的战略意图全部落空。

第一，日军当初突袭的主要目标是太平洋舰队的 3 艘航空母舰、8 艘重巡洋舰和 14 艘驱逐舰。但是，当他们发动偷袭时发现，3 艘航空母舰没有一艘停在珍珠港。当时“企业”号正在返回珍珠港的路上；“列克星敦”号被派往威克岛和中途岛运送飞机；“萨拉托加”号则在圣地亚哥维修。至于其他的主要战舰也没有一艘停靠在珍珠港。也就是说，日军击沉和击伤的只不过是些无足轻重的军舰。

第二，珍珠港遭到袭击前，美军留着主机场机库不用，而是让飞机全部排在跑道上。这种行为显然不合乎常理，他们认为美军这样做的原因在于这会给日军带来美军飞机全军覆没的假象。

第三，空袭结束后，美军很快便从水里打捞出军舰，并以惊人的速度加以维修和改装。使军舰的战斗力很快上升到新的水平。更让人难以理解的是，维修和改装的图纸、武器和雷达都是早已准备好的。此外，维修和改装所需的设备以及材料也是早已生产好的。从这点看来，好像这一切都在预料之中。

按照上面的分析，难道这起看上去无懈可击的空袭真的是美国人的苦肉计吗？

1995 年 9 月 5 日，当时的美国总统克林顿接到一封信。信中，一位叫海伦·哈曼的女士透露了珍珠港事件的内幕。

海伦在信中说，珍珠港事件爆发前不久，罗斯福总统紧急召集了少数军官开了一个秘密会议。罗斯福在会上透露了一个惊人的消息，美国高层已截获日本将要偷袭珍珠港的情报。

会上，罗斯福命官员准备一批医务人员和急救物资，然后把他们集结到美国西海岸港口，随时待命起运。最后，罗斯福还特别强调禁止将会议内容外传，包括珍珠港的军事指挥官和红十字会的官员。当时，大家都一脸的惊讶和不解。对此，罗斯福解释说，只有当美国遭到攻击时，犹豫不决的美国人民才会同意参加战争。

海伦的这封信一经公开，便立即在美国国内引起一场轰动。当时，不少人对海伦的身份表示怀疑，但是，一些强有力的证据表明这并不是个简单的谎言，很可能确有其事。

原来，海伦的父亲史密斯就是当时美军陆军部负责后勤保障的副主管。另外，美国红十字会夏威夷分会的工作人员在查阅 1941 年到 1942 年财政年度的有关文件时，惊奇地发现，美国红十字会和美军后勤医疗部队在珍珠港事件前一两个月曾进行过非常规的人员和储备物资调动。其中，夏威夷分会从国家红十字会总部拿到了一批价值 25 万美元的医疗急救物品。同时，夏威夷分会还秘密接收到了价值 5 万美元的药品和物资。

1941 年 11 月，美国红十字会总部月度报告显示，夏威夷分会当时共接收了 2534 名医护人员。其中 1505 名是非正常接受，也就说，这些医护人员是被秘密调去的临时人员。事后，人们在时任夏威夷红十字分会会长阿尔弗雷德·卡瑟尔的弟弟威廉·卡瑟尔的日记中看到：12 月 6 日，夏威夷分会的全体人员奉命取消一切休假，并要求全部进入战备值班状态。

威廉·卡瑟尔写下日记这一天，距离珍珠港事件发生只有 1 天时间。

种种迹象呈现后，越来越多的人相信，罗斯福总统似乎知道珍珠港会被空袭。那么，即使罗斯福知道，他的消息又是从何而来呢？珍珠港事件又果真是他的“苦肉计”吗？

根据已经解密的美国国家档案显示，早在1935年，美国联邦调查局和美国海军军区情报办公室就同美国陆军一起组建了一个代号为“魔术”的密码破译团队。这个小组由美国国内顶尖的密码专家组成，专门负责破译日军电报密码。

当时，被美国人称为“世界上最伟大的密码专家”的威廉·弗里德曼就是其中一员。1940年8月，他成功破译了日本外交密码，使日本外务省和驻美外交使团之间的通信在白宫内成为公开的秘密。

12月6日，也就是日本偷袭珍珠港的前一天，美军截获了一份日本政府发给野村吉三郎大使的电报。电报内容主要说日本和美国的谈判已经破裂。

由于形势紧急，负责破译电报的太平洋舰队第14海军军区通信参谋莱顿中校刚翻译了几段，便立即把情况报告给太平洋舰队司令赫斯本德·金梅尔将军。随后，美国海军作战部部长斯塔克也接到电报，为了节省时间，他把已经译完的内容交给罗斯福，没有翻译完的那部分留在了自己手中。罗斯福看完后说：“这个意思，也就是要爆发战争了。”

很快，电报剩下的部分也翻译了出来，上面说日本政府要求野村大使于凌晨1时准时将电报转交给美国国务卿赫尔。然而，这是个危险的信号，因为日本人所说的凌晨1时，很可能就是他们发起偷袭的时间。

事实正是如此，华盛顿时间7日凌晨1时，也就是东京时间8日的凌晨3时，也是夏威夷时间7日早上的8时。如果按这一时间计算，珍珠港事件已经爆发10分钟。也就是说，日本人打算偷袭开始10分钟后才向美国宣战。

让人不解的是，一向行为谨慎、注重细节的罗斯福在看完电报后，并没有惊讶，而只是轻轻地说了句：“嗯，知道了！”

很快，罗斯福又做出了一个让所有人不解的决定，他命令海军作战部部长斯塔克中将密电赫斯本德·金梅尔，立即把航空母舰从珍珠港调出外海，其他舰船则一律留在港内。

罗斯福为什么要做出这样让人费解的决定呢？ 每个人都知道，其实航空母舰没有战斗力，要是没有辅助舰船，它不可能进行编队训练，更不可能发挥航母作用。 但航空母舰是海军部署中的重中之重，所以避免航空母舰受到攻击而把它调出海外是个很合理的决定，问题是，罗斯福为什么只把航空母舰调离珍珠港，而不是将整个太平洋舰队调离珍珠港呢？

当然，以上种种推论和假设都只是大胆的猜测，至于历史的真相，很可能早已埋葬在一些不可能公开的秘密当中。 或许，有人还会这样问，罗斯福总统用一个舰队的代价换来对日本和德国宣战的结果，这样做真的值得吗？ 他真的有必要冒这么大的风险，难道他真的不怕被国人唾骂吗？

然而，珍珠港事件究竟是不是罗斯福的“苦肉计”，目前谁也下不了这个定论。 也许，我们可以立等解密，也许我们永远也不会等到答案。

东京轰炸

1941 年 12 月 7 日，山本五十六统率的日本海军成功偷袭了珍珠港，“二战”在太平洋地区的战场正式开辟。 对于日本此举，美国举国震惊。 愤怒的山姆大叔想要找机会去报复日本，便一直注视着日本的举动，准备伺机予其致命性的打击。 终于，在日本海军主力“南进”时，美国人抓住了机会。 美国海军太平洋舰队的“大黄蜂”号和“企业”号航空母舰立即西进，有预谋地对东京进行了轰炸，让日本人付出了惨重代价。

1942 年 4 月 18 日，詹姆斯·杜利特尔中校率领 16 架 B -25 型轰炸机，从“大黄蜂”号航空母舰上起飞，经过一段时间的隐蔽飞行，终于在当日正午时分出现在了日本的首都东京上空。紧接着，美国海军航空兵便对日本本土发动了大规模的轰炸，重磅炸弹像密集的雨点一般从空中洒落下来，在既定的目标上轰然爆炸。浓烟很快笼罩了整个东京城，城市的建筑瞬间变成了废墟。

这场突如其来的空中袭击让日本政府难以接受，他们在毫无准备的情况下，政府和军界的首脑只能眼睁睁地看着美国的轰炸机在本土上空横行。当然，美军的这次轰炸也是有预谋的，他们轰炸的重点目标是东京南部的造船厂，因为一旦日本的造船厂被炸毁，日本的海上力量就会受到极大的影响。而且他们也实现了自己的目的，威力强大的炸弹瞬间将造船厂变成一座废墟。除了首都东京以外，日本南部的神户和其他两个城市也遭到了轰炸。同时，美国人还对这次轰炸做了十分充分的准备，仅仅半小时就完成了空袭任务。当日本人动用防空设施进行还击时，美国的轰炸机早已安全离开了日本。

美国的这次空袭事件，虽然直接破坏力远远不能和日军偷袭珍珠港相比，但却给毫无准备的日本人在心理上造成了深入灵魂的打击。同时，这次袭击还给航空母舰的远程快速作战提供了一次尝试的机会。

4 年以后，美国又在日本的长崎和广岛分别投放了两颗原子弹，让日本人吞下了侵略的恶果，也彻底地毁灭了日本的军国主义梦想。

鏖战中途岛

在日本成功偷袭珍珠港后，美军派出了“企业”号和“大黄蜂”号航空母舰对日本本土进行了报复性的轰炸。1942 年 5 月，在澳大利亚东北部的珊瑚海上，美国和日本进行了有史以来海战上的第一次航空母舰大战。在这次大战中，双方都有极大的损失；日本除了“祥风”号航空母舰被击沉外，还有一艘遭到了重创；而美国的“列克星顿”号航空母舰被击沉，“约克城”号航空母舰也因遭到重创而被迫退出战场。

1942 年 5 月，联合舰队总司令山本五十六进攻中途岛的计划得到了日本帝国参谋部的批准。山本五十六主张进攻中途岛的目的是想把“珍珠港事件”中残存的美国太平洋舰队引诱到中途岛，然后再给予毁灭性的打击，妄图一举歼灭其残存舰队。至此，美、日之间的角逐战争在中途岛拉开了帷幕。

当时，日本联合舰队共有 200 多艘舰艇，其中有 11 艘攻击力极强的战列舰、8 艘航空母舰、700 多架舰载机，而美国的太平洋舰队却只有 3 艘航空母舰、7 艘重型巡洋舰和 17 艘驱逐舰。军事力量上的差距对美国一方极为不利。但是，让人意想不到的是，山本五十六竟然将舰队分成了 6 个小舰队，这样就明显削弱了己方的海上力量。不仅如此，更严重的是美国太平洋舰队的总部作战情报处竟然破解了日本频繁用于联络的密码，并成功破译出日本进攻中途岛的战略部署，这就在很大程度上弥补了军事力量上的差距。

美国太平洋舰队司令尼米兹上将在获取情报后，马上根据这些信息制订了详细的作战计划，采取了避免和日军进行正面对抗的策略，并尽可能地削弱日军在海上的力量，计划利用潜艇和轰炸机袭击各个日本孤立的小舰队。5 月 24 日，美国海军情报处再次破译出日军的作战计划。即日军舰载机将于 6 月 4 日大举进攻中途岛。这次密码破译的成功，直接将战争的主动权牢牢地抓在了美国人手里。

6 月 3 日，日本各舰队按照计划进入了既定位置，但让山本五十六意想不到的是，他根本没有在这里看到美国的航空母舰。事实也正是这样，美国在日军到来之前，早就派出了两支特快舰队，在中途岛占据了有利位置。4 日清晨，日军海军中将南云忠一命令“赤城”号、“加贺”号、“飞龙”号和“苍龙”号航空母舰上的 108 架飞机去轰炸中途岛上的119架美军飞机，但这是不可能的，从美国破译密码的那一刻起，日本的一切计划便注定要落空。紧接着，南云忠一又命令第二批飞机升上甲板装鱼雷，做好袭击美军军舰的准备。但却因为前去中途岛执行轰炸任务的第一批飞机的再三要求而放弃了这一计划，并将装好的鱼雷换成炸弹，此举更是导致日军贻误了最佳战机。最终，美国轰炸机成功炸毁了“赤城”号、“飞龙”号、“加贺”号和“苍龙”号航空母舰。面对这种情况，山本五十六也不得不取消了进攻命令。

此次战役，日本共丧失航空母舰4艘、重型巡洋舰1艘、飞机234架，以及几百名海军飞行员和2200多名水兵。自此，日本海军称霸太平洋的局面被打破，美国和日本在太平洋上的力量形成了势均力敌的局势。

斯大林格勒会战

斯大林格勒是“二战”时期苏联在欧洲部分东南部的政治、经济和文化中心，也是苏联军队重要的军事工业基地。

斯大林格勒会战就是指第二次世界大战中苏联军民为保卫斯大林格勒并粉碎纳粹德军进攻而进行的一次大规模会战。此次会战历时六个半月，从1942年7月17日德军进攻开始，到1943年2月2日苏军胜利反攻结束。当然，这次会战在苏军的角度还可以以1942年11月19日为界，将其分为防御战役和进攻战役两个阶段。

法西斯德军及其仆从军在1941年6月22日不宣而战，开始了代号为“巴巴罗萨”的军事进攻计划，闪电式入侵苏联国境。在最初的苏德战场上，双方的军事活动主要以围绕攻城与守城为主。1941年至1942年冬，苏军的主要任务是想消除德军对莫斯科、列宁格勒和高加索地区的威胁。后来，德军虽然因为莫斯科会战的失败而被迫放弃全面进攻计划，但其仍然在局部地区保持着优势兵力。1942 年 4 月 5 日，希特勒签发了第 41 号作战指令，并精心部署了对斯大林格勒的进攻计划。希特勒本意是想要通过对斯大林格勒的占领，切断苏联北部重镇同南部的联系，继而占领高加索石油区、顿河和库班地区，并在此基础上包抄莫斯科，实现最终消灭苏联的目的。同时，希特勒还根据当时的形势做出了具体的分析，他了解到：如果德军在东西两线同时作战的话，结局必然是失败。因此，为了能够专心对付英、美，并且夺取中东和印度，就必须要尽快歼灭苏军主力，然后将兵力转移到西线，这样才能够达到最终目的。拿定主意后，希特勒便决定孤注一掷，将 150 多万的兵力全都部署在了六七百千米的苏德战场南线上。

7 月 17 日，德军第 6 集团军抵达了顿河大弯曲部，并直接威胁到伏尔加河和高加索地区。针对这种局势，苏军最高统帅部组建了斯大林格勒方面军与之对峙，斯大林格勒会战就此开始。

从 7 月 17 日起，苏军第 62 集团军、第 64 集团军与德军第 6 集团军展开了激烈的交战，开始了对斯大林格勒外围主要防御地带的争夺。到 8 月 10 日，苏军已经逐渐撤退到了顿河东岸，并在斯大林格勒外围防御地带成功阻止了德军的前进。8 月 19 日，德军为了突破苏军的防线又一次发起猛攻，从西、西南方向同时向中心突击，力图一举攻下斯大林格勒。同时，德国还出动了几千架飞机对斯大林格勒进行了狂轰滥炸，甚至将全城夷为了平地。此外，德军一部分兵力还从斯大林格勒北面向伏尔加河畔逼近，企图在此处突击夺取该市。在这种情况下，苏军拼死抵抗，直到 9 月 12 日，双方之间的战争才以德军未突破苏军防线而告一段落。

随后，德军开始从西面和西南面向城区逼近，与固守斯大林格勒的苏军第 62 集团军、第 64 集团军再次展开了激烈的战斗。9 月 13 日，德军的装甲师攻入了斯大林格勒市区，向市中心的第 62 集团军发动攻击，并一度切断了苏军第 62 集团军与第 64 集团军之间的联系，而且还占领了斯大林格勒第一火车站。27 日，德军又发动了第二次强攻，与苏军展开了争夺红十月村的战斗。面对如此严峻的形，斯大林快刀斩乱麻，亲自将精锐部队近卫第 13 师调去了伏尔加河，同德军展开了殊死搏斗。到 9 月底，双方的战斗重心转移到了北部工厂区。到 11 月 11 日，苏军开始进行反攻，尽管德军已经突破了 6 个区，但却在苏军的不断打击下，而不得不放弃对最后一个区的进攻，并被迫转入防御。

1942 年 11 月 19 日，在一番周密的准备之后，集结在斯大林格勒西北面和南面的苏联红军揭开了反攻的序幕。经过两天的战斗，苏军成功地突破了德军的防线。11 月 23 日，南、北两方面的苏军在斯大林格勒城外的卡拉奇成功会师，并将德军的第 6 集团军及坦克第 4 集团军包围在斯大林格勒城下。当时希特勒在得知这一消息后，一面紧急命令主将鲍罗斯死守阵地等待援军解围，一面又将作战物资空运给被困部队。只是，这一切都已经来不及了。1943 年 1 月 10 日，苏军开始分割并消灭被困的德军。到 31 日，被围的南部德军已经被悉数消灭，以第 6 集团军司令为首的德军残部宣布投降。至 2 月 2 日，北部德军也选择了投降。至此，持续了 6 个月的斯大林格勒大会战终于结束。

在此次战役中，150 万德军被消灭，由德军及仆从军所组成的轴心国最大的集团军彻底宣告覆灭。

经过此次会战，德军再也无力组织大规模的进攻。而苏军则渐渐收复了失地，并攻入了德国本土。因此，此次会战的胜利不仅是苏德战争的转折点，更是第二次世界大战的转折点。

诺曼底登陆

斯大林格勒战役之后，世界反法西斯国家走上了联合作战的道路。1943 年 11 月，在联合作战趋势的影响下，德黑兰会议召开了。在会议上，美国总统罗斯福、英国首相丘吉尔和前苏联领导人斯大林经过 4 天的长谈，一致通过了在西欧开辟第二战场的决定。按照计划，美国的艾森豪威尔将军出任盟军总司令，统率包括陆、海、空三军在内的近 300 万盟军将士，准备于英伦三岛集结。然后横跨英吉利海峡，登上欧洲大陆，和东线的苏联红军配合，对德军进行双面夹击。这就是历史上十分出名的“霸王行动”。

当然，要进行如此大规模的登陆作战，首先要有一个精密的部署，最为重要的就是要选择好登陆点。而最为恰当的登陆点又必须满足这两个条件：

1. 登陆点必须在以英国为基地的盟军空军作战半径范围之内。

2. 登陆点附近必须有良好的港口和平坦开阔的海滩，以便利运卸军事物资和参战部队。

经过一番策划，3000 英里的西欧海岸便只剩下两处地点可供选择，其一是位于加来海峡的从敦刻尔克到索姆河口一段；其二是诺曼底地区的康尼到科唐坦半岛一带。盟军统帅部经过反复比较，最终选择了后者。这是因为德军在这里的兵力相对薄弱，可以大大提高登陆的成功性。而且这里地形开阔，距法国北部最大港口瑟堡也仅有 80 千米，可以为登陆后的袭击活动提供更为便利的条件。因此，盟军将“霸王行动”的登陆场最终选定为诺曼底。

除此之外，登录时间也是盟军面临的一个问题。盟军各军兵种根据自己的需要提出不同要求：陆军要求在高潮时上陆，这样可以大大缩短部队通过海滩的时间。海军则要求在低潮时登陆，这样才可以更好地让登陆艇在障碍区外抢滩，以及为工兵清除障碍提供便利。空军则要求有月光，以便于空降部队识别地面目标。盟军统帅部根据各种兵种提出的要求，对诺曼底地区进行了更加透彻的分析，最终决定在高潮与低潮间登陆。即 1943 年的 6 月 5 日。

面对如此困难和复杂的大规模登陆作战，盟军必须做好全面的准备。经过一番研究，盟军统帅部认为：唯有出其不意，才有可能在欧洲大陆上建立起几个桥头堡。只有这样，盟国庞大的军事工业体系和充足的后备兵员等优势才会在战争中体现出来。因此，隐蔽盟军的主攻方向就显得尤为重要了。

为了确保登陆成功，盟军决定借助情报机构实施战略欺骗手段，诱使希特勒将德军兵力分散在从挪威到地中海的广阔地区。为此，盟军便制订了一项“卫士”欺骗计划。

于是，盟军便开始通过各种虚假的无线电通信使德国人淹没在大量的假登陆消息之中，使其长期处于戒备状态，给对方造成一种“狼来了”的假象。这样，当真正的登录计划开始时，德军就会误以为这次行动和前几次经历一样，只不过是一次演习。为了达到这样的效果，美国甚至虚构了以骁将巴顿为司令的“美国第 1 集团军”。

就在盟军紧锣密鼓地为登陆做准备时，希特勒也发觉了盟军正在进行一场大规模的登陆的心思。但是他却无法对盟军的登陆时间和地点做出正确的判断。最后他只好借助于情报部门的研究判断，但是，他的愿望终究没能实现。后来，希特勒和龙德施泰特在巡视了整个法国海岸后，臆断盟军的主攻地点便是加来，同时否定了盟军在 6 月 5 日登陆的可能性，因为他认为那几天的天气条件非常不适合登陆。但事实却证明，德军正是在这个问题上翻了船。在错误判断的影响下，希特勒和他的最高统帅部错误地以为诺曼底只是一场佯攻，便下达命令停止了从加来调往诺曼底的装甲师和步兵师的前进，甚至把其他地方的许多兵力都调遣到了加来地区去面对“大敌”，听任隆美尔在诺曼底海岸苦苦撑持。因此，未战之前，德军在诺曼底战役中已经彻底失去了取胜的可能。

希特勒的末日

1945 年 4 月，第二次世界大战已经接近尾声。4 月 14 日，苏联红军以德军的 10 倍军力进攻柏林。这场战斗打得非常艰难，每条街、每条巷道、每间屋子都会射出敌人的冷枪。19 日，德军外围防线终于被苏军火炮摧毁，希特勒豪华的总理府也已经不成样子，随处是散落的大理石碎片和水晶吊灯残片。

当时，斯大林最为担心的并不是攻不下柏林，而是找不到希特勒的栖息之所。因为，活捉希特勒，让他接受世界审判是这次战役的重要内容之一。为了活捉希特勒，斯大林派出了最忠心的士兵。他们个个都是来自苏联秘密组建的反间谍猎杀部队，经过了严格训练。

5 月 2 日，苏军攻占柏林。随后，间谍猎杀部队顺利进入希特勒总理府——“狼穴”。城堡上的花园，到处都是希特勒亲信的尸体，但希特勒仿佛从人间蒸发了一般，踪影全无。为了完成斯大林下达的任务，猎杀部队成员个个焦急不安，希特勒到底在哪里？

搜寻希特勒的行动进行到第三天时，突然从地堡里传来一个士兵的喊声：“找到了！”大家凑上前去一看，只见弹坑里一张烧焦的毛毯下面盖着两具面目全非的尸体。按照死亡的地点和方式判断，这对男女的身份绝非一般。但这就是战争狂希特勒吗？

由于尸体已经被烧得面目全非，要想判断男尸是不是希特勒只有一个办法，那就是他的牙齿。

为了找到希特勒生前的牙科医生，间谍猎杀部队几乎把柏林翻了个底朝天，最后才找到了希特勒当时的牙医助理。他凭着仅有的一点记忆，画出了希特勒的牙齿形状。间谍猎杀部队人员把图拿去和尸体的牙齿一对比，结果完全吻合。那么，这样的结果是不是就能证明，那具被烧得面目全非的尸体就是希特勒呢？

就在此时，德国无线电台发出了一条骇人听闻的消息，说苏联人正在寻找的希特勒早在指挥柏林作战时就已丧命于炮火中。这消息似乎为那具烧焦的尸体提供了有力的佐证，但是，一些国外媒体却不这样认为，他们觉得那具烧焦的尸体只不过是一个替身而已。至于希特勒本人，则根本不在柏林，早已化装潜逃，德国媒体报出这样的消息只是为了帮助希特勒出逃。一时间，众说纷纭，没有人敢确定那就是希特勒的尸体，也没有人敢完全否认那不是他的尸体。

一个月后，苏联政府公开了一个令人窒息的消息，称“朱可夫将军表示，没有找到希特勒，因为他可能在最后一刻乘飞机逃跑了”。朱可夫本人也随之出来说明，希特勒在失踪前和情妇爱娃举行了婚礼。这句话似乎更验证了希特勒在逃，因为按正常人的思维逻辑，人是不会在死前结婚的。后来，美国最高司令艾森豪威尔也公开表示，当时希特勒可能依然活在人世。

那么，希特勒究竟是死是活呢？要是活着他又在哪里呢？

1945 年 6 月，有关希特勒行踪的线索越来越少，但有关希特勒的传闻却渐渐多了起来。斯大林在战胜国会议上称，柏林战争中，希特勒乘坐潜艇逃往了日本或西班牙，因为西班牙是欧洲最后的法西斯独裁者佛朗哥的统治国度。此外，斯大林还向公众暗示，是自己的盟国出于政治目的，窝藏了希特勒。

斯大林这样的言论一出，当即引起了美、英等国的不满，使得英、苏关系迅速降至冰点。

此后不久，苏联《真理报》刊载消息称，希特勒其实就定居在英国占领的德国境内，甚至连住所的位置都没有变。对于苏联的这个指控，英国高层震怒不已。为了证明清白，英国政府下令，彻底调查希特勒失踪一事。然而，当西方探员准备进入希特勒总理府搜寻尸体骨骸时，却遭到苏军阻止，声称这是统帅斯大林的命令。

斯大林为什么要坚持称希特勒在逃呢，难道藏有什么不可告人的猫腻？

首先，斯大林一直担心希特勒死后，纳粹残余势力会推举新的领袖，然后来对付苏联。可如果说希特勒“失踪”，那么纳粹就会形同散沙，力量得不到积聚和发挥，当然不可能在短期内得到复苏，不可能对苏联构成威胁。

另外，苏联之所以能在欧洲获得主导权，主要是由于他击败了德国的头号罪魁希特勒。假如一旦证明希特勒已经死亡，苏联在德国存在的必要性将不复存在。所以，斯大林坚持说希特勒没死，可以强化欧洲对苏联的依赖。

虽然不少人愿意相信希特勒已死，但种种迹象表明，这个战争狂也许真的没有死。因为当时的他还拥有飞机和潜艇，完全可以逃走。而且，直到4月24日，苏军才封锁了柏林通往南部和西部的道路，并且27日才攻占柏林机场。在这期间，希特勒露面次数越来越少。所以不少人猜测，他早已做好了逃亡的准备。

据苏军战后回忆，4月29日那天，他们曾目击一架两人座飞机在天上滑行。当飞机出现在苏军士兵的射程内时，大家都惊奇得忘记了射击。等回过神来，飞机早已飞出了火力范围。难道坐在飞机里的真是希特勒本人吗？如果是，他会逃向何方呢？

东欧对于希特勒来说，实在太危险，因为那里到处是烧杀抢掠。所以，西欧才可能是他的最后落脚地。随着这一消息的公布，一些有关他逃亡的消息马上传播开来。有的说他乔装成阿尔卑斯山的牧人，正在享受田园之乐；有的则说自己曾在法国赌场看到过他的身影；还有一则更加离奇的新闻则说他正和新娘爱娃在瑞典训练童子军，准备由他们率领纳粹残部进行反击。以上种种说法，到底哪个才是真的呢？

有关资料显示，1945年7月10日，一艘德国U型潜艇突然出现在阿根廷港口。由于该潜艇里面的人没有踏上陆地，所以没人知道里面到底坐着谁，也没有人知道它到底在什么位置停留过，但关于这艘U977 号潜艇的故事却被传得沸沸扬扬。

后来，媒体猜测，那可能正是帮助希特勒实施逃亡计划的潜艇。希特勒在乘坐飞机到达挪威后（1940 年到“二战”结束，挪威为德军占领区），于 5 月 2 日登上了开往阿根廷的 U977 号潜艇。

阿根廷是拉美国家中最后参战的国家，总统庇隆曾公开拥护过希特勒政权。也就是基于庇隆的拥护，不少纳粹高层曾在阿根廷定居，其中就包括负责策划集中营的艾克曼、外号“死亡医生”的门格勒等。直到 1945 年 3 月，由于美国不断向阿根廷施压，才迫使阿根廷对德宣战。虽然当时的阿根廷承诺参战，但却没有得到美、英方面的完全信任。直到战争结束后的两个月，其总统庇隆的一举一动依然在盟军监视之下。

德国战败投降后，大多数服役的 U 型艇停止了一切行动，但这艘不寻常的 U977 号却在这个关键的时期驶往了阿根廷。当时，为了把这件事调查清楚，盟军很快逮捕了一名德国艇员，送到美国审问。后来，历史学家莫利根在美国国家档案馆发现了当时的审问档案。档案显示，当时的 U977 号潜艇在海上航行了 105 天。在二战期间，即使在水中航行最久的美国潜艇也只有 84 天的记录。由此，人们断定U977 号曾绕道航行，并且很有可能去往阿根廷南部，甚至到过南极洲的一些地方。这样一来，才会在南美洲出现不少目击希特勒的传闻。

但这一切都只是推测和设想，没有确凿的证据能证明希特勒真的到过阿根廷。直到苏联解体后，随着很多绝密档案被公开，有关希特勒的生死谜题才有了重大发现。

根据公开的档案显示，1946 年，苏联国家安全委员会在检查希特勒的坟墓时，曾取走了尸骨的一块头盖骨。同时，还取下了那副被认为是希特勒的牙齿的牙齿。不过，这只是苏联隐藏了几十年的证据中的一部分。

德国生物学家贝纳克是参与验证希特勒死亡的非俄国科学家之一。在仔细检查过那副牙齿后，贝纳克告诉大家，那是他见过的最糟糕的牙齿。由于有不少人碰过那副牙齿，所以 DNA 测试很可能不起作用。但是，贝纳克有希特勒在 1944 年拍摄过的牙齿 X 光片。经过反复对比，他最终确认那就是希特勒的牙齿。而那个穿过头骨的子弹孔，足以说明希特勒早已死亡，而且是自杀。

后来，这一猜测在一位希特勒亲信那里得到了证实，亲信回忆道："当时，希特勒别无选择，只能潜逃，否则就会被自己的头号敌人斯大林抓住。再说，如果希特勒投降，他一定会遭到可怕的报复。但结果是，希特勒既没有逃跑，也没有投降，而是毅然选择了自杀。"

如此看来，那时的希特勒确实有逃跑的机会，可他最终为什么放弃逃跑而选择自杀呢?

1945 年 4 月 20 日这天，是希特勒 56 岁的生日。56 岁的他，身体状况已经非常欠佳。手经常不停抽筋，不仅走路需要人扶，就连站立都成问题。当时，听到柏林大街上苏军坦克驶过的隆隆巨响，手下都劝希特勒出逃。可希特勒深知，他的身体已经不允许自己东躲西藏。

一次，他对卫队长林格说："你看，现在连党卫军都临阵退缩或是叛变，我现在非留下来和柏林共存亡不可，我理当以身殉职，因为这是一个被围困在要塞里的指挥员应尽的职责。"那么，一个终生沉溺于权势和暴力、不断吹嘘宇宙理论的战争狂人，在他人生的最后时刻，究竟经历了一些什么呢?

4 月 30 日凌晨，希特勒在柏林帝国总理府地下 15 米的地下室里，给前线指挥官阿图尔·阿克斯曼通了一次电话。在得知柏林防线全线崩溃时，希特勒的脸阴沉了下来，他感觉自己的末日已经到来。

随后，他和爱娃举行了一场简单的小型婚礼。当时，一共有议员瓦格纳、戈培尔夫妇、鲍曼副官和卫队长林格等 10 人参加了婚礼宴会。席间，希特勒格外精神，他不停地为大家添菜。但在座的每个人都知道，他们马上就要面临世界的审判。

饭后，希特勒命令荣格夫人烧毁了所有文件，并宣布待会儿和大家见面。希特勒和众人握完手后，匆匆回到办公室。不一会儿，突然传来了一声清脆的枪响，顿时，四周变得死一样安静。林格推开门一看，只见希特勒手中握着一支黑色瓦瑟手枪，头偏向墙壁，太阳穴还在不断向外流血；而那个短命的夫人爱娃则在他的右边，因服过氰化钾（常用于安乐死），所以肌肉抽搐得吓人。

自杀前，希特勒曾口述过一份遗嘱，在这份“政治遗嘱”中，他恶毒地咒骂了犹太人，说世界上的所有坏事都是犹太人干的。同时，他还叹息命运不济，称自己的死必然导致德国灭亡。在遗嘱中，他把对德国和全世界的遗言，看做对历史的最后呼吁。

这个骨子里刻着“时代呼唤战争而不是和平”的战争狂人，直到生命的最后一刻，也不忘发号施令，要求摧毁最后一个目标——他的尸体，以免遗骸遭到斯大林示众。

希特勒死后，其手下执行了这个命令，他们将希特勒和爱娃的尸体浇上汽油，进行焚烧。可四周的枪炮声越来越密集，他们匆匆向元首和夫人行了纳粹军礼后，便不再顾忌还没烧尽的尸体，各自逃命。

半个世纪过去了，对于希特勒的死亡传闻从来没有停止过，人们对事件的原委存在着的分歧也从来没有停止过争论。甚至在二战结束后很多年，依然还有希特勒存活在世的报道。但不论怎样，有一点是毋庸置疑的，那就是希特勒的纳粹主义思想必将走向灭亡。

雅尔塔会议

1945 年，第二次世界大战的结局已经变得非常明朗，取得反法西斯战争的胜利指日可待。在欧洲战场上，美英联军和苏联分别由西、东两线向德国本土推进，德国法西斯政权败局已定。在远东和太平洋战区，负隅顽抗的日本法西斯军队也已走到了末路。为了协调反法西斯盟国之间的联系，商讨最后打败、日德的计划以及研究如何处置战败后的法西斯德国、安排未来欧洲事务与战后建设等一系列的问题，1945 年，美、英、苏三国首脑在黑海沿岸的著名度假胜地雅尔塔，举行了日后对世界政治格局影响深远的雅尔塔会议。

1945 年 2 月 3 日，美、英两国领导人来到苏联克里米亚半岛的雅尔塔，并于 1945 年 2 月 4 日到 11 日，在此举行了著名的雅尔塔国际会议。因为雅尔塔地处克里米亚半岛，所以雅尔塔国际会议又被称为克里米亚会议。这次会议的参与者主要是苏联人民委员会主席斯大林、美国总统罗斯福与英国首相丘吉尔，以及随同他们前来的三国外交部长、参谋长和顾问们。在 2 月 4 日到 11 日这 8 天时间里，英、美、苏三国政府代表团采取了各种各样的会谈方式，包括所有代表出席的全体会议、只有“三巨头”在场的秘密会晤，还有针对具体问题的参谋长或外长分组会议等。在这次会议上，英、美、苏三国政府代表团针对最后打败德日法西斯、处置战败后的德国、安排欧洲事务和保卫战后世界和平等重大事项进行了广泛的讨论，最后三国共同发表了联合会议公报，签订了《雅尔塔议定书》以及秘密的《雅尔塔协定》。不过当时，英、美两国为了争取苏联对日宣战，会议期间签订了许多侵犯了中国权利的内容，而会前其他国家并不知道具体的会议内容，所以又被称为“雅尔塔密约”。

在雅尔塔会议期间，如何来处置战败国德国，成为每个参会国最为首要讨论的问题，其中包括战败后对德国领土的占领以及战争赔款等多个议项。在领土管辖的问题上，“三巨头”全部同意了对德国实行“分而治之”的政策，也就是战后德国由苏、美、英、法四国分别占领。而在德国战败赔款的问题上，苏联和美国达成了秘密协议，赔偿总额高达 220 亿美元，尽管英国当时认为赔款总额还没有办法估计，但是最后还是同意了由东道国苏联提出的“战争赔偿总额为 200 亿美元，其中一半归苏联”的建议。

如何对日作战成为雅尔塔会议的另一项重要议题。会议召开的时候，日军依然在太平洋战场上做最后垂死的挣扎。罗斯福总统为了减少美军在太平洋战区的伤亡并且尽快结束战争，非常希望苏联尽快出兵对日作战，并将牺牲中国的权益作为苏联出兵的条件。三国领导人就此达成协议，根据协议规定，苏联要在德国投降及欧战结束后两到三个月内参加对日的作战。其条件的主要内容为：

1. 保持外蒙古（即今天的蒙古共和国）现状。

2. 库页岛南部以及相邻的岛屿交还苏联，大连商港必须国际化，维护苏联在该港的优越权，恢复苏联在旅顺港所有的权益，苏、中共同经营合办中东铁路和“南满”铁路，但苏联拥有优先权益，中国可保持在“满洲”的全部主权。

3. 苏联拥有千岛群岛的主权。

这个协定是美、苏两个大国在亚洲势力划分范围相互妥协和承认的产物。

美、苏各国背着当时作为四大盟国之一的中国政府与人民，签订了侵犯中国主权和利益的协定。协定签订 4 个多月以后，美国才将内容通知给了当时的国民党政府。当时的国民党政府严词拒绝此协议，感到非常愤怒。可以说，这是雅尔塔会议最为不光彩的一页，是大国沙文主义与强权政治交媾的一种丑恶行径。

在雅尔塔会议上，三国首脑还讨论了关于成立联合国方面的事情。会议决定由美、英、法、苏、中五国担任安理会常任理事国，规定实质性问题必须经过常任理事国的全部同意，五个常任理事国各拥有一票否决权。会议还通过了《关于被解放的欧洲的宣言》，宣布各国人民拥有权利根据自己的选择，用民主的方式来解决他们的经济与政治问题。会议反映了苏、美、英三国对战后世界安排问题上的不同意图和矛盾，对战后的国际关系格局有着巨大的影响。它对于巩固反法西斯联盟，以及推动反法西斯战争的最后胜利起到了重要的作用，并为联合国的建立奠定了基础。但会议中的一些协议并没有经过相关国家的同意，具有明显的大国强权政治的倾向，严重地损害了中国等国的主权、利益以及领土行政完整。

雅尔塔会议被认为是确立战后世界以美、苏两极为主导战略格局形成最重要的一场会议。因而后来人们通常将这种格局称为雅尔塔格局或雅尔塔体系，对战后世界影响深远。

波茨坦会议

1945 年 7 月 17 日，苏、英、美三国首脑斯大林、丘吉尔和杜鲁门在德国首都柏林附近的波茨坦，举行了第二次世界大战期间反法西斯战争首脑的最后一次会晤。非常具有戏剧色彩的是，丘吉尔一直以带领英国民众抗击法西斯的功臣自居而洋洋得意，对英国国内的选举信心十足，但在发表《波茨坦公告》的同一天，英国大选的结果揭晓，在野的工党获了多数选票而组阁，丘吉尔被迫宣布辞职，由艾德礼组成新一届内阁。新当选的首相艾德礼不久后便接替丘吉尔继续参加会议。

当时，纳粹德国已经战败，太平洋战场上的日军也是气数已尽。世界反法西斯战争已经基本宣告结束。由于共同的敌人渐渐消失，三个国家合作的基础也渐渐变得薄弱。所以，在会场上，三国由合作开始出现了冲突。这次历时 17 天的会议逐渐显露出英、美与苏联之间的矛盾，日益激化的矛盾也影响了战后世界格局的发展。特别是在苏联的统治下，东欧出现了一系列的社会主义国家，而美、英等也为争夺世界霸权，竭力阻止苏联在东欧和世界其他地区影响范围的扩大。

经过三方讨价还价的争议后，会议在管制德国、解除德国武装、重建德国民主政治生活、欧洲领土变更以及战争赔款等问题上都做出了具体规定。

在会议期间，由于双方矛盾重重，参会的美、英两国干脆直接撇开苏联并且联合中国于 7 月 26 日发表了《波茨坦公告》，敦促日本立刻无条件投降。 这份公告已经成为对日的最后通牒。 但是因为日本非常顽固，拒绝无条件投降，这一举动更加坚定了美国在日本投放原子弹的决心。1945 年 8 月 8 日，苏联对日宣战，百万大军出兵东北，也宣布加入《波茨坦公告》，从此《波茨坦公告》也就演变成为了中、苏、美、英四国对日的共同宣言。

8 月 2 日，苏、英、美三国首脑签署了《美、英、苏三国的柏林（波茨坦）会议议定书》和《柏林（波茨坦）会议公报》两个文件，统称为《波茨坦协定》。 会上讨论了德国问题、波兰问题、奥地利问题、缔结和约接纳联合国会员等一系列的问题。 而德国的问题则是会议的重点。

在德国分占区的划定问题上，各方之间也是争吵不休，甚至不惜造成事实上的直接进驻。 经过各方艰难的协调，斯大林同意让苏联军队撤到规定的占领区，英、美两国部队进入各自在施蒂里亚和奥地利的占领区。7 月 24 日至 26 日，中、美、英、苏四国再一次齐聚维也纳进行会晤。 在签署《参谋长议定书》的时候，安排美国军队从多瑙河以北的地区撤出，改由苏联军队进驻这个地区。 这样，四国占领区才最终与已经做出的决议完全相符。

而在战争赔款的问题上，三国首脑则在会议上展开了更激烈的争论。 斯大林发现自己无法实现在雅尔塔会议上要求的 200 亿美元赔款要求时，便转而要求英、美绝对保证取得德国赔款总额的一半，对此英、美坚决地予以拒绝。 但是作为交换，美国建议三大国可在各自占领区内取得赔偿。 随后，苏联以苏战区国民财富仅占德国总额的

42%为由，要求在英、美控制的西区得到其他部分的补偿。对此建议，英、美没有表示异议，最终达成一致的协议：苏联除了从东战区取得赔偿外，还应取得西战区作为赔偿而予以拆迁的基本工业设备的15%，另有10%则无偿取得。除此之外，苏联还有权利取得德国在罗马尼亚、匈牙利等地的资产，而波兰应得的赔款份额要计算在苏联的赔款份额内。

至于波兰边界划分的问题，美、英、苏三方发生了更为激烈的争执，斯大林坚持波兰西部边界应该延伸到西尼斯河，但美、英认为这样会危及到德国的生存，因而坚决反对斯大林的建议。经过讨价还价，美、英最终宣布承认波兰民族团结临时政府，确认波兰领土延伸到奥得河和西尼斯河，但同时也留有标明“西部边境的划定留待和会解决”的字眼。

波茨坦会议是战时美、英、苏三国首脑的最后一次会议。它迫使日本尽早投降，巩固了反法西斯战争的胜利成果，对战后国际关系的发展产生了重大影响，对维护战后世界和平起到了一定的积极作用。

日本本土作战

意大利退出第二次世界大战后，纳粹德国也很快向盟军投降，而日本却不甘心就此罢休，依然负隅顽抗。日本在太平洋战场上和美国进行的一系列血腥的角逐以全面失败告终，逐渐丧失了海上作战能力，美国凭借其在综合国力、先进的情报系统等拥有强大的优势，先后取得了中途岛、莱特湾以及瓜达尔卡纳尔岛等战役的胜利，并且夺得了所罗门群岛。日军称霸南太平洋的计划彻底宣告失败。而在硫磺岛与冲绳岛战役失败后，战火终于被引到了日本本土，日本军国主义者一意孤行地推出了本土决战计划，打算做最后的挣扎以寻求一线生机。

1945年3月20日，日军大本营制定了《决战作战准备纲要》。开始的时候，日本计划利用本土作战的有利条件，以残存的陆军、海军和航空兵实行特攻作战，力图首先挫败登陆的盟军，然后集中地面上的所有兵力，与登陆的盟军全力一搏。日本军部判断形势，认为盟军会于6月作为登陆的时间，地点在九州、四国和本州的关东地区。因此，日本军队希望赶在盟军登陆之前，在关东和九州等地部署强大的兵力，做好战斗的防御准备。此后的几个月内，日本一方面加紧从中国东北和朝鲜向本土调集兵力，加强防御工事，另一方面重新调整了指挥系统，成立了5个方面军司令部和5个军管区司令部，专门负责本土作战。到6月中旬的时候，日本已经调集了其所能调动的所有兵力到日本以进行本土决战。

然而，日本这个昔日不可一世的军国主义国家正在迅速走向衰亡和崩溃。由于航空母舰和优秀飞行员的损失殆尽，日本已经完全丧失了海、空优势。同时，在海面上，美军还布设了1.4万枚鱼雷，封锁了下关海峡、名古屋、横滨和东京的海上交通线。这让原本缺乏资源的日本几乎枯竭，战略储备与需求相比已经是杯水车薪，日军和民众的日常生活都变得异常艰难，日军的战斗力也随之迅速下降。一直到1945年8月14日，美军向日本的军事基地、石油储备库、政府机构和民居投放了数万吨的炸弹和燃烧弹，民居被毁让国内民众对战争的反感达到了极点。

8月6日，美国向日本广岛投掷了第一颗原子弹，3天之后，第二颗原子弹投向了日本另一座城市长崎，日军精心准备的本土作战计划并没有起到丝毫的作用。盟军发表《波茨坦公告》后，日本天皇于8月15日被迫宣布正式投降。

联合国成立

第二次世界大战在世界历史上留下了沉重的一页，人类又一次陷入了没有秩序的黑暗之中。开战后不到一年，国际反法西斯同盟开始建立，许多联盟国的领导人面对着眼前疮痍的城市、荒芜的田野、无数被屠戮的生命，开始了深刻的反思。是否应该建立起一个超脱于民族和国家狭隘利益的国际性组织，让整个人类世界的和平与安全都能够得到保障。

其实早在 1916 年的时候，时任美国总统候选人的威尔逊就曾经提出过这个设想。而与联合国性质类似的国际组织在历史上也曾有过先例，那便是“一战”后成立的国际联盟。“一战”后，保卫世界和平的问题被提上了议程。不久之后，包括中、英、法、意、日在内的 44 个国家参与签订了《凡尔赛和约》，这标志着国际联盟的正式成立。然而可惜的是，大国的缺席使得这个世界性组织变得很不完整，而且它的力量更不足以维护它在各个国家面前的威信。国际联盟虽然标榜着“促进国际合作，维持国际和平”，但是却不能真正将这一宏大目标践行。最终，国际联盟也就沦为了国际政局中一个纯粹的摆设。

为了获得美国在国际组织中的发言权，美国总统罗斯福吸取了“一战”时威尔逊的教训，试图在和平实现之前建立新的国际组织。罗斯福谋划着战后美国全球战略利益，并且提出了关于战后国际组织的三点设想：

1. 能够确实有效地维护和平，以防止侵略国策划新的世界大战。

2. 美国需要担负领导作用。

3. 不能让联合国成为软弱无力的国联再版，强调大国要在战后维护世界和平与安全中起到国际警察作用。

1943 年 10 月，中、美、英、苏四国代表在莫斯科发表《普遍安全宣言》，拉开了各国呼吁建立国际安全机构的序幕。在年底的德黑兰会议上，罗斯福提出建议，要成立一个维护战后和平的国际组织，它需要有一个由世界上许多国家共同组成的庞大机构，一个由中、美、英、苏再加上欧洲两个国家、南美一个国家、近东一个国家以及英联邦一个自治领域构成的执行委员会，以及由中、美、英、苏四个大国所组成的警察委员会，斯大林在原则上对此也表示了赞成。反法西斯战争在世界人民的注视中，已经开始走向了胜利的收尾阶段，此时人们所关注的核心，也转移到了如何防止新的世界战争的发生、防止出现新的世界战争策源地的问题上。如何为世界人民建立一个维护和平的共同机构，就成了人们共同关注的焦点话题。

1944 年 8 月到 10 月，中、美、英、苏四大国代表齐聚于华盛顿附近的敦巴顿橡胶园，连续举行会议，起草联合国章程。在商议的过程中，美、苏两国为了在联合国的机构设置和权力分配上夺得有利的规定争论不休。苏联坚持联合国安全理事会中，5 个常任理事国中、美、英、苏、法应该享有“一票否决权”，也就是 5 国中有一个国家反对，表决就无效。作为当时唯一的社会主义国家，苏联只有用一票否决权来保证它在诸多决议中能够维护自己的利益。英、美代表坚持少数服从多数的主张。就在这个时候，苏联又提出让它的两个加盟共和国，乌克兰和白俄罗斯也加入联合国。这一做法的用意是苏联能够拿到 3 票的表决权，美、英两国表示不会让步。

双方争论没有结果，这一问题也就一直悬而未决。直到 1945 年 2 月，在苏联雅尔塔会议上，由于考虑到要争取苏联全力击败德国并且对日宣战，罗斯福和丘吉尔被迫同意了苏联的建议，明确了安理会的 5 个常任理事国在实质性问题上享有一票否决权。会议的另一成果便是约定在 4 月份的时候，于美国旧金山召开世界各国反法西斯国家代表大会，共同商讨成立联合国的问题。

6 月 25 日，经过一系列的商议讨论，世界各国反法西斯国家代表大会终于一致通过了《联合国宪章》和《国际法院规约》，后者被作为宪章构成部分。在第二天的宪章签字仪式上，来自世界上 50 多个国家，其中包括最初到会的46个国家以及后来受邀的丹麦、阿根廷等4国，总共约153名代表依次在中、英、俄、法、西5种文本宪章上签字，表明宪章在50多个国家中正式生效。中国代表团第一个走上签字台，苏联、英国和法国代表团紧随其后，然后其他国家代表团按照其国家英文名称的顺序一一签字，作为东道主的美国最后签字。值得一提的是，董必武作为中国共产党的代表，也以中国代表团成员的身份，在宪章上签了字。

1945年10月24日，联合国宣布正式成立。10月24日，也被定为联合国日。联合国总部设立于美国东海岸的纽约曼哈顿区。联合国建立在“二战”的惨痛教训上，它一方面是反法西斯同盟国为了保护来之不易的胜利果实；另一方面是为了维护战后世界长期的安全与和平。联合国的诞生是现代历史上非常重要的大事，此后，它在维护世界和平的事业中发挥着至关重要的作用。

第三世界的崛起

伴随着意大利、德国和日本相继战败，反法西斯战争在全球范围内取得了胜利，殖民地的解放运动也开始变得风起云涌。亚洲和非洲国家纷纷要求摆脱殖民地的身份，获得政治上的独立。

1954年4月28日至5月2日，印度尼西亚、缅甸、斯里兰卡、印度和巴基斯坦5个国家的总理，在吉隆坡商议是否召开会议以讨论并解决亚、非国家的一些问题。五国会议中提出的这个建议很快便成为了现实。1955年4月18日至24日，“万隆会议”召开，这是亚、非国家首次摆脱殖民国家的参与，而由自己独立组织的一次划时代的盛会。与会国除了5个发起国之外，还包括埃塞俄比亚、伊拉克、日本、约旦、老挝、加纳、伊朗等国家和地区。周恩来也以中国代表团的团长身份参加了这次会议。

周恩来在万隆会议上表现出了一代外交家的风范，他提出的“求同存异”的方针更是引起了多方讨论，获得了与会代表们的热烈赞赏。周恩来也表明了中国政府在台湾问题上的态度：“中国人民同美国人民是友好的，中国人民也不愿意同美国打仗，中国政府愿意同美国政府坐下来谈判，讨论缓和远东紧张局势的问题，特别是缓和台湾地区的紧张局势问题。”

此次会议最后通过了《亚非会议最后公报》，公报中提出了和平共处和友好合作等十项原则：

1. 尊重基本人权，拥护《联合国宪章》的宗旨和原则。

2. 尊重一切国家的主权和领土完整。

3. 承认一切种族的平等，承认一切大小国家的平等。

4. 不干预或干涉他国内政。

5. 尊重每一个国家按照《联合国宪章》单独地或集体地进行自卫的权利。

6. 不使用集体防御的安排来为任何一个大国的特殊利益服务，任何国家不对其他国家施加压力。

7. 不以侵略行为或侵略威胁或使用武力来侵犯任何国家的领土完整或政治独立。

8. 按照《联合国宪章》，通过如谈判、调停、仲裁或司法解决等和平方法以及有关方面自己选择的任何其他和平方法来解决一切国际争端。

9. 促进互相的利益和合作。

10. 尊重正义和国际义务。

万隆会议是亚、非各国人民民族解放运动的一个重要的成果和里程碑。它宣扬和倡导的和平中立的外交政策，为越来越多的国家所采用。在非洲大陆，民族解放运动此起彼伏，而在20世纪60年代还形成了国家独立的热潮。

“9·11”事件

2001 年 9 月 11 日 8 时 46 分，一架满载燃料的波音 767 客机以每小时 490 英里的速度在双子座的北侧塔楼上撕开了一个大洞。随即便发生剧烈爆炸，火势迅速向楼上蔓延，无数碎裂物体带着火星从天而降，滚滚浓烟从大楼缺口向外溢出。

9 时 02 分，又一声巨响，一架波音 767 客机以 590 英里的时速，直接撞入双子座的南侧塔楼。

9 时 37 分，又是一声爆响，一架波音 757 客机撞进五角大楼西侧，使楼体部分倒塌并引起大火，包括机上 59 名乘客和机组人员以及楼内的 189 人丧生。

10 时 03 分，美国联合航空公司的 93 次航班在宾夕法尼亚州匹兹堡南 80 千米处坠毁，根据飞机上“黑匣子”所提供的情况得知，恐怖分子在劫持这架飞机后，企图将它飞向华盛顿。但机上乘客在和亲友取得联系后得知，世贸大楼被毁，自己也将成为自杀式炸弹后，于是，英勇的乘客协同机组人员和劫机者进行了搏斗，试图夺回控制权。最终使飞机撞向地面，40 名勇士和 4 名恐怖分子同归于尽。根据后来被抓获的恐怖分子称，这架客机要攻击的真正目标是白宫！

10 时 35 分，警方接到举报后，在国会门外的一辆汽车中拆除了一包炸弹。

因为有了上面所发生的一切，两亿美国人民陷入了从未有过的恐慌之中，美国政府也随即宣布国家进入紧急状态。当时，正在佛罗里达州萨拉索塔市讨论教育问题的布什总统立即发表声明，称这是一起美国的悲剧。他说，现在的美国正处在历史上的艰难时刻。

随后，总统布什立即要求联邦政府动员所有力量帮助遇难者及其家人，并对事件进行全面调查，寻找酝酿这场悲剧的罪魁祸首。

这场精心策划的自杀式恐怖袭击一共造成 2974 人死亡，无数人失踪和受伤，包括世贸中心双塔在内的 6 座建筑被摧毁，给其他 23 座高层建筑造成不同程度的破坏，受损区域跨越了纽约 12 个街区。

那么，究竟是谁有这样的本事，策划了一场如此罪恶的恐怖袭击？ 他们又为什么选择 9 月 11 日这天采取行动？

1967 年，美国 911 报警电话诞生。同时，它还是美国五角大楼破土动工的日期。因为美国从 1941 年 9 月 11 日开始动工修建五角大楼。更加巧合的是，事发当天正好是它 60 年纪念日。很显然，这次袭击是对美国政府的一次公然挑衅。

由于没有任何组织宣称对该事件负责，美国政府在积极处理善后的同时，也展开了一场大规模的秘密调查。

在此期间，美国联邦调查局至少拘留、逮捕和询问了 1200 人。但最终没有一份证据能表明他们中的任何一个和“9·11”恐怖袭击案有关。

最后，情报专家列出一份嫌疑犯名单，他们认为由本·拉登领导的“基地”组织最有可能就是这次恐怖袭击的发动者。

9 月 11 日晚 9 时，布什在召开国家安全会议后，和高级顾问进行了一次紧急磋商。通过磋商，他们最后也一致认定，乌萨马·本·拉登就是整个事件的幕后主使。

由于塔利班政权拒绝在没有确凿证据的前提下引渡本·拉登，10 月 7 日，美国发动了对阿富汗的军事袭击。此时，“基地”组织发言人发给了卡塔尔半岛电视台一盘录像带。录像带内的人声称：“美国人应该知道，更多的飞机风暴将不会停止……在伊斯兰世界，有成千上万的年轻人渴望牺牲，他们死的信念和美国人生的信念一样坚定和强烈。”这份录音在公开对袭击事件表示赞赏的同时，似乎也在暗示，正是他们策划了这起恐怖袭击。

11 月份，由美、英部队作为后盾的阿富汗北方联盟控制了阿富汗的首都喀布尔。在这里，美国又发现了一卷被遗弃的录像带。该录像带记录的是本·拉登及两名助手——宗教顾问艾曼·扎瓦赫里和发言人阿卜吉斯谈论恐怖袭击的内容。

12 月 13 日上午 11 时，美国五角大楼向民众公开了这盘和本·拉登策划“9·11”袭击事件有关的录像带。

录像带上，本·拉登称：“实施这项行动的兄弟们所知道的，仅是他们要进行一项牺牲自己的行动。我们让他们潜入美国，但他们对此次行动却一无所知，就连一个字也不知道。他们接受了训练。我们事先不会告诉他们计划，直到他们登上飞机前。”

既然已经知道“9·11”事件的幕后主使就是本·拉登，那么，谁又是具体实施者？

2003 年 3 月 1 日，美国联邦调查局抓获了哈里德·谢赫·穆罕默德！

作为“基地”组织的三号人物，穆罕默德地位仅次于本·拉登和他的智囊扎瓦赫里。据美国联邦调查局提供的证据显示，穆罕默德在“9·11”事件发生后，曾秘密转移了大笔资金。为此，美国反恐专家初步推断，是他负责为袭击挑选目标和制定时间，并为具体执行人员提供必要的资金和培训。

在长达几个月的审讯中，穆罕默德向美国调查人员披露了一些鲜为人知的细节。

早在 1996 年，穆罕默德就向本·拉登建议，应该在美国东、西两岸分别劫持 5 架飞机，然后让它们撞向不同目标。当时，拉登对这个想法十分赞赏，并表示同意提供人员和资金。但本·拉登表示，一次劫持10架飞机目标太大，也很难实现。所以，在2001年春天，本·拉登决定，只从美国东海岸劫机，然后发动袭击。

根据穆罕默德交代，2000年1月，他就和参与“9·11”事件的几名恐怖分子在马来西亚首都吉隆坡开了一个秘密会议来商讨行动的准备事宜和具体细节。当时，亚洲地区恐怖组织“伊斯兰团”一把手里杜安·汉巴利也参加了会议。

会后，汉巴利手下的几名恐怖分子开始接受训练。按照原来的计划，他们本还要在亚洲地区发动类似的第二波攻击，制造更大规模的恐怖事件，但本·拉登最后取消了该计划。

虽然抓获了“9·11”空袭嫌犯，但公众的质疑并没有因此停止。越来越多的人把目光转向了事件发生以来一直对案情遮遮掩掩的美国当局。他们开始质问，布什政府在整个事件中应该负什么责任？美国的相关安全和情报部门有没有渎职嫌疑？

当时，公众的质疑主要有下面三点：

1. 布什总统事先是否知道“9·11”恐怖袭击事件会发生？美国情报系统是否收到过“9·11”恐怖袭击的警告？事后，据美国当局内部人员透露，其实布什早在2001年8月6日就收到了赖斯的一份“分析报告”。该报告说，美国可能会受到恐怖分子的攻击。但布什并没有终止他的假期，那份报告细节也没被披露。此外，美国国家安全局也承认，他们在事件发生前一天确实从恐怖分子手中截获到两份信息。

2. 北美防空司令部和美国空军为什么没能阻止或击落被挟持客机？按照北美防空司令部掌握的时间，他们完全有能力调集美国空军击落被劫飞机。

3. 美国政府公示的那盒有关本·拉登和同伙探讨恐怖袭击的录像带，也遭到了不少公众的质疑。

面对社会各界的质疑，布什在2002年底宣布成立美国“9·11”事件独立调查委员会，针对恐怖袭击前后美国外交、情报、移民、商业飞行以及恐怖组织的资金流动等方面进行调查。

2004年7月22日，该调查委员会在耗时20个月、翻阅200多万份文件、询问1000多位证人后，做出了一份沉重的调查报告。报告指出，两届美国政府（包括克林顿政府）都没有对“基地”组织的威胁给予足够重视。此外，美国国防部和中央情报局在情报分享和分析方面也存在一定失误，美国国会在监督情报部门工作时失职。这些都是导致劫机者阴谋得逞的重要原因。

对于这份调查结果，公众普遍认为只是敷衍。不仅美国，就连一些欧洲国家也对恐怖袭击暴露的反常现象表示怀疑。2004年8月，国际民意调查结果显示，大约有49%的纽约居民认为，美国领导人事先知道恐怖袭击，但是没有采取行动。

2006年8月，由75名科学家和大学教授组成的组织经过调查，称美国白宫和五角大楼中的某些战争贩子在“9·11”恐怖袭击事件中，扮演了不光彩的角色。

首先，针对世贸大厦的倒塌原因，美国国家标准与技术研究所提交了一份调查报告。他们在报告中称，喷气式客机燃料燃烧产生的火焰破坏了世贸双塔的结构，才导致它们坍塌。但琼斯教授认为，世贸中心的两座摩天大楼可以承受地震、飓风和大型飞机撞击，没理由那么轻易垮塌。即使被航空燃料浸透，引起的大火也不足以熔化世贸大厦的钢柱，大楼的崩溃很可能来自成功的定向爆破。

其次，邻近世贸中心北侧塔楼的七号大楼在袭击中并没有受到撞击，却在案发当晚轰然倒塌。根据美国国家标准与技术研究所调查，它是因为火灾持续燃烧所致。可是，什么力量才能使这座高达47层的钢骨结构大楼毁于一旦？

琼斯教授称，7 号大楼倒塌前，已有不少目击者看到疑似爆炸的闪光点。最让人怀疑的是，事件发生后，大楼内部数万吨钢材被迅速运到海外熔化回收。这么重要的证物，为何要被匆匆销毁？

一个更加令人匪夷所思的现象是，“9·11”恐怖袭击事件前一个月，世贸中心租用者突然为大厦投下了 35 亿美元的巨额保险。事后，这名投保者获得了 70 多亿美元的赔偿。

据学术组织调查，9 月 10 日，很多美国高官意外取消了第二天的飞行计划，里面包括有本来准备出差的旧金山市市长。但就在他打算出发的时候，被告知在 9 月 11 日这天不能乘坐飞机。当时打电话通知他的正是美国国务卿赖斯。

2007 年 3 月 14 日，从美国关塔那摩监狱突然传来穆罕默德认罪的消息。对于当时面对外界巨大压力的美国政府来说，这简直就是一个福音。穆罕默德通过代理人称：“我全程参与了这起袭击事件，从酝酿、策划、组织到实施，每一步都是我一手策划。我是本·拉登思想的实践者，也是具体执行拉登行动的负责人！我为“9·11”恐怖袭击事件负责，愿意承担全部的责任。”

实际上，在 2006 年 9 月，美国当局就将穆罕默德和 13 名恐怖嫌犯一起转移到了美国海军基地监狱。在这里，美国军方召开听证会，决定他们是否应该作为“敌方武装人员”而被无限期拘押，并决定他们是否应该在军事法庭上接受审讯。

当天的审讯记录显示，穆罕默德承认他策划和制造过 29 起恐怖袭击。除了“9·11”事件外，他还表示，1993 年世贸中心袭击事件和 2002 年巴厘岛夜总会爆炸事件都与他有关。

在穆罕默德全面认罪前夕，美国军事法庭称，他们在关塔那摩监狱发现了一份文件。文件显示，5 名囚犯要对“9·11”事件和在袭击中丧生的 3000 条人命负责。这 5 个人中，就有哈里德·谢赫·穆罕默德。

2008 年 6 月 5 日，穆罕默德和 4 名“基地”组织成员同时出庭受审。法庭上，法官告诉穆罕默德，他很有可能因为策划“9·11”恐怖袭击而被判处极刑。但穆罕默德毫不在乎，同时，他还拒绝法庭指派的律师，自己担任辩护律师。

由于听证会是秘密进行，没有口供录音和影像材料，记者也不允许进入，外界得到的信息非常有限。为此，一些法律专家和人权组织质疑审判的合法性。他们认为，穆罕默德很有可能是屈打成招。

迄今为止，有关“9·11”恐怖袭击真相的争论还远未平息。